【臺灣現當代作家研究資料彙編】33

洛　夫

國立台灣文學館
出版

部長序

　　文學既是社會縮影也是靈魂核心，累積研究論述及文獻史料，不僅可厚實文學發展根基，觀照當代人文的思想脈絡，更能指引未來的社會發展。臺灣文學歷經數百年的綿延與沉澱，蓄積豐沛的能量，也呈現生氣盎然的多元創作面貌。近一甲子的臺灣現當代文學發展，就是華文世界人文心靈最溫暖的寫照。

　　緣此，國立臺灣文學館自 2010 年啟動《臺灣現當代作家研究資料彙編》，鉅細靡遺進行珍貴的文學史料蒐集研究，意義深遠。這項計畫歷時三年多，由文學館結合學界、出版社、作家一同參與，組成陣容浩大的編輯群與顧問團隊，梳理臺灣文學長河裡的各方涓流，共匯集 50 位臺灣現當代重要作家的生平、年表與作品評論資料，選錄其代表性的評論文章，彙編成冊，完整呈現作家的人文映記、文學成就及相關研究，成果豐碩。

　　由於內容浩瀚、需多所佐證，本套叢書共分三階段陸續出版，先是 2011 年推出以臺灣新文學之父賴和為首的 15 位作家研究資料彙編，接著於 2012 年完成張我軍、潘人木等 12 位作家的研究資料彙編；及至 2013 年 12 月，適逢國立臺灣文學館十周年館慶之際，更纂輯了姜貴、張秀亞、陳秀喜、艾雯、王鼎鈞、洛夫、余光中、羅門、商禽、瘂弦、司馬中原、林文月、鄭愁予、陳冠學、黃春明、白先勇、白萩、陳若曦、郭松棻、七等生、王文興、王禎和、楊牧共 23 位作家的研究資料，皇皇巨著，為臺灣文學之巍巍巨觀留下具里程碑的文字見證。這套選粹體現了臺灣文學研究總體成果中，極為優質的論述著作，有助於臺灣文學發展的擴展化與深刻化，質量兼具。在此，特別對參與編輯、撰寫、諮詢的文學界朋友們表達謝意，也向全世界愛好文學的讀者，推介此一深具人文啟發且實用的臺灣現當代文學工具書，彼此激勵，為更美好的臺灣人文環境共同努力。

文化部部長　龍應台

館長序

　　所有一切有關文學的討論，最終都得回歸到創作主體（作家）及其創作文本（作品）。文本以文字書寫，刊載在媒體上（報紙、雜誌、網站等），或以印刷方式形成紙本圖書；從接受端來看，當然以後者為要，原因是經過編輯過程，作者或其代理人以最佳的方式選編，常會考慮讀者的接受狀況，亦以美術方式集中呈現，其形貌也必然會有可觀者。

　　從研究的角度來看，它正是核心文獻。研究生在寫論文的時候，每在緒論中以一節篇幅作「文獻探討」，一般都只探討研究文獻，仍在周邊，而非核心。所以作家之研究資料，包括他這個人和他所寫的作品，如何鉅細靡遺彙編一處，是研究最基礎的工作；其次才是他作品的活動場域以及別人如何看待他的相關資料。前者指的是發表他作品的報刊及其他再傳播的方式或媒介，後者指的是有關作家及其作品的訪問、報導、著作目錄、年表、文評、書評、專論、綜述、專書、選編等，有系統蒐輯、編目，擇其要者結集，從中發現作家及其作品被接受的狀況，清理其發展，這其實是文學經典化真正的過程；也必須在這種情況下，作家研究才有可能進一步開展。

　　針對個別作家所進行的資料工作隨時都在發生，但那是屬於個人的事，做得好或不好，關鍵在他的資料能力；將一群有資料能力的學者組織起來，通過某種有效的制度性運作，想必能完成有關作家研究資料彙編的人文工程，可以全面展示某個歷史時期有關作家研究的集體成就，這是國立臺灣文學館從 2010 年啟動「臺灣現當代

作家研究資料彙編」（50 冊）的一些基本想法，和另外兩個大計畫：「臺灣文學史長編」（33 冊）、「臺灣古典作家精選集」（38 冊），相互呼應，期能將臺灣文學的豐富性展示出來，將「臺灣文學」這個學科挖深識廣；作為文化部的附屬機構，我們在國家文化建設的整體工程中，在「文學」作為一個公共事務的理念之下，我們紮紮實實做了有利文化發展的事，這是我們所能提供給社會大眾的另類服務，也是我們朝向臺灣文學研究中心理想前進的努力。

我們在四年間分三批出版的這 50 本臺灣現當代作家研究資料彙編，從賴和（1894～1943）到楊牧（1940～），從割臺之際出生、活躍於日據下的作家，到日據之末出生、活躍於戰後臺灣文壇的作家；當然也包含 1949 年左右離開大陸，而在臺灣文壇發光發熱的作家。他們只是臺灣作家的一小部分，由承辦單位組成的專業顧問群多次會商議決；這個計畫，我們希望能夠在精細檢討之後，持續推動下去。

顧問群基本上是臺灣文學史專業的組合，每位作家重要評論文章選刊及研究綜述的撰寫者，都是對於該作家有長期研究的專家。這是學界人力的大動員，承辦本計畫的臺灣文學發展基金會長期致力臺灣文學史料的蒐輯整理，具有強大的學術及社會力量，本計畫能夠順利推動且如期完成，必須感謝他們組成的編輯團隊，以及眾多參與其事的學界朋友。

國立臺灣文學館館長　李瑞騰

編序

◎封德屏

緣起

　　1995 年 10 月 25 日，在臺灣師範大學教育大樓的 201 室，一場以「面對臺灣文學」爲題的座談會，在座諸位學者分別就臺灣文學的定義、發展、研究，以及文學史的寫法等，提出宏文高論，而時任國家圖書館編纂張錦郎的「臺灣文學需要什麼樣的工具書」，輕鬆幽默的言詞，鞭辟入裡的思維，更贏得在座者的共鳴。

　　張先生以一個圖書館工作人員自謙，認真專業地爲臺灣這幾十年來究竟出版了多少有關臺灣文學的工具書，做地毯式的調查和多方面的訪問。同時條理分明地針對研究者、學生，列出了十項工具書的類型，哪些是現在亟需的，哪些是現在就可以做的，哪些是未來一步一步累積可以達成的，分別做了專業的建議及討論。

　　當時的文建會二處科長游淑靜，參與了整個座談會，會後她劍及履及的開始了文學工具書的委託工作，從 1996 年的《臺灣文學年鑑》起始，一年一本的編下去，一直到現在，保存延續了臺灣文學發展的基本樣貌。接著是《中華民國作家作品目錄》的新編，《臺灣文壇大事紀要》的續編，補助國家圖書館「當代文學史料影像全文系統」的建置，這些工具書、資料庫的接續完成，至少在當時對臺灣文學的研究，做到一些輔助的功能。

　　2003 年 10 月，籌備多年的「台灣文學館」正式開幕運轉。同年五月《文訊》改隸「財團法人台灣文學發展基金會」，爲了發揮更大的動能，開

始更積極、更有效率地將過去累積至今持續在做的文學史料整理出來，讓豐厚的文藝資源與更多人共享。

於是再次的請教張錦郎先生，張先生認為文學書目、作家作品目錄、文學年鑑、文學辭典皆已完成或正在進行，現在重點應該放在有關「臺灣現當代作家評論資料目錄」的編輯工作上。

很幸運的，這個計畫的發想得到當時臺灣文學館林瑞明館長的支持，於是緊鑼密鼓的展開一切準備工作：籌組編輯團隊、召開顧問會議、擬定工作手冊、撰寫計畫書等等。

張錦郎先生花了許多時間編訂工作手冊，每一位作家的評論資料目錄分為：

（一）生平資料：可分作者自述，旁人論述及訪談，文學獎的紀錄。

（二）作品評論資料：可分作品綜論，單行本作品評論，其他作品（包括單篇作品）評論，與其他作家比較等。

此外，對重要評論加以摘要解說，譬如專書、專輯、學術會議論文集或學位論文等，凡臺灣以外地區之報刊及出版社，於書名或報刊後加註，如中國大陸、香港、新加坡等。此外，資料蒐集範圍除臺灣外，也兼及中國大陸、香港、新加坡、日本、韓國及歐美等地資料，除利用國內蒐集管道外，同時委託當地學者或研究者，擔任資料蒐集工作。

清楚記得，時任顧問的學者專家們，都十分高興這個專案的啟動，但確定收錄哪些作家名單時，也有不同的思考及看法。經過充分的討論後，終於取得基本的共識：除以一般的「文學成就」為觀察及考量作家的標準外，並以研究的迫切性與資料獲得之難易度為綜合考量。譬如說，在第一階段時，作家的選擇除文學成就外，先考量迫切性及研究性，迫切性是指已故又是日治時期臺籍作家為優先，研究性是指作品已出土或已譯成中文為優先。若是作品不少而評論少，或作品評論皆少，可暫時不考慮。此外，還要稍微顧及文類的均衡等等。基本的共識達成後，顧問群共同挑選出 310 位作家，從鄭坤五、賴和、陳虛谷以降，一直到吳錦發、陳黎、蘇

偉貞，共分三個階段進行。

　　張錦郎先生修訂的編輯體例，從事學術研究的顧問們，一方面讚嘆「此目錄必然能成為類似文獻工作的範例」，但又深恐「費力耗時，恐拖延了結案時間」，要如何克服「有限時間，高度理想」的編輯方式，對工作團隊確實是一大挑戰。於是顧問們群策群力，除了每人依研究領域、研究專長認領部分作家外（可交叉認領），每個顧問亦推薦或召集研究生襄助，以期能在教學研究工作外，為此目錄盡一份心力。

　　「臺灣現當代作家評論資料目錄」專案計畫，自 2004 年 4 月開始，至 2009 年 10 月結束，分三個階段歷時五年六個月，共發現、搜尋、記錄了十餘萬筆作家評論資料。共經歷了三位專職研究助理，近三十位兼任研究助理。這些研究助理從開始熟悉體例，到學習如何尋找資料，是一條漫長卻實用的學習過程。

接續

　　「臺灣現當代作家評論資料目錄」的專案完成，當代重要作家的研究，更可以在這個基礎上，開出亮麗的花朵。於是就有了「臺灣現當代作家研究資料彙編暨資料庫建置計畫」的誕生。為了便於查詢與應用，資料庫的完成勢在必行，而除了資料庫的建置外，這個計畫再從 310 位作家中精選 50 位，每人彙編一本研究資料，內容有作家圖片集，包括生平重要影像、文學活動照片、手稿及文物，小傳、作品目錄及提要、文學年表。另外每本書分別聘請一位最適當的學者或研究者負責編選，除了負責撰寫八千至一萬字的作家研究綜述外，再從龐雜的評論資料中挑選具有代表性的評論文章，平均 12～14 萬字，最後再附該作家的評論資料目錄，以期完整呈現該作家的生平、創作、研究概況，其歷史地位與影響。

　　由於經費及時間因素，除了資料庫的建置，資料彙編方面，50 位作家分三個階段完成。第一階段出版了 15 位作家，第二階段出版了 12 位作家，此次第三階段則出版了 23 位作家資料彙編。雖然已有過前兩階段的實

務經驗，但相較於前兩階段，此次幾乎多出版將近一倍的數量，使工作小組在編輯過程中，仍然面臨了相當大的困難與挑戰。

首先，必須掌握每位編選者進度這件事，就是極大的挑戰。於是編輯小組在等待編選者閱讀選文的同時，開始蒐集整理作家生平照片、手稿，重編作家年表，重寫作家小傳，尋找作家出版品的正確版本、版次，重新撰寫提要。這是一個極其複雜的工程。還好有認真負責的雅嫻、寉婷、欣怡，以及編輯老手秀卿幫忙，讓整個專案延續了一貫的品質及進度。

在智慧權威、老練成熟的學者專家面前，這些初生之犢的年輕助理展現了大無畏的精神，施展了編輯教戰手冊中的第一招──緊迫盯人。看他們如此生吞活剝地貫徹我所傳授的編輯要法，心裡確實七上八下，但礙於工作繁雜，實在無法事必躬親，也只好讓他們各顯身手了。

縱使這些新手使出了全部力氣，無奈工作的難度指數仍然偏高，雖有前兩階段的經驗，但面對不同的編選者，不同的編選風格，進度仍然不很順利，再加上此次同時進行 23 位作家的編纂作業，在與各編選者及各冊傳主往來聯繫的過程中，更是有許多龐雜而繁瑣的細節。此時就得靠意志力及精神鼓舞了。我對著年輕的同仁曉以大義，告訴他們正在光榮地參與一個重要的文學工程，絕對不可輕言放棄。

成果

雖然過程是如此艱辛，如此一言難盡，可是終究看到豐美的成果。每位編選者雖然忙碌，但面對自己負責的作家資料彙編，卻是一貫地認真堅持。他們每人必須面對上千或數百筆作家評論資料，挑選重要或關鍵性的評論文章，全面閱讀，然後依照編選原則，挑選評論文章。助理們此時不僅提供老師們所需要的支援，統計字數，最重要的是得找到各篇選文作者，取得同意轉載的授權。在第一階段進度流程初估時，我們錯估了此項工作的難度，因為許多評論文章，發表至今已有數十年的光景，部分作者行蹤難查，還得輾轉透過出版社、學校、服務單位，尋得蛛絲馬跡，再鍥

而不捨地追蹤。有了第一階段的血淚教訓，第二階段關於授權方面，我們更是如臨深淵、如履薄冰，希望不要重蹈覆轍，第三階段也遵循前兩階段的經驗，在面對授權作業時更是戰戰兢兢，不敢懈怠。

除了挑選評論文章煞費苦心外，每個作家生平重要照片，我們也是採高標準的方式去蒐集，過世作家家屬、友人、研究者或是當初出版著作的出版社，都是我們徵詢的對象。認真誠懇而禮貌的態度，讓我們獲得許多從未出土的資料及照片，也贏得了許多珍貴的友誼。許多作家都協助提供照片手稿等相關資料，如王鼎鈞、洛夫、余光中、羅門、瘂弦、司馬中原、林文月、鄭愁予、黃春明及其子黃國珍、白先勇及與其合作多年的攝影師許培鴻、白萩及其夫人、陳若曦、七等生、王文興、楊牧及其夫人夏盈盈。已不在世的作家，其家屬及友人在編輯過程中，也給予我們許多協助及鼓勵，如姜貴的長子王為鎌、張秀亞的女兒于德蘭、艾雯的女兒朱恬恬、陳秀喜的女兒張瑛瑛、商禽的女兒羅珊珊、陳冠學的後輩友人陳文銓與郭漢辰、郭松棻的夫人李渝、王禎和的夫人林碧燕，藉由這個機會，與他們一起回憶、欣賞他們親人或父祖、前輩，可敬可愛的文學人生。此外，還有張默、岩上、閻純德、李高雄、丘彥明、朱雙一、吳姍姍、鄭穎、舊香居書店吳雅慧等作家及研究者，熱心地幫忙我們尋找難以聯繫的授權者，辨識因年代久遠而難以記錄年代、地點、事件的作家照片，釐清文學年表資料及作家作品的版本問題，我們從他們身上學習到更多史料研究可貴的精神及經驗。

但如何在規定的時間內，完成第三階段 23 本資料彙編的編輯出版工作，對工作小組來說，確實是一大考驗。每一冊的主編老師，都是目前國內現當代台灣文學教學及研究的重要人物，因此每位主編都十分忙碌。有鑑於前兩階段的經驗，以及現有工作小組的人力，決定分批完稿，每個人負責 2～4 本，三位組長的責任額甚至超過 4～5 本。每一本的責任編輯，必須在這一年多的時間內，與他們所負責資料彙編的主角——傳主及主編老師，共生共榮。從作家作品的收集及整理開始，必須要掌握該作家一生

作品的每一次的出版，以及盡量收集不同的版本；整理作家年表，除了作家、研究者已撰述好的年表外，也必須再從訪談、自傳、評論目錄，從作品出版等線索，再做比對及增刪。再來就是緊盯每位把「研究綜述」放在所有進度最後一關的主編們，每隔一段時間提醒他們，或順便把新增的評論目錄寄給他們（每隔一段時間就有新的相關論文或學位論文出現），讓他們隨時與他們所主編的這本書，產生聯想，希望有助於「研究綜述」撰寫的進度。

以上的工作說起來，好像並不十分困難，身為總策劃的我起初心裡也十分篤定的認為，事情儘管艱困，最後還是應該順利完成。然而，這句雲淡風輕的話，聽在此次身歷其境參與工作的同仁耳中，一定會恨得牙癢癢的。「夜長夢多」這個形容詞拿來形容這件工作，真是太恰當也沒有了。因為整個工作期程超過一年，在這段漫長的歲月中，因等待、因其他人力無法抗拒的因素，衍伸出來的問題，層出不窮，更有許多是始料未及的。譬如，每本書的的選文，主編老師本來已經選好了，也經過授權了，為了抓緊時間，負責編輯的助理們甚至連順序、頁碼都排好了，就等主編老師的大作了，這時主編突然發現有新的文章、新的資料產生：再增加兩三篇選文吧！為了達到更好更完備的目標，工作小組當然全力以赴，聯絡，授權，打字，校對，重編順序等等工作，再度展開。

此次第三階段共需完成 23 位作家研究資料彙編，年齡層較上兩個階段已年輕許多，因此到最後的疑難雜症，還有連主編或研究者都不太清楚的部分，譬如年表中的某一件事、某一個年代、某一篇文章、某一個得獎記錄，作家本人絕對是一個最好的諮詢對象，於是幾乎我們每本書都找到了作家本人，對解決某些問題來說，這是一個好的線索，但既然看了，關心了，參與了，就可能有不同的看法，選文、年表、照片，甚至是我們整本書的體例。於是又是一場翻天覆地的大更動，對整本書的品質來說，應該是好的，但對經過一年多琢磨、修改已近入完稿階段的編輯團隊來說，這不啻是一大挑戰。

1990 年開始，各地縣市文化中心（文化局），對在地作家作品集的整理出版，以及台灣文學館成立後對日治時期作家以迄當代重要作家全集的編纂，對臺灣文學之作家研究，也有了很好的促進作用。如《楊逵全集》、《林亨泰全集》、《鍾肇政全集》、《張文環全集》、《呂赫若日記》、《張秀亞全集》、《葉石濤全集》、《龍瑛宗全集》、《葉笛全集》、《鍾理和全集》、《錦連全集》、《楊雲萍全集》、《鍾鐵民全集》等，如雨後春筍般持續展開。

經過近二十年的努力，臺灣文學的研究與出版，也到了可以驗收或檢討成果的階段。這個說法，當然不是要停下腳步，而是可以從「臺灣現當代作家評論資料目錄」所呈現的 310 位作家、10 萬筆資料中去檢視。檢視的標的，除了從作家作品的質量、時代意義及代表性去衡量外，也可以從作家的世代、性別、文類中，去挖掘還有待開墾及努力之處。因此在這樣的堅實基礎上，這套「臺灣現當代作家研究資料彙編」，每位編選者除了概述作家的研究面向外，均有些觀察與建議。希望就已然的研究成果中，去發現不足與缺憾，研究者可以在這些不足與缺憾之處下功夫，而盡量避免在相同議題上重複。當然這都需要經過一段時間去發現、去彌補、去重建，因此，有關臺灣文學研究的調查與研究，就格外顯得重要了。

期待

感謝臺灣文學館持續支持推動這兩個專案的進行。「臺灣現當代作家評論資料目錄」的完成，呈現的是臺灣文學研究的總體成果；「臺灣現當代作家研究資料彙編」套書的出版，則是呈現成果中最精華最優質的一面，同時對未來的研究面向與路徑，做最好的建議。我們可以很清楚的體會，這是一條綿長優美的臺灣文學接力賽，我們十分榮幸能參與其中，我們更珍惜在傳承接力的過程，與我們相遇的每一個人，每一件讓我們真心感動的事。我們更期待這個接力賽，能有更多人加入。誠如張恆豪所說「從高音獨唱到多元交響」，這是每一個人所期待的。

編輯體例

一、本書編選之目的，為呈現洛夫生平、著作及研究成果，以作為臺灣文學相關研究、教學之參考資料。

二、全書共五輯，各輯內容及體例說明如下：

　　輯一：圖片集。選刊作家各個時期的生活或參與文學活動的照片、著作書影、手稿（包括創作、日記、書信）、文物。

　　輯二：生平及作品，包括三部分：

　　　　1.小傳：主要內容包括作家本名、重要筆名，生卒年月日，籍貫，及創作風格、文學成就等。

　　　　2.作品目錄及提要：依照作品文類（論述、詩、散文、小說、劇本、報導文學、傳記、日記、書信、兒童文學、合集）及出版順序，並撰寫提要。不收錄作家翻譯或編選之作品。

　　　　3.文學年表：考訂作家生平所進行的文學創作、文學活動相關之記要，依年月順序繫之。

　　輯三：研究綜述。綜論作家作品研究的概況，並展現研究成果與價值的論文。

　　輯四：重要文章選刊。選收國內外具代表性的相關研究論文及報導。

　　輯五：研究評論資料目錄。收錄至 2013 年 6 月底止，有關研究、論述臺灣現當代作家生平和作品評論文獻。語文以中文為主，兼及日文和英文資料。所收文獻資料，以臺灣出版為主，酌收中國大陸、香港、日本和歐美國家的出版品。內容包含三部分：

　　　　1.「作家生平、作品評論專書與學位論文」下分為專書與學位論文。

　　　　2.「作家生平資料篇目」下分為「自述」、「他述」、「訪談」、「年表」、「其他」。

　　　　3.「作品評論篇目」下分為「綜論」、「分論」、「作品評論目錄、索引」、「其他」。

目次

部長序　　　　　　　　　　　　　　　　　龍應台　　3

館長序　　　　　　　　　　　　　　　　　李瑞騰　　4

編序　　　　　　　　　　　　　　　　　　封德屏　　6

編輯體例　　　　　　　　　　　　　　　　　　　　13

【輯一】圖片集

影像・手稿・文物　　　　　　　　　　　　　　　　18

【輯二】生平及作品

小傳　　　　　　　　　　　　　　　　　　　　　　47

作品目錄及提要　　　　　　　　　　　　　　　　　49

文學年表　　　　　　　　　　　　　　　　　　　　71

【輯三】研究綜述

樹在火中成長　　　　　　　　　　　　　　劉正忠　111

　　　──臺灣詩論中的洛夫

【輯四】重要評論文章選刊

再見，虛無！　　　　　　　　　　　　　　余光中　127

論洛夫《石室之死亡》　　　　　　　　　　李英豪　137

詩壇散步　　　　　　　　　　　　　　　　柳文哲　151

　　　──石室之死亡

箭徑・酸風・射眼　　　　　　　　　　　　蕭　蕭　157

　　　──再論〈無岸之河〉

招魂祭 傅　敏　169
　　——從所謂的《1970 詩選》談洛夫的詩之認識

細讀洛夫的兩首詩 顏元叔　175

鏡中鏡 陳芳明　193

論洛夫後期風格的演變 張漢良　215

洛夫〈長恨歌〉論 李　弦　241

春與秋其代序 向　陽　255
　　——對洛夫先生〈詩壇春秋三十年〉一文的幾點意見

洛夫作品的意象世界 簡政珍　261

從《靈河》到《無岸之河》 奚　密　291
　　——洛夫早期風格論

洛夫論 葉維廉　305

試探洛夫詩中的「古典詩」 李瑞騰　363

在語字中安排宇宙 陳大為　383
　　——讀洛夫的《魔歌》

洛夫詩的偶發因素 鄭慧如　399

【輯五】研究評論資料目錄

作家生平、作品評論專書與學位論文 427

作家生平資料篇目 435

作品評論篇目 465

輯一◎圖片集
影像◎手稿◎文物

1949年，初抵臺灣的洛夫，時年21歲。（文訊文藝資料中心）

1954年10月，洛夫、張默與瘂弦於左營共同創辦《創世紀》詩刊，發行至今已近60年。（文訊文藝資料中心）

1958年春，與軍中文友合影於左營海軍廣播電臺門前。左起：張默、瘂弦、彭邦禎、洛夫。（創世紀詩雜誌社提供）

1958年末，與旅遊途中的年輕詩人葉珊合影。左起：瘂弦、葉珊、洛夫（創世紀詩雜誌社提供）

1959年春，洛夫與瘂弦（左）、同事之女歸亞蕾（中）合影於左營海軍廣播電臺前。（創世紀詩雜誌社提供）

1960年12月，美駐華大使莊萊德舉行酒會慶祝《中國新詩集》英譯本出版，與入選詩人群合影。左起：鄭愁予、夏菁、羅家倫、鍾鼎文、覃子豪、胡適，立其後者為莊萊德、莊萊德夫人，立其後者為紀弦、羅門、余光中、范我存、蓉子，立其後者為楊牧、周夢蝶、夏菁夫人，立其後者為洛夫。（文訊文藝資料中心）

1961年10月10日，與妻子陳瓊芳
結婚照。（文訊文藝資料中心）

約1966年，攝於越南西貢戰地，
時任援越顧問團英文祕書。（洛
夫提供）

1969年8月，洛夫與畫家莊喆（左）、瘂弦（右）合影於臺中東海大學。（洛夫提供）

約1960年代中期，與文友合影。左起：洛夫、紀弦、司馬中原、瘂弦。（創世紀詩雜誌社提供）

1970年3月，與臺北現代詩人群合影。左起：張默、羅門、洛夫、彭邦禎、葉泥、辛鬱、羊令野，前為辛牧。（創世紀詩雜誌社提供）

1971年，眾文友合影。前排左起：彭邦禎、羊令野、楊牧、商禽；後排左起：洛夫、羅門、張默、葉維廉、瘂弦、碧果、辛鬱。（文訊文藝資料中心）

1973年夏天，與訪臺的美國詩人羅森堡與其女友合影。前排左起：瘂弦、葉維廉、羅森堡及其女友、沈志方；後排左起：管管、張默、辛鬱、張漢良、洛夫、商禽、大荒。（文訊文藝資料中心）

1976年10月10日，與詩友至蘭溪郊遊合影。
前排左起：管管、辛鬱、洛夫、梅新；後排
左起：張默、大荒（文訊文藝資料中心）

1976年，全家福，與妻子陳瓊芳、兒子莫
凡、女兒莫非合影。（洛夫提供）

1978年8月，攝於韓國詩人徐廷柱夫婦訪臺酒宴。前排左起：辛鬱、許世旭、許廷柱、許廷柱夫人、蓉子、羅門；後排左起：方心豫、張默、商禽、羊令野、洛夫、梅新。（文訊文藝資料中心）

1982年11月，詩集《時間之傷》獲中山文藝獎，於領獎典禮中與家人合影。左起：女婿孫自立、妻子陳瓊芳、洛夫、女兒莫非。（洛夫提供）

1985年9月23日，與北上來訪的丁雄泉及眾文友合影於梅新家。
前排左起：洛夫、丁雄泉、葉維廉、辛鬱；後排左起：張默、
管管、瘂弦、張墊、梅新。（文訊文藝資料中心）

1986年11月，洛夫與妻子陳瓊芳（左）
合影於第九屆吳三連文藝頒獎會
場。（洛夫提供）

約1980年代中，與文友合影於辛鬱家中。前排左起：瘂弦、周
策縱、洛夫、辛鬱；後排左起：張墊、張默、管管。（創世紀
詩雜誌社提供）

1991年3月，詩集《月光房子》獲國家文藝獎，洛夫伉儷（左三、四）與無名氏（左一）及領取特別貢獻獎的畫家林風眠（左二）合影於會場。（洛夫提供）

1992年8月，洛夫與辛鬱（右）攝於臺北誠品書店舉辦的「詩的星期五」首場。該活動由洛夫發起，每月一次，連續舉辦三年多，共38場，應邀參加詩人達八十餘位，首場由洛夫及辛鬱擔任主持人。（洛夫提供）

1993年3月，與詩人群攝於聖地牙哥加州大學等四所大學所邀請的旅美巡迴詩歌朗誦。
左起：張默、美國詩人、洛夫、葉維廉、向明、管管、佚名。（洛夫提供）

1996年8月，移居加拿大之初，與好友在溫哥華新居夜飲。前排左起：洛夫、瘂弦、佚名；後排左起：黃永武、葉維廉。（洛夫提供）

1997年9月15日，與韓國女詩人金良植會晤並合影。左起：菩提、辛鬱、梅新、金良植、洛夫、方心豫、張默、商禽。（文訊文藝資料中心）

1998年6月，洛夫（前排左一）應邀於紐約第一銀行畫廊舉辦書法展，開幕式中與張隆延（前排左二）、潘郁琦（第二排左一）、王鼎鈞（第二排左六）等人合影。（洛夫提供）

1998年10月，洛夫（前排左四）第三次返回故鄉湖南探親，與妻子陳瓊芳（前排左五）、兄弟及其家人合影。（洛夫提供）

1998年11月，參加臺中市文化中心舉辦之「洛夫書藝展」，和與會嘉賓合影。前排左
起：陳庭詩、瘂弦、洛夫、無名氏、張拓蕪；後排左起：簡政珍、隱地、羅瑞芝、
辛鬱、陳瓊芳、季野、朵思。（洛夫提供）

1998年12月，洛夫與李瑞騰（右）對談，對談文章〈從現代到古典，從本土到世
界——洛夫v.s李瑞騰〉後於1999年3月發表在《創世紀》第118期。（洛夫提供）

1999年10月30日，與文友合影於創世紀45周年暨詩創作獎。前排左起：商禽、碧果、朵思、洛夫、古月、辛鬱、管管；後排左起：楊平、須文蔚、許露麟、張默、杜十三、簡政珍、艾農、丁文智、張國治。（創世紀詩雜誌社提供）

2000年，與文友合影。左起：李錫奇、商禽、洛夫、陳瓊芳。（文訊文藝資料中心）

2001年8月，應邀參加於大連舉辦的國際詩人筆會，與詩人合影。前排左起：陳銘華、向明、佚名、余梅芳、陳瓊芳、潘郁琦、佚名、白樺、商禽；後排左起：管管、鄭愁予、洛夫、非馬。（洛夫提供）

2004年6月，洛夫獲北京首屆「新詩界國際詩歌獎：北斗星獎」，為首次獲得中國詩獎。（洛夫提供）

2004年10月，攝於在臺北舉辦的「創世紀詩社50周年慶」，現場共有文藝界來賓200多人參加，由洛夫致歡迎詞。前排左起：商禽、陳瓊芳、洛夫、瘂弦、古月、龔華、佚名、張默、辛鬱；後排左起：張國治、汪啟疆、劉小梅、張漢良、管管、陳素英、潘郁琦、辛牧、季野、國鼎、杜十三、落蒂、丁文智、簡政珍。

2004年10月，洛夫與楊牧（右）合影於「創世紀詩社50周年」慶典中。（洛夫提供）

2005年3月，擔任會長的加拿大「漂木藝術協會」舉辦第二屆會員大會及春節聯歡晚會。該會領導向會員及貴賓拜年。左起：副會長謝天吉、佚名、洛夫、祕書長章邁、顧問瘂弦。該會由洛夫於2004年創辦。（洛夫提供）

2005年8月，洛夫與妻子陳瓊芳（左）偕同《洛夫評傳》、《一代詩魔》、《洛夫傳奇》等書作者龍彼德（右）合影。（洛夫提供）

2007年4月，洛夫（左五）攝於由香港大學、武漢大學、蘇州大學、徐州師大四校聯合舉辦，分別在蘇州、徐州兩地召開的「洛夫與二十世紀華文文學研討會」。（洛夫提供）

2007年10月13日，攝於湖南鳳凰縣「洛夫長詩《漂木》國際學術研討會」。左起：簡政珍、洛夫、陳瓊芳、白靈。（創世紀詩雜誌社提供）

2009年4月，攝於「洛夫詩歌全集新書發表會暨洛夫創作60周年慶」活動現場。左起：愚溪、黃碧端、洛夫、陳瓊芳、申學庸。（洛夫提供）

2009年10月，攝於故鄉湖南衡陽所舉辦的「洛夫國際詩歌節」開幕式。（洛夫提供）

2009年10月，洛夫伉儷與參觀其衡南縣舊居的學者文友合影。左起：謝冕伉儷、洛夫、陳瓊芳、許世旭。（洛夫提供）

2010年11月，洛夫（前排左四）應越南華裔「尋聲詩社」同仁之邀，重返四十多年前曾經任職的西貢（今胡志明市）訪問一週。並與該詩社同仁合影。（洛夫提供）

2011年10月10日，洛夫（前排左五）與妻結褵50週年，是為金婚。與慶賀的文友攝於溫哥華麒麟大酒店設下的慶祝宴席（洛夫提供）

2012年9月，洛夫（前排左三）攝於東京臺灣現代詩研究會舉辦之「洛夫詩研討會」，和辻井喬（前排左四）、三木直大（前排左五）、松浦恆雄（後排右一）及其他詩人合影。（洛夫提供）

2012年10月，攝於新建成於湖南衡陽的「洛夫文學藝術館」前。左起：衡南縣宣傳部長邱清燕、洛夫、陳瓊芳、經紀人任亞輝、衡南縣文化館館長胡朝陽。（洛夫提供）

2011年10月，與湖南籍鐵桿團隊於中山市合影，左起：漂木藝術家協會祕書長章邁、賀娜、彭建政、洛夫、陳瓊芳、任亞輝、歐陽白。（洛夫提供）

2012年，洛夫在深圳大學演講，結束後，為蜂擁排隊的聽眾簽名。（洛夫提供）

洛夫與妻子陳瓊芳（左）近照。（洛夫提供）

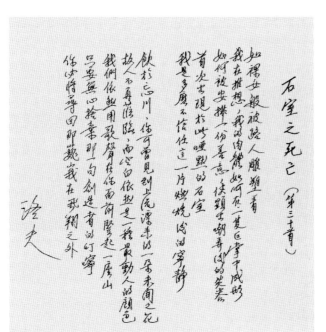

洛夫〈石室之死亡〉部分手稿，發表於1959年。
（創世紀詩雜誌社提供）

1987年春，洛夫墨寶〈石門頌〉。（國立臺灣文學館提供）

洛夫〈廿八寒暑，鶼鰈情深〉手稿，發表於1989年2月。（文訊文藝資料中心）

2004年10月，洛夫應寒山寺住持秋爽和尚邀請，以行草書寫〈楓橋夜泊〉，石刻現陳列於該寺碑廊。（洛夫提供）

2009年1月23日，洛夫致文訊總編輯封德屏書信。（文訊文藝資料中心

洛夫〈哀悼詩人許世旭〉手稿，發表於2010年。（文訊文藝資料中心）

灰的重量　‧洛夫‧

一粒灰塵
有多重？

這得看擱在哪裡

擱在屠夫的刀上很重
擱在高僧的蒲團上則輕

至於不經意落在我衣帽上的
撣撣
就好

洛夫〈灰的重量〉手稿，發表於2011年。
（文訊文藝資料中心）

洛夫草書：「常建詩題破山寺後禪院」。
（洛夫提供）

2013年，洛夫應文訊雜誌社之邀，捐贈行書書法〈李白春夜宴桃李園序〉，參加該社舉辦之義賣活動，後以十萬臺幣售出。（洛夫提供）

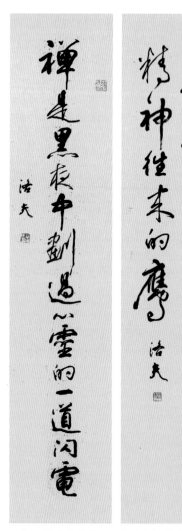

洛夫行書書法詩作：「禪是黑夜中劃過心靈的一道閃電」。（洛夫提供）（左圖）

洛夫行書書法詩作：「危巖上蹲著一隻獨與天地精神往來之鷹」。（洛夫提供）（中圖）

洛夫禪書對聯：「說佛身是樹，淨坐心如蘭」。（洛夫提供）

洛夫〈朗誦一首關於燈塔的詩〉手稿。（國立臺灣文學館提供）

洛夫草書王維詩句：「行到水窮處，坐看雲起時」。（洛夫提供）

洛夫詩畫作品〈白色之釀〉。（創世紀詩雜誌社提供）

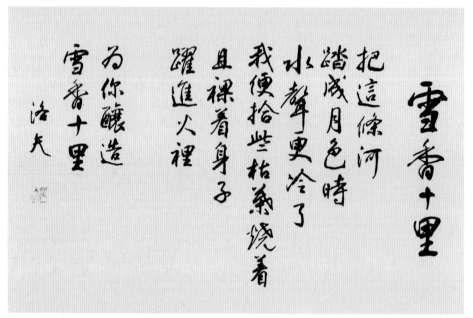

洛夫墨寶〈雪香十里〉。（洛夫提供）

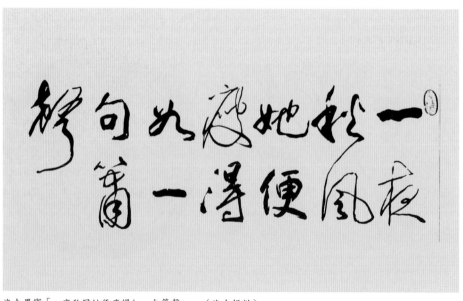

洛夫墨寶「一夜秋風她便瘦得如一句蕭聲」。（洛夫提供）

輯二◎生平及作品
小傳◎作品◎年表

小傳

洛夫（1928～）

　　洛夫，男，本名莫洛夫，兼有筆名野叟，籍貫湖南衡陽，1928 年 5 月 11 日生，1949 年來臺。

　　淡江大學英文系畢。曾任海軍編譯官、英文祕書、東吳大學講師、亞盟總會專門委員及北京師範大學、中國華僑大學、廣西民族大學客座教授。1954 年與張默、瘂弦創辦《創世紀》詩刊，並擔任總編輯，1969 年 10 月發起組成「詩宗社」，以「現代詩歸宗」爲主張。1996 年移居加拿大溫哥華，專事寫作。1998 年發起組成「雪樓詩書小集」，2004 年發起組成「加拿大漂木藝術家協會」，擔任首屆會長。曾獲 1982 年中國時報文學推薦獎、中山文藝創作獎、1986 年吳三連文藝獎、1991 年國家文藝獎、2011 年中國當代詩歌獎（2000—2010）創作獎等獎項。1999 年《魔歌》獲選爲臺灣文學經典之一，2001 年當選第三次臺灣當代十大詩人之一，名列首位。作品被譯成英、法、日、韓、荷蘭、瑞典等文。

　　洛夫的創作文類以詩爲主，次及散文、評論和翻譯。做爲臺灣現代詩史上重要詩人，詩作初期以表達個人情懷爲主，後受存在主義與超現實主義的啓迪，意象轉向繁複濃烈，節奏明快多變，語言奇詭冷肅。由於詩作表現手法魔幻，故而被稱爲「詩魔」。後期詩作以《魔歌》爲分水嶺，詩風蛻變，評論家指出：「洛夫後期作品大異於前期，語言漸漸放鬆，結果其彈性反而增加，耐人尋味。但仍然保留了超現實手法所成的那種疑真似幻的

驚奇。」在散文創作上，洛夫多以表達情感與抒發心靈為主。創作數量雖不若詩作豐厚，但由於對散文應具備「境界高度」與「知性深度內涵」的主張，使其散文量少質精。「文氣厚重深潛、勁道暗伏，文理清順質直、諧趣犀利」即為向陽對其散文創作的評價。除詩、散文、評論之創作外，洛夫亦潛心於書法藝術的探索與實踐，尤精於行草，書風靈動蕭散，境界高遠。曾多次應邀在臺灣、溫哥華、紐約、馬尼拉、馬來西亞及中國十餘城市展出。

　　由繁複趨向簡潔，晦澀趨向明朗，洛夫詩作師承古典，落實生活，主題取材於生活感受，寄情於天地萬物，尤著重於對人生的感悟反思；主要風格在熔個人熱情、歷史意識、時代精神於一爐，透過冷雋的意象，表現出民族特有的人文精神和對現實的深沉關注。國家文藝獎對其獲獎評語為：「語淡韻深，自然渾成，真能表現唐代絕句，晶瑩剔透之美。」洛夫的語言表現與技巧實驗推進了臺灣現代詩的發展，他的形上思維、美學信念、生命情態、意象鑄造、語言銳變，以及中西融會、現代與傳統的辯證等，都成為研究者論述著筆的面向，而其創作歷程，也具體而微地體現臺灣現代詩的成長。

作品目錄及提要

【論述】

詩人之鏡
高雄：大業書
1969 年 5 月，40 開，188 頁
大業現代文學叢書

本書為作者現代詩論。全書收錄〈中國現代藝術運動的證詞〉、〈五年後的再出發〉、〈超現實主義之淵源〉等 12 篇。正文前有洛夫〈自序〉。

洛夫詩論選集
臺北：開源出版社
1977 年 1 月，32 開，280 頁
開源文庫 1

臺南：金川出版社
1978 年 8 月，25 開，278 頁

本書分「現代詩散論」、「現代詩人專論」二輯，收錄〈誰是清醒中的詩人〉、〈與顏元叔談詩的結構與批評——並自釋〈手術臺上的男子〉〉等 21 篇。正文前有洛夫〈自序〉，正文後有〈洛夫作品評論題目備考〉。
金川版：內容與開源版同。

詩的探險

臺北：黎明文化公司
1979 年 6 月，32 開，287 頁

本書爲 1977 年開源出版社《洛夫詩論選集》易名。正文前增加洛夫〈再版前記〉，正文後增加〈洛夫作品評論題目備考〉。

孤寂中的迴響

臺北：東大圖書公司
1981 年 7 月，25 開，260 頁
滄海叢刊

本書爲作者 1979 年 10 月起，應《文藝月刊》邀請撰寫「詩的札記」專欄文章集結，內容包含談論詩的體裁與對詩集的評、序等。全書收錄〈詩的語言和意象〉、〈一位食花的女子〉、〈新節奏的誕生——讀向陽詩集《種籽》雜記〉等 20 篇。正文前有洛夫〈自序〉。

詩的邊緣

臺北：漢光文化公司
1986 年 8 月，25 開，188 頁
漢光叢刊 028

本書內容爲作者對現代詩發展的觀察與論述，間有對臺灣現代詩人及其詩作的評論。全書收錄〈現代詩論劍餘話〉、〈向羅英的感覺世界探險〉、〈論向明的詩〉等 19 篇。

當代大陸新詩發展的研究（與張默合著）

臺北：行政院文建會
1996 年 6 月，16 開，172 頁
大陸地區文學概況調查研究系列叢書 3

本書爲「大陸地區文學概況研究調查」計畫成果之一，蒐集大陸地區 1976 至 1989 年（文革結束至天安門事件發生）期間之

文學概況，全書共八章：1.當代大陸新詩發展概述（1949—
1976）；2.朦朧詩的崛起；3.一股不可抗拒的詩歌洪流；4.近十
年來的大陸現代主義詩歌；5.對大陸第三代詩人的觀察；6.一
九四九年以後大陸新詩期刊簡介；7.大陸當代著名詩人、詩評
家略傳；8.當代大陸新詩發展概況調查。正文前有行政院文建
會林澄枝主委〈序〉，正文後附錄〈大陸新詩期刊書影集錦〉、
〈有關大陸新詩出版物的參考資料〉。

【詩】

靈河
臺北：創世紀詩社
1957 年 12 月，32 開，44 頁

本書爲詩人第一本出版詩集，封面爲自行設計，曾獲 1958 年
「中國新詩聯誼會」最佳創作獎，以抒情手法處理對女友的純
情詩作及少年詩人對於生活感悟。全書收錄〈風雨之夕〉、〈小
樓之春〉、〈有人從霧裡來〉等 37 首。正文前有洛夫〈自序〉

創世紀詩社 1965

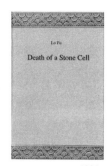

Taoran Press 1993

石室之死亡
臺北：創世紀詩社
1965 年 1 月，40 開，114 頁
創世紀詩叢

Monterey：Taoran Press
1993 年 10 月，13.7×21.7 公分，64 頁
Modern Chinese poetry in translation 1
陶忘機（John Balcom）譯

本書爲 64 首十行體的短詩組成的長詩〈石
室之死亡〉，主題嚴肅恢弘，意象繁複，靈
感來自於金門砲戰中對於「死亡」的感
悟。由於使用人稱轉移與語法結構陌生化
的試驗，晦澀艱深遂成爲這首詩的特色。
正文前有洛夫〈詩人之鏡〉，正文後有李英
豪〈論《石室之死亡》〉。
Taoran Press：由陶忘機英譯爲 *Death of a
Stone Cell*，正文前有"Introduction"，正文
後有作者、譯者簡介。

洛夫「石室之死亡」及相關重要評論／侯吉諒編

臺北：漢光文化公司
1988 年 6 月，32 開，261 頁
漢光叢刊 37、大師的雛型系列 1

本書收錄洛夫長詩〈石室之死亡〉與李英豪〈《論石室之死亡》〉、林亨泰〈大乘的寫法〉等 10 篇評論。正文前有侯吉諒〈大師的雛型——編者序〉，正文後附錄簡政珍〈洛夫作品的意象世界〉、〈洛夫年譜〉。

外外集

臺北：創世紀詩社
1967 年 8 月，40 開，〔104〕頁

本書以詩作風格為分類，全書分「外外集」、「投影集」、「雪崩集」三部分，收錄〈無聊之外〉、〈從墓地回來〉、〈我的獸〉等 28 首。正文後有〈後記〉、「英譯四首」："Beyond the Night"、"Beyond the Tears"、"Beyond the Landscape"、"Beyond the Fruit and Death"。

大林出版社 1979

大林出版社 1970

無岸之河

臺北：大林出版社
1970 年 3 月，40 開，184 頁
大林文庫 34

臺北：大林出版社
1979 年 10 月，32 開，184 頁
大林文庫 34

臺北：水牛出版社
1986 年 10 月，32 開，184 頁
創作選集 55

本書詩作遴選自《靈河》、《石室之死亡》、《外外集》與未結集出版的「西貢詩抄」，為詩人最早的斷代性自選集，明顯爬梳詩人作品風格的轉變。全書分「無岸之河（一九六七—六九）」、「灰燼之外（一九六五—六七）」、「太陽手札（一九六○—六五）」、「投

水牛出版社 1986

影（一九五八—五九）」、「果園（一九五四—五七）」五輯，收錄〈政變之後〉、〈霧之外〉、〈焚城之前〉、〈葡萄成熟時〉、〈我曾哭過〉等 67 首。正文前有洛夫〈自序〉。
1979 年大林版：重新排版，內容與 1970 年大林版同。
水牛版：內容與大林版同。

中外文學月刊社
1974

蓬萊出版社 1981

魔歌
臺北：中外文學月刊社
1974 年 12 月，32 開，244 頁
中外文學叢書 3

臺北：蓬萊出版社
1981 年 6 月，32 開，270 頁
蓬萊書系 10

本書爲洛夫調整語言、改變風格所呈現的新風貌。全書收錄〈牀前明月光〉、〈高空的雁行〉、〈清苦十三峰〉、〈月亮·一把雪亮的刀子〉、〈鬼節三題〉等 58 首。正文前有洛夫〈自序〉，正文後有張漢良〈論洛夫後期風格的演變〉、《魔歌》年表〉、〈洛夫書目〉。
蓬萊版：正文後新增陳義芝〈聽那一片洶湧而來的鐘聲——扣訪洛夫詩境的泉源〉、洛夫〈再版後記〉。

眾荷喧嘩
新竹：楓城出版社
1976 年 5 月，32 開，122 頁
楓城叢書 11

本書爲擷取部分《靈河》詩作，並收錄後續散作而成的抒情詩作選。語法單純、意象明晰，豪情難伸的愁緒展現出洛夫早期詩作特色，書中並搭配詩人碧果的插圖。全書收錄〈我曾哭過〉、〈有人從霧裡來〉、〈金龍禪寺〉、〈你的雪與我的血〉等 50 首。正文前有洛夫〈自序〉，正文後有〈洛夫書目〉。

時間之傷
臺北：時報文化出版公司
1981 年 6 月，32 開，308 頁
時報書系 326

本書遴選自詩人於 1976 年《眾荷喧嘩》出版後陸續完成的一百
餘首詩作，該書曾獲 1982 年中山文藝創作獎。全書分「漢城詩
鈔」、「時間之傷」、「借問酒家何處有（詩劇）」三卷，收錄〈雪
祭韓龍雲〉、〈半月閣夜飲〉、〈歲末無雪〉、〈妻的手指〉、〈泡沫
之歌〉等 83 首詩作與〈借問酒家何處有〉詩劇創作一首。正文
前有洛夫〈自序〉。

釀酒的石頭
臺北：九歌出版社
1983 年 10 月，32 開，172 頁
九歌文庫 124

全書收錄〈月亮升起如一首輓歌〉、〈昨日的水薑花〉、〈墨荷無
聲〉、〈月出驚山鳥〉等 45 首。正文後有洛夫〈後記〉、〈作者
書目〉。

九歌出版社 1988

九歌出版社 2008

因為風的緣故──洛夫詩選（一九五五～一九八七）
臺北：九歌出版社
1988 年 6 月，32 開，374 頁
九歌文庫 256

臺北：九歌出版社
2008 年 1 月，32 開，378 頁
九歌文庫 256

本書收錄詩人 1955 至 1987 年出版作品的詩作遴選，全書分
「靈河」、「石室之死亡」、「外外集」、「無岸之河」、「魔歌」、
「時間之傷」、「釀酒的石頭」、「未集稿」八卷，收錄〈暮
色〉、〈石室之死亡〉、〈灰燼之外〉、〈湯姆之歌〉、〈隨雨聲入山
而不見雨〉等 101 首。正文後有葉維廉〈洛夫論〉、〈作者書
目〉。
2008 年增訂新版：於正文後新增趙衛民〈洛夫的視象戲劇化─
─從洛夫詩選《因為風的緣故》談起〉，原〈作者書目〉增修
為〈洛夫書目（一九五七～二〇〇七）〉。

愛的辯證──洛夫選集／非馬選

香港：文藝風出版社
1988 年 9 月，大 32 開，183 頁
臺灣文叢

本書收錄詩人後期詩作，詩風呈現深刻思辨能力與強烈情感。全書收錄〈蝶〉、〈猿之哀歌〉、〈李白傳奇〉、〈水祭〉、〈愛的辯證〉等 61 首。正文前有洛夫近照、手稿與非馬〈序〉，正文後有蕭蕭〈不變的巨石──談洛夫〉、〈洛夫小傳〉、〈洛夫年譜〉、〈洛夫著作目錄〉。

詩魔之歌

廣州：花城出版社
1990 年 2 月，32 開，195 頁

本書內容為詩人 1954～1988 年詩作若干與詩論兩篇，按照詩觀發展階段分類，亦按題材風格走向分類。分「抒情篇」、「探索篇」、「回歸篇」、「生活・禪趣」、「鄉愁篇」、「故國之旅篇」六輯，收錄〈有人從霧裡來〉、〈清苦十三峰〉、〈李白傳奇〉、〈洗臉〉、〈杭州紙扇一把題贈瘂弦〉等 52 首詩。正文前有〈作者簡介〉、洛夫〈導言〉，正文後附錄「詩論」，收錄洛夫〈詩人之鏡〉、〈我的詩觀與詩法〉、任洪淵〈洛夫的詩與現代創世紀的悲劇〉、楊光治〈奇異・鮮活・準確──淺論洛夫的詩歌語言〉。

月光房子

臺北：九歌出版社
1990 年 3 月，32 開，219 頁
九歌文庫 287

本書收錄詩人 1984 年 11 月至 1988 年 8 月間的詩作遴選，內容分為鄉愁、懷友、感時寄興的抒情詩與處理現實題材的詩，該書於 1991 年 3 月獲國家文藝獎。全書收錄〈葬我於雪〉、〈豐年祭的午後〉、〈軍火販子之死〉、〈碧瑤夜飲〉、〈七月的輓歌〉等 68 首。正文前有洛夫〈自序〉。

天使的涅槃

臺北：尚書文化出版社
1990 年 4 月，25 開，223 頁
尚書詩典 2

本書題材包含故鄉情懷、政治詩與在臺灣的生活經驗與感受。
全書分「神州之旅詩鈔」、「天使的涅槃」、「城市悲風」三卷，
收錄〈湖南大雪〉、〈一塊掉在曬衣繩上的被單〉、〈死於聽不見
的槍聲中〉、〈狂僧懷素〉等 48 首。正文前有洛夫〈自序〉，正
文後有任洪淵〈洛夫的詩與現代創世紀的悲劇〉、洛夫〈洛夫
年譜〉、編輯部〈洛夫書目〉。

葬我於雪

北京：中國友誼出版公司
1992 年 2 月，40 開，160 頁

本書分四輯。全書收錄〈白色之釀〉、〈夢醒無憑〉、〈他的心事
如落葉——給一群老兵〉、〈我在腹內餵養一隻毒蠱〉等 79
首。正文前有〈作者小傳〉。

隱題詩

臺北：爾雅出版社
1993 年 3 月，32 開，184 頁
爾雅叢書 145

本書為詩人對於句構與語言結構的實驗詩，不明說詩題，而將
詩題暗嵌於每行首字。全書收錄〈所有鮮花都挽救不了鏡中的
蒼白〉、〈我不懂荷花的升起是一種慾望或某種禪〉、〈咖啡豆喊
著：我好命苦，說完便跳進一口黑井〉、〈春醒後我將與融雪的
速度奔回〉等 45 首。正文前有洛夫〈給瓊芳〉、洛夫〈隱題詩
形構的探索（自序）〉，正文後附錄沈奇〈再度超越——評洛夫
「隱題詩」兼論現代漢詩之形式問題〉、〈洛夫年譜（摘錄）〉。

洛夫詩選／任洪淵主編

北京：中國友誼出版公司
1993 年 3 月，32 開，261 頁
臺灣詩歌名家叢書

本書分「《靈河》（1957）」、「《石室之死亡》（1965）」、「《無岸之河》（1970）」、「《魔歌》（1974）」、「《時間之傷》（1981）」、「《釀酒的石頭》（1983）」、「《月光房子》（1990）」、「《天使的涅槃》（1990）」八輯，收錄〈風雨之夕〉、〈霧之外〉、〈魚的系列〉、〈再別衡陽車站〉、〈走向王維〉等 133 首。正文前有任洪淵〈洛夫的詩與現代創世紀的悲劇〉，正文後附錄〈洛夫書目〉、〈洛夫年譜〉。

我的獸／杜國清主編

北京：中國文聯出版社
1993 年 5 月，25 開，173 頁
世界華文文學精品庫

本書詩作遴選自洛夫歷年出版著作。全書分兩輯，收錄〈十一月初八夜讀記事〉、〈月亮‧一把雪亮的刀子〉、〈大寂之劍〉、〈井的曖昧身世，繡花鞋說了一半青苔說了另一半〉、〈感時花濺淚，恨別鳥驚心──贈杜甫〉等 64 首。正文前有洛夫〈詩的傳承與創新（代自序）〉，正文後有劉登翰〈洛夫詩歌藝術初探〉、〈著作目錄〉、楊葵〈編後記〉。

夢的圖解

臺北：書林出版公司
1993 年 8 月，32 開，162 頁
書林詩集 14

本書以 1981 年時報文化出版公司《時間之傷》爲基底，刪去詩劇與部分詩作後重新編排再版。全書分「夢的圖解」、「漢城詩抄」兩卷，收錄〈包青天三段論法〉、〈飲我以花雕〉、〈月光照在鹽田上〉、〈樹的雄辯〉、〈如果山那邊降雪〉等 57 首。正文前有洛夫〈前記〉。

雪崩──洛夫詩選

臺北：書林出版公司
1994 年 1 月，32 開，224 頁
書林詩集 13

本書遴選詩人早期風格蒼莽粗礪，擁抱現代主義的作品，充分
表現詩人於 1960、1970 年代實驗「超現實主義」手法，大膽
突破傳統詩美學與語言規範。全書分「有人從霧裡來」、「雪
崩」、「西貢詩鈔」、「裸奔」四卷，收錄〈十二月之辨〉、〈曉之
外〉、〈月問〉、〈不被承認的秩序〉、〈憤怒的葡萄〉等 69 首。
正文前有洛夫〈自序〉。

洛夫小詩選

臺北：小報文化公司
1998 年 11 月，25 開，208 頁
小報文學館 C001

本書為詩人應小報文化公司邀請所編選的十行內小詩選，錄自
過往作品與《隱題詩》，詩題取材自生活，充滿對生命的關照
與反諷的現代感。全書收錄〈風雨之夕〉、〈西貢夜市〉、〈白色
之釀〉、〈因你而渴死〉、〈買傘無非是為了丟掉〉等 133 首。正
文前有龔鵬程、黃佛三、楊樹清、翁翁〈小報出版館總序──
出版館‧無盡藏〉、洛夫〈心靈之約〉、小報文化公司〈關於洛
夫和洛夫小詩選〉、洛夫〈小詩之辨〉，正文後附錄龍彼德、楊
樹清編〈洛夫書目（一九五七──一九九八）〉。

雪落無聲

臺北：爾雅出版社
1999 年 6 月，32 開，188 頁
爾雅叢書 41

本書為詩人移居溫哥華後，於 1997 年聖誕節的落雪而激發靈
感的作品結集，「雪落無聲」反映出詩人此時心境的寧靜，亦
散發出蕭散冷肅的詩味。全書收錄〈交給風去討論〉、〈絕句十
三帖〉、〈南瓜無言〉、〈大悲咒與我的釋文〉、〈春醒〉等 51 首
詩。正文前有洛夫〈如是晚境（代序）〉。

形而上的遊戲

臺北：駱駝出版社
1999 年 9 月，40 開，157 頁
現當代名家作品精選 15

本書收錄〈沙包刑場——西貢詩抄〉、〈隨雨聲入山而不見雨〉、〈子夜削梨——漢城詩抄之七〉、〈形而上的遊戲〉、〈書籍與娼妓〉等 53 首。正文前有馬森〈總序〉、龍彼德〈導讀：大風起於深澤——論洛夫的詩歌藝術〉，正文後有〈主編簡介〉、〈作者簡介〉、〈洛夫書目（1957—1999）〉。

洛夫精品

北京：人民文學出版社
1999 年 9 月，32 開，337 頁

本書分「金龍禪寺」、「時間之傷」、「隱題詩」、「石室之死亡」四輯，收錄〈香港的月光〉、〈因為風的緣故〉、〈泥鰍十九行〉、〈書籍與娼妓〉、〈大鴉〉等 133 首。正文前有洛夫〈詩的傳承與創新（代序）〉，正文後附錄〈洛夫小傳〉、〈洛夫書目〉、〈洛夫年譜〉。

魔歌

臺北：探索文化公司
1999 年 11 月，20.4×22.3 公分，242 頁

本書遴選自 1974 年《魔歌》中外文學版，由詩人以行書草體親寫，並搭配原詩鉛字版，為其書法詩集典藏。全書分「書法詩集」與「原版詩集」兩部分，收錄〈水中的臉〉、〈月亮‧一把雪亮的刀子〉、〈子夜讀信〉、〈女鬼〉等 34 首。正文前有洛夫〈自序（新版）〉，正文後附錄〈洛夫小傳〉、〈洛夫書目〉。

洛夫・世紀詩選

臺北：爾雅出版社
2000 年 5 月，25 開，162 頁
爾雅叢書 502

本書分爲「靈河」、「石室之死亡」、「外外集」、「無岸之河」、「魔歌」、「時間之傷」、「釀酒的石頭」、「月光房子」、「天使的涅槃」、「隱題詩」、「雪落無聲」11 卷，收錄〈邊界望鄉〉、〈香港的月光〉、〈危崖上蹲有一隻獨與天地精神往來的鷹〉、〈西安四說〉、〈水墨微笑〉等 51 首。正文前有〈洛夫小傳〉、〈洛夫手稿〉、洛夫〈洛夫詩觀〉、沈奇〈現代詩的美學史——重讀洛夫〉，正文後有〈洛夫書目（一九五七——一九九九）〉。

聯合文學出版社
2001

聯合文學出版社
2004

Zephyr Press
2004

國際文化出版公司
2006

漂木

臺北：聯合文學出版社
2001 年 8 月，25 開，291 頁
聯合文學 263・聯合文叢 235

臺北：聯合文學出版社
2004 年 12 月，25 開，291 頁
聯合文學 263・聯合文叢 235

北京：國際文化出版公司
2006 年 9 月，21.17×13.4 公分，258 頁

2007 年 5 月，25 開，120 頁
Brookline, MA：Zephyr Press
陶忘機譯

本書分四章：1.漂木；2.鮭，垂死的逼視；3.浮瓶中的書札；4.向廢墟致敬，總長度 3092 行。正文前有簡政珍〈在空境的蒼穹眺望永恆的向度——論洛夫的長詩《漂木》〉，正文後有〈《漂木》創作記事〉、龍彼德〈飆升在新高度上的輝煌——喜讀洛夫的長詩《漂木》〉、蔡素芬採訪〈漂泊的，天涯美學——洛夫訪談〉、〈洛夫詩集繫年〉。
2004 年聯合文學版：〈洛夫詩集繫年〉改爲〈洛夫書目〉。
國際文化版：原簡政珍序更名爲〈意象「離心」的向心力〉，正文後新增葉櫓〈《漂木》論〉。

Zephyr Press：由陶忘機英譯爲 *Driftwood: a poem*。正文前有
"Introduction"、"Acknowledgments"。

Selectel Verses by Lo Fu／葉維廉、陶忘機等譯

香港：銀河出版社
2001 年 8 月，12.5×18cm，83 頁
中外現代詩名家集萃・詩世界叢書系列 9

本書中文名稱爲《洛夫短詩選》，中英對照，由葉維廉、陶忘
機等譯。全書收錄〈灰燼之外〉、〈馬雅可夫斯基銅像與鳥
糞〉、〈午夜削梨〉等 19 首。正文前有〈出版前言〉、〈作者簡
介〉。

洛夫禪詩

臺北：天使學園網路公司
2003 年 5 月，25 開，238 頁

本書內容爲與禪結合的詩作，全書收錄〈截指記〉、〈金龍禪
寺〉、〈枯魚之肆〉、〈我在水中等你〉、〈形而上的遊戲〉等 69
首。正文前有「洛夫墨寶」、沈奇〈詩魔之禪——讀洛夫禪
詩〉、洛夫〈禪的味道如何——代序〉，正文後附錄潘麗珠〈微
笑的禪意——析洛夫〈水墨微笑〉〉、游佩娟〈試論洛夫詩中的
禪意——以〈有鳥飛過〉、〈隨雨聲入山而不見雨〉兩首詩爲
例〉、梁如雲〈洛夫寫禪〉、吳開晉〈洛夫詩中的禪道意蘊〉。

洛夫詩鈔

臺北：未來書城公司
2003 年 8 月，25 開，197 頁
文學書 119

本書爲詩人親筆手抄詩作，全書收錄〈詩人的墓誌銘〉、〈雨想
說的〉、〈釀酒的石頭〉、〈狼尾草的夏天〉、〈四月的行板〉等 65
首。正文前有洛夫〈自序〉，正文後附錄〈洛夫小傳〉、〈洛夫書
目（一九五七——一九九九）〉。

因為風的緣故

臺北：聯經出版公司
2005 年 8 月，14.5×21.5 公分，95 頁
文學留聲 1

本書詩作爲洛夫親筆書寫，並附有朗誦 CD。全書收錄〈因爲風的緣故〉、〈石室之死亡（第一首）〉、〈金龍禪寺〉等 15 首。正文前有〈洛夫小傳〉、沈奇〈現代詩的美學史——研讀洛夫〉、洛夫〈前言——含十五首朗誦詩的釋意〉，正文後有〈洛夫書目（一九五七～二〇〇三）〉、顏艾琳〈後記——在時間流，之上〉。

雨想說的

廣州：花城出版社
2006 年 10 月， 14.5×22 公分，175 頁

全書收錄〈隨雨聲入山而不見雨〉、〈譬如朝露〉、〈墓園的剪草機〉、〈秋之存在〉、〈石頭罵我賊〉等 65 首。正文前有「洛夫墨寶」、沈奇〈現代詩的美學史（代序）〉，正文後有洛夫〈後記〉、陳祖君〈詩人洛夫訪談錄〉、〈洛夫書目〉。

背向大海

臺北：爾雅出版社
2007 年 7 月，25 開，169 頁
爾雅叢書 472

全書收錄〈我那千禧年的頭顱〉、〈譬如朝露〉、〈鐵軌拖著落日走〉、〈汽車後視鏡裡所見〉、〈背向大海〉等 52 首。正文前有洛夫〈自序〉，正文後附錄洛夫〈解讀一首敘事詩——〈蒼蠅〉〉、〈洛夫書目〉。

洛夫集／丁旭輝編

臺南：國立臺灣文學館
2009 年 7 月，25 開，144 頁
臺灣詩人選集 12

本書自《靈河》、《石室之死亡》、《外外集》、《無岸之河》、《魔歌》、《時間之傷》、《釀酒的石頭》、《月光房子》、《天使的涅槃》、《隱題詩》、《雪落無聲》、《漂木》、《背向大海》等原創性單行本詩集中遴選詩作，按原來所屬詩集出版之先後排序，佐以詩人生平簡介，鋪展洛夫生平創作軌跡。全書收錄〈生活〉、〈煙囪〉、〈窗下〉、〈石室之死亡〉等 47 首。正文前黃碧端〈主委序〉、鄭邦鎮〈騷動，轉成運動〉、彭瑞金〈「臺灣詩人選集」編序〉、〈臺灣詩人選集編輯體例說明〉、〈洛夫影像〉、〈洛夫小傳〉，正文後有丁旭輝〈解說〉、〈洛夫寫作生平簡表〉、〈閱讀進階指引〉、〈洛夫已出版詩集要目〉。

DROBEC IZ NAPLAYLN IN DRUGE, Lo Fu／維拉多（Vlado Sestan）譯

Ljubljana Kud, Apokalipsa
2010 年 11 月

本書爲洛夫詩選斯洛維尼亞文譯本。

煙之外

南京：鳳凰出版傳媒集團、江蘇文藝出版社
2010 年 12 月，23×15 公分，255 頁

本書爲詩人詩作精選，全書收錄〈投影〉、〈水祭〉、〈與衡陽賓館的蟋蟀對話〉、〈走向王維〉、〈唐人街敘事〉等 106 首。

禪魔共舞：洛夫禪詩‧超現實精品選

臺北：釀出版
2011 年 10 月，18 開，328 頁
閱讀大詩 07

本書內容爲詩人禪詩與超現實詩作品。全書收錄〈有鳥飛過〉、〈夢醒無憑〉、〈SARS 不幸撞到禪〉、〈四月之暮〉、〈梅說〉等 105 首。正文前有〈洛夫小傳〉、洛夫〈禪詩的現代美學意

義〉，正文後有沈奇〈詩魔之禪〉、葉櫓〈詩禪互動的的審美效應——論洛夫的禪詩〉。

禅の味：洛夫詩集／松浦恆雄譯

東京：思潮社
2011 年 12 月，19 公分，226 頁
台湾現代詩人シリーズ 11（第 II 期第 3 卷）

本書爲詩人 1954 年以後創作，爲融合西方超現實主義和東方禪宗進化的現代禪詩，全書分「第一輯 1954—1970」、「第二輯 1971—1995」、「第三輯 1996—」、「第四輯 長篇詩」四輯，收錄〈石室の死亡〉、〈女の人について〉、〈峨嵋山に登り李白を尋ねるもめぐり会わず〉、〈どぶ貝〉、〈時間に致す（長篇詩『流木』第三章第三節）〉等 64 首。正文後有〈洛夫年譜〉、松浦恆雄〈訳者後記〉。

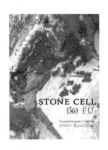

Stone Cell／陶忘機譯

2012 年 8 月，25 開，188 頁
Brookline, MA：Zephyr Press

本書爲洛夫詩選英譯本。

洛夫詩選

北京：九州出版社
2012 年 9 月，16 開，265 頁
世界華人文庫第二輯

本書內容自詩人 60 年創作精選而出，分四卷。全書收錄〈石榴樹〉、〈午夜削梨〉、〈觀仇英蘭亭圖〉、〈致時間〉、〈斯人〉等 100 首詩。正文後附錄〈洛夫作品的意象世界〉、〈洛夫書目及相關研究〉、〈洛夫年譜〉。

如此歲月：洛夫詩選（一九八八—二〇一二）

臺北：九歌出版社
2013 年 6 月，25 開，288 頁

本書內容為詩人自選 1988 至 2012 年間菁華作品。全書收錄〈邂逅〉、〈井邊物語〉、〈烏來巨龍山莊聽溪〉、〈雨想說的〉、〈狼尾草的夏天〉等 104 首。正文前有「洛夫墨寶」、洛夫〈《如此歲月》自序〉，正文後附錄〈洛夫創作年譜〉。

【散文】

一朵午荷

臺北：九歌出版社
1979 年 7 月，32 開，202 頁
九歌文庫 24

本書分二卷，收錄〈雨中的慈湖〉、〈板門店之旅〉、〈處女詩集再版記〉等 23 篇。正文前有洛夫〈閒話散文（代序）〉。

洛夫隨筆

臺北：九歌出版社
1985 年 10 月，32 開，240 頁
九歌文庫 179

本書為作者散文隨筆集結，全書收錄〈寫在水上的詩〉、〈看創世紀閃光之劍〉、〈艾青印象記〉等 24 篇。正文前有洛夫〈覆某讀者（代序）〉，正文後附錄〈從雪與荷中升起——季野與張拓蕪談洛夫散文〉。

一朵午荷

上海：上海文藝出版社
1990 年 10 月，25 開，182 頁

本書收錄〈蠱惑〉、〈詮釋〉、〈登樓〉等 31 篇。正文前有洛夫〈閒話散文（代序）〉。

落葉在火中沉思

臺北：爾雅出版社
1998 年 6 月，25 開，191 頁
爾雅叢書 69

本書收錄〈夜宿珊瑚潭〉、〈我讀到的第一首新詩〉、〈犬子莫
達〉等 21 篇。正文前有洛夫〈火中的落葉（代序）〉，正文後有
〈洛夫書目〉。

洛夫小品選

臺北：小報文化公司
1998 年 11 月，25 開，206 頁
小報文學館 C002

本書內容為作者於《明報》北美版發表的專欄文章與閒時舊
作，於內容上排除政治雜質，呈現寂寞而寧靜豐美的心境。全
書分為「雪樓小品」與「閒情歲月」兩輯，收錄〈南瓜之
死〉、〈且說方塊小品〉、〈神與物遊〉、〈我的一首打油詩〉、〈女
人與詩〉等 61 篇。正文前有龔鵬程、黃佛三、楊樹清、翁翁
〈總序〉、洛夫〈館長序〉、小報文化公司〈關於洛夫和《洛夫
小品選》〉、洛夫〈獨立蒼茫〉，正文後附錄「詩魔的二度流
放」：陳慧心〈詩人・軍人──洛夫二度流放〉、丁果〈絢爛後
面的孤獨──訪詩人洛夫〉、王廣滇〈詩人洛夫二度流放的心
境〉、王廣滇〈洛夫的「血墨詩情」〉、王廣滇〈洛夫、敖普安
聯譜「詩魔之歌」〉、王廣滇〈詩人洛夫紐約展出書法美〉、阿
濃〈洛夫詩書〉、王勇〈從詩人到書法家〉、小報文化公司〈洛
夫書目〉。

雪樓隨筆

臺北：探索文化公司
2000 年 10 月，25 開，188 頁
探索文庫 21

本書分「人生得意須盡歡」、「恰似飛鴻踏雪泥」、「與爾同銷萬
古愁」、「天涯若比鄰」、「海內存知己」五輯，收錄〈春天不是
讀書天〉、〈太空老爹的啟示〉、〈草書的曖昧性〉、〈凱蒂貓與金
庸小說〉、〈詩癡張默外傳〉等 69 篇。正文前有〈預視新世紀
文學視野〉。

雪樓小品

臺北：三民書局
2006 年 8 月，25 開，147 頁
人人叢書文學類 4

本書爲作者於 1998 年爲溫哥華《明報》專欄撰寫的文章，範圍爲讀書感悟與生活感受。全書收錄〈人情與人權〉、〈又想起了雪〉、〈向鮭魚致敬〉、〈詩是情感的等式〉、〈小論鄭板橋〉等 57 篇。正文前有洛夫〈自序：獨立蒼茫〉。

【合集】

洛夫自選集

臺北：黎明文化公司
1975 年 5 月，32 開，286 頁
中國新文學叢刊 30

本書分「詩」、「詩論」兩部分，收錄詩作〈我曾哭過〉、〈果與死之外〉、〈手術臺上的男子〉、〈屋頂上的落月〉、〈巨石之變〉等 51 首與評論〈詩人之鏡──《石室之死亡》自序〉等三篇。正文前有作者素描、生活照片、手跡、〈年譜〉，正文後有〈作品書目〉、〈作品評論引得〉。

洛夫詩歌全集

臺北：普音文化公司
2009 年 4 月，25 開
普音叢書 41

洛夫詩歌全集共四卷，正文前有〈洛夫小傳〉、洛夫手稿、洛夫〈鏡中之像的背後──《洛夫詩歌全集》自序〉，正文後附錄〈洛夫書目〉、〈洛夫創作年譜〉。

洛夫詩歌全集 I

臺北：普音文化公司
2009 年 4 月，25 開，518 頁
普音叢書 41

本書收錄 1954 至 1974 年間出版的《靈河》、《外外集》、「西貢詩抄」、《魔歌》內容，分四輯。全書收錄〈有人從霧裡來〉、〈泡沫之外〉、〈天空的以及街上的〉、〈高空的雁行〉、〈死亡的修辭學〉等 135 首。正文後附錄葉維廉〈洛夫論〉。

洛夫詩歌全集 II

臺北：普音文化公司
2009 年 4 月，25 開，514 頁
普音叢書 41

本書收錄 1974 至 1983 年間出版的《時間之傷》、《釀酒的石頭》內容，分兩輯。全書收錄〈一株腰斬的白楊〉、〈當你沉默如一枚地雷〉、〈泡沫之歌〉、〈昨日的水薑花〉、〈月出驚山鳥〉等 129 首詩作。正文後有簡政珍〈洛夫作品的意象世界〉。

洛夫詩歌全集 III

臺北：普音文化公司
2009 年 4 月，25 開，654 頁
普音叢書 41

本書收錄 1984 年～1999 年間出版的《月光房子》、《天使的涅槃》、《隱題詩》、《雪落無聲》內容，分四輯。全書收錄〈咖啡斷想〉、〈他的心事如落葉〉、〈八隻灰蟬輪唱其中一隻只是回聲〉、〈白色的喧囂〉等 203 首詩作。正文後有任洪淵〈洛夫的詩與現代創世紀的悲劇〉。

洛夫詩歌全集 IV

臺北：普音文化公司
2009 年 4 月，25 開，678 頁
普音叢書 41

本書收錄 1959 至 2008 年間出版的長詩、《漂木》、《背向大海》與未集稿，分四輯。全書收錄〈血的再版〉、〈黑白陷阱〉、〈銅像之崩〉、〈墓園的剪草機〉、〈梅說〉等 68 首詩作。正文後有葉櫓〈《漂木》的結構與意象〉。

給晚霞命名

香港：明報月刊出版社
2009 年 5 月，25 開，386 頁
世界當代華文文學精讀文庫

本書分「詩歌篇」、「散文篇」二輯，收錄〈泡沫之外〉、〈觀仇英蘭亭圖〉、〈危崖上蹲有一隻獨與天地精神往來的鷹〉、〈狼尾草的夏天〉、〈另一種顛覆〉等 80 首詩，〈蠱惑〉、〈詩人與酒〉、〈山靈呼喚〉等 20 篇。正文前有〈洛夫簡歷〉、〈眾手合

推的文化巨石——《世界當代華文文學精讀文庫》〈總序〉〉、
沈奇〈序：現代詩的美學史〉，正文後有〈洛夫創作年表〉。

大河的潛流

南京：鳳凰出版傳媒集團、江蘇文藝出版社
2010 年 12 月，15x23 公分，251 頁

本書爲散文與論述文章合集，全書分「上編」、「下編」兩部
分，收錄〈雪，一首又白又冷的詩〉、〈寫在水上的詩——碧潭
夜遊記趣〉、〈詩壇春秋三十年〉、〈天涯美學——海外華文詩思
發展的一種傾向〉等 39 篇。

上卷

下卷

洛夫詩全集

南京：鳳凰出版傳媒公司、江蘇文藝出版社
2013 年 9 月，32 開，630 頁、627 頁

本書爲洛夫六十餘年的詩歌創作總結，分上、下兩卷。全書分
「靈河（1954—1957）」、「外外集（1965—1967）」、「西貢詩抄
（1967—1969）」、「魔歌（1970—1974）」、「時間之傷（1974—
1981）」、「釀酒的石頭（1981—1983）」、「月光房子（1984—
1990）」、「城市悲風（1988—1989）」、「隱題詩（1991—
1993）」、「雪落無聲（1990—1999）」、「長詩集錄（1959—
1993）」、「漂木（2000）、「背向大海（1999—2007）」、「未集稿
（2007—2011）」14 輯，收錄〈石榴樹〉、〈飲〉、〈吻〉、〈果
園〉、〈風雨之夕〉等 540 首。正文前有「洛夫照片」、洛夫
〈自序〉、洛夫〈鏡中之象的背後〉，上卷正文後附錄葉維廉
〈洛夫論〉、簡政珍〈洛夫作品的意象世界〉，下卷正文後附錄
任洪淵〈洛夫的詩與現代創世紀的悲劇〉、葉櫓〈《漂木》的結
構與意象〉、〈洛夫書目〉、〈洛夫創作年譜〉。

文學年表

1928 年	5 月	11 日，生於湖南衡陽東鄉相公堡燕子山（今衡南縣相市），父莫逢春，母羅氏。本名莫運端，後因受舊俄小說影響，更名爲「莫洛夫」。在兄弟七人中行二。
1935 年	本年	就讀私塾三年。
1938 年	本年	進仁愛鄉國民中心小學，開始閱讀《七俠五義》、《封神榜》、《西遊記》。
1940 年	本年	舉家遷移衡陽市。
1943 年	本年	就讀成章初中，開始閱讀《水滸傳》、《三國演義》、《紅樓夢》等。
		以筆名「野叟」發表第一篇作品〈秋日的庭院〉於衡陽市《力報》副刊。
1944 年	9 月	時值對日抗戰末期，加入衡陽市「自衛別動隊第三大隊」游擊隊。曾受命偷竊日軍輕機槍一挺。
1945 年	8 月	日軍投降，於成章初中復學。
1946 年	7 月	轉學至岳雲中學，開始創作新詩。後轉入含章中學（現衡陽市六中）高中部。
	本年	於就讀含章中學高中部期間，與同學組織「芙蘭芝劇社」與「芙蘭芝藝術研究所」，分別擔任副社長與社長，曾搬演俄國作家果戈理作品《欽差大臣》。
		陸續發表詩作於衡陽《中華時報》、《市民日報》、《大華晚報》、《力報》，共 20 餘首。

1948 年	4 月	16 日，發表〈懷念外婆〉於《力報》。
		30 日，發表〈我們的歌聲〉於《力報》。
	6 月	畢業於含章中學高中部。
	8 月	29 日，發表〈憶〉於《力報》。
	10 月	9 日，發表〈沉默〉於《力報》。
1949 年	1 月	8 日，發表〈散文三章〉於《力報》。
	6 月	跟隨陸軍訓練司令部自衡陽出發，於廣州乘船前往臺灣。隨身行李僅有軍毯一條、馮至與艾青詩集各一、個人發表於報紙的作品剪貼本一本。
	7 月	隨陸軍訓練司令部抵達基隆，隨後赴屏東接受訓練。
	12 月	轉任海軍第二巡防艇隊文書。
1952 年	12 月	發表在臺第一首詩作〈火焰之歌〉於《寶島文藝》月刊。
1954 年	7 月	與張默結識，兩人後於左營共同創辦《創世紀詩刊》。
	10 月	《創世紀》創刊號出版，同時發表詩作〈歌者〉、〈茅屋散記〉。
1955 年	2 月	與瘂弦結識，並邀其加入《創世紀》編務。
		發表〈關於紀弦的「飲酒詩」〉與詩作〈海的畫像〉於《創世紀》第 2 期。
	5 月	擔任左營軍中廣播電臺新聞編輯，與瘂弦同事，兩人常以詩作較勁。
	6 月	發表詩作〈六月詩抄〉於《創世紀》第 3 期。
	10 月	發表翻譯組詩「黑人詩選」與詩作〈砂礫集〉於《創世紀》第 4 期。
1956 年	1 月	15 日，代表《創世紀》，列席由紀弦發起；於臺北舉行的「現代派」成立大會。
	2 月	出席《創世紀》在高雄左營第一中學舉辦的讀作者交誼會，

並於會中朗誦詩作〈芒果園〉。

與張默合編《中國新詩選輯》，由臺北創世紀詩社出版。

草擬《創世紀》第 5 期社論〈建立新民族詩型之芻議〉。

	12 月	處女詩集《靈河》由臺北創世紀詩社出版。
1958 年	3 月	創作〈投影〉、〈吻〉、〈蝶〉等詩，爲風格第一次轉變。
	4 月	發表組詩「一九五八年六題」：〈葡萄成熟時〉、〈蝶〉、〈司幕者〉、〈埃及〉、〈釋〉、〈吻〉與〈詩壇二三事〉於《創世紀》第 10 期。
	6 月	入臺北大直軍官外語學校受訓。
	7 月	參加臺北「中國詩人聯誼會」主辦的「詩人節大會」，以詩集《靈河》獲最佳創作獎。
	12 月	20 日，發表詩作〈街景〉於《現代詩》第 22 期。
1959 年	4 月	發表詩作〈我的獸〉於《創世紀》第 11 期。
	5 月	畢業於軍官外語學校。
	7 月	奉派赴金門任新聞聯絡官，負責接待外國新聞記者。出發前夕與瘂弦、張默聚談於左營海軍軍區紀念碑頂，被午夜的巡邏憲兵誤爲宵小，三人均被拘入憲兵隊，囚禁一夜，瘂弦因此戲稱該日爲《創世紀》蒙難紀念日。

於金廈砲戰中創作長詩〈石室之死亡〉，並自《創世紀》第 12 期起開始連載，至第 17 期止。

1960 年	3 月	29 日，參加金門縣政府舉辦的青年節慶祝大會，結識未來妻陳瓊芳。

自金門返臺，調任海軍總部聯絡室。

	12 月	應邀出席美駐華大使莊萊德慶祝《中國新詩集》英譯本出版酒會，與會者另有鄭愁予、夏菁、羅家倫、鍾鼎文、覃子豪、胡適、紀弦、羅門、余光中、范我存、蓉子、周夢蝶、

楊牧等人。

| 1961 年 | 1 月 | 發表詩作〈致 A・卡西——「石室之死亡」續稿〉於《創世紀》第 16 期。 |

詩作〈石室之死亡〉（部分）收錄於張默、瘂弦編《六十年代詩選》，由高雄大業書店出版。並該書作序〈緒言〉。

　　　　　7 月　發表評論余光中詩作〈天狼星〉的文章〈〈天狼星〉論〉於《現代文學》第 9 期，後引起余光中以〈再見，虛無〉一文回應。

　　　　10 月　10 日，於臺北市與陳瓊芳結婚。

1962 年　本年　長女莫非出生，為此完成詩作〈初生之黑〉。

1963 年　4 月　因覃子豪罹患肝癌入院，為此完成詩作〈火曜日之歌〉。

　　　　　6 月　發表詩作〈火曜日之歌〉於《創世紀》第 18 期。

　　　　本年　長女莫非周歲，偕同「創世紀」詩人群辛鬱、商禽、楚戈、許世旭等人於慶生會後在平溪留下裸泳身影，意為「裸身宣示創作精神的解放」。

1964 年　1 月　覃子豪病逝，為此完成悼詩〈雪崩〉與〈覃子豪的世界〉。

　　　　　6 月　發表詩作〈太陽手札——「石室之死亡」續稿〉與〈洛夫答李英豪〉於《創世紀》第 20 期。

　　　　10 月　完成詩集《石室之死亡》編校工作。

　　　　12 月　發表〈詩人之鏡〉與翻譯 Wallacc Fowlie 文章〈超現實主義之淵源〉於《創世紀》第 21 期。

偕同張默、瘂弦、商禽、葉泥共同籌畫「創世紀」十週年慶祝大會。

1965 年　1 月　詩集《石室之死亡》由臺北創世紀詩社出版。

發表〈春之獨白〉於《幼獅文藝》第 133 期。

　　　　　4 月　長子莫凡出生。

獲邀參加第一屆軍中文藝大會。

6 月　發表翻譯葉維廉文章〈中國現代藝術特輯前言〉、翻譯 L·路伊斯詩作〈島上歲月〉與詩作〈劇場天使〉於《創世紀》第22 期。

發表〈論現代詩〉於《新文藝》第 115 期。

9 月　主持「創世紀」詩社改組會議，擴大編委陣容，邀請李英豪、羊令野、商禽、鄭愁予等 26 人擔任編委。

11 月　派赴越南西貢，任軍事援越顧問團英文祕書。

1966 年　3 月　以〈壺之歌〉等詩參加第一屆「中國現代藝術季」詩展。

5 月　應越南西貢大學邀請，演講「中國現代文學之發展」。

8 月　發表詩作〈西貢之什〉於《創世紀》第 25 期。

10 月　發表〈西貢的異鄉人〉於《幼獅文藝》第 154 期。

1967 年　8 月　詩集《外外集》由臺北創世紀詩社出版。

9 月　與張默、瘂弦合編《七十年代詩選》，由高雄大業書店出版。

11 月　由越南返臺，調臺北國防部聯絡局，任特等編譯官。

本年　就讀淡江文理學院（今淡江大學）英文系。

1968 年　2 月　發表〈創造新傳統〉於《幼獅文藝》第 170 期。

5 月　發表詩作〈清明〉與英譯詩作 "The First Blackness"、"Beyond the Fog"、"Beyond the Ashes"、"Beyond the Whip"、"Beyond the Withdrawal"於《創世紀》第 28 期。

發表詩作〈四月〉於《幼獅文藝》第 173 期。

6 月　與文友創辦「作家咖啡屋」於臺北西門町，多次舉辦詩歌座談會、重要詩選編輯會議與「詩宗社」籌備會。

1969 年　1 月　發表詩作〈西貢詩抄〉於《創世紀》第 29 期。

3 月　與張默、瘂弦編選《中國現代詩論選》，由高雄大業書店出版。並假「作家咖啡屋」舉辦小型出版茶會。

| 4 月 | 應邀擔任「笠」詩社第一屆「笠詩獎」評審委員。 |

5 月　《詩人之鏡》由高雄大業書店出版。

發表〈與顏元叔教授談現代文學〉於《幼獅文藝》第 185 期。

6 月　發表〈超現實主義和中國現代詩〉於《幼獅文藝》第 186 期。

10 月　發起「詩宗社」,為「南北笛」詩社與「創世紀」詩社合併組成,創辦《詩宗》季刊,並被推選為第一任主編。

11 月　獲選為「中國青年寫作協會」理事。

1970 年　1 月　《創世紀》休刊。

主編詩宗一號《雪之臉》,由臺北仙人掌出版社出版。

3 月　詩集《無岸之河》由臺北大林出版社出版。

4 月　發表〈蠱惑〉於《幼獅文藝》第 196 期。

11 月　8 日,擔任由現代詩人與畫家假美國新聞處舉辦「第三屆現代藝術季」的「詩之夜」朗誦會主持人。

詩作〈石室之死亡〉等詩收錄於葉維廉編譯的 *Modern Chinese Poetry*(《中國現代詩選》),由美國愛荷華大學出版。

1971 年　3 月　主編《1970 詩選》,由臺北仙人掌出版社出版。

發表〈《1970 詩選》序〉於《幼獅文藝》第 207 期。

7 月　與朱西甯、葉維廉、余光中、瘂弦、白萩、梅新、張曉風等人應邀擔任《中國現代文學大系》編委,負責「詩選」主編。

11 月　發表翻譯〈詩的本質〉與〈管管詩集《荒蕪之臉》序〉於《幼獅文藝》第 216 期。

1972 年　1 月　主編《中國現代文學大系・詩》,由臺北巨人出版社出版。

2 月　詩作〈石室之死亡〉、〈初生之黑〉等多首收錄於白芝(Cyril

Birch）主編之 *Anthology of Chinese Literature*（《中國文學選集第 2 冊（自元朝至臺灣時期）》），由紐約 Grove Press 出版。

4 月　發表〈中國現代詩的成長〉於《幼獅文藝》第 220 期。

6 月　召開《創世紀》復刊會議，決議由蘇武雄任發行人，瘂弦任社長，洛夫任總編輯，張默任執行編輯。大荒、辛鬱、周鼎、碧果、葉維廉等擔任編輯委員。

7 月　應青年救國團邀請，擔任暑期復興文藝營詩組駐營指導。

8 月　與《中外文學》主編胡耀恆同應成功大學、高雄師範學院、中興大學邀請，進行中南部巡迴演講。

9 月　《創世紀》第 30 期復刊，同時發表〈泛論碧果〉與新風格長詩〈長恨歌〉。

　　　發表〈與顏元叔談詩的結構與批評〉、自釋詩作〈手術臺上的男子〉於《中外文學》第 1 卷第 4 期。

12 月　以「掌另四首」爲題，發表〈掌〉、〈屋頂上的落月〉、〈憤怒的葡萄〉、〈下午無歌〉、〈對話〉於《創世紀》第 31 期。

1973 年　3 月　發表組詩「魔歌六首」：〈蟹爪花〉、〈不被承認的秩序〉、〈悟〉、〈死亡的修辭學〉、〈月亮‧一把雪亮的刀子〉、〈大地之血〉於《創世紀》第 32 期。

5 月　發表翻譯〈華勒士‧史蒂文斯詩選〉於《幼獅文藝》第 233 期。

6 月　發表詩作〈詩人的墓誌銘〉於《創世紀》第 33 期。

　　　畢業於淡江文理學院英文系。

8 月　以中校官階自海軍退役。

　　　應聘爲空軍文藝金像獎評審委員。

　　　詩作 20 餘首入選國立編譯館英譯《中國現代文學選集》。

10 月　應邀參加國軍第九屆文藝大會。

11 月　發表詩作〈無非〉於《創世紀》第 35 期。

　　　應邀參加於臺北市舉辦的第二屆世界詩人大會。

　　　應邀擔任吳望堯資助的「中國現代詩獎」評審委員。

本年　翻譯《季辛吉評傳》由臺北中華日報社出版。

1974 年　1 月　發表組詩「六十二年餘稿」:〈秋日偶興〉、〈初晴(一、二)〉、〈焚詩記〉、〈石頭記〉、〈子夜讀信〉、〈翻譯祕訣十則〉於《創世紀》第 36 期。

　　3 月　發表詩作〈雪〉於《幼獅文藝》第 243 期。

　　6 月　23 日,出席「第一屆中國現代詩獎」頒獎典禮,與會者另有辛鬱、白萩、余光中、商禽、羅門、蓉子、瘂弦、林亨泰等人。

　　　　擔任中廣公司海外部編審。

　　7 月　應聘爲耕莘文教院暑期寫作班詩組指導兼講授。

　　10 月　6～8 日,〈魔歌──我的詩觀與詩法〉連載於《中華日報》第 9 版。

　　　　發表詩作〈巨石之變〉於《創世紀》第 38 期。

　　　　辭去中廣公司編務,專事創作與翻譯。

　　11 月　12 日,假耕莘文教院舉辦《魔歌》出版座談會,由顏元叔主持,葉維廉、羅門、商禽、張漢良討論。

　　12 月　詩集《魔歌》由臺北中外文學月刊社出版。

1975 年　1 月　發表組詩「騷動四首」:〈書之騷動〉、〈畫之騷動〉、〈蛇之騷動〉、〈水之騷動〉與翻譯瓦斯可‧頗帕組詩「一組超現實主義的詩」:〈偷玫瑰的賊〉、〈種子〉、〈獵者〉、〈灰塵〉、〈鵝卵石五題〉於《創世紀》第 39 期。

　　4 月　發表〈丁雄泉的畫與詩〉與詩作〈大寂之劍〉於《創世紀》

第 40 期。

5 月　詩集《洛夫自選集》由臺北黎明文化公司出版。

6 月　15 日，出席「第二屆中國現代詩獎」頒獎，與會者另有羊令野、張默、羅門、瘂弦、商禽等人。

翻譯美國作家馮內果（Kurt Vonnegut）小說《第五號屠宰場》，由臺北星光出版社出版。

7 月　發表詩作〈煮酒四論〉於《創世紀》第 41 期。

11 月　應韓國筆會邀請，與羊令野等九位臺灣詩人前往漢城（今首爾）訪問一週，後赴日本東京，返國後完成「漢城詩抄」十七首。

12 月　發表〈「詩劇專號」前言〉與詩作〈借問酒家何處有（獨幕詩劇）〉於《創世紀》第 42 期。

翻譯法國作家安德烈・莫洛亞著《雨果傳》，由臺北志文出版社出版。

1976 年　3 月　以「欲飛之掌等五首」為題，發表〈欲飛之掌〉、〈驚〉、〈夜登普門寺〉、〈妻的手指〉、〈童話〉與和葉維廉、張漢良合譯的〈美國詩人費迪西蒙詩選〉於《創世紀》第 43 期。

5 月　詩集《眾荷喧嘩》由新竹楓城出版社出版。

6 月　18 日，假耕莘文教院舉辦「眾荷喧嘩之夜」個人作品朗誦會。

與紀弦等 12 位詩人共同編選《八十年代詩選》，由臺北濂美出版社出版。

8 月　主編《中國現代文學年選（一九七五）》詩選部分，由臺北巨人出版社出版。

11 月　25 日，應許世旭邀請，與羊令野、方心豫、商禽、菩提、張默、羅門、辛鬱、梅新等人前往韓國漢城（今首爾）訪問，

並赴板門店 38 度線，瞭望北韓。12 月 5 日經東京返回臺北。

與羅珞珈合譯英國作家包斯威爾著《約翰生傳》，由臺北志文出版社出版。

1977 年　1 月　《洛夫詩論選集》由臺北開源出版社出版。

　　　　　3 月　發表組詩「漢城詩鈔」：〈雪祭韓龍雲〉、〈雲堂旅社初夜〉、〈晨遊祕苑〉、〈春川之旅〉、〈午夜削梨〉、〈雪渡〉與翻譯韓國詩人趙炳華詩作〈一個夢（等八首）〉、金良植詩作〈玉笛的序曲（等六首）〉於《創世紀》第 45 期。

　　　　　　　　發表〈《洛夫詩論選集》自序〉於《中外文學》第 5 卷第 10 期。

　　　　　7 月　當選由「創世紀」成員推舉選出的「中國當代十大詩人」，詩作〈巨石之變〉、〈泡沫之外〉、〈獨飲十五行〉等 21 首選入張默、張漢良、辛鬱、菩提、管管編《中國當代十大詩人選集》，由臺北源成文化圖書供應社出版。

　　　　 12 月　以「贈詩兩首」為題，發表〈孤寂之花——贈韓國詩人趙炳華〉、〈在你的詩中行走——贈韓國女詩人金良植〉於《創世紀》第 46 期。

1978 年　1 月　訪問文章〈魔歌詩人——洛夫先生訪問記〉發表於《中華文藝》第 83 期。

　　　　　5 月　發表〈談「工農兵文藝」〉與詩作〈根〉於《創世紀》第 47 期。

　　　　　8 月　發表詩作〈我的絕對性〉於《創世紀》第 48 期。

1979 年　3 月　應「詩風」詩社邀請，赴香港訪問一週，並於香港大學演講。訪港紀錄後刊於《詩風》第 83 期的「洛夫訪港專輯」。

　　　　　5 月　發表詩作〈當你沉默如一枚地雷〉於《創世紀》第 50 期。

6月　　《洛夫詩論選集》更名為《詩的探險》，由臺北黎明文化公司
　　　　出版。

7月　　應邀參加於漢城舉辦的第四屆世界詩人大會，並於會中朗誦
　　　　詩作〈雪祭韓龍雲〉。

　　　　《一朵午荷》由臺北九歌出版社出版。

8月　　發表〈關於「我的第一首詩」〉於《文藝月刊》第122期。

9月　　應聘擔任《中國時報》文學獎詩組決審委員。

1980年　3月　　發表詩作〈猿之哀歌〉於《創世紀》第51期。

4月　　詩作〈根〉等15首選入瘂弦主編《當代中國新文學大系》詩
　　　　卷，由臺北天視出版公司出版。

6月　　發表〈新節奏的誕生——讀向陽詩集《種籽》雜記〉於《創
　　　　世紀》第52期。

　　　　《民眾日報》副刊以全版篇幅刊出「詩人洛夫專輯」。

8月　　應邀與張默至鹽分地帶文藝營授課。

9月　　發表組詩「夏日小品七題」：〈月光照在鹽田上〉、〈夜宿南鯤
　　　　鯓廟〉、〈談詩〉、〈石頭妻子〉、〈髮〉、〈秋來〉、〈水與火〉於
　　　　《創世紀》第53期。

　　　　訪問文章〈詩人洛夫訪問記〉發表於《風燈》第3卷第4
　　　　期。

　　　　應聘擔任《中國時報》文學獎詩組決審委員。

10月　　發表詩作〈水涯〉於《陽光小集》秋季號第4期。

　　　　訪問文章〈詩人洛夫專訪〉發表於《吾愛吾家》第18期。

12月　　發表組詩「秋末六首」：〈家書〉、〈落日〉、〈美目盼兮〉、
　　　　〈尋〉、〈鷹架〉、〈空了的鳥籠〉於《創世紀》第54期。

1981年　2月　　陳義芝訪問文章〈聽那一片洶湧而來的鐘聲——叩訪洛夫詩
　　　　境的泉源〉發表於《書評書目》第94期。

3 月　發表詩作〈吃蠱〉、〈扇子〉、〈無病之吟〉於《創世紀》第 55
期。

4 月　應邀參加於中央大學舉辦的「第五屆比較文學會議」。
母親羅氏病逝，後爲此寫下詩作〈血的再版——悼亡母詩〉。
父親莫逢春則卒年不詳。

6 月　發表〈重整詩的形式〉與翻譯華勒士・史蒂文斯詩作於《現
代詩》第 56 期。
詩集《時間之傷》由臺北時報文化出版公司出版。
詩集《魔歌》由臺北蓬萊出版社出版。

7 月　詩論《孤寂中的迴響》由臺北東大圖書公司出版。

9 月　應聘擔任《中國時報》文學獎詩組決審委員。

11 月　獲推舉爲「中日韓現代詩人會議」籌備會召集人。

12 月　發表詩作〈月亮升起如一首輓歌〉於《創世紀》第 57 期。

1983 年　5 月　發表詩作〈血的再版〉於《中國時報》副刊。
發表〈詩壇春秋三十年〉於《中外文學》第 10 卷第 12 期。

6 月　發表〈向羅英的感覺世界探險〉於《創世紀》第 58 期。

10 月　發表詩作〈子夜讀信〉與〈武士刀小誌〉於《創世紀》第 59
期。

本年　長詩〈血的再版——悼亡母詩〉獲得《中國時報》文學推薦
獎。
以詩集《時間之傷》獲中山文藝創作獎。
票選爲《陽光小集》詩刊舉辦的「青年詩人心目中的十大詩
人」之一。

1983 年　1 月　發表〈試論向明的詩〉於《創世紀》第 60 期。
與蓉子、吳宏一出席於新加坡舉辦的「第一屆國際華文文藝
營」。

3 月　8 日，開始師從謝宗安習書法。

5 月　發表組詩「四月新作兩題」：〈雨中獨行〉、〈蛇店〉於《創世紀》第 61 期。

10 月　發表詩論〈一顆不死的麥子〉於《創世紀》第 62 期。

詩集《釀酒的石頭》由臺北九歌出版社出版。

1984 年　6 月　發表〈對大陸詩變的探索〉與詩作〈鼠圖〉於《創世紀》第 64 期。

獲推舉為《創世紀》30 周年詩獎評審委員兼召集人，評審另有余光中、瘂弦、白萩、張漢良。

8 月　發表〈一首辯證的詩——談「愛的辯證」之創作過程〉於《詩人季刊》第 18 期。

10 月　發表〈且領風騷三十年〉、詩作〈蟋蟀之歌〉與轉載〈詩壇春秋三十年〉於《創世紀》第 65 期。

任《聯合報》文學獎散文組決審委員。

1985 年　8 月　24 日，與夏志清、胡金銓等人赴花蓮師專文藝營授課。

應《聯合文學》邀請，於新竹清華大學的巡迴文藝營授課。

10 月　《洛夫隨筆》由臺北九歌出版社出版。

12 月　發表詩作〈入山——題張默的彩墨畫〉、〈形而上的遊戲〉、〈清明四行〉與翻譯喬曼詩作的〈比利時詩人喬曼小詩選〉。於《創世紀》第 67 期。

1986 年　5 月　訪問文章"Most Quoted Poet"發表於 *Free China Review* 第 36 卷第 11 期。

6 月　楊錦郁訪問文章〈亙古的歷史是他的跑道——訪詩人洛夫〉發表於《幼獅文藝》第 390 期。

8 月　《詩的邊緣》由臺北漢光文化公司出版。

9 月　發表詩作〈車上讀杜甫〉於《創世紀》第 68 期。

10 月　詩集《無岸之河》由臺北水牛出版社出版。

12 月　發表詩作〈剁指〉於《創世紀》第 69 期。

本年　以長詩〈血的再版〉、〈長恨歌〉、〈李白傳奇〉與〈邊界望鄉〉等 15 首詩作獲吳三連文藝獎新詩獎。

1987 年　1 月　黃寶月訪問文章〈煮茶談詩──訪名詩人洛夫先生〉發表於《心臟》1987 年第 1 期。

2 月　應菲律賓文藝團體邀請，與張默、辛鬱、管管、向明、白萩、蕭蕭、張香華等人前往馬尼拉七天，參加「現代詩研討會」。

4 月　發表詩作〈白色墓園──訪菲律賓美軍公墓〉於《創世紀》第 70 期。

擔任會長的「墨緣小集」書法會於臺北市社教館舉辦首次聯展，並有 15 幅作品參展。

5 月　應《中央日報》邀請與張夢機教授對談現代詩與古典詩之融接，對談文章〈回歸傳統，擁抱未來〉後於 5 月 30～31 日連載於《中央日報》副刊。

8 月　發表〈孤寂之花──序侯吉諒詩集「城市心情」〉於《創世紀》第 71 期。

9 月　詩作〈蟹爪花〉等 11 首選入張錯編譯的 *The Isle Full of Noises*（《千曲之島──臺灣現代詩選》），由紐約哥倫比亞大學出版。

12 月　發表詩作〈他的心事如落葉〉與〈談詩小札十則〉於《創世紀》第 72 期。

1988 年　3 月　31 日，臺北社教館為其舉辦「因為風的緣故──洛夫詩作新曲演唱會」，發表 12 首詩作入譜的藝術歌曲，由盧炎、游昌發、錢南章作曲。參加詩朗誦有瘂弦、辛鬱、管管、張默、

碧果、向明、白靈、侯吉諒、江中明等人。

6 月　侯吉諒編《石室之死亡──及相關重要評論》，由臺北漢光文化公司出版。

詩集《因為風的緣故──洛夫詩選（1955～1987）》由臺北九歌出版社出版，為創作 32 年來的總選集。

8 月　16 日，首次偕妻陳瓊芳經廣州返湖南衡陽市探親，與家人相聚十餘日，並參加衡陽文藝團體舉辦之歡迎座談會、朗誦會。

20 日，發表〈回歸傳統，擁抱現代──詩人對話〉於《文藝月報》第 7 版。

29 日，由湖南名詩評家李元洛陪同前往長沙訪問，由湖南文聯及省作協接待，參加《湖南文學》月刊社、《文藝生活》月刊社、湖南文藝出版社、省文聯出版社、省書畫出版社、湖南大學等單位的座談與宴請。

發表〈建立大中國詩觀的沉思〉於《創世紀》第 73、74 期合刊本。

9 月　9 日起，赴杭州、紹興、上海、桂林、廣州、深圳訪問。

13 日，於上海出席上海作家協會、文學報社、中國詩人雜誌社為其舉辦的座談會。

15 日，於北京出席由中國公共關係學會、華人文化交流委員會主持的兩岸知名詩人座談會。

21 日，與兩岸詩人出席由北京圖書館舉辦的「神州歌吟」詩歌朗誦會。

25 日，出席由桂林市文聯、中國作協廣西分會、廣西日報社、桂林日報社、桂林電臺於一艘遊艇上舉辦的「歡迎臺灣詩人及中秋節聯歡會」。後因內有簽證與旅費的皮包遺失於該

晚，延宕至 10 月 3 日返臺。

27 日，赴廣州，由《華夏詩報》接待，參加廣州文藝界之座
談會、宴會，除遊覽當地古蹟外，並訪問暨南大學與參加座
談會。

詩集《愛的辯證》由香港文藝風出版社出版。

10 月　3 日，返臺。

11 月　13 日，赴泰國曼谷參加「第十屆世界詩人大會」。

12 月　《聯合文學》於第 50 期爲洛夫的返鄉之旅推出專題「作家・
作品・生活」。並以「重回神州——洛夫最新作品七首」爲
題，發表詩作〈湖南大雪——贈長沙李元洛〉、〈與衡陽賓館
的蟋蟀對話〉、〈河畔墓園——爲亡母上墳小記〉、〈杭州紙扇一
題贈瘂弦〉、〈贈大哥〉、〈紹興訪魯迅故居〉、〈初臨天安門廣
場〉。

1989 年　2 月　與李元洛合編《大陸當代詩選》，由臺北爾雅出版社出版。

於《創世紀》詩刊改選會議中繼任總編輯。

4 月　發表詩作〈是耶非耶〉、「西湖二題」:〈白堤〉、〈蘇堤〉與刊
載詩作〈河畔墓園——爲亡母上墳小記〉、〈紹興訪魯迅故
居〉於《創世紀》第 75 期。

發表〈廿八寒暑，鶼鰈情深〉於《文訊雜誌》第 42 期。

8 月　5 日～9 月 13 日，偕妻陳瓊芳與向明伉儷同赴港澳、珠海特
區、中山縣翠亨村及新加坡等地旅遊，返臺後完成長詩〈非
政治性的圖騰——謁中山先生故居〉。

發表詩作〈城市悲風〉、〈所有人都撤退了，除了屍體……〉
於《創世紀》第 76 期。

11 月　19 日，應邀參加新大陸現代詩雜誌社主辦之「從返鄉看中國
情懷——洛夫近作討論會」，由李瑞騰等人主講。

發表〈現代詩的困境與蛻變〉與詩作〈寄遠戍東引的莫凡〉
於《創世紀》第 77 期。

1990 年　2 月　《詩魔之歌——洛夫詩作分類選》由廣州花城出版社出版。

3 月　發表詩作〈狂僧懷素〉、〈布袋蓮的下午〉、〈冰墜子〉、〈月亮
事件〉、〈水晶紙鎮〉於《創世紀》第 78 期。

詩集《月光房子》由臺北九歌出版社出版。

4 月　詩集《天使的涅槃》由臺北尙書文化出版社出版。

7 月　發表詩作〈桌子的獨白〉於《創世紀》第 79 期。

參加臺灣太平洋文化基金會舉辦的「蘇聯及東歐文化訪問
團」，前往蘇聯、波蘭、德國、捷克、匈牙利、南斯拉夫、奧
地利。團員有向明、蓉子、楊平等。

9 月　24 日至 10 月 4 日，應邀參加福建省文聯舉辦的第一屆「海
峽詩人節」。

10 月　17 日，訪重慶西南師大，出席該校舉辦「因爲風的緣故——
洛夫詩歌朗誦會」，聽眾千餘人。

21 日，遊長江三峽，返臺後完成詩作〈出三峽記〉。

24 日，抵達武漢，在遊覽黃鶴樓後完成詩作〈登黃鶴樓〉。

《一朵午荷——洛夫散文選》，由上海文藝出版社出版。

11 月　前往上海、廣州，並接受電視臺拍攝「洛夫專輯」電視節
目。

1991 年　1 月　發表〈大陸第三代現代詩人作品展前言〉與詩作〈登黃鶴
樓〉於《創世紀》第 82 期。

3 月　23 日，以詩集《月光房子》獲第 16 屆國家文藝獎。

4 月　以〈蘇紹連散文詩中的驚心效果〉爲題，替蘇紹連《驚心散
文集》作序；以〈從儒俠精神到超越境界〉爲題，替沈志方
處女詩集《書房夜戲》作序。

7 月　發表〈對大陸第三代詩人的觀察〉於《創世紀》第 84 期。

9 月　發表〈大陸第三代現代詩人作品展前言補記〉與詩作〈碑〉
於《創世紀》第 83 期。

以〈周鼎的空無之美〉為題，替周鼎處女詩集《一具空空的
白》作序。

11 月　18 日，發表〈蚱蜢歲月〉於《中央日報》第 16 版。

1992 年　1 月　31 日，偕妻陳瓊芳再次返回衡陽探親，期間參加衡陽市圖書
館贈書儀式。

發表組詩「隱題詩續稿六首」於《創世紀》第 87 期。

2 月　詩集《葬我於雪》由北京中國友誼出版公司出版。

4 月　發表組詩「隱題詩續稿（六首）」於《創世紀》第 88 期。

6 月　赴歐洲參加一系列國際詩歌會議，首應英國倫敦大學之邀，
出席「中國當代詩歌研討會」，繼而往荷蘭參加由萊頓大學舉
辦的詩學會議，又於荷蘭鹿特丹式參加「國際詩歌節」。並於
以上會議先後發表〈臺灣現代詩的發展與風格演變〉、〈超現
實主義的詩與禪〉並參加六場詩歌朗誦。

7 月　發表組詩「隱題詩續稿六首」於《創世紀》第 89 期。

〈蚱蜢歲月〉收錄於梅新編《繁華猶記來時路》，由臺北中央
日報出版部出版。

8 月　7 日，發起「詩的星期五」活動，強調「小眾化、精緻化、
藝術化」，於每月第一個星期五晚上由兩位詩人聯合演出。首
場由洛夫、辛鬱於臺北誠品書店世貿店舉行，採詩朗誦、講
解、座談三段式進行。該活動持續到 1995 年 8 月，共 38
場。

12 月　22 日，出席由《聯合報》副刊於臺北石濤園主辦的「兩岸文
學交流的特殊經驗」座談會，由瘂弦擔任主持人，另有劉登

翰、白先勇、朱西甯、李瑞騰、蘇偉貞與會。

25 日，擔任中國青年寫作協會與時報文化出版公司於臺灣師範大學舉辦的「當代臺灣女性文學研討會」講評人。

發表詩作〈讀李商隱〉、〈刀的變奏〉於《臺灣詩學季刊》第 1 期。

1993 年	3 月	詩集《隱題詩》由臺北爾雅出版社出版。

任洪淵主編《洛夫詩選》，由北京中國友誼出版公司出版。

應邀赴美進行巡迴朗誦詩作五場。同行者有管管、張默、向明、梅新與葉維廉。

4 月　　3～7 日，應邀參加由《華夏詩報》與惠州市合辦的「南國西湖之春」國際詩會。與會者有張默、管管、綠原、向明、犁青、杜國清等兩岸詩人數十人。

5 月　　詩集《我的獸》，由北京中國文聯出版社出版。

8 月　　10 日，與向明、向陽、白靈、蕭蕭、陳信元、李瑞騰與來臺參訪的李元洛以「臺灣文學在大陸」為題，進行座談。

應邀至江西廬山參加「第六屆世界華文文學國際研討會」。

詩集《夢的圖解》由臺北書林出版公司出版。

9 月　　出席詩人覃子豪逝世 30 週年紀念活動，上午至覃子豪墓園致敬，下午舉行「詩人覃子豪先生作品研討會」，探討覃子豪與 1950 年代的臺灣詩壇關係及影響。與會者另有瘂弦、辛鬱、麥穗、羅門、蓉子、周夢蝶、管管、蕭蕭、張健、向明等人。

至四川重慶參加由西南師大中國新詩研究所舉辦的「九三年華文詩歌國際學術研討會」，並於會中宣讀論文〈超現實主義的詩與禪〉。

10 月　　長詩《石室之死亡》英譯本（*Death of a stone cell*）由

Monterey：Taoran Press 出版。（John Balcom（陶忘機）譯）

11 月　《臺港文學選刊》第 84 期刊出「洛夫專輯」，內容為詩、散文、評論、書法、照片、年譜等。

12 月　16 日，出席聯合報系文化基金會主辦「四十年來中國文學會議」，與林海音、鄭愁予、張漢良等人擔任主持人。

16 日，出席由《臺灣詩學季刊》主辦「挑戰詩人」對談講座，與尹玲對話。

31 日，出席由中國青年寫作協會、時報文化出版公司舉辦「當代臺灣政治文學研討會」，與焦桐、廖咸浩、古遠清等人擔任論文講評。

本年　與余光中、瘂弦、商禽、向明、張默、梅新共同組成「年度詩選委員會」。

發表〈超現實主義的詩與禪〉於《江西社會科學》第 10 期。

1994 年　1 月　8 日，擔任第 18 次「詩的星期五」活動主持人，與會者有向陽、向明、辛鬱等三十餘人。

29 日，擔任由月房子出版社於臺灣師範大學舉辦的「新詩座談會」引言人，主題為「今日社會還需要詩嗎？」。

詩集《雪崩——洛夫詩選》由臺北書林出版公司出版。

3 月　1 日，出席由文訊雜誌社企畫的「現代文學會議的觀察」專題活動，與會者有王浩威、林燿德、渡也等數十人。

16 日，擔任由彰化師範大學成人教育中心主辦的「第二屆新文藝師資研習班」講師。

31 日，出席由《中央日報》副刊主辦「兩岸三地文學發表現況座談會」，與世界華文作家協會邀請的美國、西班牙作家訪問團對談。

5 月　6 日，出席第 23 次「詩的星期五」活動，發表詩作〈杜甫草堂〉。

6月　1 日,「詩的星期五」獲文訊雜誌社主辦「九〇年代前期臺灣十件詩事」票選活動第一。並有向明於《文訊雜誌》第 104 期執筆〈詩人與詩評家走向大眾,朗誦及詮釋詩作「詩的星期五」、「現代名詩獎座」〉。

費勇著《洛夫與中國現代詩》,由臺北東大圖書公司出版。

9月　10 日,與沈志方主編《創世紀四十年詩選》,由臺北創世紀詩社出版。

10月　28 日,出席由政治大學中文系舉辦的「詩的饗宴」,與商禽、辛鬱、梅新、管管、瘂弦等人共同演出。

11月　11 日,參與「墨緣小集」同仁(洛夫任召集人)於臺北社教館舉行書法聯展。

前往中國昆明參加「第七屆世界華文文學國際研討會」。

12月　19 日,代表臺灣詩人出席於深圳舉辦的第一屆國際華文詩人筆會,討論主題為「華文詩歌的整合與發展,以及在世界詩壇之地位」,同行者有向明、張香華、張默等。

1995 年　2月　12 日,與中國青年寫作協會策畫「現代詩創作營」,並擔任講座。

4月　8 日,出席行政院文建會策畫、文訊雜誌社主辦的「臺灣現代詩史研討會」,與翁文嫻擔任總評。

15 日,出席中國青年寫作協會假臺北國際青年活動中心舉辦的「洛夫作品研討會」,由瘂弦擔任座談主持人,由林繼生、顏艾琳擔任引言。會中游喚、林燿德、洪凌、杜十三發表論文。

28 日,出席於彰化師範大學舉辦的「詩學中心的建構與詩學經驗的傳承」座談會,與會者另有向明、張默、白萩、康原等數十人。

| | 5 月 | 龍彼德著《洛夫評傳》，由南京大學出版社出版。 |

5 月　　龍彼德著《洛夫評傳》，由南京大學出版社出版。

9 月　　7～13 日，赴中國溫州參加「兩岸文學筆會」。

10 月　　訪問文章 "Heartfelt Endeavour" 發表於英國倫敦 *China Now* 第 154 期。

11 月　　10～20 日，與程國強、鄧文來、向明等人應湖南作家協會邀請，赴該省訪問 10 天。

1996 年　1 月　　11 日，發表悼念林燿德文章〈我正等著他一封信〉於《中央日報》第 18 版。

24 日，發表〈把海橫在膝上傾談整夜——我讀汪啓疆的詩〉於《中央日報》第 19 版。

25～29 日，應馬來西亞千秋事業社邀請，前往吉隆坡參加詩歌座談朗誦會。

4 月　　移居加拿大溫哥華。

6 月　　與張默合著《當代大陸新詩發展的研究》，由臺北行政院文建會出版。

10 月　　發表〈簡政珍詩學小探〉於《創世紀》第 108 期。

11 月　　23 日，發表詩作〈南瓜無言〉於《聯合報》第 37 版。

12 月　　25 日，發表詩作〈後院偶見〉於《中國時報》「人間」副刊第 19 版。

發表詩作〈大鴉〉於《創世紀》第 109 期。

1997 年　1 月　　出席加華作家協會年會聚餐，於會中演講「我的二度流放」。

4 月　　20 日，發表詩作〈攝氏零下十度的詩句〉於《聯合報》第 41 版。

28 日，發表詩作〈初雪〉於《中央日報》第 18 版。

5 月　　2 日，發表詩作〈或許鄉愁〉於《聯合報》第 41 版。

16 日，發表詩作〈有關火的傳說〉於《聯合報》第 41 版。

6 月　10 日，溫哥華《明報》以全版篇幅刊出〈洛夫二度流放〉為題之專訪，並有彩色照片多幀。

9 月　偕妻陳瓊芳與葉維廉夫婦搭乘遊輪公主號同遊阿拉斯加，歸來後完成長詩〈大冰河〉。

11 月　20 日，發表詩作〈大冰河〉於《中央日報》第 18 版。

12 月　2 日，發表〈細讀漫談話魚川〉於《中央日報》第 18 版。

　　　16 日，發表詩作〈水墨微笑〉於《聯合報》第 41 版。

1998 年　1 月　7 日，發表〈真相大白〉於《聯合報》第 41 版。

　　　應旅加作家談衛那、劉慧心的邀請，發起組成「雪樓詩書小集」，擔任指導老師。每月在雪樓聚會一次，參加者有臺、港、大陸、菲律賓等地作家數十餘人。

2 月　應溫哥華《明報》之邀，擔任撰寫方塊專欄，每週二篇，內容不限。

4 月　13 日，發表〈一把解惑的鑰匙——讀向明的《新詩一百問》〉於《聯合報》第 41 版。

5 月　6 日，發表〈詩是隱地活得真實的理由〉於《中央日報》第 22 版。

6 月　應美國紐約第一銀行畫廊之邀，舉辦「洛夫書藝展」，並親自出席開幕典禮。

　　　〈詩是隱地活得真實的理由〉刊載於《臺灣詩學季刊》第 23 期。

　　　《落葉在火中沉思》由臺北爾雅出版社出版。

9 月　1 日，發表〈讀閑書〉於《中華日報》第 16 版。

10 月　1 日，發表〈臥雪圖〉於《中華日報》第 16 版。

　　　應美國達拉斯市與休斯頓市華人作家協會之邀，前往演講。

11 月　龍彼德著《一代詩魔洛夫》，由臺北小報文化公司出版。

《洛夫小品選》與詩集《洛夫小詩選》由臺北小報文化公司出版

應臺中市文化中心之邀，舉辦「洛夫書藝展」。

12 月　5 日，擔任《創世紀》顧問。

1999 年　1 月　4～8 日，應邀擔任南華管理學院首任駐校詩人。

詩集《魔歌》獲評選為「臺灣文學經典」之一。

2 月　詩集《魔歌》，選入由《聯合報》副刊與文建會合辦的「臺灣文學經典」書目 30 種。詩集共有七本入圍，另六家為鄭愁予、瘂弦、余光中、周夢蝶、商禽、楊牧。

3 月　21～22 日，〈超越小說的美——讀無名氏小說《金色的蛇夜》序〉連載於《中華日報》第 16 版。

與李瑞騰對談〈從現代到古典，從本土到世界——洛夫 v.s 李瑞騰〉發表於《創世紀》第 118 期。

5 月　8 日，發表詩作〈又怕〉於《中國時報》「人間」副刊。

11 日，發表詩作〈行過漁人碼頭〉於《聯合報》第 37 版。

26 日，發表詩作〈觀硯〉於《中國時報》「人間」副刊。

獲列名於《國際著名詩人傳略》（*International who's who in Poetry and Poet's Encyclopaedia*）。

6 月　23 日，發表〈如是晚景〉於《聯合報》第 37 版。

詩集《雪落無聲》由臺北爾雅出版社出版。

發表詩作〈秀陶催稿〉於《創世紀》第 119 期。

9 月　詩集《形而上的遊戲》由臺北駱駝出版社出版。

詩集《洛夫精品》由北京人民文學出版社出版。

11 月　30 日，發表〈詩癡張默外傳〉於《自由時報》第 39 版。

詩集《魔歌》（書法詩集典藏版）由臺北探索文化公司出版。

12 月　發表〈《魔歌》新版自序〉於《創世紀》第 121 期。

本年　獲中國詩歌藝術學會「第四屆詩歌藝術獎」，獲獎者另有周夢蝶、余光中、楊牧、鄭愁予、瘂弦、商禽。

2000 年　1 月　10 日，發表詩作〈我那顆千禧年的頭顱〉於《聯合報》第 37 版。

開始寫作三千行長詩〈漂木〉，該詩分四章：1.漂木；2.鮭・垂死的逼視；3.浮瓶中的書札；4.向廢墟致敬。

3 月　27 日，發表詩作〈黑白陷阱（外一首）〉於《聯合報》第 37 版。

5 月　詩集《洛夫・世紀詩選》由臺北爾雅出版社出版。

8 月　29 日，發表詩作〈酒鄉之歌〉於《自由時報》第 39 版。

9 月　發表詩作〈顛覆十行〉於《創世紀》第 124 期。

10 月　《雪樓隨筆》由臺北探索文化公司出版。

12 月　發表詩作〈他想，故他不在〉於《創世紀》第 164 期。

2001 年　1 月　1 日，三千行長詩〈漂木〉連載於《自由時報》副刊，為期一個月。

2 月　4 日，發表〈對高行健的期待〉於《聯合報》第 37 版。

7 月　10 日，〈《漂木》創作紀事〉連載於《自由時報》第 39 版。

8 月　14 日，長詩《漂木》由臺北聯合文學出版社出版。並舉辦新書發表會，與會者有張默、向明、簡政珍、管管、白靈等數十餘人參加。

詩集《洛夫短詩選》（中英對照）由香港銀河出版社出版。

《雪樓書稿──洛夫書藝集》由臺北霍克藝術公司出版。

赴大連參加「第六屆國際華人詩人筆會」。

詩作 50 首選入馬悅然、奚密、向陽編選《二十世紀臺灣詩選》，由臺北麥田出版公司出版。

9 月　發表〈色雷斯的膜拜：方莘小評〉於《藍星詩學》第 11 期。

蔡素芬訪談文章〈漂泊的，天涯美學——洛夫訪談〉發表於《創世紀》第 128 期。

12 月　東京《藍》第 4、5 期合期刊出「洛夫特輯」日文版，內容包含小傳、詩選、評論文章及〈漂木〉相關訪問。

2002 年　1 月　詩作〈金龍禪寺〉等八首收錄於《台灣現代詩集》，由東京日本株式會社國書刊行會出版。（是永駿、上田哲二譯）

3 月　16 日，發表詩作〈石濤寫意〉於《自由時報》第 39 版。

發表〈我的大陸出書經驗〉於《文訊雜誌》第 197 期。

長詩《漂木》獲《中央日報》評選為「出版與閱讀 2001 年中文創作」十大好書之一。

5 月　長詩《漂木》獲臺灣「九十年度詩獎」。

長詩《漂木》第三章第三節〈致時間〉刊載於東京《藍》第 6 期。

8 月　北京《詩探索》2002 年第 1、2 期刊出「洛夫專輯」，內容有龍彼德、沈奇等人評論文章及訪問文章。

9 月　發表詩作〈譬如朝露〉於《聯合報》第 39 版。

《漂木》第二章〈鮭・垂死的逼視〉（陶忘機譯）與〈洛夫訪問記〉（奚密譯）刊載於美國文學雜誌 *Manoa* 9 月號。

10 月　應加拿大哈柏夫朗中心（Harbourforint Center）邀請，赴多倫多參加年度「國際作家節」，並於會中朗誦詩作與接受媒體訪問。

11 月　發表詩作〈銅像之崩〉於《聯合報》第 39 版。

應邀赴廣西南寧參加廣西文聯舉辦之「洛夫書藝展」，並於廣西師大及廣西民族學院講演。

赴南京訪問，並於南京大學講演，舉辦「洛夫詩歌朗誦會」。

於東南大學講演，舉辦「洛夫詩歌研討會」。

赴深圳參加由深圳市作家協會、書法家協會、深圳商報、吳
啓雄集團聯合舉辦的「洛夫書藝展」，並參加與深圳青年詩人
交流座談會與「洛夫詩歌朗誦會」。

12 月　詩作〈譬如朝露〉、〈銅像之崩〉刊載於《創世紀》第 133
期。

2003 年　2 月　主編《百年華語詩壇十二家》，由北京臺海出版社出版。

3 月　發表〈小評〈諸神的黃昏〉〉於《藍星詩學》第 17 期。

5 月　10 日，出席於臺北天使美術館舉辦的「洛夫禪詩書藝展暨新
書發表會」。
19 日，發表詩作〈SARS 不幸撞到禪〉於《聯合報》E7 版。
詩集《洛夫禪詩》由臺北天使學園文化公司出版。

6 月　12 日，發表詩作〈花落無聲〉於《聯合報》E7 版。

8 月　詩集《洛夫詩鈔》（手抄本）由臺北未來書城公司出版。
創辦之「加拿大漂木藝術家協會」於加拿大溫哥華成立，獲
推選為首任會長。

9 月　發表詩作〈秦淮四首〉、〈禪詩十帖〉於《創世紀》第 136
期。
長詩《漂木》第一、第二章與李青松訪問文章〈詩人洛夫訪
談錄〉刊載於北京《新詩界》。

10 月　少君著《漂泊的奧義——洛夫論》，由北京戲劇出版社出版。

本年　獲中國文藝協會頒贈詩歌類榮譽文藝獎章。

2004 年　2 月　發表詩作〈我是水〉、〈鐵軌拖著落日走〉於《聯合報》E7
版。

3 月　左乙萱訪問文章〈神性的聲音——2003 年溫哥華洛夫訪談〉
發表於《創世紀》第 138 期。
詩作 16 首收錄於 *Le Cielen Fuite: Anthologie de la nouvelle*

poésie chinoise（《逃亡的天空：法文新詩選》），由巴黎 Circé 出版。（艾梅里譯）

5 月　與音樂家謝天吉合作詩與音樂發表會「因為風的緣故」，於加拿大溫哥華女皇劇院演出。

6 月　21 日，以「洛夫詩三首」為題，發表〈寄喬禽〉、〈雨從何處來〉、〈加糖〉於《自由時報》第 47 版。

　　　23 日，獲北京第一屆「新詩界國際詩歌獎——北斗星獎」，親赴北京領獎，發表受獎詞，並參加座談會。

　　　發表詩作〈鐵軌拖著落日走（外一首）〉於《創世紀》第 139 期。

7 月　發表〈酒鄉之歌〉於《金門文藝》第 1 期。

9 月　應邀於北京師大與清華大學演講，會中贈送詩集各一套（共 20 冊）予兩校研究中心。

　　　應中國作家協會邀請，參觀設有洛夫作品專櫃的中國現代文學館，並親將《漂木》三千行手稿贈予該館收藏。

10 月　發表〈試論《我之歌》中的我〉（李青松著）與〈創世紀的傳統〉於《創世紀》第 140、141 期合刊。

　　　赴蘇州、揚州、無錫等城市，於借宿寒山寺時完成詩作〈夜宿寒山寺〉，並為該寺題寫書法「楓橋夜泊」，書法石刻現於寺內陳列。

　　　返臺參加「創世紀五十周年紀念」活動。

　　　與創世紀詩人群合著《他們怎麼玩詩？：創世紀五十週年精選》，由臺北二魚文化公司出版。

2005 年　1 月　30 日，發表詩作〈見證金門碉堡藝術展後〉於《青年日報》第 10 版。

　　　2 月　應成都市政府之邀前往參加首屆「海峽詩會」，並在西南交通

　　大學演講，後續由四川電視臺記者陪同遊峨嵋山，因此完成
　　詩作〈登峨嵋尋李白不遇〉。

4月　22～23 日，發表組詩「江南四題」：〈西湖瘦了〉、〈唐槐〉、
　　〈夜宿寒山寺〉、〈飲馬二泉：在無錫聽阿炳的〈二泉映月〉〉
　　連載於《聯合報》E7 版。

5月　陳祖君訪問文章〈仍在路上行走的詩人：洛夫訪談錄〉發表
　　於《文訊雜誌》第 235 期。

6月　9 日，發表〈登峨嵋尋李白不遇〉於《聯合報》E7 版。

10月　應上海市作家協會邀請訪問上海，並出席由上海詩群「撒嬌
　　詩院」等單位舉辦的「紀念洛夫創作 60 週年」座談會及餐
　　會，於會中獲頒「新古典天王」獎座。

　　赴雲南昆明、楚雄、麗江、紅河等地訪問，並在雲南大學、
　　楚雄師院演講。

11月　18 日，出席由新竹中華大學舉辦的「詩人洛夫——2005 年詩
　　書雙藝展」，另有臺北詩人、新竹文化界人士、媒體記者等一
　　百餘人參加開幕式。當天並出席系列活動「詩歌朗誦暨演唱
　　會——今夜風城飄詩」。

　　24 日，出席「詩人洛夫——2005 年詩書雙藝展」系列活動：
　　「專題演講——建立詩的觀念」。

　　出席於廣西南寧舉行的「新世紀華文詩歌國際研討會」。

12月　11 日，發表詩作〈他：寫給某位候選人〉於《聯合報》E7
　　版。

　　20 日，應愚溪邀請，於花蓮海濱的和南寺小住，而後完成
　　140 行長詩〈背向大海〉。

本年　詩作〈有鳥飛過〉由陶忘機等人英譯，收錄於 *Sailing to
　　Formosa—A Poetic Companion to Taiwan*（航向福爾摩莎——

詩想臺灣），由美國 University of Washington Press 出版。

獲選爲臺北教育大學臺灣文學研究所（今臺灣文化研究所）與《當代詩學》合辦「臺灣當代十大詩人」之一。《當代詩學》後於 2006 年 9 月出版「臺灣當代十大詩人專號」。

2006 年	1 月	發表詩作〈見證傷痛的：觀金門碉堡藝術展後〉於《金門文藝》第 10 期。
	2 月	20 日，發表〈遠方〉於《聯合報》E7 版。
	3 月	9 日，發表詩作〈秋之存在〉於《聯合報》E7 版。
	4 月	25 日，發表〈異域〉於《聯合報》E7 版。
	5 月	11～21 日，應福建文聯邀請，參加「2006 海峽詩歌節」。並出席 12 日在福州于山公園音樂廳舉辦的「詩之爲魔——洛夫詩文朗誦會」。
		應邀參加美國西雅圖太平洋路德大學舉辦之「國際詩歌講座及朗誦會」，會中朗誦〈大鴉〉、〈大冰河〉等詩。
	6 月	發表詩作〈水靈——跟屈原說幾句話（外一首）〉、〈殺魚〉於《創世紀》第 147 期。
	8 月	《雪樓小品》由臺北三民書局出版。
	9 月	7 日，發表〈松鼠家族〉於《聯合報》E7 版。
		9 日，發表〈石頭罵我賊〉於《聯合報》E7 版。
		發表詩作〈再回金門〉與〈砲彈與菜刀的辯證——在廈門朗誦〈再回金門〉雜記〉於《金門文藝》第 14 期。
		長詩《漂木》（簡體字版）由深圳國際文化出版公司出版。
	10 月	21 日，出席於上海圖書館舉行的「因爲風的緣故——臺灣著名詩人洛夫詩歌朗誦專場」。
		28 日，以貴賓身分出席北京師大珠海分校舉行「國際華文文學發展研究所」成立大會，獲贈該所榮譽所長聘書，下午並

舉辦有洛夫詩歌講座。

應邀於北京大學演講「欣賞詩歌之美」講座，有該校師生三百餘人聽講。

應邀參加由北京大學中國新詩研究所與首都師大中國新詩研究中心合辦之「兩岸四地及海外華文詩歌的發展與前景：新世紀中國新詩國際學術研討會」，並於會中宣讀〈天涯美學〉。

詩集《雨想說的》由廣州花城出版社出版。

11 月　2 日，出席由深圳文學藝術界聯合會、深圳市作家協會共同舉辦的「著名詩人洛夫先生長詩《漂木》新書發表會」。

7 日，發表〈殺魚〉於《聯合報》E7 版。

12 月　6 日，發表〈母親的棉襖〉於《聯合報》E7 版。

與商禽、葉維廉共同發表〈三家詩話〉於《創世紀》第 149 期。

2007 年　1 月　6 日，發表詩作〈汽車後視鏡裡所見〉於《聯合報》E7 版。

發表〈序黃克全《兩百個玩笑》〉於《金門文藝》第 16 期。

2 月　16 日，發表詩作〈苦瓜九行〉於《聯合報》E7 版。

3 月　發表〈天涯美學——海外華文詩思發展的一種傾向〉與詩作〈遠方〉、〈松鼠家族〉於《創世紀》第 150 期。

發表詩作〈背向大海——夜宿和南寺〉於《創世紀》第 151 期。

4 月　出席由香港大學、蘇州大學、武漢大學和徐州師範大學聯合舉辦之「洛夫與二十世紀華文文學研討會」。該活動分別於蘇州大學與徐州師大兩校舉辦，並應邀在以上兩所大學文學院演講及朗誦詩作。

長詩《漂木》（*Driftwood*）英譯本由美國麻省 Zephyr Press 出

版。(陶忘機譯)

7月　12日，發表詩作〈致徐志摩〉於《聯合報》E7 版。

詩集《背向大海》由臺北爾雅出版社出版。

10月　12日～15日，出席於湖南鳳凰縣舉行的「洛夫長詩《漂木》國際學術研討會」。有黃永玉、謝冕、吳思敬、沈奇、簡政珍、白靈等人參加開幕式。

30日，出席由中國詩歌協會、山西省社會科學院、山西省作家協會、得一文化產業集團、山西黃河京都大酒店聯合主辦的「洛夫先生詩書雙藝展」開幕式。

赴成都，應四川大學邀請舉辦詩歌講座。

應詩人遠岸之邀，至海南島三亞與海口訪問，於海南大學、海南師大講演。

12月　19日，以校友及「淡江金鷹獎」得主身分，應淡江大學創辦人張建邦之邀前往淡水學園演講，並於文錙藝術中心揮毫。

發表詩作〈如此歲月〉於《創世紀》第 152 期。

2008年　2月　25日，發表〈我的書法藝術觀〉於《中國時報》E7 版。

3月　發表詩作〈掌中之沙〉於《創世紀》第 154 期。

6月　5日，發表詩作〈鏡子〉於《聯合報》E3 版。

29日，發表詩作〈猴子〉於《聯合報》E3 版。

7月　6日，發表詩作〈偶題〉於《聯合報》E3 版。

28日，發表詩作〈另一種顛覆〉於《聯合報》E3 版。

8月　24日，發表詩作〈豆芽〉於《聯合報》E3 版。

9月　19日，發表詩作〈碗說〉於《聯合報》E3 版。

發表〈鏡中之像的背後——《洛夫詩歌全集》自序〉於《創世紀》第 156 期。

出席由「漂木藝術家協會」在溫哥華主辦之首屆「漂木杯詩

歌朗誦大賽」，並擔任主任評審委員。

10 月　21 日，應邀至中國天津南開大學演講，由葉嘉瑩主持。

23 日，出席北京現代文學館舉辦的「洛夫詩、書、畫三藝展——紀念洛夫創作 60 週年」開幕典禮。系列活動尚有於北京首都師範大學舉辦的「洛夫詩歌學術論壇——紀念洛夫創作 60 週年」。

28 日，發表詩作〈髮〉於《聯合報》E3 版。

11 月　3 日，應邀出席於江西南昌舉辦的「國際華文作家滕王閣筆會」，並發表演講。

12 日，張默編《大河的雄辯——洛夫詩作評論集（第二部）》，由臺北創世紀詩社出版。

30 日，發表詩作〈梅說〉於《聯合報》E3 版。

12 月　發表〈塵染滄桑的臉——《創世紀 54 年圖像冊》序 2〉於《創世紀》第 157 期。

2009 年　1 月　詩作〈金龍禪寺〉與紫娟訪問文章〈語言的魔術師——專訪前輩詩人洛夫先生〉發表於《乾坤詩刊》第 49 期。

3 月　發表〈禪詩的現代美學意義〉於《中西詩歌》第 28 期，為李天靖、張海寧編《水中之月——中國現代禪詩選》序。

4 月　7 日，發表詩作〈雷鳴在遠方〉於《聯合報》E3 版。

10 日，返臺，參加「鶴山 21 世紀國際論壇」舉辦之《洛夫詩歌全集》新書發表會暨「洛夫創作 60 週年慶」，共有文壇耆宿、學者、藝文人士、媒體記者等兩百多人蒞臨慶賀。

28 日，發表〈禱辭〉於《聯合報》E3 版。

詩集《洛夫詩歌全集》由臺北普音文化公司出版，全套四冊，完整收錄 60 年來的詩歌創作。洛夫並親自返臺出席新書發表會及「洛夫創作 60 週年慶」，共有黃碧端、申學庸、愚

溪、蔡文甫、隱地、李瑞騰、黎活仁、張默、管管、辛鬱、
碧果、丁文智等三百餘人到場致意。

5 月　21 日，發表詩作〈蛾與永恆〉於《聯合報》E3 版。

《給晚霞命名》由香港明報月刊出版社出版。

6 月　發表〈白靈的小詩泛談〉於《創世紀》第 159 期。

發表詩作〈日曆〉、〈午夜鼾聲〉、〈歲末〉、〈關關雎鳩（詩經
解構）〉、〈我的城市〉、〈雷鳴在遠方〉、〈蛾與永恆〉、〈禱辭〉
於《創世紀》第 159 期。

7 月　13 日，發表詩作〈日曆〉於《聯合報》E3 版。

丁旭輝編《洛夫集》由臺南國立臺灣文學館出版。

8 月　2 日，詩作〈午夜鼾聲〉刊載於《聯合報》。

26 日，發表〈喜讀《花 也不全然開在春季》〉（丁文智著）
於《自由時報》D13 版。

9 月　發表詩作〈時間可惡，拔去我數莖白髮〉與〈喜讀《初遇》〉
於《創世紀》第 160 期。

10 月　4 日，發表詩作〈閒愁〉於《聯合報》。

24 日，出席由湖南省文學藝術界聯合會與衡陽市人民政府主
辦，於中國湖南省衡南縣雲集舉行的「洛夫國際詩歌節」。節
目有「洛夫詩歌論壇」、「洛夫文學館奠基典禮」、「手稿與書
法典藏簽字儀式」等。當天有日、韓、臺、港、中國文化界
人士、地方政府領導、全國媒體記者等一千餘人與會，並有
洛夫家鄉親友五千多人參加開幕典禮。

27 日，發表詩作〈河蚌〉於《聯合報》。

2010 年　1 月　發表詩作〈唐人街敘事〉於《聯合報》D3 版。

2 月　詩作〈歲末〉刊載於《聯合報》D3 版。

3 月　發表〈大海誕生之前的波濤——《兩岸四地中生代詩選》

序〉於《創世紀》第 162 期。

4 月　25 日，發表〈風箏的童話〉於《聯合報》D3 版。

29 日，發表〈四月之暮〉於《聯合報》D3 版。

方明編《大河的對話——洛夫訪談錄》，由臺北蘭臺出版社出版。

5 月　21 日，發表〈李樹開花〉於《聯合報》D3 版。

6 月　16 日，發表詩作〈浮生四題〉於《聯合報》D3 版。

7 月　14 日，發表詩作〈鑰匙〉於《聯合報》D3 版。

應邀赴美，參加由夏威夷大學舉辦之「華人國際詩歌研討會」。

8 月　3 日，發表〈傷逝——又見衡陽老屋〉於《聯合報》D3 版。

發表〈哀悼詩人許世旭〉於《文訊雜誌》第 298 期。

9 月　8 日，發表詩作〈習慣〉於《聯合報》D3 版。

發表〈丁雄泉的畫與詩〉與刊載〈哀悼詩人許世旭〉於《創世紀》第 164 期。

應邀出席由澳門大學文學院舉辦的「洛夫詩歌論壇」。

以詩集《雨想說的》獲中國廣東中山市第一屆「華僑文學獎」新詩組首獎。

10 月　5 日，發表詩作〈我說老鴉〉於《聯合報》D3 版。

11 月　詩集 *DROBEC IZ NAPLAYLN IN DRUGE, Lo Fu* 由盧布爾雅那 Kud, Apokalipsa 出版。（Vlado Sestan 譯）

12 月　15 日，發表詩作〈有涯〉於《聯合報》D3 版。

發表〈寫給商禽的詩〉、〈試為張默小詩〈剪刀〉解惑〉於《創世紀》第 165 期。

發表〈獨一無二的跨界詩人——懷念杜十三〉於《文訊雜誌》第 302 期。

散文《大河的潛流》與詩集《煙之外》由江蘇鳳凰出版傳媒
集團、江蘇文藝出版社出版。

2011 年　1 月　　發表詩作〈斯人〉於《聯合報》D3 版。

2 月　26 日，發表詩作〈灰的重量〉於《聯合報》D3 版。

3 月　23 日，發表詩作〈錯愕〉於《聯合報》D3。

以「唐詩解構」為題，發表詩作〈春望（杜甫）〉、〈楓橋夜泊
（張繼）〉、〈江雪（柳宗元）〉、〈尋隱者不遇（賈島）〉、〈登樂
遊原（李商隱）〉、〈錦瑟（李商隱）〉於《創世紀》第 166
期。

5 月　6 日，發表詩作〈荒涼也行〉於《聯合報》D3 版。

30 日，發表詩作〈突然入夢〉於《聯合報》D3 版。

6 月　27 日，發表詩作〈花事〉於《聯合報》D3 版。

詩作〈錯愕〉刊載於《創世紀》第 167 期。

9 月　14 日，發表詩作〈等待報廢〉於《聯合報》D3 版。

發表〈他心中住有一位天使──泛談李錫奇的藝術〉於《聯
合報》D3 版，繼而轉載於《創世紀》第 168 期。

10 月　10 日，返臺慶祝與妻結褵 50 週年金婚紀念，其子女莫非、
莫凡設宴於臺北福華飯店，有詩壇友人數十人赴宴。並在作
家楊樹清策畫下展開為期五日的「因為風的緣故：洛夫、陳
瓊芳伉儷金婚金門文學之旅」。

11 日，發表詩作〈髮之魅〉於《聯合報》D3 版。

17 日，獲中國當代詩歌獎（2000─2010）創作獎。

詩集《禪魔共舞：洛夫禪詩‧超現實詩精品選》由臺北釀出
版社出版。

出席於臺北胡思書店舉辦的「《洛夫傳奇：詩魔的詩與生活》
發表會」，並發表〈臺北新書發表會講話〉於《乾坤詩刊》第

60 期。

龍彼德著《洛夫傳奇：詩魔的詩與生活》，由臺北蘭臺出版社
出版。

周友德著《詩魔的天空：我與洛夫的交往》，由深圳海天出版
社出版。

11 月　獲中國首屆孔子文學獎。

南京江蘇文藝出版社爲詩集《煙之外》與《大河的潛流》舉
行發表簽書會，會中有南京詩人、學者、媒體記者五百餘人
參加。

12 月　詩集《禅の味：洛夫詩集》，由東京思潮社出版。（松浦恆雄
日譯）

2012 年　9 月　2 日，出席由東京台湾現代詩研究会主辦，東京思潮社協辦
「シリーズ台湾現代詩」ワークショップ 5 台湾・日本・戰
後詩──洛夫×辻井喬」研討會。

詩集《洛夫詩選》由北京九州出版社出版。

湖南衡陽興建之「洛夫文學藝術館」以告完工，預定 2014 年
舉辦開館典禮。

臺北目宿媒體公司於溫哥華拍攝「文學大師系列電影」，後共
赴日本東京出席東京大學與思潮社合辦之「洛夫詩歌討論
會」現場，繼往衡陽拍攝「洛夫文學藝術館」及洛夫舊居。

10 月　應邀出席中國吉林省政府主辦「東北亞博覽會」年度大會，
並於吉林大學文學院演講。

赴內蒙呼和浩特市訪問，多次參加詩歌討論會、朗誦會。

至 11 月間，有吉林衛視記者追隨大陸之旅，拍攝「名人『回
家』」電視專題節目。

11 月　由廣東中山市小欖鎮舉辦的「『因爲風的緣故』2012 秋・詩

人洛夫書藝展」開幕。

龍彼德著《洛夫傳奇——詩魔的詩與生活》（簡體版），由深圳海天出版社出版。

12 月　應邀出席金門「詩酒文化節」。

出席於臺北胡思書店舉辦的「時間之藏：洛夫詩集暨書法作品展」。

詩集 *Stone Cell* 由美國麻省 Zephyr Press 出版。（陶忘機譯）

2013 年　6 月　詩集《如此歲月：洛夫詩選（一九八八—二〇一二）》由臺北九歌出版社出版。

7 月　溫哥華古往今來雅舍舉辦「2013 洛夫詩書雙藝發表會」，並出版《雪樓水墨：洛夫書藝精品選》，現場共有來賓兩百餘人與會。

10 月　18 日，詩集《洛夫詩全集》由南京江蘇文藝出版社出版，並於先鋒書店舉辦「《洛夫詩全集》首發式暨讀者見面會」。

11 月　詩集《洛夫抒情詩精品》與《詩而有序——洛夫自序及爲他人作序》由深圳海天出版社出版。

參考資料：

· 張默、張漢良編，《創世紀四十年總目：1954—1994》，臺北：創世紀詩雜誌，1994 年 9 月。

· 龍彼德，《洛夫評傳》，南京：南京大學出版社，1995 年 5 月。

· 龍彼德，《一代詩魔洛夫》，臺北：小報文化出版公司，1998 年 11 月。

· 陳信元主編，《臺灣地區文壇大事紀要》臺北：行政院文建會，1999 年 9 月。

· 洛夫，〈洛夫年譜〉，《洛夫詩選》北京：九州出版社，2012 年 9 月。

輯三◎
研究綜述

樹在火中成長

臺灣詩論中的洛夫

◎劉正忠

> 評論者意見應該大多是與作者對立的，如作者認為他某一作品的評論
> 「深獲我心」，那是評論者的瀆職，因為他缺乏了建設性的價值。
>
> ——洛夫〈天狼星論〉

一、星座間的辯詰

　　超過半世紀以來，洛夫（1928～　）常處於詩壇風暴的中心。他的創作質量兼備，風格多變。早期即具有顯著的前衛性格，又為詩社、流派之領導人；後來隨著詩集積累與藝術突破，影響力漸深漸廣，自然為論者所關注。此外，洛夫本身不僅是一個核心詩人，更是熱切觀察當代詩壇，勇於提出見解、往覆辯駁的「詩論家」。這些詩論大多猛切激進，引起的迴響與反諍也很多。

　　早期的〈天狼星論〉[1]，帶來了第一場風暴。這篇論文針對余光中發表不久的長篇巨構〈天狼星〉[2]，提出「立即性」的評論，但通篇恭維無多。他認為余光中此詩是：「目前中國新詩諸多問題，諸多困惑的一次大暴露」。因此，這篇評論真正的宗旨，是把「現代藝術」與「學院派的藝術」對立起來，進而高舉「非理性詩學」（這是筆者概括，非洛夫用語）的大纛，並以〈天狼星〉祭旗。

---

[1]洛夫，〈天狼星論〉，《現代文學》第 9 期（1961 年 7 月），頁 77～92。
[2]余光中，〈天狼星〉，《現代文學》第 8 期（1961 年 5 月），頁 52～87。

　　善於論戰的余光中，很快便回敬以〈再見，虛無〉一文。此文反過來攻擊洛夫沉迷於超現實主義與存在主義，使現代詩走入窄礙之境。雖肯定「石室之死亡」甚具分量而且重要，但也指出：「由於某些段落處理的手法過於『晦澀』，乃使許多讀者無法恰如其分的感受，這實在是非常可惜的。」[3]實際上，洛、余二文的性質頗有差別：〈天狼星論〉屬於作品評論，而大量夾帶洛夫的詩觀；〈再見，虛無〉則屬答辯文章，但也大舉評論了洛夫所憑賴的詩學基礎。撇開因立場對蹠而衍生的評價與譏諷，余光中對洛夫的「描述」，仍算是精準地映射出洛夫早年的心靈面貌與藝術精神。[4]

　　洛夫與余光中同庚（1928～），這時三十多歲，正值詩學突破的關鍵點。這場論戰比起先前的紀、覃之爭，更加具體，與自身的創作處境緊密結合。裡面有抨擊、有辯駁，並對彼此的詩作提出實際批評。或許可以視為最早（具備一定的系統與規模）的「余光中論」、「洛夫論」，這是在文學現場中激生出來的「踐履型詩論」，像戰地裡的花朵，混合著香氣與硝煙。同時也標誌著臺灣詩壇的重心由前一代的紀、覃之爭，轉移到壯年一輩。

　　這時，洛夫的「石室之死亡」系列創作，大約發表已半數，漸受矚目。全書尚未出版，李英豪（1941～）已在香港發表了〈論「石室之死亡」〉。[5]此文可說是先驅性的「石室論」，討論的範圍兼及思想、意象與語言技術。其間援用的術語，如「直覺知性」、「原始存在」、「介入境遇」，都有一定的理路和洞見，足以啟迪後來的批評家。文章篇幅雖然不長，但不同於當時詩論習見的印象式泛論與誇大的褒貶，而能展現「批評型詩論」應有的格局。[6]

---

[3]余光中，〈再見，虛無〉，《藍星詩頁》第 37 期（1961 年 12 月），無頁碼及版次。

[4]《七十年代詩選》（高雄：大業書店，1967 年 9 月）出版之後，余光中與洛夫又有論爭。再經多年，洛夫詩風轉變，余光中另有精彩的正面評論。即〈用傷口唱歌的人——從〈午夜削梨〉看洛夫詩風之變〉，原載《中華日報》1978 年 10 月 18 日，11 版。後收入《分水嶺上》（臺北：純文學出版社，1981 年 4 月），頁 12～24。

[5]李英豪，〈論「石室之死亡」〉，《好望角》（香港）第 11 期（1963 年 9 月），頁 10～18。

[6]候吉諒談到此文時，加了不少負面的按語，說這類詩評：「評論焦點不集中」，「給予太多『想當然耳』的肯定」，「缺乏進一步的深思探索」。其實，李英豪的解說，溢美無多，在評論史上自有一席之地。參見侯吉諒編，《石室之死亡及相關重要評論》（臺北：漢光文化公司，1988 年 6 月），頁

柳文哲（趙天儀，1935～）在《笠》詩刊的專欄「詩壇散步」，是1960 年代彌足珍貴的即時性詩評。《石室》出版後的第一篇評論，即出現在此。文中對於「現代詩」的創作精神多所同情，卻對洛夫所選擇的風格與技巧，頗有保留。柳文哲指出：「作者採用不令人喜悅底緊密而又斷片的意象，使用並不流暢而又艱澀的硬梆梆的語言，是否能恰到好處地表現作者心目中所觀照所透視的靈域呢？」[7]這是來自文學的歷史現場，最直截的質問。今天重讀當時多元的聲音，應仍有一定的意義。

林亨泰（1924～）的《現代詩的基本精神》，是一部自成體系的專著，頗看重紀弦、洛夫、商禽、瘂弦的前衛精神。他以「大乘的寫法」來詮釋《石室之死亡》，並細讀許多詩行，破解其中的隱喻。但他也指出：「以通篇而論，則各個意象並不太相互協調，雖不至於各個肢離破碎，卻不能不說以它自身作為獨立的表現之時，則其促進它形成一個整體的力量是太脆弱了。」[8]這是在肯定洛夫為現代詩運動的核心人物之餘，所提出一種善意的微辭。

《石室》出版之後，洛夫便奉派為「援越軍事顧問團」英文祕書（1965～1967），歸來之後，陸續發表了「西貢詩抄」系列（1967～1969）。這組詩的主題，雖仍關涉戰爭與死亡，但語言放鬆不少，大有舉重若輕之勢。最早認真討論這些新風格之作的，乃是新一代的詩論家蕭蕭（1947～）。他鎖定這個系列中最具規模的一首詩〈無岸之河〉，發表三篇系列性評論。[9]在現代詩尚未被納入學院課程的年代，蕭蕭主要係以古典詩學為參照，加上自己的創作體驗，便與前輩詩人展開多重對話。

「無岸三論」不能算是最成熟的詩論，卻是出身中文系的新世代詩論

72。

[7]柳文哲，〈詩壇散步──石室之死亡〉，《笠》第 6 期（1965 年 4 月），頁 52。

[8]林亨泰，《現代詩的基本精神──論真摯性》（臺北：笠詩刊社，1968 年 1 月），頁 45～67。

[9]蕭蕭，〈商略黃昏雨──初論「無岸之河」〉，《花之聲》（臺北：仙人掌出版社，1970 年 5 月），頁 138～156；〈箭徑・酸風・射眼──再論「無岸之河」〉，《文藝月刊》第 13 期（1970 年 7 月），頁 125～133；〈雪落無聲──三論「無岸之河」〉，《青溪月刊》第 37 期（1970 年 10 月），頁 51～64。

家關鍵的起步，也是較早討論洛夫轉變期詩作的一篇。雖然憑藉無多，但也掌握到了一些有用的核心論點。比方說在第二論裡，蕭蕭比較了〈無岸之河〉的初稿與定稿，

從細微的差異中，尋索詩人的語言藝術。他發現此詩最大的特色在於「名物移用」，其中又分爲兩種：「平行移用」是在眾多可用的形象中，準確選擇「不可移易」者；而垂直移用的發展，則是基於「化不可能爲可能」的認識。這等於對洛夫「無理而妙」的動態詩法，提出一種有跡可循的觀察和解釋。

早期的評論，看起來形式似較粗略，說法似較主觀。但那裡面自有其警策性，也保留了更多當下的反應與辯詰，以及意見形成的動態過程。洛夫其人、其詩，現今已逐漸取得大師、經典的地位。我們回頭細審早期的歷史文獻，以及隨著他最初的創作試驗而來的評論。體會其中的譏諷、質疑與讚賞，或許可以得到新的啓發。

二、被挑戰的詩宗

時序進入 1970 年代，洛夫在詩壇的角色與位置，都有顯著的變化。隨著「泛現代派」運動的完成，臺灣現代詩取得了顯著的成績，但也面臨了轉機（另一種說法是陷入了「困境」）。洛夫的詩風漸則由緊繃、壓縮、斷裂走出來，以較爲從容的筆墨書寫日常情境。從《無岸之河》出版（1970年 3 月）到《魔歌》出版（1974 年 11 月），這四年之間，洛夫一方面則受到評論家更多的關注，一方面捲入了多場筆戰之中。——在騷動的過程裡，逐漸確立了他作爲核心詩人的地位。

早年的洛夫和他的同志們，反覆強調現代詩的反叛性。到了 1970 年代，雖然提出「詩宗」的概念，展現「歸宗」和「主流」的企圖；[10]但就詩學型態而言，仍可視爲「後期現代派運動」（1959～1969）的餘波。[11]他們

---

[10]洛夫語，見夏萬洲〈夜訪洛夫，煮茶論詩〉，《幼獅文藝》第 156 期（1970 年 5 月），頁 121。
[11]所謂「後期現代派運動」，係林亨泰提出的概念，見〈新詩的再革命〉，《林亨泰全集》第 5 冊

藉由「創作—編選—論述」等文學行動，積極拓展其理念，擴大其影響。然而這個時候，社會情勢與詩壇結構俱有改變，現代詩也面臨全新的挑戰。戰後出生的年輕世代，逐漸蔚為臺灣社會的嶄新力量與反思聲音，詩壇也彌漫著一種「價值重估」的氛圍。

洛夫本人的詩學實踐（包含創作突破與編選、批評），鮮明而強勁，堪稱後期現代派之最高音；新世代詩人與新興詩社的崛起，則如春水方生，後勢可觀。這兩股力量的遭遇，便激生了或大或小火花。其中最奇特，也是近年論者時常提及的，便是所謂「招魂祭事件」。

按洛夫編選《一九七〇詩選》，宣稱：「並不以任何派別或詩社為立場，而僅以精鍊、純粹，具獨特風格者為準則。」[12]實際上還是以自己的詩學理念為準據，去審視當前的創作，選人定篇有所偏向，自所難免。當時笠詩社的年輕詩人傅敏（李敏勇，1947～），乃為文批評這本選集，譏嘲洛夫是「暴露了嚴重的詩之無知和人格的缺憾」。並就他在序中提出的語言觀，逐條加以批駁。[13]此文一出，隨即引發雙方陣營的大亂鬥。[14]冷言惡語漸多，但主要牽涉到意識形態與話語權力的對抗，未必具有深刻的美學意義。

在臺灣現代詩發展史上，「詩社」的競逐帶來了活力，也引發許多糾纏。文學社團基於理念、美學、情感與權力等多重關係而組成，同時也順此而向外開展。再加上「時代」與「世代」的因素，誰要宣稱純粹「就詩論詩」，幾乎是不可能的。洛夫之發論與被論，總是在繁複文學場域中運作著。在傅敏眼中，「洛夫的詩之認識」問題重重；然而洛夫作為詩社主將、流派代表（雖然他有時以為自己超越了這些，而只是為詩發言），他的詩論

（彰化：彰化縣立文化中心，1998 年），頁 5～6。

[12]洛夫，〈一九七〇詩選序〉，《幼獅文藝》207 期（1971 年 3 月），頁 61～63。

[13]傅敏〈招魂祭——從所謂的「1970 詩選」談洛夫的詩之認識〉，《笠》43 期（1971 年 6 月），頁頁 55～58。

[14]關於後續事件較詳盡的探討，可參見：陳瀅州，《七〇年代以降現代詩論戰之話語運作》（成功大學臺灣文學系碩士論文，2006 年 6 月），頁 28～36；陳政彥《戰後臺灣現代詩論戰史研究》（中央大學中國文學系博士論文，2007 年 6 月），頁 129～138。

都展示了在特定時期的審美主張與歷史認知，其實並不能說是絕對的對錯。

　　陳芳明（1947～）的〈鏡中鏡〉，[15]細讀洛夫的論述集《詩人之鏡》，就其中的主要篇目與他進行縝密的對話，可以說是「批評的批評」。由於這篇文章並非論戰文章，反而能夠免掉不必要的糾纏，進行更多實質性的探討。洛夫屬於 1960 年代履踐型詩論家，他的詩論常與創作互為表裡，重在理念的鋪陳，而非事實的描述。陳芳明則屬 1970 年代批評型詩論家，較注重材料的歷史脈絡，但也不避諱展現立場。他在文章中多次稱引余光中，看來傾向於洛夫敵論之一邊。但更重大的意義，仍在於凸顯「代（時代與世代）際」之間的詩學變化。

　　余、洛之間的觀念競逐，被視為現代主義內部的路線之爭。其間差異，也見於前一年出版的《中國現代文學大系》（1972 年 1 月）。余光中的〈總序〉對於表現個人內在世界的「超現實詩」，頗有微辭。洛夫為詩卷寫的〈序〉，則持續為「現代詩運動」以及自己所信仰的美學提出辯護與闡釋，宜為一篇精采的詩論。但他在結語處，不無激憤地說：「除非社會性質與型態起了遽變（例如由今天的半農業社會進入全面的工業社會），我想即使再過二三十年，我們詩壇恐怕仍難有『新的一代』出現。」這類言論之激起反響，自可逆料。

　　除了社會生產型態之外，形塑詩潮與詩風的許多因素，就在這時蘊釀。1972～1973 年之間，接連發生關傑明、唐文標事件，以及《龍族評論專號》的反思，[16]詩壇內外彌漫著躁動的聲響。洛夫因詩風艱澀，常成為眾矢之的，例如關傑明批評他的詩是「一頁頁、一行行記載吞服迷幻藥後迷離經驗的劇本」。[17]唐文標則說他思想「單純而亂」，語句「重複而雜」。[18]

---

[15]陳芳明，〈鏡中鏡——評洛夫的《詩人之鏡》〉，《大地》第 2 期（1973 年 3 月），頁 39～55。
[16]關於這三個事件的精要闡述，可參見蔡明諺，《龍族詩刊研究——兼論七〇年代臺灣現代詩論戰》（清華大學中國文學系碩士論文，2002 年 7 月），頁 122～130; 144～162; 169～183。
[17]關傑明，〈中國現代詩的幻境〉上，《中國時報》副刊「海外專欄」，1972 年 9 月 10 日。
[18]唐文標，〈詩的沒落〉，原載《文季》第 1 期（1973 年 8 月），見唐文標，《天國不是我們的》

面對這些或大或小有理無理的攻擊,洛夫除了為文答辯甚至反控之外,[19]更堅持不懈地致力於詩學建構與詩藝突破。今天看來,這些論戰不能簡單地說誰勝誰敗。儘管意氣、理念、旗幟與煙硝味一時並作,仍可視為一場關於現代詩發展方向的大規模「協商」。洛夫一貫地保持「巨石」般的固執,去面對冷熱變化,但也悄悄完成自己的蛻變。

1980 年代的洛夫,又以爭議展開。他的回顧式文章〈詩壇春秋三十年〉,以個人的立場見證了詩史的流變與波折,瑣憶雜談,具有一定的史料價值。[20]但對詩史提出解釋之際,不免也就召喚了各方論敵的不同聲音。當時仍然活躍的所有詩社,幾乎都做出了負面反應。其中向陽的〈春與秋其代序〉,寫得較為周洽而冷靜。[21]詩史應該如何建構,詩社之間、世代之間應如何相看待,不同的美學觀與語言觀能否分頭並進,這些都是值得進一步思考的問題。經過這次的「圍剿」,洛夫終於不再耗費過多心神於這類紛爭。

值得注意的是,儘管來自四面八方的論敵都不滿洛夫的詩論或史觀,但他們對於洛夫的詩創作,卻未必有微辭,有些還頗為推重。事實上,洛夫的創作與論述,在精神上多有共通之處,但外界對兩者的反應卻頗為紛歧,何以如此,頗耐思維。無論如何,孤傲不馴的詩人在這個時期具有雙重性:他既是挑戰世俗的「詩魔」,也是被眾人挑戰的「詩宗」。

三、詩學的試金石

從許多方面看來,顏元叔(1933～2012)都是臺灣文學批評史上的關鍵人物,也是開創學界風氣的先驅者。在《中外文學》的創刊號,他便發

(臺北:聯經出版公司,1976 年 5 月),頁 174。

[19] 洛夫,〈請為中國詩壇保留一份純淨〉,按此文原為《創世紀》第 37 期(1974 年 7 月)「社論」,以「本社」名義發表。收於《洛夫詩論選集》(臺北:開源出版社,1988 年 1 月),頁 133～143。

[20] 洛夫,〈詩壇春秋三十年〉,《中外文學》第 10 卷第 12 期(1982 年 5 月),頁 6～31。

[21] 向陽,〈春與秋其代序──對洛夫「詩壇春秋三十年」一文的幾點意見〉,《陽光小集》第 9 期(1982 年 6 月),頁 7～10。

表了一篇〈細讀洛夫的兩首詩〉，實踐自己所倡導的批評原理與態度。這篇文章一開頭即肯定洛夫爲詩壇 20 年來「最有成就的詩人之一」，有才氣，有魄力；但也尖銳地指出，他時常陷入「結構崩潰」的窘態。[22]

在具體操作上，顏元叔選擇了〈手術臺上的男子〉做爲洛詩「最壞」的案例；〈太陽手札〉（即《石室之死亡》第 57～63 節）做爲「最好」的案例，並分別加以細讀。一路解剖下去，前者幾乎每一行都有問題，其病癥包含：太怪異、俗氣、濫情、武斷，「缺乏必然性與可然性」。至於後者，雖也有不少瑕疵，但所使用的「矛盾語」強力而驚人，語勢暢沛，意象的銜接也較緊密。——多數論者把「西貢詩抄」視爲洛夫詩藝轉變的關鍵，顏元叔卻多惡評。1970 年代的詩論，傾向於檢討過於擁擠晦澀的詩風，顏元叔卻對《石室之死亡》裡的詩多所讚賞，也屬特異。

無論如何，顏的批評文字打開了臺灣現代詩評論的新局面，卻是事實。先前的詩論，經常落入兩個極端：一種是詩友群的相互激賞，二是論敵間的絕對攻伐。但顏元叔的這篇文章，褒貶互見，特多獨到的觀念與見解，而且扣緊詩句立說，雖多主觀的斷語，仍不失爲一篇有分量的文學批評。此外，由於顏元叔、臺大外文系及《中外文學》的特殊地位，他的系列文章實具有把現代詩研究帶入學院體系的作用。因而此文，可以視爲洛夫研究被「學術化」的關鍵一步。

在批評史上，也常把此文視爲顏元叔以「新批評」介入現代詩的範例。但我們也不能忽略：顏元叔關於「民族文學」、「社會寫實文學」的思維早已蘊釀，對於臺灣現代詩慣於經營的主題（虛無）與技法（超現實），多所不滿。因此，在新批評的表面工夫之下，其實還涉及意識形態、詩學認知與審美取向的交鋒。也就是說，顏元叔雖然彷彿就字質、結構來判斷好壞，從事客觀的文學批評，其實他很有「使命感」，希望藉由文學批評來「導正」詩的創作路向。執是之故，這篇評論不避諱個人好惡之語，對詩

---

[22]顏元叔，〈細讀洛夫的兩首詩〉，《中外文學》第 1 卷第 1 期（1972 年 6 月），頁 118～134。

人多所勸告（與今日學院常見的，以冷靜、客觀、穩妥爲美德的制式論文，大異其趣）。文既刊出，果然引起許多迴響（包含洛夫本人在內），[23]後來更衍所謂「颱風季論戰」。——但其詩學意義有限，論者既多，此處可以從略。

　　稍後，正在臺大攻讀比較文學博士學位的張漢良（1945～），也在《中外文學》發展了一篇〈論洛夫後期風格的演變〉。[24]此文雖似新起一題，重新研究洛夫的詩藝發展。實際上，步步都可以讀成對顏元叔前文的積極回應，深具詩學意義的回應。顏文頗執著於新批評，張文則添加了神話原型批評的視角，避免僅做零碎的字質分析，從而釐清洛夫若干被視爲晦澀的主題和表現。顏文孤立地談論兩首詩，張文則較爲全面地考察洛夫詩藝的歷時變遷，並理出其風格演變的軌跡：由意象擁擠、詩質稠密，一變而爲疏朗、灑脫；由生死明暗的形上探索，逐漸走向日常生活的體驗。

　　顏元叔的批評文章，具有開學院風氣之功，但持論過於迅猛。張漢良的文章，論證更爲細密，形式更加嚴謹，把現代詩批評的學術化，又往前推進了一步。他頗能同情並欣賞《石室之死亡》所展現的深澀美學（因而此文也回應了唐文標攻擊現代詩的名文），對於〈長恨歌〉這篇「近作」所展示的新變，則更寄予厚望。按〈長恨歌〉發表於《創世紀》停刊三年後重新出發之第 1 期（1973 年 12 月），係洛夫翻用白居易原作的一篇長詩。張漢良認爲，此詩「無論就詩行、段落形式的複雜，意象結構的嚴密，用字的精鍊，敘述過程的濃縮任何一方面而言」，都很精采，堪稱「一首革命性的敘事詩」。

　　不過，大地詩社的新世代詩人卻有不同的看法。李弦（李豐楙，1947

---

[23]洛夫在回應文中，引用了「不涉理路，不落言詮」之類的詩禪相通論。並指出：「我認爲寫詩不宜拘於語言間的機械關係，但求氣勢的統一，節奏的和諧，內在生命的完整，（這就是有機結構）。」見洛夫，〈與顏元叔談詩的結構與批評——並自釋「手術臺上的男子」〉，《中外文學》第 1 卷第 4 期（1972 年 9 月），頁 40～52。
[24]張漢良，〈論洛夫後期風格的演變〉，《中外文學》第 2 卷第 5 期（1973 年 10 月），62～91。

～）的〈洛夫〈長恨歌〉論〉[25]，仔細對比了此詩與白居易的同題名作，判定洛夫在創作素材與歷史鑑衡上，欠缺獨創性。意象與句法，也頗有沿襲自己舊作之處。至於全篇反覆誇大了性交意象，李弦質疑：「嘲弄了玄宗的性愛、貴妃的肉感外，賦予了什麼新的精神內涵嗎？」依他看來，洛夫等人過於追求自己所理解的「純粹經驗」，以致「對於現實世界不屑一顧」。[26]而李弦心目中的敘述性，則須「根植於生活，取源於現實」。因此，他的立論便與張漢良大異其趣。這裡除了牽涉到對「現實」的不同理解，更緣於美學觀的差異。

如前所述，洛夫的〈長恨歌〉蘊含變化之機，但畢竟是在《石室》以來的詩藝基礎之上進行調整。雖然化稠密爲疏朗，變玄想爲日常，洛夫仍然守住並發展了他素所擅長的非理性技法以及純粹性美學。張漢良對 1960 年代臺灣詩歌美學的理解，使他能夠欣賞洛夫的基調與底蘊，以及由此發展出來的「後期風格」。李弦則代表當時一種新世代思維，在根本上不甚推重前一世代所走的晦暗、艱澀、純粹的路向。換言之，他的評論立足於新興的現實美學，呼應了當時的「回歸」風潮。

論戰紛繁的 1970 年代，熱烈，迅捷，務實，有時不免輕淺。但也有評論家能夠冷靜而深刻去閱讀詩行，做實質性的詩藝探討。洛夫的詩較爲含蘊豐富而且「難讀」，但也正因如此，成了各種批評方法的試金石。能夠有效地解釋洛夫這類型的詩與詩人，也就掌握了臺灣現代詩美學的一個關鍵區塊。

四、生長中的礦苗

洛夫的詩藝在 1980 年代持續有所進展，《時間之傷》、《釀酒的石頭》到精選集《因爲風的緣故》，都迭獲好評，影響更爲深廣。這時臺灣的文學

---

[25] 李弦，〈洛夫〈長恨歌〉論〉，《大地》第 7 期（1973 年 12 月），頁 47～54。
[26] 洛夫常談「純粹經驗」，並以之接合西洋非理性美學及中國的道家、禪宗以及興趣詩學。李弦此文已發現這個議題的重要性，更詳盡的探討則在後來的文章。見李豐楙，〈中國純粹性詩學與現代詩學、詩作的關係〉，《臺灣詩學季刊》第 3 期（1993 年 6 月），頁 33～66。

批評環境也更趨成熟，詩人不必多做鼓吹或辯護的事，詩論也較能冷靜評析作品，免除紛繁的路線之爭。

　　簡政珍（1950～）致力於探討臺灣現代詩的美學問題，累積了豐富的著述，是少數能夠建立獨特體系的詩論家。在這個體系中，洛夫的詩得到最高評價，成爲一種範式。他的〈洛夫作品的意象世界〉一文，[27]雖是實際批評，卻特具一種理論的高度。該文指出，洛夫的語言與意象具有高度創發性，能通過精細的「置換」技巧，達成「主客易位」的靈視，又時以「偶發性因素」掙脫僵化的結構觀念。這就悄然回應了顏元叔的評論，而給予洛夫的詩一種學理上的支持。

　　奚密（1955～）的〈從《靈河》到《無岸之河》——洛夫早期風格論〉，[28]回到歷史脈絡中，去尋索洛夫風格形成與轉變的歷程。有關洛夫第一詩集《靈河》的主題與風格，以及收入《無岸之河》時的「疏濬」情況，蕭蕭早先已有所探討。[29]奚密此文除了延伸這條路線之外，更藉由較全面的細讀，發現洛夫早期常藉由果園、室內、牆等「封閉意象」，正面地指向愛情的隱密世界，而又反面地暗示內心與現實的疏離。此外，還實際比較早期洛夫與何其芳 1930 年代抒情詩的風格異同，進而呈現出一條歷史發展的線索。

　　葉維廉（1937～）曾參予 1960 年代的 現代詩運動，是融貫中西詩學、自成一家的詩學巨擘。他的〈洛夫論〉，[30]長達四萬多字，觀念密度極高，迄今爲止仍是最精采的一篇洛夫專論。此文深刻地勾勒了洛夫（兼及其同代詩人）所面臨的時代情境與社會氛圍，以及由此而生的孤絕狀態與悲劇感受。葉維廉指出，由於詩人「被逐入一種文化虛位、生存抽空的孤

---

[27]簡政珍，〈洛夫作品的意象世界〉，《中外文學》第 16 卷第 1 期（1987 年 6 月），頁 8～41。
[28]奚密，〈從《靈河》到《無岸之河》——洛夫早期風格論〉，《現代詩》第 12 期（1988 年 7 月），頁 20～25。
[29]蕭蕭，〈那寂靜的鼓聲——「靈河」時期的洛夫〉，《大地文學》第 1 期（1978 年 10 月），頁 365～368
[30]葉維廉，〈洛夫論〉，《文學世界》第 3 期（1988 年 7 月），頁 220～258。

絕狀態」，承受強烈的禁錮感，終於不得不外顯爲狂暴、撕裂、扭曲的形象。他由裡層心靈到外層環境，把近代西方、現代中國到當代臺灣各種文化因素對洛夫的作用，層層交織地呈現出來。對於以洛夫爲核心的現代（軍旅）詩人群的詩風，提出極具效力而可被延伸的理論闡述。

　　李瑞騰（1952～）的〈試探洛夫詩中的「古典詩」〉，[31]屬於專題研究。針對 1970 年代以後洛夫大舉運用古典詩的現象，進行了實證分析，而尤聚焦於李白、杜甫、李賀等三位古典詩人。早年的洛夫，常標舉「反傳統」的精神，中後期雖仍深富實驗性，卻明顯結合了中國古典詩傳統。李瑞騰由此入手，也就把其間蘊含的文化性與民族性彰顯出來，有助於我們理解洛夫的精神底蘊。此外，李文一開頭還提到：洛夫於 1988 年 8 月回到久別的家園，遊覽故國，與彼岸的詩人、詩論家相會，預料將激迸出值得觀察的火花。

　　果然如此，詩人 60 歲的返鄉探親之舉，打開了創作歷程的新階段。一方面，詩人與母土的重新連繫，使隱伏的、文化的、回憶的中國因素，一變爲活生生的現實，主導並擴充其創作走向，迅速凝聚爲「大中國詩觀」。[32]另一方面，洛夫的悲劇性內涵以及斷裂式美學給予大陸詩論家很多的衝激，引發了熱烈的討論，形成洛夫研究的新局面。

　　不久，蕭蕭編定《詩魔的蛻變：洛夫評論選集》（1991 年 4 月），即有三分之一的篇章，出自大陸詩評家的手筆。大致上說來，這些評論展現了極高的熱情與共鳴，可謂讚歎連連，推崇備至。其中任洪淵的〈洛夫的詩與現代創世紀的悲劇〉[33]，體大思精，同時扣觸詩與哲學的深度。此文注意到《石室》所蘊含的「石／血／雪」意象與「神／人／獸」主題，持續在洛夫的詩裡生長──既富於「東方智慧」，更具體而微地體現了現代中國人

---

[31]李瑞騰，〈試探洛夫詩中的「古典詩」〉，節錄版見《聯合文學》第 50 期（1988 年 12 月），頁 122～129。
[32]洛夫，〈建立大中國詩觀的沉思〉，《創世紀》第 73、74 期合刊（1989 年 8 月），頁 8～25。
[33]任洪淵，〈洛夫的詩與現代創世紀的悲劇〉，原附錄於洛夫：《天使的涅槃》（臺北：尚書文化出版社，1990 年 4 月），頁 173～204。

的悲劇。由此聯結到洛夫如何善用「漢語性」，更是饒具深義。

　　時至今日，隨著洛夫詩藝的持續開展，以及與彼岸詩壇的密切交流，洛夫在華語地區的聲望不斷攀升。腹地廣大的中國學界，對於洛夫的討論自然是更加鼎盛了。近年來，張默編的《大河的雄辯：洛夫評論選集（第二部）》（2008 年 10 月），臺灣論述反而只占了三分之一的篇目，其餘皆為大陸及港澳的論述。單就這本選集而言，我們可以略微看出三地之間分化出來的研究異趣。大陸學界常看到洛夫的崇高感和悲劇性，熱愛他的英雄主體。港澳則小處著題，契入深微，講到洛夫詩中的眼睛與排泄與疾病等細瑣子題。臺灣則兼及這兩者，但也有自己特具的歷史脈絡感。

　　依照我們在前文的描述，洛夫在臺灣現代詩發展史上是充滿「爭議性」的——詩論家或與洛夫針鋒相對，或為他提出縝密的辯護；在擾攘攻防之間，凸顯了洛夫居於詩壇力場的關鍵點，同時激出更多的問題意識。近年來，隨著學院體系的膨脹以及臺灣文學、現代詩學的勃興，關於洛夫的學位論文與單篇論文累積愈多。一方面，追蹤洛夫多年的著名論者如簡政珍、蕭蕭、白靈、孟樊等，續有新說；另一方面，不斷有年輕學者帶著新穎的視野與感性，參予著洛夫研究的擴展。這裡僅能以陳大為（1969～）與鄭慧如（1965～）這兩位中堅代學者為例，展示晚近現代詩學術化的大致風貌。

　　陳大為的論文，係配合《魔歌》被選為「臺灣文學經典」而寫。[34]鄭慧如的論文，則配合洛夫再度被票選為十大詩人而召開的會議而作。[35]陳大為採用了一種奇怪的建構式文體，展示了「你」（主要是指論述者本人，但也有兼包一般讀者之意）從《靈河》一路讀來，而後聚焦於《魔歌》的反應歷程。此文談論的核心話題是洛夫詩中的主體狀態，具體指出：詩人雖強調主客交融，卻常展現出「主體凌駕客體」的現象。陳大為既讚賞洛夫的

---

[34]陳大為，〈在語字中安排宇宙——論洛夫《魔歌》〉，收於陳義芝編，《臺灣文學經典研討會論文集》（臺北：聯經出版公司，1999 年 6 月），頁 201～216。
[35]鄭慧如，〈洛夫詩的偶發因素〉，《當代詩學》第 2 期（2006 年 9 月），頁 11～30。

入魔精神和語言技術，但也同時談及主體膨脹的效果及反效果。

　　從偶發性去解讀洛夫，原爲簡政珍前揭文的提法。鄭慧如的論文，發展了此說，且更加細緻地分析了洛夫的語言操作，自行劃出了四個「基調」。並在結論裡，歸納出洛夫詩裡「習於」展示的五個現象。此文對於偶發因素的描繪，其實已自成一種新說。洛夫的詩如何既是「習於」又仍是「偶發」，也頗爲奇妙。全文不吝於掘發洛夫的巧思與成就，但有趣的地方，或在於行文間常見針砭之辭。如謂部分篇章「刻意張揚內在的痛感而成敗筆」、「缺乏厚實情感」、「討巧而牽強」之類，顯現出論述者的犀利。

五、餘話

　　洛夫的詩，闡釋空間較大，蘊含的議題也很繁複，因而吸引了許多評論者的關注。歷來匯集成書的，已有侯吉諒編《石室之死亡及相關重要評論》、蕭蕭編《詩魔的蛻變：洛夫評論選集》、張默編《大河的雄辯：洛夫評論選集（第二部）》等三種，此外尚有個別學者的研究專著，以及多達千篇的長短評論。熱烈的程度，在臺灣似惟余光中可以比並。

　　假如我們把「洛夫研究史」視爲一個逐漸漫衍開來的流域，則上游、中游、下游之間，曲折變化，波瀾迭起，確實頗耐尋味。既說是研究，便須看重議題的開發、觀點的建構與方法的運用，誰在這個流程中做出較大的貢獻，即應得到尊重。因而這裡，我們仍選錄若干經典論文，不避與前面三本評論選集重覆，以展示議題的源泉與流向。

　　但除此之外，做爲一本新的資料彙編，這裡也有意與前面三本評論選集有所區隔：第一、集中呈現臺灣評論的脈絡，建立洛夫研究史的基本軸線。大陸及國際學者的觀點可資參考者雖多，可留待另外的脈絡來談。第二、偏重於呈現早出的觀點，盡量完整地收錄重量級的先導性論文，因而割捨了許多談論洛夫近作的近期論述。第三、回到多音並起的歷史現場，試著再現洛夫的豐富多姿的「爭議性」。除了選錄正面評價的論述，更刻意收納批判的聲音。

　　依照個人的觀察，當前的洛夫研究固然琳琅滿目，成就可觀；但偶或掉入兩個極端：一是延續 1970 年代的「論戰式」格局，把洛夫視爲「詩的現實轉向」風潮中的反派角色，撻伐其詩論之「偏頗」，譏諷其詩風之「窄仄」。二是不夠重視詩與詩人在具體時空中的發展脈絡，過於天真地「就詩論詩」（而又不把握語言、技法，空談境界與精神），出於推尊而抹掉了洛夫特具的「爭議性」（這其實是其人其詩特具「張力」的重要資源）。

　　85 歲的詩人，還在創造有意思的篇章，等待我們去追蹤、體會和分析。以一家創作之富而構成一種「學」（如杜詩學），在詩學史上不可多得。隨著學術新血的投入，漢語詩學環境的成熟，方法與視野的變更，我們或可樂觀期待，想像中的「洛夫學」逐步建立起來。

輯四◎
重要評論文章選刊

再見，虛無！

◎余光中*

　　自從〈天狼星〉在《現代文學》發表以來，我曾經收到許多朋友的來信，其中的反應有褒有貶。屬於後者，且形諸文字的，則有洛夫先生的〈天狼星論〉。〈天狼星〉所表現的是我 1961 年春天的精神狀態，其藝術上的價值，作者寸心了然，褒之不喜，貶之何憂？現代詩在自由中國，正面臨空前的重大考驗。目前現代詩人自己，即因對傳統有不同的看法，而漸漸呈現一種對立。我相信，不久塵土落定，即可看出所謂「現代主義」這股滾滾濁流，行將涇渭分明，同源而異向，各歸其海了。〈天狼星〉發表在這重大變化的前夕，對它的估價自然言人人殊。在此我不準備為它辯護；那是未來的學者的事。姑且不論藝術上的意義，一首詩（尤其是像〈天狼星〉這樣一首詩）的完成，往往是作者對於自己創造力的一次挑戰，考驗自己是否仍然年輕，是否仍能像普洛斯佩羅呼風喚雨那樣驅遣文字。我在寫〈天狼星〉那一段日子中所經驗的正是普洛斯佩羅的那種感覺。而作品的好壞，向來是見仁見智的，辯之無益，倒是因洛夫先生的批評而引起的現代詩的某些基本問題，值得在此提出來討論一下。顯然地，許多現代詩人對這些問題看法的互異，已經日趨尖銳化了。

　　歸納〈天狼星論〉的藝術觀，可以分為兩點：一、現代詩作者應該具有「一種屬於自己的，賴以作為創作基礎的哲學思想」。什麼是這種哲學思想呢？答案是存在主義。「在現代藝術思想中，人是空虛的，無意義的……研究人的結論只是空虛，人的生活只是荒謬……在現代文學中，我們常看

*發表文章時為臺灣師範大學英語系講師，現為中山大學外國語文學系榮譽退休教授。

到『神聖』、『光榮』、『偉大』等等空洞的名詞，這些對我們已成為一種無法忍受的枷鎖，它使我們痛苦，使我們虛偽，使我們變得醜陋。」接著，〈天狼星論〉的作者又引用海明威的話：「諸如光榮、勇敢、榮譽或神聖等抽象的字和村名，道路的編號、河名、部隊的番號和日期等具體的字眼相形之下，前者顯得穢褻下流。」基於上述的哲學思想，洛夫先生認為〈天狼星〉是註定要失敗的，因為「欲在現代詩中刻畫出一個完整的人物是必然失敗的……在任何現代文學藝術中是無法發現一個明確的人的形象的」。

二、另一構成〈天狼星〉失敗的基本因素，是因為〈天狼星〉饒有具象性，面目爽朗，脈絡清晰，乃流於「欲辯自有言」，「過於可解」的事的敘述。也就是說：〈天狼星〉不符合達達主義或超現實主義的創作方法論，意象與意象間，有比例、有發展、有統一性，沒有能做到「不合邏輯，不求讀者了解」的地步。同時洛夫先生同意法國心理學家赫依波（T. A. Ribot, 1839～1916）的看法，認為藝術創作可以分為經驗的與直覺的兩型，「前者的創作是先有一個主體，就這一主體作有意義的運思，運思完成而後有創作，創作而後有修改，這是傳統的創造過程。後者的創作並非先有一個主意，而是廣泛的醞釀，之後始有中心觀念之湧出，再後始有此一觀念之發展以及作品之完成」。由於〈天狼星〉是「擬就大綱的計畫創作」，由於〈天狼星〉屬於前一種創作過程，所以它是「傳統的」，「失敗的」。

以上兩點，一屬內容，一屬形式，是洛夫先生的基本藝術觀；它們是互為表裡的。由於人是無意義的、空虛的、不可捉摸的，由於一切道德價值都是穢褻的、抽象的，所以任何企圖認識人，認識人性，認識世界的作品，在現代文藝的領域中，都是必然失敗的，所以詩中的意象應該力求避免爽朗和清晰，避免「過於可解」，甚至要「不求讀者了解」。

正如張健先生所說的，這種推理純是「觀念中毒」的表現。我很感激洛夫先生對〈天狼星〉的注意，以及他以全力撰寫嚴肅的批評文字的創舉。在〈天狼星論〉之前，似乎缺乏如此嚴肅而且大規模的批評。只是洛夫先生自囿於現代某些主義的狹窄理論中，而暴露了現代詩的真正危機。

　　第一個危機便是虛無。在這種頹唐的氣氛之中，神、道德、社會、文化傳統被全盤否定，最後被否定的是詩人自己的靈魂。這種虛無之風吹走了一切固有的價值，而又始終不能（或不願）建立新的價值。無論用什麼哲學理論來辯護，一種文學或文化，總不能建立在否定之上。這些虛無崇拜者生活在一個無所適從的「現在」，他們否定過去，因為過去只是文化渣滓的堆積，只是可恥的傳統，他們否定將來，因為他們是絕望的。這樣子的「存在」毫無延續性。也許他們也有自己的「神」，那便是「性」，而佛洛依德是這種「宗教」的聖彼德，甚至耶穌。現代文藝是反浪漫主義的。浪漫主義歌頌靈魂，當然歌頌精神戀愛。現代文藝遂要放逐靈魂，歌頌肉體，至少要否定前者，只承認後者的真實性。例如現代詩人就不敢輕易接觸精神戀愛這主題，只敢處理此時此地限於肉體的動作。如果人只餘下一塊肉，而沒有靈魂在這塊肉上起一點鹽的作用，則這塊肉很快地就會腐爛了。此地我無意攻擊瘂弦先生，因為我相信他是誠實的。至於那些尚未「傳播花粉」的童男作者也動輒表演性的啞劇，甚至要把底褲像升旗一樣地升上文化或非文化的旗桿，就太幼稚了。

　　事實上，這些虛無崇拜者大可不必寫詩，因為這樣適足表示他們未能免於積極，未能忘情於文化。如果詩既不反映生活，也不表現自我，則詩究竟要表現什麼？如果詩要反映生活且表現自我，則生活是沒有意義的，自我是不可認識的，這樣做豈非徒勞？洛夫先生的理論是很矛盾的。一方面他說明人是「空虛的，無意義的，模糊不可辨認的」，在另一方面又指摘〈天狼星〉的作者「忽略了周夢蝶人格的與藝術思想的發掘」。既然人毫無意義，則我們何必斤斤計較「人格」與「思想」？接著洛夫先生又說：「周夢蝶是人，他生活，他寫詩，他的智慧與我們的同樣光芒四射，他突破傳統藩籬的叛徒精神與我們的同樣不為學院派所悅納」。我非常驚訝於洛夫先生的使用「智慧」這種傳統而唯心的字眼。智慧而竟「光芒四射」？這究竟是浪漫主義的用語，還是存在主義的詞彙？至於說周夢蝶先生具有突破傳統的叛徒精神，則是違背事實的。周夢蝶先生頗有道德觀念，且富狷者

情操，從他的詩中，更可肯定他的宗教信仰。凡此皆是維繫周夢蝶先生的精神世界的要素，而且，很奇妙的，也是使《孤獨國》的作者成為比較快樂也比較受歡迎的現代詩人的原因。

洛夫先生是崇拜現代文藝而唾棄傳統的。可是他對傳統了解得不夠，因而他的揚棄傳統相當武斷。如果他曾博覽古典，他也許會發現他所喜愛的虛無主義並不始於存在主義諸哲學家，甚至也不始於杜斯妥也夫斯基或屠格涅夫。洛夫先生說我深受莎士比亞的影響。事實上他並不知道我閱讀的範圍，也不曾讀過多少莎士比亞的原文。莎士比亞在《馬克白》中說：

Out, out, brief candle!
Life's but a walking shadow, a poor player
That struts and frets his hour upon the stage
And then is heard no more; it a tale
Told by an idiot, full of sound and fury,
Signifying nothing.

這段詩，尤其是末一句，大概很夠「虛無」吧？這也就是佛克納寫白痴與色情狂的一本小說的書名的出處。然而莎士比亞絕非虛無主義者，他了解虛無，但是他正確地置之於有變態心理的馬克白的口中。

洛夫先生似乎是一個「主義至上者」（"ismaniac"），或者「主義主義者」（"ismismist"）。他是一個玩弄主義的魔術師。在他看來，任何作家都可以很方便地納入某種主義，事實上，艾略特是屬於什麼主義呢？畢卡索又是什麼主義呢？莎士比亞又是什麼主義呢？洛夫先生認為某些現代詩人「缺乏一種屬於自己的，賴以做為創作基礎的哲學思想」。無可置疑的，洛夫先生的哲學思想應該是存在主義，而美學原理應該是來自達達主義與超現實主義了。同時洛夫先生的創作類型應該是屬於赫依波所提的後一種，亦即所謂「直覺的」創作。已經有了這種哲學思想，還要等待中心觀念之

湧現，豈非矛盾？同樣地，洛夫先生指摘〈天狼星〉是擬就大綱的「計畫創作」於先，又指摘其為「即興」創作於後，也是「不合邏輯」的。創作也許可以「不合邏輯」，批評卻不能「不合邏輯」吧？洛夫先生引用考克多的話說：「潛意識的世界極為混亂，未經整理，亦無法整理。詩人為求『傳真』此一沒有『過渡到理性』的世界，每每不再透過分析性思想所呈備的剪裁和序列，便立即採取快速的自動語言，將此種經驗一成不變地從它自身的繁複雜蕪中展現出來。」同時他又建議我接受梵樂希的主張：「詩，倘若假以時日、審慎、技巧以及意願，以循序漸進地進入並抵達詩那裡，豈不可能？仔細去聽取那想要聽取的，以一種熟練的、耐心的方法去處理那同一的意願，豈不能達到目的？」一方面私淑考克多的即興的自動語言，一方面又佩服梵樂希審慎的、循序漸進的、耐心處理的方式，多麼矛盾！洛夫先生，請先統一您自己的思想，再向我建議吧！

　　洛夫先生是贊成意象的孤立和聯想的切斷的。因此他擁護達達和超現實，也因此他斷定〈天狼星〉必然失敗，由於它表現的不是「無意識心理世界」，而是「意識心理世界」。詩人寫了一首詩，還要送給刊物發表，其動機無可置疑地是要給第二個人看，亦即引起共鳴。所謂「無意識世界」只是一個私人的夢的世界。這種不與他人同享的世界很難贏得他人的同情，再加上傳達這種孤立世界的所謂「自動文字」在實際技巧上的顯然困難，乃使超現實主義成為現代詩中的問題主義。關於這一點，黃用先生已經說得夠清楚了，而在理論上效顰黃用先生的洛夫先生，仍然固執超現實的尾巴，且有以身殉之的趨勢。例如他的近作〈睡蓮〉之中，便有如下的句子：

　　或許這是最初的一瓣，晨光中
　　有人扛著一排白齒向墓地而去
　　任其成形，那美麗的不安
　　任死者染白了衣裳

　　像這樣的詩,當然沒有〈天狼星〉那種「工整而準確」的毛病,但是就我而言,也似乎沒有什麼「可感」的東西。我完全不能把握這些字背後的實體。現代詩固然不是給「大眾」讀的,但至少它應該能滿足一些「被選擇的心靈」,一些同道。我可以很誠懇地說:對於讀詩、譯詩、寫詩、編詩、教詩、評詩皆略有經驗的我說來,《石室的死亡》中有不少段落實在難以感受——如果不是難以「了解」的話。我認為《石室的死亡》是一首甚有份量的重要的作品,然而由於某些段落處理的手法過於「晦澀」(除了「晦澀」之外,沒有別的形容詞),乃使許多讀者(本身即作者的讀者)無法作恰如其分的感受,這實在是非常可惜的。

> 我是一株被鋸斷的苦梨
> 在年輪上,你仍可聽清楚風聲,蟬聲

　　如果《石室的死亡》中的意象,都能做到這麼透明的程度,則欣賞它的讀者,將更多,也更熱烈。可是作者亦步亦趨於超現實主義的理論之後,要使完整的破碎,和諧的孤立,透明的渾濁。事實上,《石室的死亡》中的成功的段落,遠比艾呂雅等的作品精采。洛夫先生何苦迷信不如自己的作者呢?試引艾呂雅的詩〈給無限〉(A l'Infini)中的一段:

> 她自男人升起
> 而男人自她升起
> 她升起,自男人的慾望
> 自一男人
> 自我
> 亦自另一男人
> 也許亦自一女人
> 自幾個可愛的理想的女人

亦自幾個毫無魅力的女人

升起，自朦朧的童年……

這種散文化的乏味的平鋪直敘，究竟好在哪裡？洛夫先生，您在法國流浪得太久了，還是回到中國來吧！您所鼓吹的新民族詩型等待您回來哺育呢！新郎應該是幸幸福福，漂漂亮亮的。您不覺得面對新娘大呼虛無是很煞風景的事麼？您不覺得自己的作品也應該泛起一點薔薇色麼？您做新郎，是在追求幸福，也是說明您並不能完全免於希望，說明您在心底仍以爲人是充實的，有意義的。如果您不聽我的勸告，遲早您會聽新娘的話的。

由於洛夫先生相信人是空虛而無意義的（至少在做新郎之前他向自己再三強調過），他很容易進一步地相信經驗是破碎的、孤立的（因爲，說無意義的人有完整的經驗，是不合邏輯的），再進一步，便得到一個結論：即表現這些破碎經驗的意象也應該是破碎、孤立、游離、不可辨認的。也因此他相信考克多「不透過剪裁和序列，立即採取快速的自動語言，將經驗一成不變地從它自身的繁複雜蕪中展現出來」的主張。顯而易見的，這種技巧問題太多了，這樣子的表現法始終停留在私人日記、情書、夢話、醉語的孤立世界之中，對作者自己甚有意義，但第二個人就毫無分享的可能。美國重要的批評家布拉克麥爾（R. P. Blackmur）在論康明思的文章中如此說：

> 我們可以說，康明思先生是屬於先後被稱為漩渦主義、未來主義、達達主義、超現實主義等等的「反文化派」（"anti-culture group"）的。這一派的一般教條的一部分，在於對智力作近乎傷感的否定，在於冷然宣稱，只有不可悟解的一切，才算有意義的經驗之對象。他們以可觀的辯證法的技巧為這些教條辯護，他們有一個很方便的前提，即是：只有把不可悟解的看成能夠生存的與真實的本身，才能把「無生命的智力」形成的

文化（諸如布拉陀街、學院，及刊物等）震撼出一點感覺來。他們辯稱，只有否定智力在認識性質與秩序方面的功用，才能克服智力的缺陷；又說，如果我們接受經驗時不去記住以往的事情或推測以後的事情，如果我們僅僅接受這些經驗的表面現象，則我們（至少在文藝之中）能夠認識生命的真象。沒有什麼別的態度，比這種態度（尤其被視為基本態度時）更加自以為是，更加真偽難分地打動幼稚的心靈了。凡是希望速成且愛立刻把握一切的心智，最歡迎這種論調。以這種論調為基礎的心靈，將每一片斷的經驗視為固定的經驗，且將每一意念視為正確的意念，可是從未懷疑自己什麼也沒有學到。因為經驗在作用於意識時是片段的，他們遂認為經驗在本質上是不連貫的，而且除了以當時發生的片段姿態出現，本質上也是無法悟解的。

正因為超現實主義者否定經驗的統一與連貫，也否定了經驗的分享與傳達，乃使許多超現實主義的作品關閉在未經藝術處理的個人經驗之絕緣體中，其結果只是原封不動的經驗，或是發育不全的藝術原料，而非藝術。其結果是一些第一流的謎語；是艾呂雅的「象是會傳染的」和佩瑞的「打你的母親，趁她還年輕」。

洛夫先生不歡喜我那些透明可解的，面目爽朗的意象，且認為這是〈天狼星〉所以失敗的一大原因。相反地，我認為分享經驗是愉快的，而明朗可悟的意象正是分享的媒介。我毫不以此為恥，相反地，倒是如果有人摘出我的詩句，要我幫助他感悟，而我無法自圓其說時，則我將引為羞恥。我可以為自己的每一行詩負責。讀者可能不喜歡我的詩，但不至於誤解它。洛夫先生及其同派的作者，會用一個很不耐煩的手勢揮開這種「傳統」，但時間將說明一切。

研究理論不一定會妨礙創作，但是當一位作者企圖建立理論而且加以實施的時候，那危險性就增加了。過分相信某派理論的結果，往往是創作的終止。黃用、季紅、白荻諸先生便是現成的例子。希望洛夫先生於研究

現代文藝理論之際，不要太忽略傳統的修養。例如在〈天狼星論〉中，他便展露了某些學問上的疏忽。「先得經驗」的西文不是 priori，蓋 priori 原來的意思是 proceeding，平常我們在哲學中以 a priori（演繹的）連用，爲 knowledge 的形容詞。洛夫先生又說，現代史詩的創作「要具有極高的才智與淵博的知識背景……尤需要一種近乎自我虐待的意志的約制力和耐力。否則，勢必流爲史的敘述，而成爲刻板的古典主義或矯情的浪漫主義的濫觴」。所謂「極高的才智」，「淵博的知識」，「意志的約制力」不正是古典主義的特徵嗎？它們不應出現在一個存在主義者的用語之中。尤其「濫觴」一典，原意是「開始」，洛夫先生的意思卻是「末流」，這是錯誤的。又他以爲「古吉啊，古吉，我的古吉」一句是模擬貓的呼聲，是不對的。「古吉」原是司馬中原先生的小說〈洪荒〉中的現代青年，甚爲性所苦惱。在〈天狼星〉中，我是以它來影射司馬中原先生的，因爲他是瘂弦先生的好友。我的詩不敢比擬杜甫，但自信是無字無來歷的，雖然那並不指用典或炫學。例如洛夫先生認爲「不可解」的兩行：

　　若一隻鷹躍起，自這塊禿岩之頂
　　換羽就是另一種雲

其實是可以解釋的。我是說，在太武山，鷹自岩頂一振雙翼，即可飛上大陸，而我們卻無法回去。「另一種雲」即指大陸的上空。這意象是來自傳統的懷鄉情緒的。

　　最後，我想表示，自由中國的大部分現代詩以其驚人的高速與生命力，已經衝入了一條死巷，面臨非變不可的階段了。如果說，只有達達主義與超現實主義才是現代詩的指南針，與此背向而馳的皆是傳統的路程；如果說，必須承認人是空虛而無意義才能寫現代詩，只有破碎的意象才是現代詩的意象，則我樂於向這種「現代詩」說再見。我不一定認爲人是有意義的，我尤其不敢說我已經把握住人的意義，但是我堅信，尋找這種意

義，正是許多作品最嚴肅的主題。虛無主義在尚未出發之前就已經否定了此點，因此它只能在片段的時間中摸索片段的經驗。我懷疑許多現代詩人在嚷嚷虛無之餘，是否真正相信人是毫無意義的，而人的面目是不可辨認的？也許在表演完虛無的姿態之後，他們自己也會感到厭倦，因爲一群人是不可能積極而熱烈地長久表演虛無的。

——1961 年 12 月 6 日

——原載《藍星詩頁》第 37 期

——選自余光中《掌上雨》

臺北：文星書店，1964 年 6 月

論洛夫〈石室之死亡〉

◎李英豪[*]

　　詩評人雖非一定是詩人，但詩評人必得有詩人的靈視，甚至要更爲銳利，始能更純粹更深入去檢視、去獲見。詩人需要創造的直覺；詩評人卻需要批評的視覺。換言之，可說實質上詩評人是個詩人，或具詩人之才質。在檢視作品表現之方法論及其他種種因素之前，他須發現創造的意圖；此種意圖雖甚模糊而不可解析，但無不在推使整個作品的進行，暗暗剖現出困擾著作者靈魂的一些隱祕東西來。

　　洛夫不是一個傳統的詩人；雖然他的詩同時表現了詩人的「睿智」。…〈石室之死亡〉在語字、組織各方面，均非從傳統詩之「習慣性」；詩人所注視的，是如何從混亂中求出混亂的秩序。洛夫更非一個浪漫的詩人，雖然他心靈的回聲是如此響亮和顫慄，但他的詩絕不是浮囂或止於淺嚐。第一次讀他的詩，會使你覺得「難解」；但當我們咀嚼又咀嚼時，自會感覺其深宏和富有勁力的世界，會驚歎其複雜詭異而有力的想像。我們未知深海的邃祕，因我們還沒有潛進去，因此在海面上只見濺起幾點浪花，而未感到深處海流的巨力。有人說如何用燈光去照也「讀不懂」洛夫的詩，可能這是「老眼昏花」或本身「盲瞽」之故，否則，必然是缺乏心之靈視。洛夫實是一個背叛性和悲劇性很重的現代詩人，若問「石」詩在大抵上的創造意圖爲何，雖無肯定性的答覆，但我們仍不難窺見詩人趨於純粹心靈的發展動向，以顯示「自我」生存潛在的悲劇性。我們可以這麼說：「石」詩顯然就是一個詩人悲劇性的「自我」的一次又一次重復的塑造和展露，一

[*]發表文章時專事寫作，現已退休。

種夾於死生愛慾之痛苦存在，個人情緒的溢沒和昇華；而詩人困惑於戰爭、盲瞳、蛇腹、黑裙、墓塚、火血等等。他內心有一頭獸，需要征服，亦有一個神，永在呼喚。洛夫既要征服「很獸」的意象，使其就範，卻又得在永遠流動的心靈中去擁抱詩的神祇。詩人的存在「如裸女般被人彫塑著，在一隻巨掌中，我在推想我的肉體如何成形，如何被安排一份善意，使顯示嘲弄後的喜悅，首次出現於這啞然的石室，我是多麼不信任這一片燃燒後的寂靜」（第 30 首）。

「石」詩現寫至第 42 首，另加其餘續稿（出集時共有 64 首），據作者自己說：「這組詩的詩題只是隨便擬上去，與其中任何一首詩均無多大關係；如勉強解釋，則因這批詩之前數首「乃於金門砲彈嗖嗖聲中完成」。作者的看法是：「詩的題目猶如大衣左面一排多餘的鈕扣，對詩的本身並無必然的意義。」現代許多詩人常苦於詩的標題命名，其實未必有一定的需要，而且許多詩反因詩題而限制了讀者對詩本身的想像。我們有時實在很愚昧，只會去注視一個美女所穿的外衣或帽子，而忽略了美女本身所發出的美。這正如一些詩人，搜盡枯腸，只求外衣或珠飾，而忘記了詩的自身。外在的姿式不是詩的整體，甚至更非詩本身。詩題若然放置失調或不當，可能會掩蓋了一些美，成為炫耀和俗氣，因它實無一定的「意義」。這正如一些抽象畫，畫題只冠以繪畫一、繪畫二、作品一、作品二。因此，「石室之死亡」雖為一組詩，作者雖迷惑於生存和死亡、空間和時間之間繽紛之意象，唯每組都非具有必然之連貫性，而是獨立平行的發展，以作內在之變奏。標題只是一個抽象的符號。

我以為在中國當代詩人中，瘂弦、葉維廉和洛夫皆可稱為 difficult poet。他們的詩風較為晦澀、內涵繁複；其「晦澀」都是由於不能不如此表現所致，但詩內血液的流動，皆與其各自的「內涵性」成正比，其震撼的力量亦如是。我們得承認：「晦澀」的詩不一定都是好詩，且常摻雜壞詩。洛夫或一些現代詩人的詩讀起來之所以 difficult，主要是由於詩質的稠密，作者要求意象具有更大的濃度和密度，以造成詩的聯想不斷的跳躍，

表面上好像含有巨大的戲劇性之混亂，但內裡卻瀰漫詩人強烈的對自己的苛求；苛求表現之經濟、意象之豐奇；苛求詩素價值的壓縮、想像活動之無止流動……。也就是說，他常常要求自己去錘鍊和馴服一個或無數個「觀念」，使在狂野不羈之狀態中的「心象」自現或就範。浮泛輕忽不定的「觀念」不是詩之所求，「觀念」非詩本身，只是心態之原貌。對「心象」和自我來說，詩人很容易成為深度的近視者，把蜻蜓視作釘子，把釘子視作蜻蜓，結果成了浮泛輕率和表現上的「失差」。洛夫不是一個輕率的詩人，而是對自己要求很高甚至太多的詩人。其詩的「內涵性」（同時對外界邏輯之破壞），使他的詩成為「晦澀」；因此較難使讀者在情緒上感通、反射和還原，而需要更大的耐心，深入去發掘，去再次「創造」。洛夫在表現上的「晦澀」，或可借瘂弦和梵樂希的話去闡釋。前者在「詩人札記」中曾說：「晦澀並非作者在處理現象時之萎縮、疏懶、與忸怩之故而產生，也非在感覺之渾沌或半睡眠時表現上的生吞活剝，也非在某種勉強情況下急就成章。晦澀乃是一種不得已。或者說，晦澀乃是發於作者為求達到某種強烈藝術效果時表現上之必要。」後者在「文學」中指出：詩的晦澀是因「詩給作者的主題本身難，晦澀原本是存在著的」；同時詩人對自己要求的「條件」太多。證諸洛夫的詩，其心象原性的呈露，不但道出詩人內在強烈的要求──不管在情緒上是悲憤抑或是狂喜──抑且展示了一種存在的濃縮和詩的純粹。詩人的悲劇性可能亦在此，他內心強烈感到不斷追尋一種存在的「真實」，但在語言和存在間，即藉解體的意識和絕對的心象暴露自己的靈魂時，卻造成一種對自己不可攀越的障礙。洛夫的詩非從傳統的中心主體是事實，因此「不著相」，非沿自先驗的既成觀念或必然的趨勢。若以平鋪直敘或象徵主義的詩底角度觀之，難免對作者有所非難或誤解。在另一方面，在存在與語言間所形成的自我障礙，卻使詩人陷於「魚與熊掌」之困境。

　　我們若要研究一個詩人的詩，必得檢視其源頭與脈絡。現先看看《六十年代詩選》如何介紹洛夫及洛夫的詩：

做為一個前衛詩人的洛夫是沉痛的……在他的血液裡奔流著一種巨大的悲哀和苦悶……自他的第一冊抒情詩集《靈河》出版後，他更積極追求一種冷峻的，如大理石的盲瞳般的悲劇世界。……他尋求的題材，都不是清晰易解或可予『說明』的。……他為了要理解潛藏事物的主體與特性，乃不得不作更深邃和更繁複的追求。」「洛夫是一個反傳統者，他常常忙於打破『自我』的囚牢，擺脫靈魂小心地監視。但他並非要擺脫塵世和宇宙，正相反，他需要空間和時間，過去和未來，愛慾和青春，世界的廣大，荒涼和空虛，以及追求在『憤怒後面』那種光芒眩目的奇遇和震耳欲聾的寂靜。由於他這種對世界和生命的超現實的詩情，洛夫找到了他創作的原動力，並因此而獲得了一種可驚的存在。

洛夫早期的抒情詩集《靈河》，非純是浪漫，亦非純是新古典，而是介乎二者之間。其風格仍是擺動不定而難於作確定的劃分，但我們能肯定的是，他發展下來的詩，皆沒有做為二者直接的子裔。《靈河》在大體上很淺顯，但卻是一個詩人必然性的過渡階段。《我的獸》雖然在意象捕捉上仍顯得浮虛，而許多時候欠準確，但那種繁複深奧的內向探尋，已顯出詩人對自己在不斷地作無情的檢視：

而我的獸
他只認識自己，舐自己每一片鱗甲
從不像我
當匍匐地上吻你走過的袍影
神哦
他且要暗地踐踏你的收穫
且要永居於我的體內
築巢於我眼中

人的獸性和人對神的傾慕性，形成詩人對自我一種雙重的抗爭。洛夫的尋求題材雖不能太明晰地「說明」（正如我上面所說過的「內涵」），但大致上，我們仍可看出他對死生一種猶大式的抗拒，對神的諷刺和沉痛的呼喚。我的解釋是，詩人常迷惑於一種不可忍受的孤獨的內心經驗，渴求和另一自然宇宙作神祕的結合：屬於背叛自己的經驗世界。後來他喊出：「神哦，我所能奉獻於你腳下的，只有這憤怒。」這種期期呼喊出的憤怒與詛咒（或者一些賣弄智慧的「哲者」會認爲這是呼天搶地的囂張；但當我們更深一層去認識洛夫的精神時，所發現的當非他的憤怒，而是沉潛生命的進逼力量），證明了心中「神」（自我另一面）的「真實」，恆使詩人感到驚慄，「獸」在另一方面的逼迫，又使他無法接受做爲「人之子」的存在。這是達達主義者認爲人內在的兩面性。洛夫非趨於「明晰」的一面，而較近於潛藏內蘊的一面；我們很少找到清晰地單純敘述的詩句，相反地，卻感觸其奧祕和混亂流動的「秩序」。因洛夫詩句豐富的想像而形成一種力，使其越過「語法邏輯的籬笆」，從意象到意象間跳宕的擴延中，暗暗地傳露了一種「達達」的詩素；雖詩人有其自動性的語言，但我只說其詩素有時是達達的「表兄妹」，而非純指形式或文字言（故洛夫異於碧果的詩風，而可見其深沉、孤絕、多姿）。尤其是在通過聯想活動，藉意象自動賦生意象方面，更可窺見。這如戴倫・湯瑪斯所說：

> 我讓一個心象在我內心作情緒上的『釀造』，然後加上我擁有的知力和批判力，令之哺育另一個心象，與第一個心象相對立，再釀造第三個，又哺育出第四個相剋的心象，餘此類推，讓它們全在我內心造型的範疇內抗爭。
>
> ——見〈變形〉三

在洛夫的靈魂裡，或許正面臨這些不可攀的內在困惑。如何去追尋詩的純粹和如何去征服所有心象的原貌，當是至爲急切而又需時刻忍受著的

問題。如考克多在《奧菲歐》劇末說：「就因為詩，我的神哦，詩就是你。」這是對一種「信仰」隱晦的渴求。詩人如聽見一種宇宙和生命存在的呼聲：我和你，全都是無父的孤獨兒子！

　　如說洛夫的詩只止於「超現實的詩情」，未免不公。他有近於超現實的「血緣」，而非其嫡系。那不如說是他對絕對的超越。縱或說詩人基於潛意識難於辨識的一面，甚或運用「自動語言」和「傳真手法」，但如商禽的詩一樣，我們仍可窺悉，其「直覺的知性」（"intuitive ration"）照顧了「詩思」的全體。

> 面色如秋扇，摺進去整個夏日的風暴
> ……
> 有時也有音響，四隻眼球糾纏而且摩擦
> 黏膩的流質，流自午夜的鼻樑
> 裸婦們也談論戰爭，甚至要發現
> 肢體究竟在那個廂房中叫喊
> 且口渴如焚，如廁栽的斷柯。
>
> ——第 8 首

　　這兒所表現的苦悶和動亂的情慾是確切的，但藏在情慾後面的生之「哲學」，證明洛夫仍是一個詩思深沉的詩人。其深沉，是來自不斷的醞釀，致使心象和詩思結合而達「成熟」的一瞬時，自動流露了出來。正如洛夫自己曾指出：中國當代詩人不但困惑於個人表現的方法技巧及新美學的建立，且困惑於如何構成個人創造的「哲學思想」。「石」詩在大抵上相信也遭受到同樣的困惑，雖絕不是組失敗的作品，但也夾於冷峻深沉的思想和悲憤、混亂與戲劇性的情緒之間。

　　洛夫的詩最大的特色之一是側重「原始之存在」（"prime being"），這內向的原始存在，顫慄於黑色的誕生，死亡，與溝通中；充滿鬱雷般徹空的

音響和勁度十足的動作。因此富於動感、動向和動力，以飛躍的意象作流盪的閃露和放射。在目前新銳的現代詩人中，洛夫是最能使意象及修辭的張力達到自給自足的一個，甚至不須倚靠別的影子，去操縱這種「張力」而使其不致失調。這對詩人常是一種挑戰，因爲這包括了詩人駕馭及創作語言的能力，若然「功力」不夠，實很容易陷於浪漫式的無病呻吟。瘂弦在這方面也不亞於洛夫，在較早時期，甚至有過之而無不及，但在近作〈給馬蒂斯〉中，這種語言自身的張力和彈力反逐漸因停滯而消失，反而抹煞了詩人自己以往運用語言及其他方面的優點，表現得很費勁。洛夫在這一方面一直尋求蛻變而不甘於停駐或退後，這是不可否認的事實。

　　從洛夫的詩中，我們可以看出現代詩正朝向精神雙重（或相剋）的衝突狀態中，也就是說詩人更深入其本身精神的領域去。其間，詩人不可避免地遭遇生存的目標爲何這個謎，以及在整個存在中內心所面臨最原始的問題和選擇。由於更濃縮深入地探向自我之精神狀態，我們當可肯定：浮巧的雕飾品，在現代詩中，縱非自然被淘汰，亦將不爲詩評人所重視；而絕對憑乎理性的詩也將成爲「不可能」。「原始的存在」心態，一面是對熱情的接受與包涵，因此，詩人之精神經驗和意識，勢必成爲一種悲劇性的鬥爭。馬拉美在寫信給其摯友卡沙里時，便述及他與「神」的鬥爭：「我如今非我自己……可是，精神的宇宙透視自身，發展自身，通過它，我成爲我自己。」洛夫即在其內心活動爲本位上，逐漸發掘和透視存在的本身。因其詩非停留於現實自然的平面，而升而形而上去，也就益見其抽象的特質。

當時間被抽痛，我暗忖，自己或許就是那鞭痕

或許你的手勢，第一次揮舞的

一伸臂便抓住一個宇宙

而閃爍，自一鷹視，鷹視自一成熟的靜寂

猶聞風雷之聲，隱隱自你指尖

便成為樹，成為虹，我們乃爭相攀援

爬著一段從升起到墜落的距離

亦如我們的仰視，以千心丈量千山

當光被吸盡，你遂破雲而下

終至摔成傳說中那個人的樣子

──第 47 首

　　其詩的表現實趨於「純粹」，而早期的一些意象的「堆砌」感已不復見，那種沉痛的感受和「風雷」的氣勢，使人從聲、光、動向間感到內在生存的「形體」。而詩的價值也就只存在於詩中。如 A・C・勃雷德萊在〈為詩而詩〉中所說：「純詩非存有意義分明的概念的裝飾品，它是由於想像中一種模糊衝動的逼迫，經不斷發展，不斷解析而生發出來的。假如一個詩人已了然於心中所欲表達者，那他又何必寫詩？形體的成長以達完美之境，亦即意圖本身之自我解釋。」我們得承認，詩之酵母始於異常模糊的觀念，而漸趨成熟。洛夫那種想像中「衝動的逼迫」是作成一個詩人所特具的原始存在。

　　我恆以為洛夫的詩屬於一種「介入境遇文學」（"Literature of engage"），追尋現代人類真實的存在。他有意在不同各節中，寫生老病死、寫性慾、寫妓女、寫家庭、寫戰爭、寫社會、寫宗教……幾乎無一不寫。一言以蔽之，他在有系統的涉及人生諸面。洛夫困惑其「原始存在」的是戰爭、愛慾、文明與死亡。這些因子恆常在詩中出現。

築一切墳墓於耳間，只想聽清楚

你們出征時的靴聲

所有的玫瑰在一夜萎落，如同你們的名字

在戰爭中成為一堆號碼，如同你們的疲倦

不復記憶那一座城曾在我心中崩潰

——第 49 首

墳墓使我們聯想起死亡的逼近。玫瑰使我們推想到愛慾與青春的事情上，但卻一夜間萎落了。出征與戰爭也就成為一種煩倦和沒有什麼意義。沉聚在詩人心裡的種種感受，使他無法不凝視自己，而變成「園子裡一棵樹的悽厲呼喊」：

他頓腳，逼我招認我就是那玩蛇者
逼我把遺言刻在別人的脊樑上

——第 10 首

……往來於肌膚與靈魂之間
確知有一個死者在我內心

——第 11 首

……我如一瞬目而吠的獸……
許多習俗被吞食，使不再如毛髮般生長
許多情慾隔離我們於昨夜與明夜之間

——第 13 首

我便會有一次被人咀嚼的經驗
像冰山一樣發出冷冷的叫喊

——第 15 首

在一噴嚏中始憶起吃我的就是自己

——第 45 首

這根本是一種自我凝視時的痛苦，以達至精神上的感通。洛夫的詩甚少「知識」的成分在內，因為詩的「知識」和詩的「活動」，最重要的分別

在於前者以自我爲中心去吸納接受；後者爲「創造的我」（"creative ego"）。洛夫詩之難懂的另一原因，便在他從心象活動中，游離於外界概念化的意義和事物焦點。他的詩不在傳達什麼，而在感通。「傳達」只是單線敘述的手段或工具；「感通」則寓於精神上一種變動自創的「美」中。（可參見拙論「詩人與現代社會」）傳統詩重前者，但我以爲現代詩卻必得重後者，否則易成爲「貓兒叫春式」的一唱百和。詩非以手段作目的。詩無什麼目的，它本身就是一種目的，這也是從「純詩」的觀點去看洛夫的詩。

在「石」詩及其續稿中，沉痛和呼喊與黑色似乎成爲不可分的意象。沉痛是一種內心感受的狀態，呼喊是企求音響揚起於空間。黑色調子則構成作者顫悸於死亡、戰爭和愛慾的「那一聲咿呀」。例如：

果殼迸裂時喊出的一聲痛

——第 39 首

任一條黑色支流咆哮橫過他的脈管

——第 1 首

而雪的聲音如此暴躁，猶之鱷魚的膚色

——第 12 首

夏日的焦慮仍在的額際緩緩爬行

——第 15 首

……河川已在我體內氾濫過千百次
而靈魂只是一襲在河岸上腐爛的褻衣
如再次被你們穿著，且隱隱作痛
且隱隱出現於某一手掌的啟闔之間

——第 19 首

「黑色」，幾乎可代表了洛夫所迷戀的「上帝」。「當十字架第三次拒絕
那杯刑前酒而扭斷了臂，我遂把光交給黑色」（第 21 首），「一撮黑髭粘住
一片驚愕」（第 25 首），「妳們原該相信，慕尼黑的太陽是黑的」（第 29
首），「不管誰在激動，一挨近即飲盡了黑色」（第 35 首）……這裡的黑色
和情欲生存有關。「戰爭是一襲摺不攏的黑裙」（第 24 首），「從迸裂的鏡面
中，你將猛然驚覺一襲黑雨衣從那上尉肩際滑落」，「戰爭中我們如被剝成
裸體，就無所謂地把那襲黑雨衣掛起來吧」（第 38 首）……這些感受確實
是很「海明威」的。體內發出的音響，母親腹內的啼聲，都是現代人對生
存的企求。「鏡面」反映人逼得正視自己在黑色中破碎的映象，黑裙和黑雨
衣顯然是指死亡之顫慄和死亡巨掌之張開。太陽也居然是黑的，這種現代
人的悲劇性也可想而知了，結果「慾望便被捶爛得如一堆獸屍」，而「繩端
繫著的正是一個憤怒的明天」。這些引例都在使我們注視洛夫詩中語字內涵
和含蘊的東西（非指「意義」，乃指「感性」）。至於我說洛夫的詩是動的，
連靜中也是動的，充滿 gestures，其例子更是屢見不鮮：「……在臥榻上把
時間揉出聲音，且揮掌，猛力將白晝推向夜晚」（第 52 首），「兩殼夾大海
的滔滔而來，哦，啼聲，我為吞食有音響的東西活著」（第 53 首），「我們
拭汗，十指如風」（第 44 首），「把夜摺成你所喜悅的那種款式」（第 54
首）。

在語彙的豐富奇瑰，語言的動力創新，語格無定形的變化和原始藝術
的誇張上，無疑洛夫是成功的，他甚至把邏輯語法和固定的模式底頸子扭
斷。洛夫的詩較難跌入散漫之中，因其意象的「張力」扣得很緊，這是他
的優點，但毛病亦在這裡。心象的布列達成詩意濃密不可「解」，所謂「欲
辯無言」，這是無可厚非的；但由於意象非直線的推展，而是跌宕不定的進
行（這仍是優點），而作者在心象賦生心象，意象相剋意象時，往往不忍捨
棄其一，因而形成相互逼擠，間或排拒，甚至使意象流於孤立和「絕對」，
或有時更嚴重的，是束限了整個境界。我非指責詩人將「聯想之鎖」極力
砍斷，因為內在心態之流動和精神的存在原貌確屬如此，這是難以捕捉而

必得捕捉的「靈智」。也許季紅的話更能佐證我要說的「石」詩底瑕玷。季紅曾指出：「石」詩「思想深沉，表現確當，但仍不免有莠草在其間……，缺點仍在他的老毛病——爲一個美好的句子而將一個主題貶抑」。如我上述所言，洛夫是一個對自己要求很高的詩人，因此內心常追逐無數多變的美，常因要捕捉一隻蝴蝶，一絲心光，一個音響而失去一隻更美的蝴蝶，一絲更璀璨的心光，一個更顫慄深沉的音響。這非僅是洛夫的困惑，也是許多現代詩人的困惑。在另一方面來說，往往會使一首好詩溢沒了其中部分或整體的一些優點，對詩的「完整性」形成一種「危險」。因此詩人有時必須因主體而逼得犧牲了一些「美好的句子」。

　　詩行雖是最不關痛癢的「外衣」，但要知道，一件外衣有時也未必一定適合每首詩的軀體。詩的整體常是將內容形式融合無間時始呈露出來，且內心的流動永無一致，以致詩的「造型」也隨之變化。我們不難發現，「石」詩每首的行數均爲十行，五行作一節。這種分行或許是詩人在創作時毫不在意，但有時內在的推動和觀念的成熟是否到十行便止，或必得到十行才止。詩人當然非欲追隨什麼格律，一是他可能無意中創造此種「姿式」，一是他可能仍受先意識的存在所驅使。雖說在最初表現時「不在意」，但其後於「不在意」間往往成爲一種「立意」。初時我給洛夫的信中說：「石」詩如不是必須而能不寫下去就不寫下去；但當我現今再三檢視其詩時，反要鼓勵他寫下去。不過有一點要注意的是，有時詩形和詩的軀體是合一的，前者未必就是「外衣」，它可能是身上的皮膚。詩人要寫的靈魂相信定必有其「形」吧！當他要表現「內在的無聲、無色、無形、朦朧如夢的心理變化過程」時，將會賦予其原性的「色」、「形」、「聲」和內涵的真實。

　　洛夫在〈天狼星論〉（其犀利的批判及觀點實使人折服）中自己也曾說：「評論者的意見應該大多是與作者對立的，如作者認爲他某一作品的評論『深獲我心』，那是評論者的瀆職，因爲他缺乏了建設性的價值。」我曉得，目前對「石」詩喜愛的人不多，而真正肯去深入欣賞的人更不多。但

我可以肯定，這並無損「石」詩的優點和價值。詩人不是跟隨著群眾或什麼人，亦非與時代並駕齊驅，他必是孤獨地遙遙走在時代的前頭，這非說明我對「石」詩有何偏袒或誇耀，但我可預言：「石」詩的真正價值當在十年、二十年、三十或數十年後始被估認，而從「石」詩中，我們可見出中國現代詩，必然愈趨於純粹而又繁複相剋，必然更趨於精神上之深況祕奧；理念的詩的時代必然過去，而只有個別平行深入的發展。

後記：本文寫於《石室之死亡》出版前一年，原載於香港《好望角》雜誌第 11 期。該詩出版時洛夫曾將其作品修改甚多，故本文舉例與原詩頗有出入，閱讀本文時，請讀者參照原詩。

——選自李英豪《批評的視覺》

臺北：文星書店，1966 年 1 月

詩壇散步
石室之死亡

◎柳文哲*

一

倘若一個讀者，要通過作者所傳達的語言文字，而喚起感受到作者在語言文字以前的原創的精神動向；那麼，做為一個詩的讀者，首先必須去掉心中預設的擬似的問題（Pseud Problems）。

現代詩的鑑賞，經常被一些門外漢預設的擬似的問題中，最顯著的有二：一為詩的難懂，一為韻律的缺乏。前者是指現代詩的晦澀，詩人連散文都寫不通而寫詩；事實上，真能寫詩的詩人，必能寫散文；而能寫散文的散文家卻不必能寫詩。後者是指現代詩的韻律的缺乏；這一類指責的讀者，多年停頓在 19 世紀浪漫時的趣味上，或嚮往中國古詩詞的古色古香，而忘了他竟活在散文的工具底 20 世紀。

對於每一新創造的詩，我們便需新的鑑賞方法，如果做為一個讀者，沒有適當地去調整自己鑑賞的角度，而埋怨一個作者太前進，那是無法落在適當的焦點上的。但更糟糕的是那些看似謙虛，而其實是大言不慚的學者或雜文家們，他們即不肯，也不屑從頭學習，詩這種玩意兒，他們一開始，就以為很有見地了，就以為玩於掌上了。然後，要現代詩人學學黃梅調，那唱爛了的調調兒，甚至要詩人參考高雄鹽埕區長那最最黃不過的流行歌曲。我們知道，除非世界末日來臨，人類追求詩的精神是無窮無盡

*本名趙天儀，發表文章時為臺灣大學哲學系教授，現為靜宜大學臺灣文學系退休教授。

的，每一新出現的詩，就是一種新的創造，舊有的觀念是需時時刻刻地加以糾正的。

二

現代詩是經過前幾年的新詩論戰以後，在詩壇上再被強調出來的；這十幾年來，我們把西方半世紀以來的象徵派（Symbolism）、高蹈派（Parnassian School）、意象派（Imagism）、立體主義（Cubism）、達達主義（Dadaism）、以及超現實主義（Surrealism）的運動，或多或少地級納與消化，逐漸地走向現代化，在這現代化的過程中，由於作品缺乏有系統的整理與介紹，且缺乏富於學術性的研究與批評，以至於到今日，仍然常被誤解與非難，而我們的詩壇卻又不斷地在衝進，不斷地在創新，曾幾何時，物換星移，而能自始至終堅持到底，且近乎嚴酷地自我訓練與自我批判者，能有幾人？

詩人，不只是因常常發表作品、出版詩集、公開演講、上電視鏡頭，甚至爭取所謂桂冠者，就真能登堂入室的。在這工商社會，詩早已淪落為商品一般的廉價的待遇，詩人也就變成了票房價值的體重計所衡量的對象，在這詩的危機四伏的時代。有良知的詩人，唯一能拯救自我，唯一能開拓追求詩的途徑，便是自我的覺醒，通過實存意識，在絕望與不安，在虛無的境地，走向自我內在的世界，深入潛意識的暗流，詩人在追求的歷程上，表現詩的純粹性，也就是一種叛逆，或一種革命。

在我們中國的詩壇，強調「抽象」，強調「超現實」，強調「存在」，用意並非不佳，然而，由於部分的詩人過分地自我中心，強調變成曲解，舶來品一進口，就走了樣，好像拋了錨的車輛，使人有著漏了氣似的感覺。

三

由於詩壇上流行著「一大把抓」的現象，也就是因為自己太貧血，很貪心地，想一股腦兒把舶來品恨不得一口氣吞下，在自己空虛的心靈上填

塞。固然，藝術在本質上，有其永恆性，也有其時代性，我們不能否認。
我們這個時代，的確也有少數可取的藝術工作者，他們不在虛名與商標之
間徘徊，而在純粹的藝術上，做自我的抉擇。在真正具有現代化底裝備的
詩人中，洛夫先生該是頗有自知之明的一個，從他早期的《靈河》，我們就
已感受到他那富於象徵意味的空靈，那屬於羅曼蒂克而又非僅僅是熱情的
告白底神祕的情操；直到目前推出的這一部《石室之死亡》，雖然洛夫已走
向實存主義的哲學世界，且採取超現實主義的表現方法，但是我認爲洛夫
是夠痛苦的，他即不阿諛讀者，也不討好自己，而近乎一種自我虐待地在
表現自我，甚至批判自我。

　　從洛夫的〈天狼星論〉[1]與〈詩人之鏡〉[2]，我們可以窺見做爲一個詩的
批評者與理論者，有其銳力的眼光，有其嚴格的批評精神。事實上，所謂
批評他人，往往也是在批評自己，自己沒有深入到那種境地，沒有犯上那
些藝術的謬誤，怎麼能深入他人所遭遇到的困惑呢？真正的批評者之難
得，跟真正的創造者之難得一樣，何況前者需專門的知識，加上中肯而富
有邏輯的解析能力呢？

　　實存主義，從哲學到文學、藝術，已匯於 20 世紀一大思想潮流；尤其
是透過整個時代的絕望，不安，恐懼，痛苦的體驗；透過兩次世界大戰悲
慘的教訓；在集中營裡恐怖的日子，在煤氣室裡死亡的時光，人類蒙上空
前的暗影。實存主義所標示的，尤以法蘭西沙特（Jean-Paul Sartre）所謂的
即使沒有上帝，人乃能自由選擇，且承擔其責任。這種自我意識的覺醒，
以及絕對自由的追求，不自我欺瞞，不帶有壞信念；藝術的靈泉乃是走向
人類潛意識的世界去挖掘。做爲一個實存主義的服膺者，詩人洛夫竟以
「寫詩即是對付這殘酷命運的一種報復手段」。

　　洛夫不但是一個實存主義的服膺者，而且也是一個超現實主義的熱中
者，那麼，實存主義的自我意識是否能跟超現實主義的生活方式（Way of

---

[1]見《現代文學》第 9 期。
[2]見《創世紀》第 21 期（1964 年 12 月），或《石室之死亡》的代序。

life）以及表現手法融合，在洛夫的創作中獲得妥貼的化合底表現呢？我們
與其去責難作者的晦澀，倒不如先去探求作者的精神動向，也就是追尋作
者原始的感受與觀照，在那尚未成爲語言文字以前的詩素底密度的考察。

《石室之死亡》第一次發表於 1959 年 7 月《創世紀》第 12 期，只有
九首，作者附有簡短的前言：「詩成後苦於命題，這是過去沒有的現象。我
一向覺得詩的題目猶如大衣左面一排多餘的鈕扣，對詩本身並無必然意
義，所以給這九首詩冠以「石室之死亡」，乃是隨便擬的，與這些詩任何一
首均無關係。如勉強給以解釋即這批詩乃於金門砲彈嗖嗖聲中完成」。從作
者的自白我們隱隱可以意識到作者寫作《石室之死亡》，是依據作者的精神
動向去發展的，所謂潛意識的世界，乃是更原始的夢幻，更本能的欲望，
那種內心深處最真實也最夢囈的聲音；作者採用不令人喜悅底緊密而又斷
片的意象，使用並不流暢而又艱澀的硬梆梆的語言，是否能恰到好處地表
現作者心目中所觀照所透視的靈域呢？至少至少，透過作者的詩句，我們
失落在虛無而機械般的意象中，倘若我們嘗試做一個有耐心的讀者，該能
體會到作者在感受與表現之間的一種痛苦的傳達，好像是難產的妊婦一
般，可以看到作者產後的蒼白與疲憊，其生產時痛苦地掙扎的餘音，似乎
還流露在字裡行間，並使讀者感受到其痛苦的壓力。

四

然而，話說回來，洛夫的創作觀認爲藝術的創造並非「目的行爲」，而
又朝著某一個方向，雖然在他無法確切地道出他要向何處去！所以，洛夫
認爲「詩是一種自身俱足的主體，實不需任何理論來支持」。

詩是在其追求的歷程中，而非在其目的。因此《石室之死亡》便是洛
夫追求過程中的紀錄。且「對生與死提供了一些傳統反面的觀點」。我們從
64 首十行詩中，發現作者外在的形式頗爲整齊，無形中使作者所欲追求的
由內而外的投射，失去了更爲多樣的變化，況且作者所表現的意象都較屬
於隱喻和暗示，所使用的語言都較傾向於沉重和堅硬，也許這是作者受了

哲學思想的影響，雖然那些哲理深化了作者的感受，但是作者並沒完全做到深入而淺出。

　　洛夫說：「『石』詩之內含究竟爲何？我唯一的答案是：『它就是詩中的那個樣子』」不錯，就其誠實性與嚴肅性而言，作者的表現已脫離了固定的詩觀，把詩帶到一條需要重新摸索的途徑上。

——選自《笠》，第 6 期，1965 年 4 月

箭徑‧酸風‧射眼
再論〈無岸之河〉

◎蕭蕭*

　　中國古代的文學批評，大別之可以分爲「對人」和「對事」兩方面。對人，所以「第作者之甲乙，而溯厥師承」，對事，所以「究文體之源潔而評其工拙」，籠統說來，這種評論文學的方法已經初具比較文學的規模。

　　通常足以構成爲比較文學所取用的資材，總在時間或空間上有所對等，譬如東方之於西方，現代之於古代，因爲這種對等而能保持相當的距離，而能在異中求同，在同中求異，以達成文學由於比較和分析所冀望竣工的理論架構。也就是說在比較兩種以上的文學作品之前，必先持有某些必得在這些作品中尋得根據的理論，爲了使這項理論成立，而藉著不同時空下的文學作品的相互參較，完成佐證的使命。顏元叔先生在〈《白蛇傳》與《蕾米亞》〉（《幼獅文藝》第 193 期）這篇專欄文章中所做的，也不過是將東方的《白蛇傳》和西方的《蕾米亞》，從它們情節的相似的展現，引導出理智與感情相和相戰的關係。同時，由於時空的差異，被比較的文學總是不同出於一個作者的手中。但是，今日我們所要析論的卻是同出於一個作者，而又是在同一個題目之下的兩首詩。

　　本來，洛夫的兩首〈無岸之河〉只能算作是一首詩，因爲第二首〈無岸之河〉（我們把發表在詩宗一號《雪之臉》的一首稱爲第二首，把發表在《落花生》雜誌的一首稱爲第一首）原是第一首「大刀闊斧修改」成的，所以應該是詩人要求自己的詩使之臻於完美的一種歷程，這在中國古詩人

*本名蕭水順，發表文章時爲臺灣師範大學國文學系碩士生，現爲明道大學中國文學系教授。

群中原來也是屢見不鮮的事。最著名的是「僧敲月下門」和「春風又綠江南岸」的故事，這種改定工作很可以見出詩人「吟成一個字，撚斷數莖鬚」的忠於藝術的熱誠。另外，在中國詩詞裡還有同一首詩詞由於版本不同而出現其中某些單字相異的現象，例如馮正中的一首〈拋球樂〉的開頭：

　　有作：酒罷歌餘興未闌，小橋流水共盤桓
　　有作：酒罷歌餘興未闌，小橋秋水共盤桓
　　有作：酒罷歌餘興未闌，小橋清水共盤桓

　　這種現象可以解釋為版本的不同，傳抄的錯誤，和印刷技術的不夠精良，如「流」與「清」形似，「清」與「秋」音似，其造成差失的機會甚多。但是這種現象難道不可以看成作者自己的改易嗎？

　　中國古詩詞拘於格律，我們所可以看到的作者自己的修訂，往往只是一個單字而已。現代詩由於形式隨作者裁決，改動的幅度較古詩舊詞為大，所以我們在討論洛夫的〈無岸之河〉的時候，容或有遺漏的地方，乃是此處對於我們比較兩首〈無岸之河〉所要得出的結論——洛夫如何掌握詩語言進而把握住詩質——沒有舉止輕重的影響力的緣故。

　　我們從「引言」開始：

　　午夜，一個哨兵
　　從槍管中窺視著
　　一次日出

　　這是在第一首中沒有出現的引言，在第二首裡存在，可以討論的有三項：第一，關於文字方面，由於一個名物的移用，使一個本來平實的詩句不落入凡，不落入俗，而「能使意象突形象而出」。很顯然的，如果將「一

個哨兵／從槍管中窺視著／一次日出」改回「一個哨兵／從準星上窺視著一次日出」，可以說，這個引言的存在就不如不存在了。在〈無岸之河〉裡，這種名物移用是本詩的最大特色，因為這種名物移用不只是形象的轉化，甚且還有境界提升的作用，例如：

　　他俯身洗他的臉色

例如：

　　他舉槍向天
　　──每顆星都是自己

這裡的「臉色」，這裡的「自己」，都已經凸出了形象，凸出了意象，而且在詩境上有了擴展和推進。試比較：

　　當兩岸吵得很兇
　　在河邊，在月的柔柔呼吸中
　　他俯身洗他的臉

跟

　　當兩岸吵得很兇
　　在河邊，在月的柔柔呼吸中
　　他俯身洗他的臉色

顯而易見的，前段稀鬆，最後一句幾乎成為累贅，無法造成詩的奧義性，消減了原有的詩質。後一段，絲絲入扣，具有莫大的震撼性。把普通的

「洗臉」改換爲「洗臉色」，在接受的當初必然引起小小的抗拒，但是經過深思，經過比較，自然接受這種震撼，而且肯定：唯有這樣的震撼才能將詩推展至「無限」。「他俯身洗他的臉色」，洗什麼樣的臉色？怎樣洗臉色？爲什麼洗臉色？這許多問題會使讀者在「無限」的詩境中拓展自己的想像力，詩的奧義也在這裡。同時，在比較第一首跟第二首〈無岸之河〉的時候，我們發現：

　　十二點的月亮　頓然
　　長成母親胸中的一盆素蘭

跟

　　十二點的月光　頓然
　　燃成母親胸中的那盆炭火

很可能就是上面所說的「名物移用」的遺留痕跡。也就是說，作者在創作形象來表達他心中已具的意象時，第一次，這種意象尚呈寧靜狀態，所以他選用「月亮」和「一盆素蘭」，等到第二次內省，寧靜的意象已經轉而繁複，激宕，跳動，不能不出之以「月光」和「炭火」。不同的是，後述的這種名物移用是一種「平行的移用」，前面說的卻是「垂直的移用」。

　　我們接下來研究什麼是垂直移用？什麼是平行移用？可以說：平行移用是作者爲了表達某種浮出於自己心中的意象，而在許多可用的形象中擇取一個最妥切的形象，通常，這種形象也就是選擇名物，必得先有了得當的名物而後才有妥切的形象。也就是：在許多的名物裡作者取用了一個，而這個名物跟其餘的名物可以做平行的移用，移用之後，無損於形象的成立，換言之：這些名物之中的任何一個被引用在這句詩裡，以最淺顯的認識可以了解到它的真諦所在，例如〈無岸之河〉的開頭，洛夫在第一首中

用的是「一朵罌粟」，第二首改成「一朵黑水仙」，當然我們也可以把它改為「一朵薔薇」或者「一朵鬱金香」之類的，這就是平行移用。平行移用最應該注意的便是「準確」，要能做到不可移易。但是這個「不可移易」是對作者本身來講的。準確的創造形象以貼合心中的意象，使讀者能經由詩人所創作的形象準確的捕捉到原來詩人心中的意象。所以這裡所言的「準確」、「不可移易」，即是指形象的創作完全表現了完整的意象，完整的作者的意象，如是，「一朵黑水仙」雖然可以改為「一朵鬱金香」，但它或許不是作者所要表達的，更可能因此破壞了詩的「整體性」。

　　然者，要想真正「使意象突形象而出」，單靠這種在許多平行的名物中選取最足以準確表達的形象，仍然無法免除平庸、粗俗之譏。於是「垂直移用」乃被應用來補足這項缺憾。

　　名物「垂直移用」的發展是基於「化不可能為可能」的認識。在一句詩中本來可以很準確的放置一件名物，但是作者避去這種平鋪的白描法，揀用了一個幾乎不可能搭配的名物，在詩質的保握上，能夠更確切貼近的形象，這種全然毀棄一貫應用的，理所當然的名物，而代之以特具震撼力的形象，便是所謂的「垂直移用」。例如：

　　他舉槍向天
　　──每顆星都是自己

如果是一個拙劣的詩人，或是傳統的表現法，必然成為：他舉槍向天──每顆星都是目標（或作鵠的、紅心、靶子之類，它們之間的移用就是平行的移用），但是洛夫不這樣，洛夫以「自己」替代了「目標」，讀者所感受的將是何等的驚顫，何等的痛楚，而且又是何等的無法釋懷！

　　這就是「垂直移用」。

　　垂直移用使詩奧義、繁複、深廣。但是也容易造成詩的晦澀，詩的不可感，「偽詩」的出現或許就是出於這層原因。因此詩人在應用「垂直移

用」時不能不注意聯想紋路的留存，即使是聯想切斷，也需有足以窺探到
的或斷或續的紋路。洛夫在寫下「他俯身洗他的臉色」之前，我們或許可
以推斷他的思考紋路大致是這樣的：

> →他捧飲他的臉（這張臉是水中的臉）
> 　→他捧飲他的臉色（由臉到臉色）
> 　　→他俯身洗他的臉色（由飲到洗）

雖然從臉到臉色，已經開始難懂，但還不至於晦澀不可感，引用顏元叔先
生的話，就是因為所謂「定向疊景」，洛夫取用的又是最高的那一景，這是
洛夫異於普通詩人的地方。

　　臉色從「捧飲」到「洗」是動詞的變易，這種動詞具有獨到的功力，
洛夫稱之為點睛字。點睛字只要作者能抓住形象，確實掌握了語言的流
勢，並不是一件難能辦到的事。古人就有：紅杏枝頭春意「鬧」，雲破月來
花「弄」影的句子。現代詩人將「對岸的那排燈光以流水的姿態一路亮了
過去」改成：

> 對岸的那排燈光
> 以流水的姿態一路唱了過去

這是必要而應該的工作，因為「詩」是一種「語言」的藝術，失卻語言，
「詩」只能是渾沌未開的「詩意」而已。所以洛夫在第二次寫成的〈無岸
之河〉的引言上，他確實表現了文字駕輕就熟的妙手：

> 午夜，一個哨兵
> 從槍管中窺視著
> 一次日出

「槍管」是名物的垂直移用的結果,「窺視」是獨到的「點睛字」的應用,它們被排在這裡是為著什麼呢?為什麼要窮盡心力討論這種語言的運用呢?這就是以下我們要討論的。

第二,關於效果方面的研究。

第三行詩給我們的是一種著著實實的感覺,一種屏息、凝注、靜待的效果,而這種屏息、凝注、靜待,卻是由於 17 個單字所造成的,同時又是我們進入一首詩以前所有的周身的感覺。說效果,說氣氛,這三行詩已經達成了它的任務。那麼,我們再以這種全神專注的心情檢驗下去吧!

在第一首詩裡,洛夫對於午夜的一陣風的意象處理,實質上並無異於第二首詩所呈展的,但在效果方面來說:第二首卻較第一首為佳。第一次,洛夫這樣寫:

午夜,一陣

風從飛機場打個旋再轉回來

一把抱住他

他挺身立成一塊碑

第二次他把後面的兩句棄去,改為「踢響七隻空罐頭」。從切割下來的這些詩句,我們幾乎無法分別它們的效果孰好孰壞,但從整首詩來看,優劣自明。第一首的寫法,除了推出「他」之外,不再造成其他效果,而且太早推出「他」是一種失策,以這種方法推出又是一種失策,後來又加上「他挺身立成一塊碑」的俗氣尾巴,是第三種失策,不若「踢響七隻空罐頭」來得乾淨俐落。仔細比較起來,後者所呈現的空曠、清寂的意境,是要比前者更為空曠清寂,而戰地的感覺也由於「七隻空罐頭」而凸起(戰地常在圍守的鐵絲網上面掛著空罐頭)。此外,第二首的他要等到第二節才出現,而且是以「月在橋下/他在橋上」的簡易對比,很自然的溶出,更為妙絕。

在第二節裡，我們還可以發現到第二首詩要比第一首〈無岸之河〉多出一些敘述句子：

> 他抽煙，吐痰，突然側過臉
>
> 他凝視一輛卡車以及輪痕以及後面長長的昨天
>
> 他在牆角解開兩顆褲扣然後又扣上
>
> 他玩著一串鑰匙
>
> 他蹲下用水壺淋著一些字

這五個純然敘述的句子，是兩首詩最大的不同的地方，洛夫為什麼要加入這五個純粹是敘述用的句子呢？只有一個理由：那就是完成詩的「整體性」。洛夫說：「我所重視的完整是藝術效果上的完整，全部氣氛上的完整，精神與生命上的完整，感性的完整。」（《現代詩人書簡集》，頁191）。所以，由於這五個單純的敘述語言，正加強了這首詩的整體性，凸出了身在戰地需要專注而又不能免除無聊的錯綜感覺。從效果上來說：這五個句子的出現確實是洛夫改正第一首詩的重要關鍵，由於這是一首「西貢詩抄」中的一首，我們列出它們改正前後的不同句子，便可以看出這首詩所做的一些小部分的改正，完全是為了詩的整體性，以製造最大的效果。

> 一把抱住他
>
> 他挺身立成一塊碑
>
> →踢響七隻空罐頭
>
> 以流水的姿態一路亮了過去
>
> →以流水的姿態一路唱了過去
>
> 當兩岸之間流著無言

→當兩岸吵得很兇

長成母親胸中的一盆素蘭

→燃成母親胸中的那盆炭火

……

從這種比較，無疑的可以看出洛夫之所以改正第一首〈無岸之河〉，正是為了加強「動」的表現，燈光不再是靜態的「亮」了過去，而是「唱」了過去，兩岸也不是默默地「流著無言」，相反的，它們「吵得很兇」，12 點的月光更不是「一盆素蘭」而是一盆熊熊的炭火，內在的效果因此被暗示了，被加強了，被凸出了，而詩的整體性於焉完成。研究這些效果的完整，卻不得不歸功於五個平凡的句子，由於這五個詩句的出現，才有其他細部的刪改，其後才統一了整首詩造成的意境。

　　仔細再研究第二節的這五句詩，可以知道這五句詩不僅造成詩的整體性，而且又緊扣著下面兩節詩的發展，因為有：

他抽煙，吐痰，突然側過臉

他凝視一輛卡車以及輪痕以及後面長長的昨天

才順理成章地產出第三節的詩：

他舉槍向天

→每顆星都是自己

這種震撼性的詩句，必須是一種戰地的緊張和專注，必須是「突然側過臉」，必須是「凝視」而後沉入的哲思方能緊扣，方能引發。洛夫的這種「絲絲入扣」的語言安排是造成氣勢磅礴的主因，同時也是詩的整體性的

一個必要條件，因為所謂「藝術效果上的完整，全部氣氛上的完整，精神與生命上的完整，感性的完整」，都需要依賴語言給予的最大能耐。

而語言的一部分性能就是聲韻，因此我們再回到「引言」上面來探討。

第三：關於聲韻方面的問題。

對於朗誦詩，聲韻必須非常重視，而一般不用來朗誦的詩作，也不能不注意聲韻的和諧，聲韻不諧，無法卒讀，多少會拒絕讀者進一步的研讀。因為無論我們以什麼樣的方式默讀，無法禁止心底自然唸出的聲音，更何況有時要朗之於口，誦之以舌呢？

所以，在引言裡，我們要指出最後的四個字「一次日出」在聲韻上是非常不協的，而這種聲韻的不協卻不是為了效果的需要，也就是：這裡的聲韻不協並非作者故意要它拗口，而是作者的一次疏忽破壞了音韻的美暢。當然，如果在音與義上面有不可得兼的情形，必然是先就義而後究音的，但這裡卻是可以改換其他字眼而不影響原來意象，而且，在聲音方面很容易見出它的不對勁，所以，這是作者不察所造致。

然而是否因此推定洛夫的詩作欠缺聲韻的基礎呢？實則不然。洛夫一開始就把第一首〈無岸之河〉的「或者」改為「可能」，結果變成這樣：

月光　可能

馬路　可能

照明彈　可能

一朵黑水仙

由音腔上來分析，「或者」這兩個字較為黯啞，給人的感覺比較死硬，而「可能」卻比較明亮、活潑，而且給人較為開展的感覺。換句話說：洛夫這種改易，在效果方面，符合了他捨靜態而就動力呈現的意願。這是洛夫追求聲韻之美的一個例證。

在聲韻方面，我們最後要談及的是這首詩最後兩行，從：

他的臉剛好填滿前面那個人的
鞋印

改寫為：

他的臉剛好填滿前面那個人的
鞋
印

無疑的，這次新的排列，不僅收到圖畫之美，同時也收到音樂之美。把「鞋印」分為兩行來寫，在唸讀的時候勢必要有一段小小的停逗，音樂之美就美在這個小小的停逗上面，因為「鞋印」之前是一個長句，需要一個短時的無聲，如果「鞋印」連讀就無法有餘音繞樑之感，所以，把鞋跟印分開來，自然令人回味無盡。

一首令人回味無盡的詩，端賴如何掌握詩的語言，詩是仰賴語言的藝術，失卻語言，詩就無法給出。今天我們把洛夫的〈無岸之河〉切割得如此厲害，雖然藉此探討洛夫在語言方面的成就，但是還必須回過頭來重新欣賞這首〈無岸之河〉，這樣，我們將更確認：詩是仰賴語言的藝術。

——民國 59 年 4 月於金門

載於《文藝》月刊第 13 期

——選自蕭蕭《鏡中鏡》

臺北：幼獅文化出版公司，1977 年 7 月

招魂祭

從所謂的《1970 詩選》談洛夫的詩之認識

◎傅敏*

　　從《六十年代詩選》以來，國內可以說沒有一部嚴肅而公正的詩選集。當然，對於這種萌芽時期的詩史缺憾，歷來扮演此類工作角色的創世紀詩社是無法恆久自我陶醉而免於時間仲裁的。

　　隨著包括某些野心家的霸氣以及內部重要實力的休筆或歸隱等等因素而崩潰的「創世紀詩社」成為詩史之後，照理詩宗社應當能因網羅新的潛力而呈現新景象，這是大家期望也是掌門人的洛夫所不當忽略的。

　　然而，在詩宗社還無法使人感到面目一新之時，洛夫單槍匹馬編選的年代詩選《1970 詩選》，卻暴露了嚴重的詩之無知和人格的缺憾。不能不令人對如此角色能否導引詩宗社進入佳境，感到深深懷疑。

　　姑不論洛夫在編選態度上的下列諸問題：

　　（一）、提出「不以任何派別或詩社為立場」，卻極端以詩宗社或相關人士為班底。所收作品計包括：

　　文學季刊：13 首

　　現代文學：7 首

　　幼獅文藝：11 首

　　文藝月刊：6 首

　　青溪雜誌：2 首

　　笠詩社：6 首

*本名李敏勇，發表文章時為中興大學歷史系學生，現專事寫作。

　　詩宗社：37 首

　　（二）、提出「一個批評者（編選者）固然是由主觀出發，但仍需一客觀的標準，如全憑編選者一己之口味，或爲宗派觀念與人情所左右，編輯工作或許較爲容易，但陷於偏嗜之危險性也愈大」。卻十足顯示全憑一己口味，爲宗派觀念與人情所左右。

　　（三）、提出「名字能否進入文學史，不是自己能決定」卻把自己當成「詩史列車」的列車長，去招搖撞騙。這是洛夫一貫的伎倆，像一再提示孤獨，實際卻一味追求虛榮的往例一樣。「一定心中有所畏懼，才把自己裝扮得如此神聖」吧！

　　使人真正關心的是自認爲太上詩人而喜歡餵乳給徒子徒孫的洛夫，在所謂的《1970 詩選》序文所暴露的嚴重無知。

　　對於語言的評論，近來詩壇上可說屢見不鮮。能夠在以往創世紀詩社的某些超現實主義亞流以下詩人所帶來的語言錯綜弊病和詩壇某些末流人們的語言貧血症情況中，實學地研究評論檢討做爲詩媒體的語言，實在是重要的工作。

　　可是不管語言在詩學上的重要性上達致何種高度，永遠無法本末倒置得像洛夫所揭「本詩選的編選標準是建立在詩的語言上」一樣。

　　語言是詩人能力的指數，但語言絕不等於詩。也沒有什麼詩的語言能不由一首詩分析出來而主體性地能用以建立詩的。是因爲在詩中的整體性得以成立，語言才有所謂詩的語言，沒有什麼詩的語言可以像既成品一樣供詩人採用，除非是抄襲。

　　如果歷史有眼，歷史會給予這種荒謬帶來「嘲笑」和「哭泣」的。

　　廿年來臺灣詩壇「若干有成就的詩人」是哪些？「都已建立自己的語言」了嗎？「都已開創個人的風格」了嗎？事實顯示出真正優異的詩人沒有一個這樣沾沾自喜的。

　　詩人瘂弦很難得地在民國 60 年 5 月號的《中央月刊》上有一篇叫做〈詩人和語言〉的短文，顯示了灼見。的確，臺灣詩壇充滿了語言的拜物

論者。錯把語言當作詩的詩人們玩弄文字之餘，難道不會疲倦嗎？

其實大部分談論語言的詩人們卻陷落在修辭的泥沼裡，而不是真正對語言有所了解。因為一些緘默的詩人不願撕破「偽裝的群像」，以致任由一錯再錯，任由亞流詩人目中無人地揮霍詩之貞操。

詩的語言陷於僵化，難道只是「有成就的詩人」的「獨特語式」有意無意之間為人仿製與模仿的結果嗎？「有成就的詩人」的「獨特商標字號」不是語言的僵化又是什麼？近年來現代詩發展過程中的一大威脅實際就是「有成就的詩人」，特別像洛夫之流的無知所招致的。而洛夫卻大聲疾呼地扮演殺人呼救的小丑角色。

倒因為果的洛夫更提到「在語言上求實驗本是現代詩人的職志」這樣的謬論。

即使是一個站在語言學立場的人，也不可能將語言的改革當作語言學的最終目的。「語言上求實驗本為現代詩人的職志」這一點恐怕臺灣詩壇尚不致都像洛夫這樣荒謬無知地盲目接受吧！《1970 詩選》的詩作者也尚不致都能同意這一點吧！

其次，對於洛夫「關於詩的語言的三點不特殊但極重要的看法」，本文將逐次評斷。

一、「語言的有機性」的問題

這個問題，這種簡單的認識是「笠」成立之初便一再強調的，《笠》詩刊大大小小的同仁恐怕沒有人不知的。

洛夫一反所謂聯想切斷，所謂自動語言，彷彿發現了什麼了不得的金言一樣，一點也不臉紅地當作自己的至寶般提供出來。

看看每一次「笠」的合評紀錄吧！這已是一個老掉八股的問題。敢說笠同仁早就看出洛夫名詩〈石室之死亡〉的無價值，和塗了一臉炭黑便佯裝悲劇感的法寶便在此。

「超現實主義的自動語言」是早已被臺灣詩壇有識之詩人在洛夫死抱

不放的時候，便宣布是一種失敗了。今天的洛夫，厚著臉皮還有什麼好說的？

「詩的晦澀絕不在於『不可解』這一點上，而是在於詩語言的缺乏有機性上」是洛夫在語言的有機性上提出的觀點，可是與其如此說明，倒不如說詩的語言缺乏有機性導致詩全體上的不安定性。詩的晦澀絕不會是語言上的問題，而在於詩想的問題，假使一首詩成立的話。更殘酷的話語是：詩的語言缺乏有機性根本不能成立為詩。只有經過成立為詩的過程，才有資格參與討論晦澀與否的諸問題。想來這一觀點是洛夫親身的體認吧！無疑是變相地承認以往詩的晦澀根本上就是缺乏語言的有機性。

洛夫指出有機性的缺乏可能源於兩種情況：「一是純然訴諸作者意識——對潛意識的誤解」；「另一種情況是語言上習慣性的『流』」。其實可以根本地指出有機性的缺乏源於詩人語言能力的低劣。不能拒絕語言，控制語言而導致語言的放縱和浪費可以在臺灣詩壇某些所謂有成就詩人作品中找到屢見不鮮的例子。雖然洛夫貌似體認了這種淺顯的觀念，可是洛夫這種觀念是抄襲的，根本沒有真正的了解。正如以往抄襲超現實主義沾沾自喜，如今視超現實主義為洪水猛獸一般。如果詩壇有某些似新的觀念提出，洛夫也會踢掉目下掛在口中，不時吟吟自做的「有機性」。

流於方法論末途的詩人是悲哀的，因為方法論時時在汰舊換新，不是可以固守不放的啊？而且「笠」對於語言有機性的重視導致詩壇新風氣的形成後，有些新的觀念必須緊接著提出來繼續貢獻給詩壇的。譬如語言有機性建立了以後，語言和語言之間的關聯就必須注重取得最大程度的深淵，就必須強調最遠的有機性，必須提供想像的最大空間。這些是一口氣放棄超現實主義的洛夫所想像不到的吧！

二、「散文基礎的重要」的問題

洛夫強調散文基礎，已經顯示做為一個詩人的無自信，更難想像的是，一個狂妄的詩人竟然不自信得不敢說「一個詩人往往能寫得一手好散

文」而說「能寫一手通順的散文，該是寫詩的起碼條件」。

　　以往使人感到錯將修辭上的技術當作語言革新的詩人，往往也以為詩就是濃縮。「散文→詩」，難道竟是濃縮得成詩嗎？

　　除了偽裝的詩人之外，洛夫大可不必擔心臺灣的詩人能否寫通散文。洛夫也該知道「散文寫得再好，未必能寫好詩」。有些有成就的詩人儘管詩寫得實在不忍卒讀，可是卻寫得一手典麗的散文呢。也大可不必強行將其列為詩人，列為有成就的詩人啊！

　　洛夫提到散文基礎的問題，套一句梵樂希的譬喻再加變裝便是一個舞蹈家「步行基礎的重要」。可是一個舞蹈家恐怕會說「舞蹈的訓練會使步行姿態風度美化」，而不會說「一個舞蹈家必須重視步行的基礎」。

　　這麼一說，洛夫是不是詩人倒成了耐人尋味的問題。有什麼證據顯示洛夫是一個詩人呢？一天到晚叫說「我是詩人」，「首先你們必須承認我是個詩人」便是做為一個詩人的證據嗎？

三、「語言的彈性」的問題

　　對於這個問題，洛夫似可以參閱白萩在《笠》或《幼獅文藝》上發表的，評田村隆一詩的論文〈或大或小〉。洛夫可能永遠不會寫出「做為一個詩人，必須殺死全世界所有的詩人，必須殺死昨日之我的那個詩人」這樣漂亮的話吧！不管洛夫評詩文字中一再出現的論理是多麼的非技術性。能夠重視這個關於語言新鮮的問題說是不錯的。

　　可是進一步的不能只知道語言要講求新鮮。詩想也要能夠新鮮啊！甚至詩想的新鮮比語言的新鮮才是更重要而不可忽視的。

　　從這裡又暴露洛夫拜物論的行徑。不知道洛夫是否有過詩學問題的創見，不過在《1970 詩選》序文裡，洛夫是沒有什麼新見解而屢呈敗筆的。

　　即使關於語言的彈性，也沒有什麼建設性的提供。

　　一如在「散文基礎的重要」項目下提及智境擴展的問題一樣，在語言的彈性項目下，洛夫也半路殺出長詩與短詩的問題。

　　近來有寫短詩的**趨勢**，所以洛夫就又一口咬定短詩是比較像詩的。

　　諸如「龐大的結構往往與詩的本質相剋」，或者愛倫坡「認爲長詩根本不是詩」等等。雖然貌似真實，但非真理，用不著強調。

　　沒有寫過優異的長詩，或不喜歡寫長詩也不一定就否定長詩啊？詩的長短難道值得花這麼大勁去分別嗎？甚至提視世界上偉大詩人的作品，長詩所占不少啊？

　　如果能在寫短詩的**趨勢**下，寫一首優異的長詩也不錯，甚至令人驚喜。洛夫爲什麼使人感到這樣地隨波逐流呢？

　　以上是對於洛夫「詩的語言的諸重要看法」簡單評斷。

　　就詩論詩，一點也不能馬虎的，所以此文顯現了非常的鹼味。這在甜味太多的詩壇批評風氣中，雖然令人刺眼，可是今天臺灣詩壇如果冀圖長進，無法避免這樣的途徑。

　　畢竟臺灣詩壇存在著太多沒有什麼真正成就的「有成就詩人」，長久以往，扼殺現代詩血脈的不是外來的各種反對現代詩的壓力，而是這些「僞有成就詩人」的自戕。這種結局不是每個詩人所能同意的。

　　本文也不願評論《1970 詩選》入選作品，因爲即使是青澀的作品，入選者也是沒有罪過的。況且某些在海外的詩人，近年來或因接觸廣大世面的真實而呈現的蓬勃委實使人意外。倒是比較起來占大數的詩宗社同人作品顯得特別寒酸哩！

　　有一點必須提醒洛夫的是；臺灣現代詩的選集切切不是任何壟斷方式所能獨當一面的。漠視真實的行爲只是徒然令人感到無知而已，只是令人感到有所畏懼而已。

　　而且很不幸的是：一個拙劣的詩選編集者往往也是一個亞流以下的詩人。

　　魂兮！歸來！

——選自《笠》，第 43 期，1971 年 6 月

細讀洛夫的兩首詩

◎顏元叔[*]

　　20 年來的自由中國現代詩壇上，洛夫是最有成就的詩人之一。洛夫的詩有才氣，有魄力；語言的運籌顯得大膽，刻意創新。讀洛夫的詩，會覺咄咄逼人，壓力甚大。這是我個人對洛夫的詩，在三兩年之內反覆讀過三五遍後的總印象。但是，洛夫不是沒有缺憾的。我以為他的缺憾——至少就其自選集《無岸之河》而言——在於結構。結構崩潰，是洛夫詩篇中常有的現象。所謂結構，我在這裡採取廣義的說法，是指字與字的關係，片語與片語的關係，意象語與意象語的關係，行與行的關係，段節與段節的關係，更包括語言與對象的關係：總之，最上乘的結構，應該全篇為一個完整的有機體，形成「一篇詩」或「一首詩」或一個「詩篇」，而非滯留於零星的優美詩行或詩句而已。當然，洛夫的詩，並非篇篇結構崩潰；他有好詩行，亦有好詩篇。茲就個人所見，選擇他最壞、最好的詩各一首，細加研讀於次。

　　《無岸之河》是洛夫的自選集，包括五個先後發表的單行本，上起1954 年，下至 1969 年，這 15 年中，洛夫的發展形成一條弧線，弧線之頂點為《石室之死亡》；早期與晚期，皆是下降的曲線，而晚期又比早期要差些。就是說，他的「西貢詩抄」，包含 1967 至 1969 年間作品，可能是洛夫最壞的一些詩。

　　「西貢詩抄」我認為是洛夫最壞的詩，就中又以〈手術臺上的男子〉為代表。洛夫曾經將〈手術臺上的男子〉央人譯成英文，大概認為這是他

[*]顏元叔（1933～2012），散文家、文學評論家。湖南茶陵人。發表文章時為臺灣大學外國語文學系教授。

的「傑作」之一；我的看法恰好相反。我以爲〈手術臺上的男子〉是一首光怪陸離的作品，文義的組合上整個崩潰，「一堆破碎的影像」。「手術臺上的男子」描寫一個 19 歲的美國大兵，如何受傷，如何被抬進醫院，送上手術臺，如何死去。假使我們要說這首詩有結構，便是這個單純的故事發展，還似乎有一點點結構可言。但是，當我們探究其內部，各個成分與各個成分的關係，語言與對象的關係，則其結構或組合是非常脆弱或者完全闕如的。第一段，洛夫便這麼寫著：

血
從血中嘩然站起——
今年，他才十九歲

假使我們不讀後面，只讀這三行，便很難確定，究竟這個 19 歲的人是否是中槍倒地。「從血中嘩然站起」，沒有任何確定的成分斷言這個人是受傷了。做爲後來發展的準備，這是一個非常晦澀的開始。在這裡，我們揣摩得出洛夫求新求異之心切。一般受傷的人，都是倒在地上，他卻硬要說「站起」。求新求異可以，卻不可違背事實。假使說，這個美國大兵原是臥倒在地上，中彈後，全身受震跳了起來又摔下去，也不能用「站起」形容。實際上，我們幾乎可以誤解他是一位喋血英雄，在血流成渠中矗立起來，變成紫心勳章的接受者。

第二段寫大兵被抬進醫院。顯然，這個人已經暈昏過去，快要死掉，否則，也是虛弱得無法動彈。於是，洛夫說：

白被單下面
他萎縮成一個字母

我們要問「字母」這個意象語，是這種情況中的這種人的恰當描繪

麼？首先，「字母」這個辭的含意眾多，其中卻很難找出垂死的或虛弱的影射。洛夫又說：

> 手掌推向下午三點的位置

有沒有任何必然的理由，說「下午三點」就是暗示死亡？下午四點、五點又如何？如果缺乏必然性，也就是說，這個意象語與對象本身（那個傷者），缺乏必然的關係。緊接著，洛夫描寫他的一條腿滑到牀下來：

> 突然，唯一的一隻腳垂了下來
> 水獺般滑入池中

「水獺般」這個明喻，倒很恰當。水獺的無聲，水獺的下滑的動作等，頗能恰合這個垂死人的腳滑掉下去。可是，洛夫立即又說：

> 而目光被人搓來搓去
> 搓成一條乾涸了的
> 河

我們要問用「河」描繪傷者的「目光」或眼睛，是否是一個恰當的意象語。河之大，河之長，如何和目光或眼睛發生關係！「河」又如何可以被「搓」呢？傷者的目光又如何可以被人「搓來搓去」？我猜洛夫想描寫傷者的目光之無助與被動，周圍的醫生、護士來來往往，隨便擺布他。若果如此，洛夫的意象語沒有達到這個目的。我們只從「搓」與「乾涸」等語，獲得一個相當「抽象」的觀念，便是那人的生命快完了。可是，他那些意象語沒有具體地將傷者的情況，刺入我們的眼球。

　　第三段的第一行：「十九歲的男子裸成一匹雪山的豹」，十分怪異。「雪

山的豹」是一個充滿生命力與活力的意象語，如何可以拿來描寫一個「很疲倦而且沒有音響」的人。這是一個完全脫離意象結構的意象語。如「白色的淚煮著白色的鄉愁」中的「白色」，也相當勉強，不過還能和醫院中的白色發生一點兒關係，影射著傷患與死亡。但是，其中的動詞「煮」卻未免用得太俗氣，太濫情。接著，洛夫拿「薛平貴遠征番邦」和這位美國大兵相提並論，兩者之間並不恰切。追尋新奇怪異的意象語居然促使洛夫說這位傷兵的臉，像「一幅山水」，更說他「皺」成「一幅山水」。中國的山水畫會發「皺」嗎？一張臉無論如何也難像「一幅山水」畫。此外，即使他的臉是真像「一幅山水」，他的臉上既然滿布死亡，難道說中國山水畫也含蘊著「死亡」麼？中國山水畫的精神似與「死亡」扯不上關係。我們該指出，這一段暫時脫離了故事發展的線索，只在描繪這位大兵的異地處境。因此，「一夜間」，他成熟得如此之快，他的臉皮都起「皺」紋了。

第四段繼續第三段，進一步縮小圈子，描寫他受傷的一刹那：

> 他是一條把額角猛向岸上撞的船
> 桅頂上，那顆星一下子離了方位

這似乎是影射受傷時的激烈轉變。我以為，船角猛撞，導航星忽然失卻原來的方位，是一個清楚而生動的意象語。但是，這裡還有瑕疵。瑕疵出在「一下子」這個俗語。全詩的語言皆在正式的與文學的階層上；突然來了一個俗語，破壞了語言層次的統一；此處又無任何理由，要求用語降至俗語的範圍。其實，用「突然」或「驟然」等，取代「一下子」，可能更好。我實在不知道，為什麼洛夫說那位大兵的體內，「有金屬輕嘯」。我也不知道為什麼洛夫說：

> 退潮的灘上
> 天空側著身子行走

　吐著白沫

「退潮」與「吐著白沫」，大概意指垂死的人；卻幹嘛要說「天空側著身子行走」？百思不得其解。「金屬輕嘯」，「側著身子」，皆有點武斷，與被描寫的對象，不發生若何的關係。

　　第五段寫軍醫替這位大兵開刀。

　一把刀子劃過密西根湖

　浪高幾丈？

「一把刀子劃過」，大概影射手術刀的行為。但是，把那個士兵的肉體看成「密西根湖」，一樣令我不知緣由何起。我覺得這等筆法，太「超脫」，太「不著邊際」。尤有進者，幹嘛「浪高幾丈」？我膽敢說，是因為前面他用了「劃」，又用了「密西根湖」，於是，他隨便聯想起「幾丈高」的浪頭。這個「浪」與傷者有任何關係嗎？假使說，這位傷兵想家，想起家鄉的湖，想問湖中浪高幾丈，我敢說，對一個垂死的人而言，這是相當怪異的看法。我們更可指出，這個人在第二段便已死去，如何又醒過來作一段回憶？

　　第六段全部是誇張語。洛夫說，這個美國大兵「掌中躍動著一座山」，「血管中咆哮著密西西比河」，「胸中埋著一尊溫柔的砲」等等。這些意象語，一方面是誇大得與對象失卻正常的比例，另一方面是措辭得毫無道理。「掌中躍動著一座山」，這究竟是要讀者把這位大兵，看作神仙還是莫須有的超人？「血管中咆哮著密西西比河」，還可以接受，還算收斂；不過，也等於無的放矢；密西西比河「咆哮」在他的血管中，為的是什麼？為了一場正義之戰而「咆哮」？還是為了反抗美國政府的徵召而「咆哮」？二者都不像。假使洛夫只說，他是一個喝密西西比河水長大的道地美國大少爺，則「咆哮」改為「流動」，也許更含蓄收斂些。「胸中埋著一

尊溫柔的砲」，一樣古怪。我們要問，洛夫在這個美國大兵胸中埋上一門大砲，究竟暗示或象徵些什麼？他是充滿活力與生命力的嗎？若果是象徵這一點，那麼「砲」這樣具有毀滅性的物體，似乎不是一個適當的意象。「砲」又如何「溫柔」起來？正如說「一輛溫柔的坦克」一樣聳人聽聞，卻一樣難以取信於人。這尊「砲」把砲彈射出去又取回來（「嚼著自己射出去而又彈回來的破片」），其含義當是自己開槍射殺敵人，終於為敵人射殺。如此說來，這尊砲如何能算「溫柔」？這些誇大而聳人聽聞的意象語，完全脫離了與描寫對象應該保持的比例，實在「濫情」之至。

上述的情況，在第七也是最後一段，變本加厲。這個大兵是 19 歲，洛夫便扭住「19」這個數目，替它綴上一些毫無端由的意象語：

十九級上升的梯子
十九隻奮飛的翅膀
十九雙怒目

最後：

十九個窟窿

第一句大概表示他是 19 歲，每一階梯算一歲；階梯互有連貫，形容連貫的 19 年生命，也許還說得通。「十九隻奮飛的翅膀」呢？「十九雙怒目」呢？難道說他每一歲的生命，可視為一雙憤怒的「眼睛」，那麼一雙憤怒的「腳板」或「耳朵」又如何？「奮飛的翅膀」，也是一樣。「十九個窟窿」完全是湊合上去的。他果真身上有 19 個創口？恰好配合他 19 個生日不成？我覺得這是不誠懇的命意措辭。假使洛夫真的親眼目睹這麼個大兵之死，則他有幾處創口就說幾處（很難恰好就是 19 處！）若是洛夫想描寫富於類型性的夭折於越戰的美國青年，則還是不把創口的數目和年齡扯上關

係的好，因為，如此則顯得武斷，缺乏必然性或可然性。

我相信洛夫或洛夫的欣賞者，對上面的結語會反脣相譏，譏我不諳超現實主義的描寫手法。不過我也曾經看見過一幅超現實主義的名畫，在溫文爾雅的聖母的腹部，開了一個方方整整的窗戶，裡面探出一個耶穌的頭來。腹部開窗戶，的確超現實，但卻「超」的有理。若是窗戶開在聖母的臀部或大腿上，也許不倫不類吧？那位超現實畫家（好像是 Dali）選擇在腹部開窗戶，顯然有他的必然的或可然的理由。無論是超現實或不超現實，描繪方式與描繪對象之間，必定要有某種相關性（correspondence）。在這首洛夫的詩裡，相關性卻稀薄得很。

同樣的批評可以適用於「西貢詩抄」多數的詩篇。譬如，〈事件〉一首有——

啟目是箭
闔目是靶

我把全詩反覆讀了十來遍，找不出任何理由讓這個「是」字，存在於「啟目」與「箭」之間，「闔目」與「靶」之間。此外「靶」與「箭」是否可以互換？假使說「啟目是靶」與「闔目是箭」也無不可，則這兩行的意義便無必然性了。（也許我們可以說，張開眼睛，目光如箭，射向敵人；閉上眼皮，眼圈如靶的形狀，敵人便好瞄準射擊。不知洛夫是否此意？）

仰成一種肯定
俯成一種否定

或：

左頰一面旗

　　　右頰一塊碑

或如〈城市〉一篇有：

　　　酒吧開在禮拜六
　　　砲彈開在禮拜三
　　　裝甲車邊走邊嚼著一塊餅
　　　而機槍是一個達達主義者

這些意象語以及這些命意措辭，使我們覺得洛夫是任情的、武斷的，根本
不考慮描寫方式與對象間的相關性。所以，我認為在「西貢詩抄」的時
代，洛夫是受了超現實主義之害，或者說他誤解了超現實主義。

　　洛夫寫詩，崇尚「不落言詮」。「不落言詮」也許有很多解釋，有很多
用處；但是，他若使用「不落言詮」為上述的詩集辯護，最低限度我要說
他「不夠朋友」。所謂「不落言詮」，所謂「羚羊掛角」等等，這些摻雜一
點「禪悟」的宋儒的文學觀點，本是一些頗為妥當的看法。「池塘生春草，
園柳變鳴禽」，大概可以做為這種論調的見證。但是，洛夫的「西貢詩
抄」，「透明」與「直接」到了這個程度麼？相反的，其中是一片晦暗。然
而，所謂「不落言詮」者，也許可以引導我們讀幾首洛夫較好的詩，如
《石室之死亡》的〈太陽手札〉之類。拿「不落言詮」應用於細讀〈太陽
手札〉，我們可以說，它意味著一種行文的語勢之沛暢，一種措辭命意之恰
切，一種意象語間關聯之密接。

　　　從灰爐中摸出千種冷中千種白的那隻手
　　　舉起便成為一炸裂的太陽

〈太陽手札〉便這麼開始，而這兩行是頗具威力的。據我的猜揣，其中大

概說曾經有過大痛苦、大經驗的人（地獄之旅客），他朝上運行使可將自身化為太陽（因為他有了智慧）——我的散文敘述永遠不能取代原詩。那隻手摸過「千種冷」「千種白」，一隻「曾經滄海難為水」的手，曾經從灰燼裡爬過來。前一句是低下的，冷白的；後一句卻是高昂的，熱烈的。兩句恰成對比，而前句為後句之必要過程，後句為前句的修練結果，確是「神來之筆」，玲瓏透澈，一氣呵成。緊接的三行，同樣重複先下降而後上升的運動，「散髮」、「投影」，而後化為「飛升」之「蒼蠅」——雖然「遂有軟軟的蠕動」一行，我還是莫名其妙。

　　接著，詩人說：

　　　錯就錯在所有的樹都要雕塑成灰

　　　所有的鐵器都駭然於揮斧人的緘默

　　　欲撐乾河川一樣他撐乾我們的汗腺

　　　一開始就把我們弄成這付等死的樣子

　　　唯灰燼才是開始

美國新批評家布魯克斯（Cleanth Brooks）曾說，詩是矛盾語言（language of paradox）。洛夫在這裡使用的矛盾語極多。如上引之「樹都要雕塑成灰」、「鐵器都駭然於揮斧人的緘默」、「唯灰燼才是開始」等。矛盾語絕非晦澀語，亦非互相抵銷之語言。布魯克斯認為矛盾語把握了詩的真精神，甚至生命之奧義。上述這幾行詩在自身的結構中，可說達到了這個目的。若說樹要「雕塑成灰」不合情理，若說木頭被雕塑如何反而變成「灰燼」，但看古廟名剎之終遭回祿，便為一項好的說明。洛夫在這裡用了壓縮法，把「樹」與「灰」的距離壓縮起來，其間轉變又僅以「雕塑」兩字描繪之：有創造即隨之而生毀滅，毀滅即成灰燼。所以，這句詩講得通。又：行中說「樹」自己要求雕塑，要求成灰，這其間似乎暗示一種生死循環的迫切道理。樹也許有它的「求死意志」。（不過，「要」在這裡解釋為被動

的，當作「被要求」之「要」，也可以講得通）。「所有的鐵器都駭然於揮斧人的緘默」，也是一句矛盾語：矛盾存在於「駭然」及「緘默」之間，存在於無語的「鐵器」及鐵器的「駭然」之間，存在於「揮斧人」的活動與其「緘默」之間。鐵器是被動的，被使用的；揮斧人是主動的使用者，揮斧人是主宰，神祕的主宰，因他一語不發；於是，鐵器「駭然」了。「欲擰乾河川一樣他擰乾我們的汗腺」，不能算一句好詩。若把「河川」改爲「毛巾」或「海綿」也許較爲切合。「河川」委實誇張了一點。若是把「我們的汗腺」比作「河川」，則「我們」似乎太英雄了一點；「我們」若是真英雄，則「我們」不該變成被使用的「鐵器」。若是說，那「揮斧人」有「擰乾河川」之魄力，則未免是一種過分的恭維——洛夫在全詩中似乎沒有恭維「揮斧人」的意思。我想，在這一節或在全詩中，洛夫的意思是爲「我們」——這群被使用的「鐵器」——鳴不平。所以，接著他說：「一開始就把我們弄成這付等死的樣子」。本段最後一行：「唯灰燼才是開始」，回響「錯就錯在所有的樹都要雕塑成灰」。「唯灰燼才是開始」，似有「絕處逢生」或「絕滅之後方開始新生」的味況。這一句話顯然是「我們」雖然被使用，被擰乾，被焚成灰燼，卻仍在絕滅處有新生之契機；這是一種反抗，一種生之欲的反抗。（「唯灰燼才是開始」，令人憶起歐立德的〈聖灰節〉，未卜洛夫寫此詩時是否受其影響？）但是，綜合這一段的五行來看，效果不能算是統一的，問題出在第一行的後半：

> ……所有的樹都要雕塑成灰
> 閒著便想自刎是不是繃斷腰帶之類那麼尷尬

這裡一方面重複第一節第一段上下相反的運動，一方面隱含相當強烈的道德意識：「我們」心嚮往上帝，而「血」使「我們」下降。在上下兩種動向僵持的時候，一切停頓如同處於 Limbo，一切判斷抉擇皆被擱置，於是搖蕩如「閒著」的「右腿」。既無判斷抉擇，生命便如止水，「自刎」絕滅乃

是自然之趨向。但是，「自刎」亦需要抉擇，而抉擇根本不可能，於是只是「閒」「想」著「自刎」罷了，而「自刎」這一激烈的行為，又被可笑地抵銷於「繃斷腰帶」的「尷尬」中。缺乏生命是這裡的主題；「疲憊」，吐痰而不化火，是這種情況的具體意象。

假使說，缺乏生命是本節第二段的主題，我們能不說，這也是第一段的主題？細讀第一段，我們會發現其間充沛著生命力。從「蠢若雨前之傘」至「花朵不停的怒放」，這是行動，是生命力的表現；前句也許尷尬可笑，後句卻是生死轉換的必然表現。所以，第一段與第二段在主題上似乎不統一；不統一，則是否是互相對立而形成衝突局面呢？第一段之生命力的表現，又似乎不及第二段生命力停頓時表現得那麼強烈，對峙或矛盾也不可能。我們暫時擱置結語，繼續往前看。

第三節第一段的前三行，繼續著生命絕滅或消極被動的主題，其中最佳的一句──這是否是洛夫所謂「不落言詮」之最佳表徵呢？

　　……醒與醉構成的浪峰上
　　浪峰躍起抓住落日遂成另一種悲哀

「浪峰」要躍起來抓住落日，這是一種企圖，一種欲望，一種行動；可是，「浪峰」如何能抓住落日呢？於是，「遂成」「一種悲哀」。我以為這一行詩之無助、傷感、與絕望，直可比擬：

　　The white moon is setting behind the white wave,
　　And time is setting with me, o! ──Robert Burns

但是，本段的最後兩行，在主題上卻顯示一種反抗：

　　落日如鞭，在被抽紅的背甲上

> 我是一隻舉螯而怒的蟹

我們要問，這兩行在主題上是否能與前面三行互相配合？甚至抵銷？「一隻舉螯而怒的蟹」，雖然可憐，甚至無效，但它的憤怒與舉螯，卻是生命力的表現。若果如此，則洛夫為什麼在前面說：「我已鉗死我自己」？既然已死，就很難再「舉螯而怒」！此外，「我」既然鉗死「我自己」，則第一節「我」或「我們」之被動──「一開始就把我們弄成這付等死的樣子」──又如何呢？我之死究竟是自加的還是人加的呢？就算主動與被動能作某種程度的互換或重疊，可是「自殺」或「他殺」的衝突委實太大了。

第二段中，「那人」究竟何所指？是否即是那個「揮斧人」呢？假使說，「不落言詮」是不作直說，不作明言，至少也應該有所暗示才好。在這首詩裡，「我」或「我們」與另一群或一個人，始終對立對峙，而這個對峙是這首詩的主題基礎；因此，陣營的排列應該相當清晰才好。本段第三行「潮來潮去，載得動流卻載不動愁」，是敗筆，太柔，太濫情，不能和其他堅硬的詩行相配合。「一隻舉螯而怒的蟹」怎麼突然變成了一位高中女學生？！就矛盾語法而言，我覺得下面兩行，也是極強力驚人的：

> 天呀！我還以為我的靈魂是一隻小小水櫃
> 裡面卻躺著一把渴死的杓子

「小小水櫃」，「渴死的杓子」，其間矛盾；「渴死的杓子」本身亦是一個矛盾語。只是，我們不知道為何「我」自稱他的靈魂是「一把渴死的杓子」，這種飢渴是孰令致之？是三行以前的「那人」的作為嗎？還是「我」自己的作為的結果？我以為這種歸屬的問題，即主動或被動的問題，洛夫應該在措辭之間暗示清楚。

第四節第一段，前面的三行仍舊在描繪外力，描繪環境的力量：「一匹黑貓在屋脊吃我們的太陽」。這個題意在本節第二段下面幾行，發揮得淋漓

盡致：

> 是誰？以從來福線中旋出來的歌聲
> 誘走我們一群新郎

詩人的反應似乎顯示在「刀光所及，太陽無言」之中。憤怒則憤怒矣，含蓄則含蓄矣，但我覺得不甚恰當。新郎既被誘走，緊接著應該寫婚姻之破裂才是，如「新娘枯萎」等等，如此則其中的象徵意味可能更強，更能恰合。

　　回頭再談第一段的——

> 唯四壁肅立如神
> 穩穩抓住世界的下墜

這的確是神來之筆，卻也令我們苦惱。就這兩行本身而言，概念還算清明：世界下墜，而肅立的四壁抓住了下墜的世界。問題如何將這兩行和上下文連絡起來。是否「四壁肅立如神」就等於「我」或「我們」，或類似的積極力量？下墜的世界是否即前面三行所描寫的那些人物的世界？「咆哮」的人，「握不住掌心的汗」的人？「擁抱一盞燈就像擁抱一場戰爭」的人？我們也不能確定「擁抱一場戰爭」意味著什麼？也許是愛好戰爭之意。假設就是這個意思，那麼拿戀愛戰爭來形容戀愛一盞燈——「有人擁抱一盞燈就像擁抱一場戰爭」——是否恰當？是否有首尾倒置，而應該是「有人擁抱一場戰爭就像擁抱一盞燈」？「世界的下墜」應該和「擁抱戰爭」有較密切的關聯，而和「擁抱一盞燈」的人又似乎風馬牛不相及。固然，「擁抱一盞燈」的人也煥散出一股「自我中心」的味況，一個閉封在自我小世界裡的人，把大世界（戰爭所影射的大世界）變成了一個小小的明喻，壓縮在自我的一盞燈內。然而，這些尋思，找不到清明確切的依據。

第五節，「我們」繼續處於被動，處於被壓抑中，更明確一點說，「我們」已經被封鎖於墳墓之內。若說新郎在第四節已被來福線的歌聲誘走，此處則已被置於死地：「我們仍住在死中」。當然，墳墓可能為象徵語，死亡中仍然有著生命。因此，詩人說：「我們在碑中醒著」；他又說：「在泥中，我們吆喝自己的乳名慶祝佳節。」也許，最能顯示在墓碑中的「我們」的生命力的意象語，莫過於——

> ……我們唯一唯一的一顆門牙
> 在呼吸中爆炸

但是，我以為「門牙」、「爆炸」，相當怪異。「門牙」如何「爆炸」呢？門牙爆炸究竟能夠暗示些什麼？此間不合理的程度，使我們想起〈手術臺上的男子〉中的種種意象。這一節中，自「白楊」、「天河冷冷」到「杏花村一塊斑爛的招牌」及「李白仰泳於壺中的蒼穹」，都在影射一種被封閉的生命，而生命仍在反抗。

第六節的第一段，描寫瑣碎與虛偽：婦人做健身操，「在小腹上扭出一聲嗚咽」，或者「放一點貞潔在上下顎之間」——口頭上說說而已的貞操。然而，緊接著的兩行：

> 因而你們瘦得的的確確成一把梳子
> ——僅餘牙齒與背脊

「你們」究竟指誰呢？就文義格式而言，應該是指本段中的「婦人」。假使確實指「婦人」，則婦人在做健身操等等，大概身體壯健，不可能瘦得成了「一把梳子」。也許，瘦成一把梳子，「僅餘牙齒與背脊」，影射婦人的精神狀態，而非她的肉體。但是，如此詛咒婦人，似乎錯亂了全詩的焦點——那就是「我們」。因此，瘦成梳子與僅剩牙牀等意象語，應該屬於「我們」

才對。此外，以「我們」在全詩的遭遇看來，瘦成梳子等，也正好配合得上。（如此說來，則有關「婦人」數行，只能算是摧殘「我們」的外力之一部分。）

　　本節第二段前面兩行，只能算是寫得「小巧」（ "precious" ）：

　　包括舌頭出而不進，目光綠而且亮
　　包括身體某部分一夜之間成為一座廣場

實則，詩人只是想說，那人（「我們」或「我們」之一）死了，舌頭吐出來，眼球發綠，身體腐爛，長滿蟲蛆等——「廣場」是蟲蛆在爛肉中的「廣場」——我覺得這是「小巧」的寫法，只是不願意稱呼鋤頭爲鋤頭而已。「死亡」經驗所負載的強烈打擊，變成「太陽囚燃點於一株葵花」，一個焦點因之呈現，一種焚燒，一種燭照。那死亡便於鏡中伸手，向世人遞出一枚啓開生命之謎的「鑰匙」。

　　第七節也是最後一節，「我們」之一的「那個漢子」，終於是死了，肉體死了。在全節中，詩人洛夫用一個「雪」字來寫他的純潔：

　　至死還是那句話
　　那個漢子是屬於雪的，如此明淨
　　如光隱伏在赤褲中，韓國舞之白中

以後的一些意象語，都是「雪」的同義詞，重複變化如「他是嬰孩」，「剝光的存在」等等。洛夫給予那個已死的漢子，一句浪漫的讚美：「把玻璃踩成滿天星斗」，接著顯示「我們」的同情或悲痛：

　　用力呵我們擊掌，十指說出十種痛

很直接，很有肌膚之痛楚感。同時，也反映第四節所言：

> 我們也偶然去從事收購骨灰的行業
> 號角在風中，怒拳在桌上

「悲君亦自悲」，這大概就是「我們」的心境。那個漢子果真是死去了，本詩篇最後一行說：「因為他在眼中留一個空格」。我以為這也是一句「小巧」的描寫。那在前節發綠的眼睛，至此已經爛掉，只剩下眼眶，因此「眼中留一個空格」。此行不僅「小巧」，而且無力：它應該被寫成足以承受全詩的壓力，勾勒全詩的主題，喚醒讀者對全詩的回憶才是。這「一個空格」太小，似乎容納不下這些。

　　回顧〈太陽手札〉全篇，我們似乎可以獲得如下的主題結構：「我們」或「我」受制於某種外力，這種外力或許可用「揮斧人」做代表，或以在屋脊上吃掉「我們」的太陽的黑貓做代表。外方加諸於「我們」的壓力，可以「來福線」的歌聲的誘惑了「一群新郎」為具體表徵。「我們」乃「住於死中」，「我們」依舊反抗，無言的反抗，而反抗多以無助的憤怒表示出來——「擊掌」，「怒拳在桌上」等等。終於，「我們」之一的「那個漢子」死了，詩人於是為那個漢子唱一首輓歌，讚美他如「韓國舞之白」。這便是我個人所能看出這首詩的主題結構。假使這個結構不算誤解，則其中有不少詩行與意象，還似乎不能納入這個結構之內。這些不能在結構內獲得適當關係位置的成分，使得這首詩在若干部分顯得鬆懈。〈太陽手札〉的最獨到處——這也是洛夫的詩才之最高表現——便是意象語之豐富、奇特、與魄力。也就是由於洛夫的意象語之力量如此，讀者的意識被驅趕著，急速奔馳於字裡行間，而無法稍停以審視其內的連貫性。〈太陽手札〉以單行勝，〈太陽手札〉的弱點仍在整體融合之不足。

　　就整體結構而言，我覺得完全統一的詩篇有〈飲〉、〈城〉、〈吹號者〉——這些都是早期的作品，以及後期的作品如〈焚城之前〉。但是，就

其魄力而言，這些篇章固然不及〈太陽手札〉或其他類似的詩篇。洛夫的強而有力的意象語，在在皆是，如

你猛力拋起那顆燐質的頭顱

便與太陽互撞而俱焚

———〈醒之外〉

即迫使情慾如一叢茉萸在眉梢轟然綻放

———〈睡蓮〉

而我專誠如一枚鐵釘，步步逼入你的肉體

———〈門〉

這些只是舉例而已。

　　但是，「西貢詩抄」——較近期的作品——似乎顯示洛夫才力一時耗盡，意象語的創造乃走火入魔了。自「西貢詩抄」（1967 年～1969 年）之後，洛夫有了新的轉變，他的意象語仍舊保持原有的強度，在理念上卻變得清晰，各個成分之間的關連增強，整體結構因此也比較完整堅練。然而，本文只集中於《無岸之河》這本 1969 年前的自選集，就中又只討論了兩首詩，而兩者皆具有洛夫寫詩的典型表現。我要說，洛夫具有狂野的才氣，判斷力（judgement）則尚待修鍊。若果判斷力較強，〈太陽手札〉可為無瑕之作，而〈手術臺上的男子〉應不會出現。所謂狂野之才氣，或如洪水之氾濫；卻必須「有岸之河」，河流才得雄偉優美。如此，洛夫以「無岸之河」名其詩集，豈非有自知之明乎！

———選自《中外文學》，第 1 卷第 1 期，1972 年 6 月

鏡中鏡

◎陳芳明[*]

　　這原是一篇舊稿，如今重睹這篇兩年以前的評介，發覺自己在文章方面的結構頗多缺失，同時，有些觀點往往辭不達意，現在如果要重新修改的話，時間上已經不容許了。因此只有部分文字加以更動，或潤色之外，大致還是從前的看法。這是在發表之前，必須先聲明的。

一

　　《詩人之鏡》出版於民國 58 年 5 月，這本論集包括十篇論評、兩篇譯文和一篇自序。這是洛夫多年來在創作歷程上所完成的第一本詩論集，從此書可以摸索到洛夫一些詩觀和創作經驗，因此，如果要了解洛夫的作品，這本書勢必要拿來印證，則我們對他的創作動向才容易掌握清楚些。

　　這些年來，洛夫的作品逐漸引起讀者的注意，就個人的觀察，大約有幾個原因：

　　第一，洛夫的作品漸臻成熟，他懂得如何把自己的思想溶入詩中，同時，他在詩中所運用的超現實主義的技巧，不斷地顯出他的功力。並且，洛夫擅長寫長詩，今日新詩界寫長詩的創作者並不多，除了余光中、葉珊……等幾位詩人之外，似乎沒有人喜歡在長詩方面做大膽的嘗試；而洛夫在寫長詩之餘，再配合上他對技巧的控制，乃使一般讀者漸漸注意到他的創作經驗。

　　第二，年輕的一代在這幾年裡逐漸抬頭，他們以冷靜的頭腦開始對過

[*]發表文章時為臺灣大學歷史研究所碩士生，現為政治大學講座教授。

去 20 年的新詩發展做清醒的回顧，凡是過去詩壇上各種主義流派，都是年輕一代所要檢討的，超現實主義是前輩詩人中的一股主要流派，而洛夫正好是這個主義的倡導者，要了解在超現實主義影響之下的作品，則洛夫的創作必須做爲檢討的對象。

第三，在前輩詩人之中，洛夫喜歡爲自己的作品或詩觀做辯護的工作，就個人的觀察，洛夫在處理自己的作品或詩觀時，往往不夠冷靜，因而留下許多缺失，批評者乃針對著他的漏洞予以論評。洛夫在這種情形中，又再犯不夠冷靜的毛病，立即爲文反駁，似乎在過去的詩壇論戰中，常常可以看到洛夫的名字，這也是他引起讀者注意的原因。

在討論新詩發展的時候，洛夫的作品我們不能不予以注目，特別是中國新詩正在萌芽階段時，他所倡導的超現實主義究竟帶來如何的功過，這是很難判斷的。我們只能肯定地指出，在中國的詩人當中，只有洛夫最了解超現實主義，也只有他運用超現實主義的技巧最成熟。其他二流的詩人追隨洛夫的後面，也搖著超現實主義的旗幟，就顯得無知而可笑了，當洛夫說一句：「我是廣義的超現實主義者。」他們也應一聲：「說我們是廣義的超現實主義則可，說我們是超現實主義者就不行」。事實上，只有洛夫最清楚超現實主義的利弊，在當初他大膽地鼓吹超現實主義時，恐怕沒有料到日後會帶來很大的影響（包括好與壞），而一些跟班者只學到這個主義的壞處，使詩的創作方面形成不良的風氣。洛夫鑑於如此情形，乃不得不以「廣義的」一詞，來賦予超現實主義更大的彈性，沒想到那些跟班者又以「廣義的超現實主義者」自命，使得真正的超現實主義的作品混淆不清了，這大概使洛夫感到意外吧。

本文的目的，除了對《詩人之鏡》的裡面一些文章寫一些感想之外，重點還是放在超現實主義的討論，這樣或許能觸到洛夫詩觀的重心。

二

如果你走到林子裡

看見一片會心的景色

一個拈花的人

在荒寺的階前

圓光中彎一弧淡笑

你揣測著：羚羊角的謎

就這樣解了？

——溫健騮〈論詩〉

　　洛夫在〈中國現代藝術運動的證詞〉中，首先表明了今日現代詩人的立場。在現代文學中，現代詩所遭受到的誣蔑和輕視，遠較現代小說和現代散文來得大。最主要的是，詩是一種濃縮的語言，人們很少在短短的幾行裡去領悟文字背後的意義，同時詩的形式和節奏也是註定它不受歡迎的致命傷。不過，由於詩人們的努力，現代詩已漸漸的站立起來，展示自己的成果，且進一步為人們所承認，其間的滄桑艱苦我們是不難想像的。洛夫說：「做為中國現代文學藝術主流的新詩，它的勝利並非表現在它本身已獲得事實上若干的承認，而是它已逼著人們日漸對它的需要性加以重視。」這句話並非謠言，今日確實有某些詩人已擺脫了囫圇吞棗、強說愁以及標新立異的試驗階段，而走向更現實更真實的路途，散播現代詩花開的芬芳。凡是詩人「真正」寫出來的作品，讀者必然驚覺，每一首詩簡直就是一面鏡子，他們看到的不僅是詩人的影子，同時也看到了讀者自己。

　　然而，這只是一部分的事實，如果我們再細心的觀察，至少還有一半的詩人遭到排斥，其理由是顯而易見的，乃是詩人與讀者之間仍有一段大距離，亦即所謂的「晦澀」。在詩人們討論「晦澀」一詞到了聲嘶力竭的階段，此刻再拿出來反覆解釋，似乎有不識時務之嫌。但是這始終是一項事

實。平心而論，「晦澀」並非是絕對的，而是相對的，一首詩對某些讀者是清澈見底的，但對另部分讀者可能是混濁不止。此有關讀者的欣賞程度，但也不是意味詩人可完全不負責任。洛夫在這篇文章中引用一句話：「現代藝術家之所以竭力擺脫傳統所表達的具象，無非是使作者在創作時與讀者在欣賞時賦予更大的自由。」這句話大體上能贏得同意，但必須具有兩個先決的條件：

1.詩人應善於把握文字的最準確意義。

2.詩人對本身不了解的事物，不妄加表現。

如果以這兩個條件印證在今日詩人的身上，至少有一半以上是行不通的。從某些詩人所寫的散文，以及在詩中屢見不鮮的錯字、別字，便一目了然。詩人的生活圈子往往是有限的，企圖生活圈子以外的事物入詩，其結果不是偽詩就是劣詩，而這種例子在現代詩壇中卻司空見慣。

洛夫談到這些晦澀的作品說：「他不願創造出一件立刻被了解又立刻被遺忘的作品。以此語按之事實，現代詩真能讓人記住的，並非是「晦澀」的詩，鄭愁予的〈錯誤〉、〈浪子麻沁〉，紀弦的〈狼之獨步〉、〈過程〉，余光中的〈火浴〉，白萩的〈雁〉……。這些詩都是最佳的例證，說明了好而明朗的詩，並不容易被人忘記。我們應該說，詩人願意創造出一件被了解而又被記住的作品。民國 58 年 10 月號（第 190 期）的《幼獅文藝》，洛夫在〈詩的欣賞方法〉再度引用梵樂希的一句話：「一千個讀者僅讀一遍的詩，不如一個讀者讀一千遍的詩。」這種說法實在過於放縱那些製造晦澀的詩人了。為什麼詩人不願創造出一千個讀者樂意讀千萬遍的作品呢？有一點詩人必須承認，今日讀者的欣賞程度已經提高了許多（從今日大中學生手持詩集及群聚聆聽新詩朗誦的現象，即可知曉），創作者實不便再為自己的詩以「不願大眾化」的口實來辯護。這裡必須強調的：

第一，大眾是不容輕估的。試問「大眾」一詞的標準在哪裡？詩人喜歡以這種曖昧不清的名詞來表現自己矜持的態度，這種觀念未免太落伍了。詩人如果承認讀者的存在（讀者原本就存在），讀者乃大眾之一，既然

詩人不願大眾化，那麼，至少也該「讀者化」。今日讀者大多已能摒棄傳統的欣賞方法，不再一味苛求詩中是何意義，他們願以整個生命去「感受」詩。詩固然不在求「解」或「懂」，但如果一首詩一旦到了甚至不可「感」的地步，試問詩人又將爲自己的「晦澀」找出怎樣的理由！

　　第二，未來撰寫文學史的，也將來自這群 General public。詩人所憑恃的最大理由，認爲本身的作品晦澀由我晦澀，好價自待後世的文學史來重估。殊不知群眾世世代代都是存在的，批評家、文學家來自群眾，除非由詩人自撰未來的文學史；否則，他的作品最後仍要交由群眾來評論。詩人忽略當代的讀者，何異於忽視未來的讀者？這是一個重要的關鍵。

　　第三，詩人的作品固不必遷就讀者，因爲，讀者對於詩仍有「選取」的能力，有些詩人寫出的「應景詩」或「八股詩」，很明顯就是一種討好的作品，但是它的讀者的數量會不會多於一位詩人苦心創作出來的作品呢？這就是一個最佳的證據。一位遷就讀者的詩人，讀者終必要放棄他的詩。洛夫在民國 59 年 5 月號《幼獅文藝》被訪問時表示：「永遠讓讀者來追我，而我不必遷就讀者。」這句話頗有詩人之風，只是如何讓讀者去追呢？1.一位詩人最重要的，他應該有自己一套獨立的、有系統的思想。2.他的詩應該能夠完全表達他的思想（或者說對一件事物的看法）。此點很重要，當一個意象、一個經驗在詩人的心中醞釀或潛伏時，它還不能算是詩，必待它能形諸文字以後，方能稱之爲「詩」。否則它將成爲一首晦澀的詩，因爲讀者很難將之還原成原來的面貌。以一個未成熟的意象再由未準確的文字來表達，其惡果是可以推論的。「詩宗」第 1 號《雪之臉》有首葉維廉的詩〈茫〉，他寫到最後無法表達自己的意象，只好以圖畫來代替，這種技巧可謂大膽，但此何異於初中生在作文所用如下的詞句：「在那不知名的山上開滿不知名的小花。」我們不能因它「大膽」而承認它是首詩，它不過是個混沌狀態而已，還未臻於成熟。這是詩人所應嚴加注意的。

三

> 詩人，我不知你是如何
> 找到他們的
> 在那些重重疊疊的死者與
> 死者們中間
> 你石灰質的臉孔參加了哪方面的自然？

> ——瘂弦，〈焚寄下Ｔ・Ｈ〉

〈從〈金色面具〉到〈瓶之存在〉〉一文，是洛夫討論詩人覃子豪的作品，從這篇文章便可發現洛夫有許多獨到的見解，正顯示一位高明者所具有的銳利的眼光。朱子曾謂：「看書不可將己見參入去。須是除了自己所見，看他冊子上古人之意思如何。」這段話雖是指導後人讀書的方法，但在討論現代詩上，也是顛撲不破的。洛夫的這篇詩論正是做到這點，保持了創作者的原意，而後才申己見。在今日詩壇中，有某些詩人兼批評家，在評詩時，每位詩人的作品一到他的筆下，均成同一個模式。譬如說，評葉珊的文字也可用到羅門的詩中，評洛夫的詩也可用來批評商禽的作品。這種評論雖是長篇大論，但說了等於沒說，相反的，使現代詩人的面貌，更形模糊，不旦擾亂了詩壇的秩序，而且也擾亂了讀者的耳目，其罪可謂甚鉅。

覃子豪在現代詩的奮鬥過程中，曾經擔任一名重要的鬥士，然而他的成功不僅是對詩壇的貢獻，最主要的還是他的創作。自從他的詩集《畫廊》出版以後，更奠定了他在詩壇的位置。洛夫指出「他的詩質始終是莊嚴、渾厚、充實而富於理性的。」凡是讀過《畫廊》詩集的讀者，自然能印證這句話。洛夫在〈詩人之死〉中對於覃子豪的逝去有無限的痛惜，他覺得覃子豪「所代表的是一種思想的成熟，一種理性的清醒，一種惶惑的自覺，一種生命的燃燒，一種現代精神由中國傳統藝術思想過濾後存留的

實質。」誠然，洛夫所言，並沒有過分之處，即使到現在，覃子豪的風範和創作仍深爲詩壇人士所景仰。詩人的不朽，至此又是一個例證。洛夫在《外外集》的〈雪崩〉長詩中，悼念覃子豪便有如此的句子：

雪崩之後
轟然不再是一種聲音
讓我們再跳一次，只要高過自己的額角
讓我們再跳一次，只要飛離自己的羽翅
然後躍進歷史，奔馳而去
追趕母親瘦了的雙乳

這段詩句最能傳神覃子豪生前的奮鬥過程。縱然他的肉體生命確已「雪崩」，但是他過去所做的「跳躍」、「飛翔」已不斷的超越他自己。在未來的文學史中，他的作品的價值早已追趕上從前的詩人了。我們可以斷言，覃子豪的死，正是他的不死。

四

你是去年冬天
最後的異端
又是最初的異端
在今年春天
　　　　　　　　　——瘂弦〈給超現實主義者〉

〈詩人之鏡〉恐怕是這本詩論集中分量最重的一篇文章，洛夫以此篇的題目做爲書名，並非沒有原因。這篇文章是他的詩集《石室之死亡》的序言，雖不完全是洛夫作品的一面鏡子，但是我們多少能看出他的思想淵源以及他的詩觀。詩人之間，洛夫倡言超現實主義者是有目共睹的，他嘗

試將自己的思想融入詩中，在這方面的企圖，他可以說是豐收的，凡讀過
《外外集》的讀者自然會相信此項事實。今日有許多詩人喜歡在詩中描繪
自己的思想面貌，結果寫出來的不是過於嚴肅，就是過於玄虛，處處顯露
手法的笨拙。

〈詩人之鏡〉一文共分三節：

1.藝術之創造價值。

2.虛無精神與存在主義。

3.超現實主義與詩的純粹性。

洛夫在第一節裡首先指出傳統欣賞方法的缺陷，一般讀者時時持著一
種「固定反應」的態度去觀看一首詩，那種欣賞方法猶把詩以言情小說或
武俠小說等閒視之，他們不願經過思考，而只用最懶惰的方法去求取詩中
的意義。這種欣賞方法確實很低級。不過，在此要提醒詩人的，這種對讀
者的責備似乎已經過時了。由於讀者的自我要求（他們已懂得讀詩、論
詩，甚或嘗試寫詩，他們所讀的美學理論，以及論析美學的水準恐怕也超
過詩人了），以及詩人們在近幾年不斷的走向讀者（如舉辦新詩朗誦、詩人
演說、詩座談會、公開詩人之間的書簡……），已使讀者的欣賞方法不斷提
升。

現在讀者最主要的還是沒有達到洛夫所說的「欣賞邊際」，照洛夫的說
法是「藝術之傳達與欣賞均有一個極限，超過此一邊際之極，則傳達不能
產生結果而成為完全晦澀。」準此，「欣賞邊際」還得依賴作者與讀者的合
作，換句話說，必須看作者的傳達能力和讀者欣賞的能力如何。就實際而
言，作者讀者之間很難取得一致，這是因為雙方的生活背景、知識範圍和
思維方法不能完全相同。因此，「欣賞邊際」的提出，無論如何還是一個理
想。詩人作品的晦澀與否，最後還是要由讀者來決定。詩人在創作的時候
可能無視於讀者的存在，不過在作品完成之後，必須經由讀者的認可（不
一定要當時的讀者，也許留待後世）。今日詩人所犯的最大缺點，乃是「自
我推許」。在一篇作品發表之後，不惜為文為自己的作品解釋或誇張，有時

在文中告訴讀者在經營該篇作品時動用了多少的心血和吸收了多少的美學理論，其目的無非在爭取讀者的掌聲，這種做法不僅不能博取當代讀者的同情，對後世讀者也是徒勞無功的。

　　洛夫在第二節介紹虛無精神和存在主義的內容。存在主義在歐洲的產生實有關歐洲人民的民族性，亦有其時代背景。以中國民族而言，經過屢次的內亂外患，中國人民所遭受的戰爭、困厄，可說比歐洲人民還來得嚴重，一部中國近代史簡直就是一部中國人民的苦難史，但是由於含蓄而堅忍的民族性的關係，他們甘於逆來順受，他們寧願捨棄「自我解救」，而從救國救人民著手，因此思想家提出的言論往往不是自我的，而是實際的、外觀的。此與近代歐洲思想家有不同之處，他們首先強調自我，肯定自我以後才推及大我，存在主義便是一個例子。存在主義或虛無精神是不是適合於中國，並非是一個問題，問題倒是在於中國人民要不要接受它？在存在主義漸漸衰微的今天，它始終未在中國生根，有的只是少數人抱著客觀、認知的態度去審查它、認識它；至於會成為它的信徒，似乎還是一個神話。只能說存在主義對中國某些作家、詩人有絲微的影響，它無法成為中國現代文學藝術思想的一個主流。

　　今日詩人常引用海明威的一句話，即是：「諸如光榮、勇敢、神聖等抽象的字和村名、道路的編號、河名、部隊的番號和日期等具體的字眼相形之下，前者顯得猥褻下流。」這句話原是無可厚非的，現代文學最大的一項努力，就是追求「真」。在某些時地，人類約定成俗的社會道德顯得空洞、虛偽；但在另外的時空，社會道德也有存真的時候。固然，光榮、勇敢、神聖等等名詞是下流的，但是詩人在詩中不斷的強調自私、殘殺、流血、戰爭、姦淫、性愛又能算是什麼呢？在此無意責備詩人求真的進取精神，但他們一方面接受社會道德的護衛，一方面又攻擊社會道德，除非他們寫的詩是「偽詩」，否則將無法自圓其說。如果真要強調「真」，那麼人類潛存的獸性恐怕是最真的，在文學的領域裡，只見反對獸性的文學作品，未見提倡獸性的。這正說明文學家對社會道德的承認。綜而言之，無

論在文學中宣揚道德，或嘲弄道德，對於「真」，永遠是片面的。

　　洛夫在第三節說明超現實主義與詩的純粹性的關係。超現實主義的詩的最終目的在要求「純詩」。是一種「真正達到不落言詮，不著纖塵的空靈境界，其精神又恰與虛無境界合為一個面貌。」所謂「純詩」，即不合任何價值，是一種「價值中立」的詩，幾近於禪的境界。中國現代詩人中，很少有人達到純詩的境界。洛夫在民國 58 年《幼獅文藝》詩專號發表〈超現實主義和中國現代詩〉一文，他說：「凡細心研讀近年來我國現代詩的創作及其理論的人，都會發現一個事實，即若干重要詩人的作品幾乎都有超現實主義的傾向。」我們要明白，這只是若干詩人的傾向而已，而且只是某些作品中有一部分和超現實主義不謀而合，並非是全部。中國現代詩人是否能寫出純詩，在此不敢預言，截至目前，純詩的境界還是一個烏托邦，即使有詩人寫出純詩，也不宜將之歸入「超現實主義」。在禪宗史上，南泉曾說過一段令人深思的話：「當世界未成時，沒有任何言語，佛一出世，言語便產生了，因此，我們也就依靠符號……，現在當我們執著語言時，我們以種種方式來限制自己。」詩的產生又何嘗不然？一位詩人用文字來傳達他的心靈時，他已在為自己的作品劃下界限了，除非他不用語言，不立文字，否則純詩的境界永遠無法達到的。一種文學形式，一旦到了「詩外別傳，直指本心」的地步，它能不能算是文學，是很可懷疑的。在洛夫的作品中，具有純詩的傾向確實不少，但仍是句句可落言詮。在洛夫的言論中，喜歡把一些詩人歸入超現實主義，甚至在最近的文章裡，連葉珊的作品也被他認為有「超現實主義」的傾向。洛夫的觀點是否有錯誤，在這裡並不想加以詳判，因為，一位詩人心甘情願做一種外來主義的信徒，是出自他的生活背景，以及他對人生的態度，可是，一位詩人以自我為中心，硬把主義流派的外衣罩在別人的作品上，則成為一種罪過了。

　　從〈詩人之鏡〉這篇文章可以了解到，洛夫對超現實主義的汲取，完全是著迷於超現實主義裡面的技巧，為了要接受其中的技巧，他也只好把不符中國文化性質的思想也全盤接受了。技巧和思想原是相互消長的，偏

重某一方面，則在另方面構成缺陷，洛夫在超現實主義浸淫了多年，只學習到其中的技巧而已，至於該主義的時空性恐怕是洛夫所不敢明言的。洛夫之所以堅持他對主義的信仰，主要是能提供他一種技巧走向「純詩」的境界，在他的心目中，「純詩」的境界和「禪」的境界是相通的，他在〈超現實主義與中國現代詩〉一文中說：「禪與超現實主義最相似之處是兩者所使用的表現方式。」從這裡我們不難了解，洛夫是一個「技巧主義」者，這也是他對超現實主義緊抓不放的原因，問題是他在重視技巧的時候，已全然放棄他現實的根鬚。試看他在該文中對超現實主義的檢討，歸納出三項特質：

1.它反抗傳統中社會、道德、文學等舊有規範，透過潛意識的真誠，以表現現代人思想與經驗的新藝術思想。

2.它是一種人類存在的形而上的態度，以文學藝術為手段，使我們的精神達到超越的境地，所以它也可說是一種新的哲學思想。

3.在表現方法上主張自動主義（automatism）。

在此只討論前兩點。超現實主義固然是反對傳統中的社會和道德，但是，洛夫在接受超現實主義之後，要反對誰的傳統呢？在反對傳統之後，透過潛意識的真誠，要表現現代人的什麼思想呢？而現代人究竟是西方人還是中國人呢？這些問題恐怕值得洛夫深思了。如果他反對中國的傳統，而表現了現代的中國；或是，他反對西方的傳統，而表現現代的西方，則我們可以看出他思想的一致性。但是，在洛夫的創作裡，我們卻得到這樣的事實，他反對的是中國的傳統，而表現了現代西方人的思想，這種矛盾乃構成他詩中的缺陷，洛夫在這篇文章裡，也反問自己：「一個詩人對藝術的態度是否與對生活的態度應趨一致呢？這是超現實主義者值得深思的問題。」由這段話便可知道他在這方面已經發生了困難，藝術固然是一種價值，而生活也是一種價值，當這兩種價值背道而馳時，他的作品乃自然而然產生窘境。洛夫喜歡以禪來解詩，在此，特以一個禪的故事來舉例：

有人問禪師睦州：「我們每天都要穿衣吃飯，如何能免除這些呢？」

　　睦州回答：「我們穿衣吃飯。」

　　問：「我不了解你的意思。」

　　答：「如果你不了解，你就穿衣吃飯吧。」

　　顯然的，這位急於想得禪的人，誤認禪的意義就是要擺脫日常生活的穿衣吃飯，對他來說，禪是一種無上的價值，而穿衣吃飯又是另一種價值，他掙脫不出來。可是，對於睦州禪師來說，這兩種價值並不發生矛盾，因他深深了解，禪就是隱藏在穿衣吃飯之中，他懂得把這兩種價值結合起來。

　　讓我們回過頭來看看洛夫的作品，他一方面要接受西方的超現實主義來反抗中國的傳統，一方面又不得不受當代中國社會的影響，因而兩種價值乃無可避免地發生衝突。如果洛夫真正了解禪的話，那麼，他的作品在技巧上可以受超現實主義的影響，但是在反抗和表現上，都是以中國為本位，則其作品也許能受更多的人的承認。換句話說，把超現實主義當作「禪」，把當代的中國當作「穿衣吃飯」，然後以超現實主義的技巧來表現真正中國人的風貌，那麼他在精神上的矛盾自然能減到最低的程度。近日發表在《創世紀》復刊號的〈長恨歌〉，雖然在主題上已經有人用過了（如余光中的〈雙人床〉和〈如果遠方有戰爭〉），但是，我們不難了解洛夫在精神上已或多或少在做回歸的準備，這恐怕是洛夫經過長期的一番自我檢討之後，得到的結論吧！因此，當我們看到張默在〈創世紀的發展路線及其檢討〉一文說：「說我們在精神上有超現實的傾向倒無不可，但是我們必須摘掉所謂『超現實主義』的帽子。」（《現代文學》第 46 期）便可知道張默並不了解超現實主義的真義，當他在精神上有了超現實的傾向時，他那頂「超現實主義」的帽子是摘不下來的。洛夫以認知的態度接受超現實主義時，張默對超現實主義還是執迷不悟。禪宗人常說：「入禪之前，山是山，水是水；入禪之後，山不是山，水不是水；得禪之後，山還是山，水還是水。」觀諸洛夫對超現實主義接受的過程，不正是如此的寫照嗎？而張默也許停留在「山是山，水是水」的階段。

　　個人有一種看法，如果洛夫慢慢轉變他的「超現實主義」的詩觀，則其成就或將更輝煌，因為，他的思想有一貫性，雖然這種思想來自西方，但是洛夫懂得變通，他已經吸收了其中的技巧，只不過是一念之差，還未將他的技巧根植於現實之中，他在評周夢蝶的作品時，有一句話說得很高明，他認為周夢蝶的「詩中的意象來自現實而又超於現實」，由這短短的一句話，使可知道他已掌握了超現實主義的重點，也可看出他對禪的了解程度，因為，禪也是來自現實而超於現實的，唯有讓他的精神落腳在現實裡，而使他的技巧做超現實的表現，他的作品才會帶來更好的影響作用。

　　事實上，一般人非議他的作品並非是在技巧方面，而是在他的精神方面，正如他在此書的自序說的：「……詩人應具有一顆世界的心，思考到整個人類面臨的命運；個人問題會影響到世界，而個人也無法逃避世界問題的波及。我們不能僅局囿自己於東方的或民族的一隅。世界性固以民族性為基點，但民族的特殊性只有放在世界的普遍性中去衡量才能顯出價值。」而洛夫的作品有多少是表現民族的特殊性呢？在他的作品還未表現出民族性之前，又如何放到世界的普遍性去衡量呢？當民族的命運無法逃避時，他又如何去關心全世界的人類呢？這些問題，在在都顯出洛夫的缺憾，這也是他所急需要去考慮的。

五

詩人們如果能夠多讀生命，少讀詩，或者，多讀詩，少讀理論，或者，讀理論而不迷信理論，那就是創作的幸福了。

　　　　　　　　　　　　　　　　——余光中《五陵少年》自序

　　〈中國現代詩的理論〉是《中國現代詩論選》的緒言。關於《中國現代詩論選》的出版，頗遭某些微詞，有人認為它不該代表中國現代詩壇，因為它只是蒐集一部分詩人的詩論和詩評，檢視該書的內容，確是如此，在此不贅。洛夫在這篇文章中，除了介紹書中 18 家的文章以外，他特別指

出：「最具創造的詩人雖不一定就是傑出的詩評家，但一般說來，某一民族某一時代如不能產生優秀的詩人，自然也無法產生傑出的理論。」理論是跟隨創作而來，沒有創作絕對沒有理論。分析起來，理論的來源有二：

（一）、創作者本身在創作之後，所建立一套有系統的秩序的創作心得和方法。

（二）、鑑賞者在觀察詩之餘，綜合各家的創作技巧和精神，加以整理比較而成立的理論。

前者是主觀的、經驗的。後者則是客觀的、推理的。無論如何，創作者的理論遠較鑑賞家的理論來得紮實，因為創作者有作品為基石，他的理論兼有知性和感性的融合；而鑑賞者則完全憑藉知識，經驗他人的經驗。最顯明的例子：創作者若洛夫、余光中，在創作之外，其理論也是引人注目的。鑑賞者若李英豪，純由理論出發。不過，有一點必須提醒詩人的，雖然理論的產生在創作之後，但是理論成立以後，恐怕有反過來指導創作的弊病。洛夫便是漸漸有這樣的趨勢，這是讀者要擔心的一件事。在理論指導下，個人不敢論斷是否會產生好的作品，但個人深信，沒有理論影響的作品要真實多了。

另外要強調的，理論並非等於作品，理論往往是對作品的一種分析和了解。更進一步，也是對作者本身的一種期許，一種要求。因此，理論所要求的境界，也許作品還沒有追趕上，詩人絕對不可以理論為憑恃。有些詩人所寫的理論往往和自己的作品有點出入，甚或背道而馳，這是詩人應該警覺的。今日的詩人喜歡以理論來支撐作品的生命，其結果適足以構成創作力的萎縮和退怯。

六

不要理會這些人，他們會害得人發窘。要提那些筆下帶蒙昧主義色彩的

作家，尤其是詩人。他們恥於為他們所謂「賤民」而寫作，指的就是民眾，也就是我們大家。他所需要的是含蓄的樂趣（involved pleasures）和挖空心思，轉彎抹角的話。

　　　　　　　　　　　　　　　　——桑德堡（《文星》第 90 期）

　　〈論現代詩的特質〉是新文學運動的最好說明，凡對現代詩有誤解或錯覺的讀者，都應該看看此篇文章，相信必有一番澄清作用。個人服膺洛夫的說法：「根據現代文學發展的情形而言，一個民族中新舊衝突愈烈，愈顯示這個民族文學生機的蓬勃，文運之昌隆。而一塘死水的文學，則是那個民族文學衰頹的跡象。」對於現代詩之被攻擊，與其說是可憂的現象，毋寧說是可喜的。人們總是有惰性的，他們習於舊有的制度和秩序，一旦有新的力量介入時，等於觸痛他們滿足現狀的心理，因此便起而抵制。建立新的秩序的過程中，衝突的產生是必然的情況，但這必須就保守者反對創新者而言。如果說新的攻擊新的，則太令人惶恐了。以事實來觀察，保守派對現代詩的攻擊似乎已經平息，或已轉入地下。譬如說，在街頭，在背後，在課堂做無謂的批評，他們已無力量或無勇氣公開指責了。剩下來的，往往是從事現代文學的同伴對現代詩的反對。譬如，現代小說家對現代詩的異議，詩人和詩人之間意見的分歧，這些都是令人惶惑不已的問題。個人願留在後面討論。

　　洛夫在〈論現代詩的特質〉一文裡，再度提到「群眾」，在〈五年後的再出發〉那篇為《創世紀》詩刊所寫的社論，洛夫也一再涉及「大眾化」的問題。無論是「群眾」或「大眾」，已不再是一個可以任意輕視的名詞。前已言及，讀者便是群眾，切莫以販夫走卒視之。撇下今日讀者的知識程度不談，即以他們對現代詩的熱愛，已不是往日的讀者所可比擬，他們自組詩社，自動和詩人們接近，請教詩人們的創作方法，模仿詩人們寫詩的技巧，相邀聆聽詩人們的朗誦；他們想成為詩人嗎？並不。只不過是表現一位讀者對現代詩的擁護，他們樂意一睹新秩序的建立，看看新的力量的

衝勁。而現代詩人們不斷地劃地自限，豈不令人慨歎嗎？詩人在「自限」以前，應該先考慮到，自己是不是已有掌握語言的能力？在表現技巧上是否已經成熟？對於生命和生活的體驗是否已夠成熟？這些都是值得詩人們深思的。設若本身不是詩人的材料，硬要以詩人居，硬要歸罪於讀者，對於廣大的讀者能不說是侮辱嗎？事實上，有許多所謂的詩人在思想上，在為人的態度上，往往比群眾裡的一些讀者還要來得淺薄，他們在寫晦澀詩之餘，仍要顯出他的自大，這些完全是他的自卑感在作祟。

我們都知道，「晦澀」已不足做為矜持的理由，洛夫說得很對：「詩之隱晦與否不是評斷一首詩好壞的標準，明朗與晦澀只是詩的兩種風格。」換句話說，詩之隱晦是自然流露的風格，絕不是詩人在創作時刻意去布置的，也不是為了不願大眾化才晦澀的。有一個事實必得指出，有時晦澀的詩也可以大眾化，瘂弦的詩便是最佳的例子，《瘂弦詩抄》裡雖帶有許多晦澀的影子，但依然被人傳頌。最主要的理由，他們不在文字上晦澀，而是在表現的技巧上有了進一步的境界，而這個境界可讓讀者進入，只是不能出入無阻罷了。一件創新的作品往往令人驚愕，但在驚愕之後，又能使人忍受，這種忍受最後又能化為享受，便沒有所謂「晦澀」的存在。如果讓人驚愕且無法忍受的創新，便成為「晦澀」了。在詩人之間，有的被接受，有的被排斥，晦澀的命運遭到不同的待遇，其間並沒有任何的玄祕，實在是有關詩人本身創作的高明和笨拙啊。

七

對於藝文批評，我之興趣甚濃，但以此年紀而好立言論，未必是好現象。且在這方面亦只問「功力」，向無天才可言。唯「功力」從何而來，經驗從何而來？應只有至誠無息，夕惕若屬，孜孜磨練自己而已，縱使未到，但仍需不斷以一份堅毅持久的精神面對「誠」這一個字……。

　　　　　　　　　　　　　　　　　　　——李英豪致葉泥書簡

〈談批評〉是洛夫對於批評所具有的觀點。他在這篇文章中提到一點有利於讀者的意見，那就是批評者在作詩評的時候，必須對詩做適度的闡釋。洛夫說：「現代批評家乃致力於開啓詩的文字暗鎖來探究詩的藝術，甚至運用『字句剖釋』的方法以找出詩人文字中的魔法和詩本身的奧祕。」這種看法相信能博取讀者全面的贊同，事實上，洛夫早已開始這樣的工作了，其中以〈天狼星論〉最受人重視，洛夫發表於《文藝》月刊的〈試論周夢蝶的詩境〉也屬於剖析的工作。李英豪先生也曾做這種工作，譬如收在他的詩論集《批評的視覺》一書中，有〈釋論葉維廉的〈河想〉〉、〈簡釋紀弦的〈阿富羅底之死〉〉等等。可惜的是，這種有意義的工作沒有致力提倡。詩評家原是介於作者和讀者之間，他一方面把作品的內容介紹給讀者，一方面把讀者的聲音反映給作者。要使得作者和讀者溝通，首先必得使讀者進入詩人思想的境界。闡詩，便是鋪路的工作之一。那麼，在做闡詩工作的時候，應該思慮的是什麼呢？

1.詩評者必須了解詩人的思想方向：詩，是詩人思想的反射，一首詩的風格、內容、精神往往跟隨詩人的思想。詩評者如果無法辨認，則將掩蓋詩的風貌，陷讀者於迷霧中。前面提及，有某些詩人兼詩評家，詩評時完全不顧詩人的思想、詩觀，結果將一位原是純樸的詩人，硬套入繁瑣的理論中，且隔靴搔癢不知所云。因此，詩評者在闡詩之前必須捫心自問，這位詩人的思路是否和自己接近？自己是不是真的欣賞該詩人的風格？是否已完全體認該詩的精神？

2.詩評者必須完全了解詩的結構：現代詩之所以創新，其形式是因素之一。一位詩人在著手寫詩的時候，必然重視詩的分行，因為分行有時為了節奏，有時是為了內容，有時則是為了聯想、切斷。分行就是整首詩的結構，在闡詩時，應注意行與行之間的呼應，態度若不慎重，很容易將一首詩任意分割，這是詩評者所不能不注意的。

3.闡詩的目的，主要在給予讀者做啓發的工作，交給讀者一把鎖，以便開啓詩的世界。因此闡詩應該是一個很明朗的工作，莫讓讀者看起來晦

澀難讀。不過，闡詩切忌停留在語意的層面，詩人之所以不願爲自己的詩解釋，爲的是唯恐限制詩的意義，詩評者應抓住整首詩的靈魂，以利刃剖開。如果只是一堆形容詞的堆砌，那麼，對讀者是一種愚弄，對創作者也是一種褻瀆！

八

> 文化是進步的，我們有理由揚棄病態的現代主義，而另一方面的積極工作，便是面對生活，努力工作，創造真正的文學作品。唯有如此，才能洗脫別人加於現代文學的譏諷。
>
> ——尉天驄〈青澀的果實〉

十年來，余光中和洛夫之間有兩次規模比較大的爭論。第一次是民國 50 年，余光中在《現代文學》第 8 期發表一首長詩〈天狼星〉，洛夫接著在第 9 期《現代文學》寫了一篇〈天狼星論〉，批評這首詩的得失。洛夫在分析這首詩時，充分地表達了他自己的詩觀，他認爲〈天狼星〉是「一首企圖以現代技巧表現傳統精神的詩」，可是，這首詩只是作者技巧的變化，而不是作者基本精神的傾向。洛夫所說的「基本精神」，是指超現實主義而言。因而，同年 12 月余光中又以一篇〈再見，虛無〉予以辯駁。他認爲洛夫是一位「主義至上者」（"ismaniac"），或者「主義主義者」（"ismismist"）。他們之間的詩觀完全不同，其間的長短至今已很難有所論斷，不過，以個人的看法，我覺得這是臺灣新詩發展史上的一段公案，值得研究文學史的人去探討。事後，洛夫在論覃子豪詩的那篇文章〈從〈金色面具〉到〈瓶之存在〉〉裡，曾經談到這件事，他說：「數年前筆者曾秉著藝術良心寫過一篇萬餘字的〈天狼星論〉的詩評，由於在措辭上對作者的由社會地位所養成的『尊嚴』有所損及，致使作者大爲震怒，爲此我一直深感歉疚與愚昧。」洛夫這段話是不公平的，〈再見，虛無〉一文所牽連的並非余光中個人的尊嚴問題，而是涉及整個現代文學的嚴肅性，或是或

非，恐怕不是當事人所能看清楚的。

余、洛二人的第二次論爭是在民國 57 年。主要是爲了《七十年代詩選》的作品而引起的，余光中在《大學雜誌》（民國 57 年 5 月）發表〈靈魂的富貴病〉，指出《七十年代詩選》的缺陷；洛夫是該詩選的編者之一，乃義不容辭地在同年七月的《青年戰士報》發表〈靈魂的蒼白症〉辯護，在洛夫之後，碧果也在該報發表〈我對現代詩的淺見〉答覆余光中，同時也爲他自己的作品辯護。這一次的論爭可以說牽涉到整個中國新詩發展方向的問題。

事實上，開此爭論之端的，是小說家尉天驄首先在《文學季刊》第 6 期（民國 57 年 2 月）的「文學書窗」上，針對《七十年代詩選》作一短評，並舉碧果的詩作爲例，指出新詩的弊病，他說：「如果我們不願做一個新的倒退分子，就應該揚棄這種病態的破壞性的作品，而努力建設一種誠懇的真正表現這一代人類心靈的作品。」然而不幸的是，七十年代詩選裡面，「精鍊的作品雖然不少，但其中像這一類的作品也是占著很大成分的」。

《七十年代詩選》自出版以後，迭遭非議，似乎還未聽到佳評，即使到今天，詩人葉珊、林綠，年輕一代的如鄭烱明對該詩選的內容和編選態度都有顯著的反感。無論如何，這本詩選的嚴肅性已被破壞無遺，比起《六十年代詩選》的地位，其間的差距非常巨大。余光中的那篇文章可以歸納成以下五點：1.詩必須先具有國籍。2.從事現代文學工作的同伴，已開始對現代詩有所批評。3.碧果的詩有嚴重的缺陷。4.詩的理論或批評都應該是澄清的過程。5.現代詩已有部分玄學化。從這五點可以看出余光中指出現代詩的許多歧途，這些都是做爲一位創作者所應警惕的。

洛夫則認爲「我國現代詩人中，碧果是最具獨創性者之一，他確有許多非凡的好詩，與康明思作品相較毫不遜色」。接著，他舉出〈拜燈之物〉其中的一段：

　　如青煙遁出你的雙眸，

　　長髮之呼吸起自一朵白花之中

　　嫩蕊在敲著那條小街的春夜

　　他指出這段是「如此精鍊而高度暗示性」，可是，他在暗示什麼呢？即使承認這三行是佳句，對於整首詩究竟具有如何的作用呢？試觀張默近日在《創世紀》復刊號的〈情緒火焰之消滅〉，文中對〈拜燈之物〉有詳盡的解說，他說此詩是作者對春夜的一個小小的素描，是對春天的一個絕妙的寫照，按諸詩中的句子，除了「深綠」和「嫩蕊」尚能看到春天的影子之外，其中的「一芽騷動已枯」、「青煙遁出你的雙眸」、「長髮之呼吸」、「泉之繁殖之我乃泉之繁之繁殖之泉」……等等，幾乎不出和春天有何關聯性。固然，「碧果的詩，如果僅從字面上去追索，也許比較晦澀些」（這句話如果把碧果改成白萩、辛牧、或其他的名字，也可成立），但是，張默那麼了解碧果，也應該有透澈的解說，張默在最後一段竟是如此的結語：「從第一句的『一品深綠』到最後一句的『一品深綠』，其間所展示的是一個非常曼妙的過程，它們並非艾呂雅的情欲的夜，也不是瘂弦的你唇間軟軟絲絲絨鞋的『巴黎』的夜晚，更不是洛夫的俯伏在你腳下的『我的獸』的夜晚，而是碧果用觸覺和視覺所雕塑出來的『拜燈之物』的夜晚。」引用了這廣長的一段話之後，張默對「拜燈之物」的認識是什麼呢？這種交白卷的論評，正好顯示該詩的空洞，同時也可看出張默缺乏一位批評家所應具有的鑑賞力。最不可原諒的是，該文竟也暗示瘂弦和洛夫的詩不是用觸覺和視覺寫出來的。從洛夫的辯護和張默的解說，更證明尉天驄和余光中兩人的觀點的正確。張默在分析的過程中，兩度提到「我想作者沒有主動探測的必要」，「如作仔細的分析也無那個必要」，在在顯示出他對碧果的作品缺乏信心，則碧果作品的評價在廣大的讀者心目中是很明白的。

　　洛夫在文中又提到：「臺灣詩人群與余光中並無恩怨之處，且彼此生活在兩個完全不同的社會中……」這是洛夫批評態度的不當，把一項極富嚴

肅性的批評工作當作一種恩怨，這種心懷實令人遺憾，而且觀察余文中並無意和「臺灣詩人群」對立起來，恐怕洛夫已經歪曲余文的原意。他甚至如此寫著：「在當代中國詩人中，作品精純極富暗示力而被余光中視爲晦澀的，大概包括季紅、張默、瘂弦、商禽、葉維廉、楚戈、辛鬱、羊令野、白萩、碧果、沈甸、沙牧、大荒、周鼎、沈臨彬、辛牧與我自己。」個人不敢論斷其他詩人的作品，但是把白萩、辛牧也劃入晦澀的圈子裡，就值得商榷了。白萩和辛牧的作品是有目共睹的，以洛夫對詩的鑑賞力，似斷不應有如此偏差的看法。而且，余光中的文章裡，對以上的詩人並沒有涉及，遑論他們私人的生活了。所以，洛夫認爲余光中「輕率偏頗，嘩眾取寵」時，他又如何來解釋自己的爲文態度呢？

《七十年代詩選》經過這幾年來的考驗，它的文學價值逐漸在減低，縱然它已再版，平心而論，只能算是一種新詩的史料，並不具有多大的文學地位。身爲編者之一的洛夫，應該勇於面對這項事實，不應該爲了面子，或是爲了友誼一味地蒙蔽下去。這是身爲一位詩人所應有的藝術良心。

九

洛夫的創作地位在最近幾年漸漸提高，這完全是他個人的努力而獲得的。我總覺得洛夫在創作歷程上具有不少有利的條件：第一，他有一貫的思想，他對自己的詩觀能夠有系統地把握，這一點表現在〈詩人之鏡〉一文中最爲顯著，這是現代詩人中很難得的一件事。第二，他有旺盛的創作力，這一點比起和他同輩的詩人中，他已經超越了許多，特別是他勇於在技巧上做試驗，而且運用得很成熟。第三，他有豐富的生活經驗，從此書中可以看出他是一位「經驗論」者，由於生活面的廣大，乃提供他創作的有力的泉源。

不過，洛夫大量地提倡超現實主義，不免使他的文學地位有所損傷。因爲，超現實主義對他個人而言有很大的益處，至少在技巧的啓發上有很

多幫助,然而,由於他過分著迷,乃使他遠離中國的土壤,這是這個動盪的時代,這個動盪的國土所不見容的。而且,由於他提倡超現實主義,使得一般不了解這種思想的創作者也盲目地接受,因而到了末流,一般詩人都希望自己在作品上有超現實的傾向,結果作品的技巧還沒有超越現實,其精神已經搶先一步超越現實了。所以,洛夫提倡超現實主義,對他個人是有利的,但對整個新詩界來說,是功是過,以後的文學史自有論斷。

再者,洛夫參加詩的活動過於頻繁,對他的創作生命也無疑是一大致命傷。他編過《七十年代詩選》、《1970 年詩選》、《中國現代文學大系》詩的部分,每次編選都遭到非議,如《1970 年詩選》就受到年輕創作者傅敏的批評,「文學大系」受到林綠、羅行的非議,其間都牽涉到編選的原則和標準,而洛夫每次都為文一一辯護。一個可貴的創作生命要耗費太多的精力來做自衛性的工作,對他來說,確實太可惜了。

一位真正的創作者,不必過分擔心自己會不會進入文學史,尤其是像洛夫這樣一位身為一種流派的倡導者,應該把生命專注在創作之上,則其成就將更偉大。今後的年代,將是洛夫走向「獨立宣言」的年代,他應該掙脫同輩的絆羈,掙脫主義流派的束縛,否則,淪為一位守成的詩人,將是中國新詩發展史上的一大損失。

——民國 61 年 10 月 19 日

——原載《大地》第 2 期,1973 年 3 月

——選自陳芳明《鏡子和影子:現代詩評論》

臺北:志文出版社,1974 年 3 月

論洛夫後期風格的演變

◎張漢良[*]

　　十餘年來臺灣的詩壇上，洛夫是最受人爭論的詩人之一。爭論的焦點大多集中在他的第二本詩集——1965 年元月出版的《石室之死亡》上；至於他最近三、四年的作品，則較少人論及。本文主要討論的是《石室之死亡》以後，洛夫寫作風格與題材的演變。爲了使讀者能把握詩人主要的面貌，我準備先以小部分篇幅討論「石」詩的主題，分析一些凸出的意象。接下去，我要大概談論一下《外外集》與「西貢詩抄」這個過渡期間，洛夫作品的風格。本文第三部分則將向讀者介紹「詩宗社」時期（1969～1970 年間）洛夫的嶄新面貌。最後，在本文的第四部分，我要討論 1972 年以後洛夫的作品，並分析他的一首傑出作品——〈長恨歌〉。

　　《石室之死亡》是一篇共分爲 64 節，每節十行的長詩。就結構的龐大、氣勢的恢宏，與主題的嚴肅而言，它都可以算是一部凸出的作品；而其意象的複雜與懾人，在中國現代詩壇上，更是獨樹一幟的。唯其詩質密度過大，內容時而晦澀，也頗遭人非議。除了詩本身偶見的晦澀外（譬如意象語過份地擁擠，以及發展方向的不定），這首詩之所以未能普遍爲人接受，多少也和作者自己錯誤的引導有關，這便是洛夫在自序〈詩人之鏡〉中所宣揚的超現實主義。雖然詩人後來修正了自己的看法，在 1969 年底出版的自選集《無岸之河》序中，洛夫說：「寫『石室之死亡』時，我的整個思想（包括人生觀與藝術觀）起了急遽的轉變。……這種轉變既非受『存在主義』的影響，也不是受『超現實主義』的刺激，而是企圖爲自己開闢

*發表文章時爲中興大學講師，現爲臺灣大學外國語文學系暨研究所名譽教授。

一條新的路,創造一些表達自我的方法。……某些人未加深思,僅憑印象,硬派一個『超現實』的頭銜……。凡稱我為超現實主義者的,足證他們既不了解超現實主義,更不了解我。」可惜言者諄諄,聽者藐藐,禍根一種下,再也拔除不清。洛夫寫這些話兩年半之後,當顏元叔先生無法體會出,「機槍是一個達達主義者」中幽默的歧義時,竟由達達主義聯想到超現實主義,而結論道:「在『西貢詩抄』的時代,洛夫是受了超現實主義之害,或者說他誤解了超現實主義。」

在今年(1973 年)五月出版的《大地》詩刊中,林潤先生討論他所謂的「最富時代精神和知性的現代詩之一」──《石室之死亡》第 24 首時,一口咬定「洛夫用超現實主義的手法來寫」。既然「知性」,怎麼可能用超現實主義手法呢?到底什麼是超現實手法,林先生語焉不詳,僅用了一個明喻來說明:「就像一種障眼法或是燈罩子,把他強烈的主旨(motif)遮了起來,朦朦朧朧使人乍看起來不大清楚而已。」如果詩的暗示手法便是超現實手法,那麼任何詩都是超現實的了,任何詩人都是超現實主義者了。林先生接著恭維道:「洛夫運用超現實主義的技巧的段數是不容懷疑的。」妙的是林先生竟以為「這種用超現實的手法寫出來的詩句太悖理、太做作(deliberate)了」。萬一洛夫真的用了所謂的「自動語言」,那一定「悖理」(超現實主義本來就反理性),至於「做作」,真不知該從何說起!林先生的看法代表了典型的對超現實主義的誤解,以及對洛夫的誤解。

以超現實主義的觀點(事實上,所謂超現實主義手法云云,不過是讀者用來定讞讀不懂的詩的遁詞罷了),來理解讀不懂的現代詩,恰好走進一條死巷子。詩或神話的創作過程,容或與夢的過程契合;詩的意象更可能取材於夢境,但任何一位盡責(conscientious)的詩人,在處理文字意象時,都是意識清醒的(conscious)。所以洛夫在他主編的《1970 詩選》序文中說:「潛意識本身並不等於詩,超現實主義的自動語言已證明是一種失敗。」那麼,《石室之死亡》時期,洛夫所宣揚的超現實主義,是否完全是一種濫情,一種口號,或者如唐文標先生所謂的「向西方乞借一些贋餘」,

「借西方的利器、異國的情調來作現實的逃避」呢？事實不然。固然，詩人在《石室之死亡》一詩中對生死的看法，與超現實主義的觀點神合溝通，認為在超現實的某一點，生與死，真實與想像，可溝通者與不可溝通者，皆為同一。事實上，這也是一個古今中外相當傳統的說法，所謂「生兮死所伏，死兮生所伏」（"death-in-life and life-in-death"）的原始類型。洛夫在詩中不斷地運用矛盾語法與反諷，也就在證明這點。明乎此，如果吾人能運用神話原型批評來探討這首蘊含著許多普遍的原始類型，這首對人的存在作形而上探討的詩，也就可以把握到《石室之死亡》的真貌了。

　　由標題看來，我們大概可以把握到本詩的主題：詩人的存在問題。這包括詩人在這世界中尋找自我，以及由之衍生出來的其他的哲學上之探討，如：心物二元的本體論、自我認識（self-knowledge）、不朽的概念，與道德意識等。也許首先我們應當詮釋《石室之死亡》這個標題。洛夫開始寫這部作品時，身在金門，前數首「乃於金門砲彈嗖嗖聲中完成」，「石室」很可能是指前線的碉堡，而戰爭對生命的威脅便使作者對生與死冥想，「石室」也就轉化為其他意義了。我們且看第 30 首詩人的自白：

　　　　如裸女般被路人雕塑著
　　　　我在推想，我的肉體如何在一隻巨掌中成形
　　　　如何被安排一份善意，使顯出嘲弄後的笑容
　　　　首次出現於此一啞然的石室
　　　　我是多麼不信任這一片燃燒後的甯靜

　　　　欲於忘川，你可曾見到上流漂來的一朵未開之花
　　　　故人不再蒞臨，而空白依然是一種最動人的顏色
　　　　我們依然用歌聲在你面前豎起一座山
　　　　只要無心捨棄那一句創造者的叮嚀
　　　　你必將尋回那巍峨在飛翔之外

很明顯的，這首詩在討論藝術創作過程，包括詩人本身的被創造與創作。前一段詩人自喻為一件雕塑品，經歷一段「燃燒」過程後，肉體成形。也許讀者會憶起，《石室之死亡》一開始，洛夫便說：「我的面容展開如一株樹，樹在火中成長」，這株生命之樹（這也是一個普遍的原始意象）存在於—永恆的宇宙格式之中，承擔這格式的 Logos 便是火。對詩人而言，不但創造生長過程是一個燃燒過程，即使生命本身也與火同一，因此在詩集中，詩人數度自喻為火，光與火的意象也就變作生命的象徵，和它們相反的黑暗意象也就變作死亡的象徵。這點我們在底下會討論。

創造過程完成後，詩人「出現於此一啞然的石室」，自己轉變為創造者，他的肉體擴展為一沉寂的世界（「石室」可能兼指詩人本身與他所處身的世界）。對詩人而言，此一完形之小宇宙（肉體）實與宇宙同一。透過大、小宇宙認同的原型關係，他也如創造者，產生了生生不息的創造力，所以到了第二段，他便是一朵「未開之花」（借亞里斯多德的觀念來說，是蘊含著未來形相的物質）；他是蘊含了未寫之詩的「空白」。這兩個意象對詩人而言，都具有最大的潛生力。因此，他「無心捨棄創造者的叮嚀」，決定用詩歌豎起一座高山。詩人的這種創作神話，可以算是「石」詩的第一個重要原型。

藉詩歌的力量，行教化之功，進而超越自我，以求不朽，這傳統的概念也正說明了詩人的自我意識與道德意識：

> 有人試圖在我額上吸取初霽的晴光
> 且又把我當作冰崖猛力敲碎
> 壁爐旁，我看著自己化為一瓢冷水
> 　一面微笑
> 　一面流進你的脊骨，你的血液……
>
> 　　　　　　　　　　——第六首

如果我有仙人掌的固執，而且死去

旅人遂將我的衣角割下，去掩蓋另一粒種子

——第七首

這兩段詩中至少包含了兩個原始類型：第一，詩人作了一個「替罪羔羊」，是一個捨生的救主（dying savior），以死換得他人的生；第二，詩人的血液灌注到讀者的血中，他的生命力滋養並萌發了另一粒種子，就這一層意義而言，他的生命得以延續。這又顯示了藉生殖而獲得不朽的另一種原始類型。

可惜這只是他一廂情願的說法，因為他面臨的是一個橫逆交加的世界，一座「倒懸的石室」。他意欲作「光」，然而「暗影沿壁走來」，「這光，不知為何被鞭撻，而後轢死」（第 43 首）；他自喻為火，然而「長廊的陰暗從門縫閃進去追殺那盆爐火」。在死亡（黑暗）的威脅下，生命是虛無的，創造也是徒勞的，詩人無異於「在岩石上種植葡萄的人」（第三首）；洛夫在給初生的小女的詩中說：「世界乃一斷臂的袖，你來時已空無所有。」因此，詩人對生命產生了困惑，進而對生與死冥想：

剛認識骨灰的價值，它便飛起

松鼠般地，往來於肌膚與靈魂之間

確知有一個死者在我的內心

但我不懂得你的神，亦如我不懂得

荷花的升起是一種欲望，或某種禪

——第 11 首

前面兩行說明了死亡的切己與逼人。「骨灰」這個死亡的意象不斷地在肉體與靈魂之間跳躍遊梭，變成了詩人魂牽夢繞的固定觀念。但死亡到底是什

麼呢？詩人用了一個轉呼法直接質問死亡[1]，然後又用了一個最奧祕、最富
象徵意味的荷花，來比喻他的迷惑。荷花這象徵在《石室之死亡》中經常
出現，讀者可參看第 33～36 首的〈睡蓮〉一詩。在佛教的象徵中，荷花同
時代表著創造與沉寂，它的五瓣分別表示誕生、洗禮、婚姻、休憩，與死
亡。它又是兩性之間的橋樑，象徵著相對力量的統一和內在的衝突。由於
子、花、蕾同現，因此，它代表存在的三個階段：過去、現在、未來。荷
花出於污泥而不染，因而象徵精神的超越，暗示靈魂的不朽。從肉欲到涅
槃，透過荷花的聯想，詩人領悟到死亡也許只是一個過渡。因此，在接下
去的一首詩中，當死亡遽然而來時（「閃電從左頰穿入右頰　雲層直劈而
下」），當他「把頭顱擠在一堆長長的姓氏中」時，他竟發覺：

> 墓石如此謙遜，以冷冷的手握我
> 且在它的室內開鑿另一扇窗，我乃讀到
> 橄欖枝上的愉悅，滿園的潔白
> 死亡的聲音始此溫婉，猶之孔雀的前額

——第 12 首

經生歷死復再生，詩人領悟到生死同衾的原型觀念。第 13 首一開始他便
說：

> 他們竟這樣的選擇墓塚，羞怯的靈魂
> 又重新蒙著臉回到那湫隘的子宮

這個墳墓——子宮（womb-tomb）的原始類型，正是〈石〉詩的主題之

---

[1]陳芳明在第 5 期《書評書目》中討論這首詩，認為「我們（他自己）實在無法想像死亡與『被女
子們摺疊好的綢質枕頭』有任何的牽連」，殊不知「枕頭」也是一個生死的意象（人在牀上生，在
榻上死），它更可以引起欲的聯想，因而引爆最後一行的「欲望」一詞，而這個溫柔的一項與死亡
的威風形成對比，卻又認同；因而產生了反諷的效果。純粹經驗與這首詩根本風牛馬不相及。

一。爲了表現這「生兮死所伏，死兮生所伏」的矛盾觀念，洛夫不斷地使用矛盾語法與傳統上對立的光明、黑暗意象。第 22 首中，他把「一口棺，一堆未署名的生日卡」（頁 54）並列；第 36 首中，他透過睡蓮這個生死認同的象徵，發展出一個驚人的意象：

> 驀然回首
>
> 遠處站著一個望墳而笑的嬰兒
>
> ——頁 68

《石室之死亡》中，最成功的意象，便是文學中屢見不鮮的光明與黑暗對立的意象了。我在這裡不欲討論這原始意象的心物二元哲學基礎與人種對立的宗教背景，只分析洛夫成功凸出的表現。對洛夫而言，光明以及與其攸關的意象（如白色、白晝、太陽、火、向日葵）象徵生命；黑暗以及與其攸關的意象（如夜、黑色、暗影）則象徵死亡。例如第 11 首開始的句子中：

> 棺材以虎虎的步子踢翻了滿街燈火
>
> 這真是一種奇怪的威風

洛夫摒棄了呆板陳腐的對立（譬如：以黑夜吞噬了白晝來表示死亡奪走了生命）。「棺材」這具體的意象遠比死亡這抽象的觀念生動，擬人化後，他「踢翻了滿街燈火」。「燈火」很明顯的是生命的暗喻，而「虎虎」這兩個字更是一個雙關語，一方面喻虎狀，另一方面擬聲。爲何用「踢翻」而不用「吹熄」呢？這當然是爲了與老虎的步子一致。那麼步子爲何又會吹熄呢？當然是因爲棺材的腳步「虎虎」生風。所以詩人來了一句十分幽默、十分口語化的評論：「這真是一種奇怪的威風」、「死亡奪去生命」這種陳腔濫調，經過詩人的處理，便能發揮讀者的想像力，進而產生愉悅，而其教

化的功用絕不下於大聲呼叫「我要活下去！」類似的光明、黑暗（生、死）意象在「石室」詩中比比皆是，第 21 首是比較明朗卻並不成功的例子：

> 當十字架第三次拒絕那杯刑前酒而扭斷了臂
> 我遂把光交給黑色

這個新約的典故可以算是此類意象的原型（prototype）。第 51～53 首的標題「初生之黑」就暗示生死矛盾的意義。我現在隨意舉兩個頗為凸出的意象略為分析，第一個是第五首中的：

> 光在中央，蝙蝠將路燈吃了一層又一層
>
> ——頁 37

這個意象十分清晰，但也相當成功，它指蝙蝠繞著路燈飛翔，象徵的仍是死亡「剝」奪生命。但這次既非「虎虎」地一腳「踢翻」，亦非「雲層直劈而下」，而是凌遲處死。宛如一片片的黑蝙蝠遮住光亮，死亡也是一片片地剝奪了生命。這使我想起狄倫‧托瑪斯（Dylan Thomas）筆下的蛆蟲蠶食生命的意象。末了我要討論的一個例子是在第 29 首（頁 61）：

> 誰在田畝中遍植看不見的光輝
> 妳們原該相信，慕尼黑的太陽是黑的

這兩行詩在諷刺貪欲愚昧的女人。「田畝」是一個傳統的女性原始類型意象，根據她們的邏輯，「慕尼黑的太陽是黑的」。這荒謬幽默的意象建立在「慕尼黑」引申而出的歧義上，無知的女人（在本詩中可能係指妓女）竟想像力十足地由地理名詞聯想出黑色的太陽。而黑色太陽本身又是一種光

明、黑暗（生死）認同的矛盾語法。從歧義（ambiguity）發展出本身自足的矛盾語（paradox），產生了反諷的效果。新批評所謂現代詩的兩種要素都包括在這個意象中了。

　　「石」詩中這些有關生死的原始類型，在文學作品中屢見不鮮；就哲學觀念而言，這些「生死交替」、「不朽」等概念亦相當通俗。唐文標先生說：「一般文人，藝術家的哲思不外是三流乃至九級的陳舊意見。」這話一點不錯。但是，我們要知道，詩人並非（也無意作）哲學家；他從來不想創造思想（譬如說生命哲學）體系。何況古往今來一切有關人的哲學論辯，也無非是炒早期希臘哲學或先秦諸家思想的冷飯，所謂「一切西方哲學都是柏拉圖的註解」是也。我們也當知道，詩人的價值在透過藝術的手法（譬如說意象語的運用），更生動、更具體地表示這些「陳舊意見」。這也就是爲何席德尼爵士（Sir Philip Sidney）認爲此詩比哲學更具體。

　　詩人確實不一定要了解什麼深奧的思想，但他們也絕不會像唐先生所謂的「死在那些（到底是那些？）意義的名詞的焚燒之中」。即使他們「以百衲衣方式」把那些「陳舊意見」「織了再補」，他們也確實在使那些思想呈現得更具體，更切己，更能達到教化之目的。唐君斷章取義地引錄了艾略特的話（艾略特絕非「遮羞」）：「詩中哲學可能是三流的哲學」，但他竟會忽略下一句：「但不失爲一流的詩作。」唐君問：「這是什麼的哲學呢！」我可以答覆：經過一流詩作「補綴」的三流哲學，也就被提升了（elavated），也就不再是三流哲學了。重要的是，詩是原始類型也罷，「陳舊意見」也罷，詩人如何表現（用唐君的話，如何「織補」它們。洛夫在序文中說得很明白：「這些觀點應非哲理性的，而是透過繁複意象轉化爲純粹的詩。」讀「石室」時，讀者至少應抱著這種態度。

二

《石室之死亡》中意象的擁擠與詩質的稠密，標示著 1960～1965 年間洛夫的風格。從後來的《外外集》（1965～1967 年）開始，洛夫的風格開始轉

變，正如他在自選集《無岸之河》序中所說：「《外外集》在精神上仍是
『石室之死亡』的餘緒，但在風格上已較前開朗而灑脫。」此時期的洛
夫，部分詩中仍然保有著「石」詩的撼人意象，如〈灰之外〉中：

> 你是火的胎兒，在自燃中成長
> 無論誰以一拳石榴的傲慢招惹你
> 便憤然舉臂，暴力逆汗水而上
> 你是傳說中的那半截蠟燭
> 另一半在灰爐之外

我們仍然可以看出洛夫慣用的句構與暗喻手法。在〈醒之外〉，我們仍然感
到「血在體內浩瀚成海」的滂沛之氣，與：

> 你猛力拋起那顆燐質的頭顱
> 便與太陽互撞而俱焚

這個火柴燃燒的意象所引起的雄偉與動力感，仍然代表著《石室之死亡》
的洛夫。然而，《外外集》中的〈煙之外〉與〈霧之外〉，卻明顯地標示著
詩人風格的轉變，在後一首鷺鷥的意象中，我們見到了洛夫的另外一面：

> 一展翅，宇宙隨之浮升
> 清晨是一支閃熠的歌
> 在霧中自燃
> 如果地平線拋起將你繫住
> 繫住羽翼呵繫不住飛翔

最後一行詩也許暗示出詩人追求內容與風格上的改變。接著而來的，〈曉之

外〉便脫離了生死問題的形而上討論，走入日常生活中，詩人起牀了：

> 猛力推開昨夜
> 我推開滿身的癢
> 雙臂高舉，任體溫透過十指直衝屋頂
> 而化為一聲男性的爆響

起牀，伸懶腰，呵欠，這些日常生活的瑣事，是「石」詩中存而不論的，而：

> 掀開窗帘，晨色湧進如酒
> 太陽向壁鐘猛撲而去
> 一口咬住我們家的六點半

這種幽默的筆調更是以往罕見的。

　　即使身在烽火瀰漫的西貢（1967～1969 年），目睹著戰爭中的怪現象，詩人也絕少玄想死亡，他只以冷然的目光觀察事物：

> 雲吊著孩子
> 飛機吊著炸彈
> 孩子與炸彈都是不能對之發脾氣的事物
>
> ——〈清明〉

「西貢詩抄」中，有一首凸出的作品——〈沙包刑場〉：

> 一顆顆頭顱從沙包上走了下來
> 俯耳地面

隱聞地球另一面有人在唱
自悼之輓歌

浮貼在木樁上的那張告示隨風而去
一付好看的臉
自鏡中消失

第一段前兩行的頭顱落地意象，經過他冷漠嘲謔的擬人化處理，反而加深了悲劇的意味。三、四兩行看似晦澀，但「地球另一面」這個詞語所隱含的歧義，卻更值得我們仔細體會：它可能指幽冥下界，因此死者的自唱輓歌便造成了戲劇反諷效果；也可能指地球另一端的人，地球這邊人被殺，那一邊的人卻在自悼，作者很明顯地把死的個別經驗擴展為人類普遍的經驗。本詩的第二段只有三行，是兩件外在事物的並列，頗有日本俳句的味道，也頗類似寫象主義（Imagism）作品。這兩個看似無關的意象其實都由死亡這個觀念貫穿，隨著人死，執行死刑的告示隨風而去；好看的臉自鏡中消失，這是承續第一行行動之結果（result）。但詩人僅客觀地指出這兩件事實，未加任何評論（所謂不落言詮），甚至連洛夫慣用的暗喻以及其他意象語都未使用。如果說作者有所暗示，那也只是第一段的擬人化手法與第二段第二行的「好看的」這個形容詞，全詩的詩思發展過程似乎不完全，僅到達「觀」（"observation"）的第一步，所謂「感」（"reflection"）與「結」（"conclusion"）都不存在，這兩步都留給讀者自己去作了。

三

〈沙包刑場〉的新穎風格——意象之單純，句構之散文化，與用字之口語化，是洛夫創作過程的一個轉捩點。在《1970 詩選》序中，談論詩的語言問題時，洛夫似乎發覺到《石室之死亡》的內容與形式是他的桎梏，他說：「若干詩人在創作上難以超越，多歸因於對習慣句型及固定結構的眷

戀，囚困其中而不自覺。」這當然是他的自剖，他接著說：「十餘年來，我們詩壇盡多豪情之士，寫起詩來動輒數百行，且刻意要表現一些『偉大的主題』。」這更是「石室」時代的洛夫的自畫像。覺今是而昨非的洛夫在文末下了一個結論：「調整語言，亦如調整觀察事物的角度同樣重要。……與其寫失敗的長詩，不如寫精鍊的短詩。」

　　這些話的具體實踐，便是民國 58 年底至翌年底，在「詩宗社」主編的《雪之臉》、《花之聲》與《風之流》上所發表的作品，後來收集在《1970詩選》的共有九首。這些詩的題材與內容大致可由標題看出：如〈舞者〉、〈隨雨聲入山而不見雨〉、〈牀前明月光〉、〈有鳥飛過〉、〈雨欲〉、〈金龍禪寺〉、〈某小鎮〉，或寫外在景物，或敘日常生活的瑣事，甚或有故國萬里夢的鄉愁情緒。它們的風格大致保持著「西貢詩抄」以來的簡潔明朗，用字遣詞則更為純樸，有如雅緻的水墨淡畫。例如〈金龍禪寺〉的風景：

晚鐘

是遊客下山的小路

羊齒植物

沿著白色的石階

一路嚼了下去

如果此處降雪

而只見

一隻驚起的灰蟬

把心中的燈火

一盞盞地

點燃

像這樣的詩實在不必透過理性的分析，便能引起讀者美的觀照。當然，我

們可以用分析的方法，比較前幾行的散文內容與詩的表現，看出後者的濃縮與精鍊。「晚鐘響了，是遊客們下山的時間了，他們沿著蔓生著羊齒植物的小路下去。」但詩裡的晚鐘竟作了主詞，小路做為它的補語，在這種情況之下，「晚鐘」與「小路」透過蒙太奇式的濃縮，竟然互相認同。第三行中，羊齒植物被擬人化了，它的「齒」產生了歧義，所以在第五行能沿路嚼了下去。這種知性的分析固然能幫助讀者了解，但初讀詩那一剎那的美感可能也就喪失了。

　　「隨雨聲入山而不見雨」是另一幅水墨畫，有如國畫傳統的聽松聽雨圖，上山時的景象：

　　啄木鳥　空空
　　回聲　洞洞
　　一棵樹在啄痛中迴旋而上

「空」、「洞」兩字造成的聽覺意象與空洞寂寞的內涵，可以算是《石室之死亡》以後，洛夫對文字肌理的透視，對歧義的發揮的更高境界。這首詩的最後一段描寫下山的經過：

　　下山
　　仍不見雨
　　三粒苦松子
　　沿著路標一直滾到我的腳前
　　伸手抓起
　　竟是一把鳥聲

最後兩行大概又會被論者譏為「超現實」吧！這段的散文內容大致是詩人聽雨不成，下山拾得松子，攜回作紀念品。但詩人拾得的不僅是三粒松

子，而是山中風景——以鳥聲這個換喻（metonymy）代表——的回憶。談到這裡，我們不禁會想起本詩（基本上是一首敘事詩）的時間順序問題。詩人寫作時，可能是遊山許久之後，「抓起松子」的動作，也是恬然回憶的感情，而鳥在松枝、松子間嬉戲，又不知是「抓起松子」那一剎那前的多少歲月了。就這層意義而言，這兩行詩又與前面的「一棵樹在啄痛中迴旋而上」所隱含的時間觀念遙相呼應。「山中無歲月」，斯之謂歟！

　　同樣的時間觀念也表現在〈有鳥飛過〉中：

………

茶几上

煙灰無非是既白且冷

無非是春去秋來

你能不能為我

在藤椅中的千種盹姿

各起一個名字？

晚報扔在臉上

睡眠中

有

鳥

飛過

「晚報扔在臉上」這現實中的事件是因，「睡眠中有鳥飛過」這夢中的景象是果。現實與夢的交錯，透過這因果關係，竟彼此認同，令人難辨了。現實與夢構成了生活，構成了歲月，飛過的鳥便成了時間的象徵，因此使我們進一步憶起第一段擺煙攤的老李（現實）與第二段的「千種盹姿」（夢），而想起這一切「無非是春去秋來」。

隨著歲月的鳥般飛逝，詩人也興起故國家園的思鄉情緒了。在〈牀前明月光〉中，他藉李白思鄉與投水的典故，自我解嘲：

不是霜啊
而鄉愁竟在我們的血肉中旋成年輪
在千百次的
月落處

只要一壺金門高粱
一小碟豆子
李白便把自己橫在水上
讓心事
從此渡去

洛夫曾經說過，李白的「牀前明月光」（〈靜夜思〉）是一首最壞的詩。我們可以看出來，本詩的前段，隱隱地有譏諷李白之意。月不必像「地上霜」，鄉愁仍然會年復一年，隨著歲月的增長而加深。鄉愁的結要解；解，唯有借酒澆愁，第二段的散文口氣更加深了無奈的感覺。

《1970 詩選》中，最凸出的一首詩是《花之聲》裡的〈舞者〉：

嗆然
鈸聲中飛出一隻紅蜻蜓
貼著水面而過的
柔柔腹肌
靜止住
全部眼睛的狂嘯

江河江河

自你腰際逶邐而東

而入海的

竟是我們胸臆中的一聲嗚咽

飛花飛花

你的手臂

豈是五絃七絃所能縛住的？

揮灑間

豆莢炸裂

群蝶亂飛

升起，再升起

緩緩轉過身子

一株水蓮猛然張開千指

扣響著

我們心中的高山流水

透過詩的敘述形式與意象結構，隨著千指扣響的高山流水音樂，讀者便能
與舞者身體的律動結合。我個人認為這首詩的音樂性與動力感實不下於葉
慈筆下的中國舞者：

羅福樂的中國舞者舞起

一片光網，一道飄浮的彩帶

宛若天降神龍

於舞者群中，旋得他們飛轉

趕得他們驚逃四散

而本詩的題材仍然強烈地顯示著，洛夫固然跳出了《石室之死亡》的玄想

桎梏，走進日常生活，詩中的理念也逐漸明朗清晰，但詩人到底還是藝術家，不能（也不應）脫離美學的範疇。

四

《石室之死亡》的生死冥想，複雜撼人的意象，與稠密的詩質；「西貢詩抄」之後的寫景抒情，簡短的句構，明朗的理念，與偶爾流露的純粹經驗，經過數年的醞釀，在洛夫最近的作品中，繼續發展（雖然不一定成功）。1973 年 3 月出版的《創世紀》詩刊第 32 期有洛夫的六首詩，總標題叫「魔歌」，我們仍然看到「石室」時期的意象，如第二首中的「暴躁如焚燒的淚」；第三首中的：

> 我抓住海
> 那兇猛的頭顱
> 我抓住自己如抓住一把
> 未喝血之前
> 即已折斷的
> 劍

以及第六首中的：「推開重重巨石的門，子宮內一條龍在湧動」。這些意象可以說是洛夫個人的固定反應了。這可以算是《石室之死亡》的「餘緒」。

至於《1970 詩選》時期的洛夫，在最近的作品中，更是面目不改，最明顯的例子便是 1972 年 7 月發表在《中外文學》第 2 期上的「清苦十三峰」。據詩人自己說，這首詩企圖像美國詩人 Wallace Stevens 寫畫眉鳥一樣，「以十三種風格來寫十三種關於山的貌與神，十三種山的隱祕」。熟讀洛夫作品的讀者，會發覺這件作品淵源於我們前面所討論過的「隨雨聲入山而不見雨」，〈第十一峰〉幾乎完全是這首詩的變奏，但意象的生動與濃縮卻較前詩遜色許多。〈第二峰〉的日出意象也承襲著「石」詩的光明黑暗

對立意象。比較成功的是〈第七峰〉、〈第十二峰〉，以及〈第十三峰〉。〈第七峰〉的對象是槐樹，詩人在探究槐樹下是否埋了一把鋸子。這疑案在第二段解決了，答案是肯定的，第三段時，他轉呼讀者：

> 如想知道它的身世
> 不妨抓一把木屑
> 揚向風中

〈第十二峰〉是藉擬人化的手法與自殺的題材來描寫瀑布：

> 兩山之間
> 一條瀑布在滔滔地演講自殺的意義
>
> 千丈深潭
> 報以
> 轟然的掌聲
>
> 至於泡沫
> 大多是一些沉默的懷疑論者

這種暗喻用法，在「西貢詩抄」中已經屢見不鮮，但由於演講這個意象運用的成功，三個自然景物彼此之間關係的適當，以及現實生活的話題（譬如說，經常有人在瀑布上跳潭自殺）的妥貼，因此本詩在結構上顯得很完整，幽默效果也能充分達到。〈第十三峰〉的對象是攀樹而上的藤，詩人用了一個暗喻，把藤比作一個仰望落日的孩子。第一行算是具體詩（concrete poetry）的手法，洛夫用了一個長達 37 個字，沒有標點符號的修飾語來描寫這「孩子」，因此，除了修飾語本身所指外，句子的漫長也能表現出藤的形狀。這種藉字形的安排（graphic arrangement）以表現意義，在洛夫以往

的作品中比較罕見；而在這之後，《魔歌》第一首的〈蟹爪花〉多少用了一點，以表現花的吐瓣。另外便是我們在下面要仔細討論的〈長恨歌〉，其中的「蓋章」意象，也是這種手法的詮釋。當然，洛夫是一個有獨特風格的詩人（至少對林亨泰而言），他在非萬不得已時，是不會這麼用的。

大體上說來，「清苦十三峰」是一首過得去的作品，然而，當我們讀過《花之聲》、《風之流》中的精彩小品，而期望洛夫有更高的成就時，竟發覺他仍然停留在「詩宗社」時期，便難免有點失望。

幸好詩人是求變的，希望衝破舊日題材與形式的樊籠。「清苦十三峰」發表後兩個月，被人讚為不落言詮的洛夫竟在《創世紀》第 30 期上發表了一首革命性的敘事詩，這便是〈長恨歌〉。這首共分九節，長達 134 行的作品，是對古典題材的新處理。當然，這種作法並不新鮮，大荒對中國古典神話的處理，王潤華對中國文字學的處理，都有相當的成就。即使洛夫本人也作過這樣的嘗試，我們前面討論過「牀前明月光」便是一例。

本詩大體上是依編年史順序（chronological order）交代的敘事詩，敘述從第二節正式開始。第一節只算小說中的一個開場白（exposition）：

　　唐玄宗
　　從
　　水聲裡
　　提煉出一縷黑髮的哀慟

它不僅勾勒出故事的內容，也點出了全詩的兩個重要意象——水和黑髮，使它們在後面獲得發展。緊接著，作者以傳統的說書方式，展開了楊氏家譜，楊玉環是：

　　翻開第一頁便仰在那裡的
　　一片白肉

　　一株鏡子裡的薔薇

　　盛開在輕柔的拂拭中

在這兩個暗喻之後，詩人用了一個陳腔濫調（也算典故）「所謂天生麗質」做為評論，也埋下了全詩嘲諷語氣的伏筆。緊跟著的又是一個暗喻：

　　一粒

　　華清池中

　　等待雙手捧起的

　　泡沫

這個暗喻濃縮地交代了楊玉環入宮及沐浴的故事，「泡沫」不但貫穿了全詩水的意象，也暗示著紅顏薄命與愛情的虛幻，極具戲劇預示（dramatic foreshadowing）的作用。本節的第二段突然出現了性交意象：

　　………

　　嘴唇，猛力吸吮之後

　　就是呻吟

　　而象牙牀上伸展的肢體

　　是山

　　也是水

　　一道河熟睡在另一道河中

　　地層下的激流

　　湧向

　　江山萬里

　　及至一支白色歌謠

　　破土而出

這幾行詩並不著重情欲的描寫，主要的是動盪的「山」、「水」、「河」（這些字眼全有雙關意義）與「江山萬里」背後所隱藏的歧義，換言之，詩人用一個性交的景象暗示出傾國傾城的道理；而動盪的江山終於譜出了〈長恨歌〉（「一支白色歌謠」）。因此我們從第二節便可看出，洛夫實在是藉著一個緊接一個的意象與它們的預示作用，交代出故事的情節。

食髓知味後，皇帝在第三節大叫：「我做愛　因為　我要做愛　因為　我是皇帝　因為　我們慣於血肉相見」（原詩排列並非如此，為節省篇幅故耳。空格代表分行）。洛夫在此地將唐明皇寫作一個耽於逸樂的昏君，卻又讓這位昏君說出一句含有戲劇反諷效果的雙關語：「血肉相見」。戰爭的意象初度出現了。

第四節是全詩在用字上最散文化的一節，但卻最為成功。為了刻畫這位荒謬的皇帝，詩人也用荒謬的語言：

他開始在牀上讀報，吃早點，看梳頭，批閱奏摺

　　　　　　　　　　　　　　　蓋章

　　　　　　　　　　　　　　　蓋章

　　　　　　　　　　　　　　　蓋章

　　　　　　　　　　　　　　　蓋章

從此

君王不早朝

把在牀上看報紙這種現代人的生活搬到唐代的宮廷裡，正如阿奴易（Jean Anouilh）劇中的古希臘士兵抽雪茄、打橋牌，產生極其荒謬與諷刺的效果。最妙的是「蓋章」一詞平行的字體排列，與這四行上面的空白，更暗示出皇帝除了蓋章外，什麼事也不做，即使蓋章本身也是很單調呆板的。我認為這四行詩（二、三、四、五行），雖然只是兩個字的四次重複，卻是

最好的視覺意象與肌肉意象（muscular image），洛夫寫具體詩的才氣與功力可見一斑。在這一節的最後兩行，他引用了白居易的一句「從此君王不早朝」作結論，與前面的現代語言形成強烈的對比，產生了最大的張力與反諷效果。

　　唐明皇的戲劇反諷處境，到了第五節終於引起了戰爭：

　　他是皇帝

　　而戰爭

　　是一灘

　　不論怎麼擦也擦不掉的

　　黏液

　　在錦被中

　　殺伐，在遠方

　　遠方，烽火蛇升，天空啞於

　　一綹叫人心驚的髮式

　　鼙鼓，以火紅的舌頭

　　舐著大地

不錯，「他是皇帝」，戰爭對他只是牀上的馳騁殺伐；但真正的戰爭——戰場上的殺伐——卻也陰魂不散（「怎麼擦也擦不掉」）。終於，遠方有了戰爭。第一段的「戰爭」是個雙關語；而第二段的烽煙（「髮式」）卻與楊玉環的象徵認同（見第一、第八兩節）。這又是歧義的成功運用。

　　戰爭的意象在第六節繼續發展：「河川　仍在兩股之間燃燒」，洛夫請皇帝獨白一陣之後：「罷了罷了，這馬嵬坡前」……楊貴妃被縊死，變成了「一堆昂貴的肥料」（注意詩人所玩的「楊貴妃」的文字遊戲），「營養著另一株玫瑰／或歷史中／另一種絕症」。固然楊貴妃是一個永恆的命運女人

（fatal woman），歷史上會永遠出現，但詩人很明顯地表明自己的詮釋：楊貴妃成為情欲與戰爭的替罪羔羊。《石室之死亡》中的某些原始類型又再現了。

　　既然「另一株玫瑰」會生長，既然情欲是「歷史中　另一種絕症」，所謂海誓山盟也無非是虛偽的。皇帝遙望窗外（第七節）：

　　　　他的頭
　　　　隨鳥飛而擺動
　　　　眼睛，隨落日變色
　　　　他呼喚的那個名字
　　　　埋入了回聲

而皇帝是要做愛的；此外，「後宮佳麗三千人」——

　　　　竟夕繞室而行
　　　　未央宮的每一扇窗口
　　　　他都站過
　　　　冷白的手指剔著燈花
　　　　輕咳聲中
　　　　禁城裡全部的海棠
　　　　一夜凋成
　　　　秋風

這一節的形式比較複雜，除了上面所引的兩詩段的部分之外，洛夫緊接著寫了一段意象稠密的散文詩，可能是為了描寫皇帝的睡夢，他用了意識流的手法。入夢之後，洛夫突然寫了一首打油詩，描寫楊貴妃的出現：「千間廂房千燭燃　樓外明月照無眠　牆上走來一女子　臉在虛無飄渺間」。除了繼

續交待故事情節外，這首打油詩在意象結構上也很重要，這便是最後一行仿「山在虛無飄渺間」的遊戲詩句「臉在虛無飄渺間」，它暗示著楊玉環再現的空幻不實，以打油詩寫來便加深了嘲諷意味。因此，唐明皇在第八節：

> 突然間
> 他瘋狂地搜尋那把黑髮
> 而她遞過去
> 一縷煙
> ....

最後一節是這個悲劇故事的結局，洛夫用戲劇布景的說白與現代詩，翻譯了白居易的三行：「七月七日長生殿」、「在天願為比翼鳥」與「夜半無人私語時」：

> 時間七月七
> 地點長生殿
> 一個高瘦的青衫男子
> 一個沒有臉孔的女子
> 火焰，繼續升起
> 白色的空氣中
> 一雙翅膀
> 又
> 一雙翅膀
> 飛入殿外的月色
> 漸去漸遠的
> 私語

閃爍而苦澀

風雨中傳來一兩個短句的迴響

那女子始終是沒有臉孔的，所謂的比翼鳥神話也是虛幻的。

　　我花了不小的篇幅，分析洛夫的〈長恨歌〉。這首詩，無論就詩行、段形式的複雜，意象結構的嚴密，用字的精鍊，敘述過程的濃縮任何一方面而言，都可以算是《石室之死亡》後，洛夫最成功、最龐大的作品，即使在這 20 年的中國詩壇上，也是難得一見的。就其取材而論，洛夫跳出了「石室」的生死玄想，拋開了《外外集》以後日常生活的瑣事，甚至擺脫了個人經驗與鄉愁，而回過頭來正視浩瀚的中國歷史與豐富的中國文學傳統，透過新的價值觀念，與文學技巧，加以批判與再處理，這更是可貴的。也許這是洛夫該走的走向；也許這是中國現代詩該走的方向。

——選自《中外文學》，第 2 卷第 5 期，1973 年 10 月

洛夫〈長恨歌〉論

◎李弦*

　　洛夫〈長恨歌〉發表於《創世紀》第 30 期，筆者曾撰一文擬刊登《大地》第 2 期上，其後由於承印工廠倒閉，〈長恨歌論〉也隨之消失。該文就〈長恨歌〉一詩提出個人的詮釋，並就形式、題材上加以討論。現在張漢良先生又有〈論洛夫後期風格的演變〉登載在《中外文學》第 2 卷第 5 期，「就風格、題材與意象各方面，作全盤性的探索，並提出了若干新穎的欣賞方法」（《中外文學》編後記語），對於這樣「當代中國文壇奮鬥最久，作品最豐的詩人之一」，我們欽佩其創作的毅力，及對寫作事業的專精態度，也正因為這樣，我們除了作一廂情願的詮釋外，更應探討這樣的創作方向，是否如張文所說的「也許這是洛夫該走的方向，也許這是中國現代詩該走的方向」。[1] 批評家對當代的作品除了提出新穎的欣賞方法讓讀者增加鑑賞幅度，更應嚴肅地提出創作方針，引導正確的寫作指向，我們有權利要求批評家能為這一代之學作這工作。筆者基於責備求全的心理，試圖對洛夫此詩再提出個人的看法。但已減少對詩的詮釋，而著重在創作技巧及古典題材的處理二方面。

　　洛夫的詩觀，是以表現純粹性著名的，選錄在《中國現代詩論選》的〈論現代詩〉，可為諸多詩論的代表，他認為理論之把握是否正確，倒在其次。[2] 而洛夫這首所謂「革命性的敘事詩」，是對古典題材的新處理。我們

---

*本名李豐楙，發表文章時為政治大學中國文學研究所碩士生，現為中央研究院中國文史哲研究所研究員與政治大學宗教研究所講座教授。

[1] 張漢良先生加上「也許」，是表示謹慎的態度，只就是否可行提出商榷。下凡引此文一律稱「張文」。

[2] 筆者將專文討論從純粹性看現代詩之創作及其詩論。

如要了解洛夫詩觀中的現代詩語言，取與傳統舊詩作比較，這是很典型的實證。前面所說的純粹本質，可說較屬於詩的實質，而語言符號的應用，較偏於詩的形式。而這些不可分的，即所謂的詩中的情趣、意象、語言，就洛夫而言，是一個完整的追求表現的目標。〈論現代詩〉一文說：「現代詩語言的功能不在於指稱或描述，而顯示於象徵與暗示」，洛夫在古典題材的處理中，選擇了被公認最不純粹性的白居易詩作[3]，實有助於我們，對同一題材不同處理的傳統與現代間，作一對比的認識。

中國詩壇上作此處理的，大荒對中國古典神話，王潤華對中國小說、傳統，或吳德亮「孔明揮淚斬馬謖」等，都有相同的企圖，當然，各人作法上是各顯神通的。我們可指出的：對古典題材的處理，可以重新研判傳統資料，用歷史學家的眼光，給予新的評定，如中國敘事詩中對王昭君人這一主題的處置，因詩考察各異，感觸不同，都能對一事件賦予不同的意義或評價，甚或使用翻案法，也能在言之成理的情況下，使該創作表現了獨自的面目。這可表現詩人的才學識，尤其是歷史的鑑識能力。[4]洛夫這一首詩標題即為「長恨歌」，那當然與這作法不同，也就因為洛夫對楊貴妃這一事件，不能多作嚴肅的歷史考察，因此藍楓在《大地》第 4 期書簡中，指出其「違背歷史的基礎」，這是正確的。我們如對中國傳統的詩、戲劇有一起碼的認識，即可知楊貴妃這一「永恆的命運女人」（張文語），是有不同面貌分別出現的，而評價最高的洪昇《長生殿》，就因予新的精神內涵，而塑造了一新的角色[5]，洛夫不能自己作獨立的歷史鑑衡，而以白居易的〈長恨歌〉為底本，這是無可諱言的一種缺失。

洛夫此作即是要倚賴白居易詩，這又有何缺失？藝術之所以有其價

---

[3]白居易詩多要求實用、勸諭。最不含所謂純粹性本質，司空圖稱之為粗，下滄浪，漁洋都未高其評論。

[4]邱燮友教授《中國歷代故事詩》（臺北：三民書局，1993 年 10 月）於這類型有精密之整理，可參看。

[5]關於玄宗、貴妃之事，曾永義曾有〈楊妃故事的發展及與之有關的文學〉，《現代學苑》第 4 卷第 6 期）詳為論述。

值，則獨創性無疑的是一大重要條件。這獨創性包括了詩的語言符號，及創作素材。符號容後討論，在創作素材上，試問洛夫此作能否脫離白作而獨立存在？換句話說，如果讀者從沒讀過而且讀懂白作（這一假定並非不可能），對於洛夫作能否了解？縱使了解，其「懂」的程度又如何？一件藝術品必須具有獨立存在的生命，如果要倚賴另一件舊作的引導，就嚴肅的創作而言，不能說是獲致了完全的武功，試看歷史上描寫玄宗與貴妃的創作，不管把他們如何淫蕩地加以扭曲、誇飾，總不失其為一己之見，況且這種處理一是違背了史實，二是破壞，情節中的調諧性、統一性，但他們不必過分依賴註解，或其他作品之詮釋，這是一先決條件。洛夫一向是強調獨創性的，縱使白居易已是唐朝詩人，這一種規撫前作的作法，實在有商榷的餘地。

　　或許如張文所說，洛夫這一「最成功，最龐大的作品」，就取材而論，洛夫跳出了「石室」的生死去想，拋開了《外外集》以後日常生活的瑣事，甚至擺脫了個人經驗與鄉愁，而回過頭來正視浩瀚的中國歷史與豐富的中國文學傳統，透過新的價值觀念，與文學技巧，加以批判與再處理，這更是可貴的。」洛夫擺脫日常瑣事、個人鄉愁？是否全部擺脫都不寫？寫了就算「跳回」嗎？詩的創作難道只取材中國歷史、文學傳統？就創作者而言，取材自中國歷史、文學傳統，這是個人的自由，並沒有錯誤。但它只是諸多方向的一個方向，我們都知道，中國詩歌體制中有詠史這體，許多名詩人也都創作了著名的詠史諸什，但這些詩作都只算是一生全部作品中的一小部分，而且在這種敘事體中除了純敘事性質外，更多注入了新的意義，諸如作者的感慨或新的評價，這是作品成功所在。當然，我們可說，傳統詩作其格調較固定，語言符號、韻律神氣較不能表現革命性，但其價值內涵卻因人而異而獨立的。我們要評斷洛夫此作是否賦予新的意義？新的精神內涵？就不能不對長恨歌作些比較及剖析。

　　就創作來說，「突破」舊的題材手法與傳達的語言符號，很可看出作者的才力。洛夫在創作上是頗有自覺的，他在《1970 詩選》中，曾說：「若

干詩人在創作上難以超越，多歸因於對習慣句型及固定結構的眷戀，囚困其中而不自覺。」這種覺醒是相當地自我鞭策，這是洛夫在中國詩壇上，所以可貴之處，無疑的，對於自己習慣結構、句型的「突破」，是需要具備很大的毅力與勇氣的，這是洛夫，或可說是所有作家的試金石。筆者曾於一次夜談中，與洛夫談論到，時下對他的批評，僅集矢於《石室之死亡》，是偏激了些，因為該輯又可說是「急遽的轉變」期，企圖創作出自己的風味來（〈無岸之河〉），洛夫也自己坦白地說：「這點我是稍有成就的」。但該詩所創造的語言及意象，雖撐出洛夫的招牌，也從此變成創作上的累贅。我們並不否認任何作家可獨立自己的風格，但當這性技巧用爛用腐，而不能推陳出新時，那即變為一種障礙，洛夫自己也體會即此，其後《外外集》雖「在風格上已較前開朗而灑脫」。這除了自我創作生命的覺醒外，外面輿論的激刺「晦澀」與夫風行一時的朗誦詩運動，也是一外在因素。《石室之死亡》過分堆砌的意象，艱澀的內容，掩護了部分嚴肅的主題，我們以為洛夫從金門的砲戰中，在戰堡、坑通裡所思考的、所體驗的，確是這一代極佳的時代見證，但他所過分強調的性，現代虛無等等，就洛夫個人思想的發展過程，我們自無容辯駁，但以整個讀者市場而言，那是太涉玄理，而且因傳達上的障礙，大部分的讀者很難領受所謂「撼人意象」。[6]其後《外外集》諸作，雖較有單純意象，適合朗誦的口語化，但其效果，是否即如張文「所謂不落言詮」？我們以為，洛夫此後敘述日常生活瑣事及懷鄉情緒之作，在篇幅的精簡、意象的明朗上，在風格上已大有轉變，洛夫之詩論一直強調的純粹性，事實上，在早期《石室之死亡》是難以獲致的，而較晚期的詩作，反而有某種程度的逼近，因為洛夫夙所喜引的司空圖、嚴滄浪、王國維等的詩論，對於其所設計的擁擠意象，濃縮得過密的詩質，對他們所說的類似純粹審美經驗是很扞格的。因為我們閱讀時，不能不動用知解、理念才能有一些了解。而對於「享受」詩中的韻味之外的

---

[6]詩壇在那一陣旋風中，以寫性、戰爭、現代等西洋舶來之感受者甚多，不寫這些，好像就不像現代詩，這種偽作、不真實之作，頗受社會之指摘。

那種感受，實在無法達到。倒是晚期短什，所用的景象排列，訴諸讀者的視覺、聽覺，雖無可言述，而融成景象之外的景象（這一些以後為文評論），只是洛夫慣用的意象依然如鬼魅般隨時出現，那種意象太突兀，讓讀者不得不再使用知解去苦思，如屬歌中第三首便是，如果洛夫要自我詮釋其純粹說，這種太稠密的意象，實在有礙於「享受」其純粹性的。

　　概括了前此諸作的意象使用。我們即可討論〈長恨歌〉的形式、技巧了。在這首長達 134 行的長詩中，洛夫表面上固然無依據白居易舊作，採用所謂的「依編年史順序交代的敘事詩」型態，但卻大量地刪除白居易原作中，所謂的「指稱或描述」的語句，而翻新許多「象徵與暗示」。如「楊家有女初長成，養在深閨人未識」，洛夫詩寫作：

　　楊氏家譜中
　　翻開第一頁便仰在那裡的
　　一片白肉

這白肉的意象，洛夫是予以挪揶、嘲弄的暗喻，與六節「你即是那楊絮／高舉你以廣場中的大風」的楊絮及「一堆昂貴的肥料／營養著／另一株玫瑰」的肥料，詩人連用這些意象表明貴妃的生命、死亡；二節中「一株鏡子裡的薔薇／盛開在輕柔的拂拭中」。薔薇回應著詩前所引巴爾札克的標題：「那薔薇，就像所有的薔薇／只開了一個早晨」，薔薇的悲劇正暗示著貴妃在開得最盛時就死亡了，如果洛夫全詩是循著這基線發展，把貴妃這一角色復活，重予以評價，也許會重塑一新的面貌，第八段寫在虛無飄渺的仙山上的貴妃：

　　她那要人攙扶的手
　　　顫顫地
　　　指著

　　一條通向長安的青石路……。

　　洛夫的意圖也許仍要表現白詩「回頭下望人密處，不更長安見塵霧。唯將舊物表深情……」的深情，但這種深情是否與全詩的情調統一？與貴妃相對的人物自然是玄宗。洛夫這詩刪去白詩的「緩親慢舞凝綠竹，盡日君王看不足。漁陽鼙鼓動地來，驚破霓裳羽衣曲」，白詩把玄宗朝的亂事，用歌舞強調出來，這轉化到戲劇情節時，都曾予以強調，甚至補了許多場面，如種種歌舞歡宴，又加上楊國忠、安祿山等，用來說明亂事突變的動機。白居易並巧妙地使用中國樂曲的效果，如鼙鼓、驚破（這破字是雙關字眼）等，而洛夫一詩刪去這些情節，誇張了性交意象，實在大大削弱了戰爭這一事情的動機。

　　性交意象的使用，在洛夫詩中從《石室之死亡》起，已有這種處理。從佛洛依德起，無疑的，在西洋引起之學界的大震撼，依此評論，或作為創作的準則。我們也接受了這一流派的理論，企圖以此詮釋舊詩，創獲的不能不說沒有，但穿鑿附會之處也不在少數（此《中外文學》第 2 卷第4、5 期，葉嘉瑩氏〈漫談中國舊詩的傳統（上、下）〉有極允當之評論）。而以此作為創作出指標的也不少，用了許多黏黏的性交意象，尤其寫起所謂的「現代詩」，無不強調這種潛藏的本能，好像不如此這般，就不算現代，就不算懂得現代學說的趨向？換句話，有這經驗的中國人，如不先知道一些如此這般的理論，根本很難了解這些意象（當然，了解這些學說的程度還是另外一個問題），對於知識的接受我們不反對，但反對錯把常識當知識，對於西洋文學中所慣常使用的一些技巧，我們不反對它的運用，但要用得適得全詩的需要，張文指出山、水、河等字的雙關意象，及江山萬里，傾城傾國的歧義使用，巧妙確是巧妙，但實在缺乏對馬嵬兵變這一事的說服力，全節所極力設置的「反諷」效果，是要讓讀者知道是一位耽於淫樂的君王，但一般人民也可大喊「我要做愛」，皇帝做愛，現代詩人就是用加倍的篇幅去寫，也不會覺得這有何不該？古時老百姓也知道皇帝要做

愛，甚至於後宮三千，這也沒什麼不該？我們可這麼說，用喜歡做愛來加在玄宗身上，並不會產生嘲諷效果。因為皇帝倒皆如此，有權如此，白居易寫的度春宵、苦夜短以下，其用意還在於貴妃的尊寵，由如此寵幸到宛轉而死，這種襯對效果才是戲劇性。

洛夫一方面不放棄白居易詩的豐富性，一方面又不要也不能全照著施用所謂新的技巧，因此這裡擷取一些，破壞了白詩的調諧與統一，而自己所著意設計的，雖用了些意象連接起來，但就整個事件的發展，總感覺得支離破碎。我們要問，把一個早已不見屍體的皇帝從歷史爛帳中請出，再讓他做愛，「戰爭」，這又有何意義？新的批判在哪兒？讀舊詩我們知道，因為他的荒淫、落鎮的跋扈，朝廷的爭權，軍制的腐壞，因此戰爭一起，上下無措，而洛夫的詩，嘲弄了玄宗的性愛、貴妃的肉感外，賦予了什麼新的精神內涵嗎？[7]

我們再討論四節，楊文所謂「全詩在用字上最散文化的一節，但卻最為成功」的荒謬語言。

他開始在床上讀報，吃早點，看梳頭，批閱奏摺

蓋章

蓋章

蓋章

蓋章

從此

君王不早朝

別用圖案，這已不新鮮。早期洛夫幾乎不用這時興的技巧，而《中外文學》第 2 期〈清苦十三峰〉的「第十三峰」及《魔歌》的〈蟹爪花〉，也

---

[7]此如南宮博脫了古人多少褲子？說要發掘古之英雄也有性生活的一面？除了這，告訴了我們什麼新的意義？

酌量使用，語言符號爲獲致更高的效果，加以挨打、扭曲，再組合，這也曾有新詩人嘗試過。效果如果實驗成功，當然就無可厚非，否則正如洛夫〈秋末懷維廉〉詩：「據說，臺北目前仍在流行／你／這／種／樣／子／的／詩」（《中外文學》第 2 卷第 6 期）洛夫這一節，如果真如張文所說具有「極其荒謬與諷刺的效果」，那是他「一廂情願」的詮釋。如果說玄宗是「耽於逸樂」，是「不早朝」，而還肯在床上批閱奏摺，這還太便宜他了哩！而且反諷手法的使用，還可自由到這程度，那這廂領放了。以後處理古典題材，即可搬上現代生法、器具、用語，就可產生荒謬、諷刺的效果？而再引用古人成句，就可產生張力！這是我們的疑問？

　　第七節張文所提出的所謂「意識流」手法，洛夫捨棄了白詩中頗膾炙人口的「夜雨聞鈴」，而把場景由第七節前半的簡單敘述後，就拉近未央宮。

　　　竟夕繞室而行
　　　未央宮的每一扇窗口
　　　他都站過
　　　…………

　　我們都知道白居易的〈長恨歌〉，多借漢事以諷刺唐皇，如「漢皇重色思傾國」用漢皇代替，而其所述的地點及建築物，也借用漢代的「太液芙蓉未央柳」，太液池是漢朝宮裡的大池，未央也是漢朝宮名。洛夫第一節就捨棄漢皇而說：「唐玄宗／從／水聲裡／提煉出一縷黑髮的哀慟」，則這裡也不該使用未央宮。下半就是一段較難理解的散文詩。我們不懂這段是否寫白詩「夕殿螢飛思悄然，孤燈挑盡未成眠……」等，極力形容玄宗的午夜心境，那種打結打結，解開解開，又負手踱步，徹夜難寢，有時作者意欲表現的，讀者不易完全了解，除非作者自己詮釋，不然像這類似的路，實在讀者很難經驗到創作時的那種感覺，這種費人思索的句子，如八節貴

妃死後，「一朵菊花在她嘴邊……」及「她不再牙痛……」：洛夫捨棄臨邛道士的神話架構，自然是為了全詩發展的統一，這並無不妥，也可說洛夫新處理手法的獨特心得，但其中有些處理是否恰當？說真的，是我們不敢自作解人的。我們都很疑問，這種類型的詩作，作者能否完全把握到玄宗當時的心境、意識，這是不問可知的。而這種表現技巧，如果不經由作者自己的詮釋或註解，就了解上來說是很困難，洛夫很強調純粹經驗，但這種個人經驗認真的，是作者以外的人頗不易接受的。最少最少那些評論家還要有某些「學院」的訓練。否則一般讀者如何去接受所謂「超現實主義」，或「法超現實主義」，張文曾指出林潤的看法代表了「典型的對超現實主義的誤解，以及對洛夫的誤解」。我們要指出，張文並沒仔細看《石室之死亡》的那一面鏡子（〈詩人之鏡〉）其三超現實主義與詩的純粹性，林潤評的是石詩，其加以「超現實主義」乃引自其序（當然林潤對這一名詞的了解是另一回事），洛夫其後改變其部分說法，這是另一事。

　　第七、八節間，洛夫在描寫玄宗的半夜心情後，又一小段類似七言律詩的四行：

　　千間廂房千燭燃，
　　樓外明月照無眠，
　　牆上走來一女子，
　　臉在虛無飄渺間。

洛夫在全詩的發展中，特意使用這種怪異的句型，說它是「打油詩」，不是「雅」謔，不然就是誤解打油詩之原意。前二句是承接著披衣而起而下，照無眠的無眠就是玄宗，後二句用得極其荒謬，這是洛夫所特意設計的反諷，他試圖用這虛幻的景象，把全詩帶入另一種世界，這是他不用神話架構不得不另尋出路的作法，有這四行荒謬的詩句，下面第八節：

> 突然間
> 他瘋狂地搜尋那把黑髮
> 而她遞過去
> 一縷煙
> ……

這樣銜接，就不會感到太「突然」，而把貴妃重新出現在另一虛幻的世界裡，正因洛夫不直接承用神話，因此布置貴妃的世界就顯得怪異而無所著落，這是洛夫刪改白詩後的變通法門。

這種變通有時也會遇到難以處置之處，白詩用「臨別殷勤重寄詞，詞中有誓兩心知」，逗引起一段千古風流韻事，洛夫詩在此就失去這一憑藉，而使用八節末的四行。

> 她那要人攙扶的手
> 顫顫地
> 指著
> 一條通回長安的青石路……。

注意那「……」的指引，意味著長安有段魂牽夢縈的往事，九節可說就是翻譯「七月七日長生殿，夜半無人私語時，在天願作比翼鳥，在地願為連理枝。天長地久有時盡，此恨綿綿無盡期」。但白詩是先有溫甜的回憶，再拉入悠悠的時空裡，洛夫所設置的卻是「苦澀」的。

> 一個高瘦的青衫男子
> 一個沒有臉孔的女子

這一男一女顯得虛幻而不真實，我們可想像，洛夫為何與如此塑造怪異的

景象？是淒厲已極的虛幻世界。

　　火焰，繼續升起

　　白色的空氣中

　　一雙翅膀

　　又

　　一雙翅膀

　　……

這裡所用火焰、白色確能烘托出淒異、苦澀的氣氛。最後獨成的一行「風雨中傳來一兩個短句的迴響」，據我們猜想，可能為了傳達白詩那種時悠悠、恨綿綿的韻味。

　　綜結上面的剖釋，洛夫在敘述過程中，花了不少力量予以濃縮，在取捨之間，有其獨特之處，但也有支離之感。至於語言、意象的處理，仍可看出習用的技巧，諸如髮式出現在「西貢詩抄」，在此又挪用到唐時的烽火；性交意象的雙關意義，如二、五、六節中那種黏黏的感受；八節捧著一碟「鹽」的意象；而形式上，他如大膽地分短行排列、圖案示象、散文詩列、舊詩變體，無可諱言，洛夫是有心人，希望「突破」自己習用的語言、意象、甚至題材，洛夫風格的善變，他的作品提供了最好的說明。

　　只是作者意圖是一回事，表現又是另一回事，這一詩作除了上面所提的指向外，認真地說，洛夫並沒有賦予〈長恨歌〉一種嶄新的義涵，從頭到尾，我們只看到玄宗、貴妃被如此這般地嘲弄、反諷。也許他使用了些「文學技巧」，但看不出「新的價值觀念」，嘲弄一個昏君？諷刺一個江山美人的悲劇？跟我們所生存的歷史有何關係？提供了新的精神價值？這是我們的疑問！如果只是運用現代詩的技巧，翻譯古典文學，那絕不是一個獨創的作家的目標，新詩與舊詩在形式上有極大的差異，我們不能用了新瓶去裝舊酒，就算回顧傳統的文化，我們總想，在橫的移植些舶來的藝術

技巧，回過頭用心去接受固有文化的精神價值，從而翻新舊詩的部分技巧。

　　從早期李英豪對洛夫的評論中，我們即可看出，在詩的評論上我們走了岔路，隔岸觀火的李英豪在〈論洛夫〈石室之死亡〉一文中，一再地強調「瘂弦、葉維廉和洛夫皆可稱爲 difficult poet」，並對於「晦澀」提出其一廂情願的解釋。他「從純詩的觀點去看洛夫的詩」，並自信對「石」詩無任何「偏袒或誇耀」，他很大膽地作了「預言」，「石詩的真正價值當在十年、二十年、三十年或數十年後始被估認」，又指出從石詩中，「我們可見出中國現代詩，必然愈趨於純粹而又繁複相剋，必更趨於精神上之深沉奧祕」，他站在香港宣布：「理念的詩的時代業已過去，而只有個別平行深入的發展。」他是接受了「西洋」、「學院」的訓練來評論洛夫的詩，他是站在一個奇特的時空底下來評論中國的詩。而《中外》登的張文也是在接受「西洋」、「學院」的訓練，提出對洛夫詩的詮釋與評價，並預示「也許」該走的中國現代詩的方向。他們對現代詩，尤其當前還在開拓中的現代詩，提示善意的詮釋與批評，這是我們所衷心感謝的，但他們的觀點很值得商榷。

　　有些「學院」派的批評家很能善用他們所使用的訓練，這不是壞事，但他們評值高的作品，以其本身的訓練之故，也許能懂、能了解這些艱澀的作品，但對於大多數的讀者而言，卻只能望「詩」興歎了。過分強調個人心理經驗的作品，對於作者以外的都是一種「考試」，我們想，張、李二先生也沒自信說他的詮釋就是近乎作者之意的（當然，有些人會說讀者也有再創作之經驗，這且不談）。洛夫的詩即是難懂的一種，在「文學的交通」上就是一種困難，我們對於〈長恨歌〉一詩，其中的意象、語言諸表現技巧，一定頗有許多讀者有難的「交通」之苦，這可說是讀者的損失，也是作者的損失。

　　讀者之所以難以接受，除了語言、意象的障礙外，時空的感受也是一大因素。而批評家之評論也多少需顧慮處在何時地之上，完全把「文學」、

把「詩」從現實中抽離出來，作自己理論的實驗，或者馳騁自己的想像，這於他自己也許有某種程度的鑑賞，但對於廣大的讀者並沒多大的效果。我們並不強調創作一定要受制於讀者市場，或者太過分顧慮傳播效果，而抹煞作者本身的創作尊嚴。但我們不能不注意到作者與讀者之間，必須有可能的「交通」，由此進入文學的鑑賞領域。

我們的批評家不能只用學院的眼光去詮釋作品，且要站在作者與讀者之間，立身於現實的時空底下，作鞭辟入裡的評論。只有考察了所存在的時空，探究整個人群的心靈，才能指出中肯地創作方向。我們的詩一向就只限於士大夫的專利（詳情見《文季》第 1 期王夢鷗教授〈士大夫文學與貴游文學〉），尤其多限於悠閒的文人空唱神韻，高談格調，而不能像杜甫的表現境界之開闊。要求文學的純粹性，只是中國傳統詩中的一體而已。

洛夫從早期的《詩人之鏡》起，就曾一直強調唐詩中的那種純粹性，希望「達到不落言銓，不著纖塵的空靈境界」。他又認為詩人的職志不上於造境，「更要追求新語言行號與表現技巧，以征服那無言之境」，在這指標下，洛夫的詩作實驗各種表現技巧，思索過各種玄虛之境。而現在又有〈長恨歌〉這一古典題材，讓他實驗他的新的語言符號與寫作技巧，我們總覺得，臺灣的現代詩人過分追求表現「純粹經驗」（？），而對於現實世界的不屑一顧，是不可思議的現象，歷史是一面鏡子，王維、韋應物……等較屬於「趣味澄夐」的詩作，固然有其價值，但偏愛至深的司空圖、嚴滄浪頂多也只能把他們列入「名家」[8]，而「入神」之作、「極致」之作不得不推諸李杜，我們如細心考察詩史即可知，杜甫之所以成為詩史、詩聖，就因為他所創作的史詩，用血淚、用生命去體驗的作品，才能表現人性的光輝。題材的選擇足以考驗一個作家的才識，為什麼我們一定要亟亟地向存在、心靈世界去鑽牛角尖？現實世界是多廣闊的天地，我們應植根於這片堅實的大地上。洛夫具有覺醒的勇氣、奮鬥的毅力，由衷地佩服。

---

[8]一併如註 8 所要討論的專文，詳加討論。

但我們希望進一忠言，我們的創作不能遠離現實人生，生活在周遭的森羅萬象、形形色色，都可資以取材，尤其那些帶血帶淚的故事，那些滾滾的不息的現實，可爲作品提供極有力的素材[9]，李、杜這樣偉大的詩人，他們的作品這樣寬廣的涵融性，這樣親切的生命感。我們四顧豐富的中華文化，向歷史學習的就在這裡。

如果視爲其中一種寫作方向，我們應該在古典題材灌注新的意義，而且要求作品的獨創性，而不仰賴任何一舊作。更重要的，我們應走出書房，去看人生，植根於生活，取源於現實，這才是活生生的源泉，創作的「活水」。

洛夫是具創作潛能的詩人，我們希望、期待他創作出代表中國，代表這一代的作品來。

——選自《大地》，第 7 期，1973 年 12 月

---

[9]臺灣詩人頗多讕言及此，其實考察了歷史真相，這並沒大逆不道之處，年老一輩的詩人們不太能諒解年輕的心情，這實在缺乏寬宏的雅量、新的聲音、新的力量意味著詩壇的新生命，也許還不算成熟，但我們期待著吧！

春與秋其代序

對洛夫先生〈詩壇春秋三十年〉一文的幾點意見

◎向陽*

　　5 月出版的《中外文學》，在「以歷史回顧為主題」的構想下推出「現代詩三十年回顧專號」，這本厚達 262 頁的詩專號計以：一、回顧性的論文，二、現代詩 30 年大事記，三、文學重刊，以及四、詩創作為其內容，在編輯者的巧妙安排下，堪稱是多年來各類刊物所曾出版詩專號中，最能照顧並掌握 30 年來現代詩發展的專號。

　　但這本專號卻也出現了美中不足之處，特別是在其重點「回顧性的論文」上，對留心詩壇發展和現況的讀者，這本專號雖提供了 30 年詩史的大概景觀；然而對已為現代詩奮鬥過 20、30 年的前行代詩人而言，恐怕會是一種「不盡合意」的缺憾；對近十年來從事現代詩創作的新生代詩人來說，也可能會有「不得不說」的意見——站在整個中國現代詩史的立場上，而非一門一派的界限中，這種反應毋寧是十分正常的。

　　其中引起詩壇最大反應的，應該是洛夫先生的〈詩壇春秋三十年〉一文。一方面這篇文章具有整本詩專號的導言性質，另方面又是「一篇算總帳的文章，回顧與檢討兼備」，當然引人注意，同時易起反響，自不在話下，洛夫先生「臨危受命」，承認「這是一件艱鉅的任務，吃力不討好是必然的」，不難想見他下筆時的態度應是十分謹慎及力求公正的。

　　然而可惜的是，洛夫先生為了「盡量避免重複」有關現代詩的發展歷程和重大問題，採取「以雜憶和反省的方式」處理民國 61 年以前的事，以

*本名林淇瀁，發表文章時為《自立晚報》藝文組主任兼副刊主編，現為臺北教育大學臺灣文化研究所副教授。

「詩壇新貌的介紹與評述」處理十年來的發展，使得這篇重頭文章因此稍嫌分割、零散，也發生了「瑣細與嘮叨則勢所不免」的缺失——但這不構成問題，這是作者處理他所熟悉之事時不得不採取的方式。

構成問題的是：做為目前詩壇的重鎮之一，洛夫先生對民國 61 年以前的事，似乎雜憶得多，反省得少，對近十年來的發展，則似乎介紹得不夠，評述得稍嫌武斷。

我們是現代詩發展歷程中的後進，對於 30 年來在備受誤解下不斷奮鬥的詩壇前輩，基本上懷著十足的感念，也對洛夫先生二十多年來不懈於詩的精神抱有萬分的敬意，然而對於洛夫先生〈詩壇春秋三十年〉一文所觸及的某些問題，我們不能不站在詩史的立場上提出幾點真誠的意見，就教於洛夫先生並藉供關心現代詩的讀者參考。

第一，關於民國 61 年以前的「詩壇雜憶與省思」部分，這一部分，洛夫先生以「現代派」、「藍星」、「創世紀」及「笠」四大詩社為探討對象，由於寫作方式採雜憶方式，兼有祕辛性質，的確頗具可讀性，然而此一雜憶應僅能視為「資料提供」，其可信度或許仍有待與其他詩人提供的資料比對後，始可論定，我們不擬置評；而洛夫先生對於「現代派」的再闡釋，對於「藍星」抒情風格的提而未論，對於「創世紀」與超現實主義的辯解，對於「笠」的語言問題的「不敢苟同」，對於「葡萄園」明朗詩風之提倡的略而不提，這些也非年輕一代的我們所能置喙。我們能提出看完此一部分的意見只是：洛夫先生如能以他寫「創世紀與超現實主義」的內容與態度，來處理其他詩社，應該可使此一部分更珍貴而可信。

第二，關於「臺灣的現代詩，在年輕一代覺醒，並創出一種關心現實和社會而趨於明朗化大眾化的詩風之後，業已告終」部分，洛夫先生認為「這一看法與事實不符」，是「似是而非的說法」，我們認為仍有待商榷。事實上，如果沒有民國 61 年關、唐事件的發生，詩壇恐怕仍會籠罩在歐風美雨下而不自覺，如果沒有當時以「龍族」為首的青年詩人「敲自己的鑼，打自己的鼓」的覺醒，並以作品支持他們的自覺，現代詩恐怕還得遲

緩個幾年，才能達到今天的所謂「收穫時期」。以現代派儻為衣缽的現代詩的告終，正是由於年輕一代的覺醒及繼起所敲響。而其「不再被視為西方現代主義的支流或附庸」，其「在精神和語言上都已歸宗於我民族文化的主流」等等「果」的形成，恐怕不能不歸因於當年新生代詩人的覺醒。

　　第三，關於「近十年來現代詩的新貌」部分，洛夫先生似乎對於十年前關傑明、唐文標兩先生所引起的論戰，仍難忘懷，整節以五分之四的篇幅反覆駁正關、唐，以五分之一的篇幅「介紹，評述」近十年來的新貌，令人稍感遺憾。以今天的眼光來看，關、唐兩先生的意見容或「矯枉過正」，但對當年的詩壇的確不無警惕，如以讀者的立場看，他們的意見容或「惡毒」，卻也是真誠的表白。在當時對詩壇之傷害頗大，我們可以理解；對今日之詩壇卻不無裨益，則應可肯定。而這恐怕不是輸贏問題，因為輸是詩壇，贏也是詩壇，要緊的不是評家如何「惡毒」，要緊的是詩人是否自覺？要緊的不是當年的詩評家如何「歪曲」，要緊的是這十年來詩壇如何純淨；而這就關乎十年來現代詩表現了什麼樣的新貌？恕我們坦率以道，洛夫如其著重於「新貌」的評介，即使無法務求客觀，也將使他對關、唐兩人十年前評文的駁正更具說服力。

　　第四，關於洛夫先生對年輕一代的評述部分。此一部分洛夫先生提到兩點，都是我們不能已於言者。其一，他說「近年來他們在鄉土主義的局限下，不僅詩觀受到限制，想像力也難以縱韁馳騁」；其二，他認為「新人是長成了，但他們辦詩刊，推展詩運的熱情和執著則不如前人。他們老成持重，大多缺乏前衛精神和實驗新形式新語言的勇氣」。就前者來說，恐怕沒有任何一個年輕詩人敢於承認，事實上詩風近於鄉土者，詩觀不見得必是「鄉土主義」；贊成所謂「鄉土主義」者，其詩風亦不見得即是鄉土，更何況尚有不少青年詩人在創作上寧肯以詩為宗，不願以「主義」自限？至於想像力的「縱韁馳騁」則牽涉到每個詩人不同的美學要求，可勿庸贅述；就後者而論，青年詩人辦詩刊的現象仍如雨後春筍，源源不斷，推展詩運的能力或許猶是新燕初至，力有未逮，然而這並不損於我們的「熱情

和執著」，恕以《陽光小集》為例，我們自去年春季號改版為「詩雜誌」形式，即是在詩刊發展的一個突破，在編輯方針上的「門戶開放」，也大異於往昔詩刊的「同仁觀摩」，加上我們對詩與歌、畫的重視及提倡，這恐怕非「熱情和執著」所涵蓋了得，而已是走向更有定力及計畫的努力了，如不如前人則應屬其餘事也。至於今天的所有青年詩人是否真的缺乏「前衛精神」和「實驗新形式新語言的勇氣」，則也不盡然，事實上這十年來出現的青年詩人及他們的作品，與前行代詩人的作品相較，有明顯不同者並不在少數，實驗過新形式新語言，甚至新內容者也不難找出；即使退一萬步來說，他們真是大多缺乏「前衛精神」的話，相信也仍有很多青年詩人不斷在充實自我中，他們之不敢冒於實驗新形式、新語言者，不是沒有「勇氣」，而正是「老成持重」的可貴。

基於以上四點看法，我們對於洛夫先生的〈詩壇春秋三十年〉一文不無遺憾。就「詩壇春秋」四字而言，我們之所以不憚其煩，提出意見，不敢說是「責備賢人」，但絕對是本於對洛夫先生二十餘年來對詩壇的貢獻的肯定及尊重。我們期望現代詩的真正結果，使我們不能不要求現代詩的早日開花，而現代詩的開花，是仍需要老少詩人相互尊重，各自努力才可能達成的。

做為今日青年詩人的一群，對於 30 年來風風雨雨的現代詩發展過程，我們深盼那只是成長的必然，而不是誤解與錯誤的累積。基本上，一如洛夫先生所言，我們「既參與現代詩這棵大樹的枝葉修剪工作，卻也反對有人搖撼這棵大樹的主幹和根基」，然則我們認為現代詩的主幹應是民族，其根基應是時代，此一主幹此一根基不為一門一派所可獨自擁有，也非詩壇內外任何人所能搖撼。對過去為現代詩付出心血的前行代及其業績，我們絕對尊敬，但我們也不迷戀；對於未來我們這一代能否為現代詩做賡續、發揚的工作，我們將更加持重而不衝動，更具信心而不躁進。我們認為，任何文學主義的宣揚，如其不與民族、時代相呼應，則屬詩人的墮落；任何語言形式的實驗，如其不與生活、民眾相配合，則屬詩人的逃避。墮落

與逃避，不足爲一個有良心的藝術工作者所取，更不可能是這一時代的所有詩人所樂見。

　　屈原《離騷》中有句話說：「日月忽其不淹兮，春與秋其代序。」文學藝術本來也是循循以進的，每一代的文學工作者盡其本分，則雖或爲日，或爲月，或春或秋，大可不必多所計較。唯我們讀了洛夫先生的〈詩壇春秋三十年〉，深感因誤解而起的風雨絕非現代詩壇之福，我們期待溫煦而開放的陽光，自寬闊的現代詩的土地上升起！

　　（本文同時刊登於《陽光小集》詩刊第 9 期）

——選自《臺灣日報》1982 年 6 月 25 日，8 版

洛夫作品的意象世界

◎簡政珍[*]

一

　　文字的進行受制於時間，形象展現空間，詩的意象正是以時間性的文字呈現空間性的形象。[1]詩人最大的考驗就是意象的經營。

二

　　以意象的經營來說，洛夫是中國白話文學史上最有成就的詩人。洛夫語言不論從早期的繁複到近期的明朗，是以意象重整客體形象的能力應是白話文學史上最值得談論的課題。顏元叔先生 15 年前論述洛夫的兩首詩，不論其對詩中結構有多少置疑，其肯定的是洛夫「意象語之豐富，奇特與魄力」。顏先生緊接著說：「也就是由於洛夫意象語之力量如此，讀者的意識被驅趕著，急速奔馳於字裡行間，而無法稍停以審視其內在的連貫性。」[2]

　　顏先生此段的討論，皆針對「太陽手札」而言。顏先生的觀察極為銳利，但他的疑惑也反映了一般讀者的態度。幾年來，讀者面對洛夫的詩大多類似如面對太陽後的暈眩，著迷的是散發出來的光熱，困惑的是暈眩後難明所以的「結構」。但結構應是作品和讀者交融後才衍生，不是僵硬的存在於作品，更不是讀者既有的邏輯體系。讀洛夫《石室之死亡》（部分收集

發表文章時為中興大學外國語文學系教師，現為亞洲大學外國語文學系講座教授。
[1]見拙作 "Image and Language"（〈意象和語言〉），刊於中興大學《文史學報》（1987 年 5 月）。
[2]顏元叔，〈細讀洛夫的兩首詩〉，《中外文學》第 1 卷第 1 期（1972 年 6 月），頁 133。

於《無岸之河》，另名「太陽手札」)，以及其他意象豐富的詩，乃至於任何作者的作品，讀者首先都應走入作品的世界，浸浴其間有所感受的過程中，一切價值體系，邏輯思維懸置起來，先入為主的觀念擱置一旁，懾於詩中震撼性的意象：「其他時間凋萎的殘幹／在牆上細述；凝視的形體／傾身噓令室內靜寂。／樓梯上步履穿梭」[3]，或「驀然回首／遠處站著一個望墳而笑的嬰兒」[4]，隨著意象和時間浮沉，沉靜滲入意識，似乎凝神傾聽樓梯上的步履，也為望墳而笑的嬰兒不能言語。

　　閱讀洛夫的詩大多有類似的經驗，詩中的意象有語無聲的進逼，意象雄渾龐雜，讀者在這五彩繽紛的文字世界中，感受的是奇花異葩的錯落，更多的是，奇岩怪石的崢嶸，讀者目不暇給，意識沒有空間置疑花草安排的次序，更無法在瞬間思索凸出的岩石在自然景致中是否和諧。讀者騰空自我以容納繁複目光所及的客體，意識和文字融為一體的片刻最能感受閱讀的情趣。

　　但讀畢全詩，那望墳而笑的嬰兒會變成不可磨滅的記憶。自我回返意識，重新回味審視既有的經驗，沉默於洛夫繁複的意象世界後，試圖訴諸語言，稠密的文字逼使自己做第二次或第三次的閱讀，散亂飄浮的印象漸漸歸併聚集，無形的網絡漸漸現出肌理，所謂「結構」於焉而生。

　　詮釋要基於有所感的閱讀才有意義。[5]閱讀洛夫的詩尤然。但所謂有感不是廉價情感的泛濫，而是感受詩行中凝重情緒的醞釀。洛夫詩中的感情

---

[3]這是艾略特《荒原》裡的詩行。原文如下：
And other withered stumps of time／Were told upon the wall; staring forms／Leaned out, leaning, hushing the room enclosed／Footsteps shuffled on the stair,……
[4]洛夫《石室之死亡》第36首。本文引用洛夫原著所用版本如下：
《石室之死亡》，創世紀詩社，1965年出版。
《外外集》，創世紀詩社，1967年出版。
《無岸之河》，大林書店，1970年出版。
《魔歌》，中外文學月刊社，1974年出版。
《眾荷喧嘩》，楓城出版社，1976年出版。
《時間之傷》，時報文化出版公司，1981年出版。
《釀酒的石頭》，九歌出版社，1983年出版。
[5]見拙作〈閱讀和詮釋〉一文，《文訊》月刊第28期（1987年2月號），頁176～181。

不是吶喊式的波濤洶湧，而是激情制約後的款款而流。

　　就是因為款款而流，它有一個次序，雖然這個次序要讀者浸浴其間有所感才能意會。望墳而笑的嬰兒呈現出生死錯綜複雜的關係，死帶走生記之以墳，然生以另一形態（嬰兒）對之而笑，雖然嬰兒也終究步入塵土。綜觀全詩，生即難分難解，若即若離以「肯定」與「否定」和死相交纏：

　　　　諸神之側，你是一片階石，最後一個座椅

　　　　你是一粒糖，被迫去誘開體內的一匹獸

　　　　日出自脈管，饑餓自一巨鷹之眈視

　　　　我們賠了昨天卻賺夠了靈魂

　　　　任多餘的肌骨去作化灰的努力

　　　　未必你就是那最素的一瓣，晨光中

　　　　我們抬著你一如抬著空無的蒼天

　　　　美麗的死者，與你偕行正是應那一聲熟識的呼喚

　　　　驀然回首

　　　　遠處站著一個望墳而笑的嬰兒

生渴望以「一片階石」，「一個座椅」通往神之側，以一粒糖「誘開體內的一匹獸」，但「賺夠了靈魂」卻「賠了昨天」，靈魂還生，肌骨卻將成灰。看不見的「無」（靈魂）卻「有」，看得見的「有」（肌骨）卻將「無」，重新調整常理中邏輯結構裡的肯定和否定。因其似有若無，似無若有，「我們抬著你一如抬著空無的蒼天」。軀體變成空無的蒼天，一方面暗示肉體將入塵土化為烏有，一方面呼應前面第一段結尾「肌骨化成灰」。詩行不寫成「抬著空無的塵土」，而寫成「空無的蒼天」，一方面以情扣景較合理，一方面在表面的否定中再呈現肯定的新機。世人抬頭看蒼天，死乃變成一種被仰望的姿勢，既定時空的肉體提升為超越特定時空的靈魂，寄居無所不

在的蒼天，否定中又肯定。結尾以嬰兒望墳而笑這個逼真迫人的意象作肯定和否定繁複關係的總結束。嬰兒可視為死者的新生，死帶走生是由「有」到「無」，但此時卻「無」中生「有」，雖然成長後又將由「有」到「無」。

第六行的「最素的一瓣」和原標題為「睡蓮」的題目相呼應。若死者的「你」以蓮花比喻，「你」自在諸神之側，因蓮傳統上是趨近神性的表徵。死者是「美麗的」，不僅因其有類似圓寂的姿態，而且有花朵的隱喻襯托。

至於第三行「日出自脈管，饑餓自一巨鷹之眈視」，前者寫意大於寫景，後者則景外生景：「饑餓」可解釋為鷹所看到獵物後的感受，也是由鷹之眼神透露出饑餓的狀況。鷹暗示神性和志氣，日出則為體內的獸被誘出後的新生，是一種理想，為第二節的伏筆。「日出自脈管」也可純由寫景描繪之。「日出」以寫意而言是結尾「嬰兒」的準備，但以寫景而言，第二節裡，既然死者化身蒼天，脈管自可比擬成大地山川，日出脈管遂可想成日出山川。

正反有無的交錯，肯定和否定的交雜，是典型洛夫作品世界裡的現象。但是本詩中「日出自脈管，饑餓自一巨鷹之眈視」也是同時引發讀者掌聲和質疑的代表意象。洛夫詩作展現正反錯綜的人生，讀者的反應也兼容肯定和否定。關鍵在於這些意象被稱為「超現實」。

洛夫對於「超現實主義」原先是呼之唯恐不來，後來是揮之唯恐不去。事實上，任何形式的藝術本質上都或多或少是超現實的。藝術的活動不是客體現實世界的再現，而是透過各種藝術的語言重整外在的世界。相片最能趨近現實的本貌，但鏡頭取角，背景取捨都是人為意識的投射，再加上成品和攝影的現場的時空差距，相片已成為記憶的痕跡，而非現實的再現，故巴特（Roland Barthes）稱相片裡的形象是現實的簡化

（redution）。[6]電影表現的更是時間的簡化，否則拍攝一個人的睡眠需要足以放映八個小時，更遑論人的一生。藝術的活動是人對客體時間的重整，漫長的時光可以一筆帶過，人思維的片刻可以無限制延長。前者如吳爾芙夫人〈歲月〉（"The　Years"）中每一節的跳接；後者如普魯斯特裡馬歇爾端起咖啡杯的瞬間，意識奔馳的廣泛空間似乎使時間靜止。

　　若是時間可由藝術重整加以靜止或延長，充斥於不同空間的形象也因此另行組合成爲另一種面貌。洛夫的詩行：

當我微啟雙眼，便有金屬聲
叮噹自壁間，墜落在客人的餐盤上

其後就是一個下午的激辯，諸般不潔的顯示
語言只是一堆未曾洗滌的衣裳

——〈石室之死亡〉第二首

香煙攤老李的二胡
把我們家的巷子
拉成一綹長長的濕髮

——〈有鳥飛過〉，《魔歌》

嗆然
鈸聲中飛出一隻紅蜻蜓
貼著水面而過的
柔柔腹肌
靜止住
全部眼睛的狂嘯

——〈舞者〉，《魔歌》

---

[6]Roland Barthes, *Image-Music-Text*, trans. Stephen Heath,（New York: Hill and Wang, 1977）, p.17.

　　那確是一隻

　　觸手冰涼的

　　閃著黃銅膚色的

　　梨

　　一刀剖開

　　它胸中

　　竟然藏有

　　一口好深好深的井

——〈午夜削梨〉,《時間之傷》

　　以上這些「超現實」的意象,細究之,有兩種狀況:一、意象跳接不受單一句法之限制,單句裡原有多組意象,暗示意識在極短暫時間內橫跨不同的時空。〈石室〉第二首裡,眼睛微啟,兵器撞擊的「金屬聲」暗襯言語的衝突,故有下一段的「激辯」,辯論時彼此相激,言語已「不潔」,故另一意象介入,如「未曾洗滌的衣裳」,但意識的活動極快速,「如」或「像」的推理活動轉化成「是」,將明喻變成隱喻。

　　〈有鳥飛過〉的意象亦然。二胡把巷子「拉成一綹長長的濕髮」,由聲音引發記憶,記憶中的人物(也許是母親,情人或是姊妹)當年洗頭時或是雨中相會淋得濕淋淋的時候,空氣或背景中也飄盪著類似的曲調,意識瞬間加以剪輯,將兩個時空的經驗在一單句裡重疊出現。

　　〈舞者〉中的紅蜻蜓是藉由和鈸上的紅彩帶相似而成為意識眼中的意象,紅蜻蜓貼著水面的靜止和全神凝注的觀者相稱。但實際上鈸聲和舞者都呈現動的景象,配合觀者的亢奮和狂嘯。

　　〈舞者〉的動靜相稱和相對比,有如葉慈〈長腳蒼蠅〉("Long-Legged Fly")裡凱撒處理軍機,外界喧囂而內心必須全神貫注的狀況:

　　正如一隻溪流上的長腳蒼蠅

　　他的心在靜默中移動

　　（Like a long-legged fly up on the stream

　　His mind moves up on silence）

以意象而言，這裡洛夫詩中意象的轉移，聲音和靜謐的銜接，都比葉慈的詩行更具美學效果。

　　最後一組意象由剖開梨到胸中「藏有一口好深好深的井」也是意識的聯想。目光注視剖開的梨逐次蛻化成與其外形相似的井，井回響著不同時空的聲音，歷史和記憶一邊侵入聽覺，井中的倒影猶如自我的攬鏡自照。

　　二、這些意象單獨抽出，有如風景中的奇岩怪石，但它帶給讀者的不只是突發性的驚駭或驚喜，還有整體的和諧。〈午夜削梨〉整首詩是這樣的：

　　冷而且渴

　　我靜靜地望著

　　午夜茶几上

　　一隻韓國梨

　　那確是一隻

　　觸手冰涼的

　　閃著黃銅膚色的

　　梨

　　一刀剖開

　　它胸中

　　竟然藏有

　　一口好深好深的井

　　戰慄著

　　拇指與食指輕輕捻起
　　一小片梨肉

　　白色無罪

　　刀子跌落
　　我彎下身子去找
　　啊！滿地都是
　　我那黃銅色的皮膚

「冷而且渴」是詩中人覷覦韓國梨的心境，但詩所觸及的傷痕是刀子劃下時「物我合一」，割痛的肌膚是詩中人自己。歷史的觀照，選擇韓國梨，不只是因訪韓而順手拾取的意象；韓國和中國隱約相似的命運是重點。詩中特別以黃銅膚色稱呼梨，最後「滿地都是／我那黃銅色的皮膚」，主客交融，命運一致。詩的戲劇張力主要建立在第二節「井」的意象，「井」正如前面所述，夾雜多少回聲，是歷史的聲音和影子。但其意象的展現除了上述外形似梨的視覺變化外，也呼應了第一節的「渴」，由於「渴」，梨和井變成被渴望的對象，彼此不僅外形相似，且功能相仿，梨和井，中國人和韓國人藉著意象的牽引變成彼此相映照的關係，「時間之傷」也是你我之傷，梨肉也是你我之肉。

　　前面所提的〈舞者〉亦然。引文取自原詩的第一節緊接著第二節的「江河」、「海」、「胸臆中的一聲嗚咽」是第一節「水」的意象的延續，「飛花」、「豆莢炸裂」、「群蝶亂飛」是紅蜻蜓的另一種舞姿。最後一節「一株水蓮猛然張開千指／扣響著／我們心中的高山流水」正如第一節的紅蜻蜓「靜止住／全部眼睛的狂嘯」。兩者都是動中帶靜，靜中帶動。水蓮動靜中有一種令人肅然起敬的凜然，意象已由紅蜻蜓的純粹形象進一步提升爲精神層次的暗示，故前面的「眼睛的狂嘯」也變成「心中的高山流水」，而「高山流水」也是前面聽覺和視覺意象的綜合。

　　閱讀行為主要建立於讀者和作者的意識交感（intersubjectivity）。但所謂交感絕不是固守自己的邏輯思維，以自己有限的現實去評斷想像世界裡的非現實。即使有些景象是真實，但礙於我們的視覺習慣，可能視而不見，《尤里西斯》（*Ulysses*）裡有一段文字：布魯姆舉起右手臂指向太陽，「他的小指尖抹去了日輪」（"The tip of his little finger blotted out the sun's disk"）[7]，這種景象如只用一個眼睛看，就有這種效果，但喬埃斯並不說明，讀者以雙眼視之可能指其為「超現實」。

　　小說有時要求肉眼調整觀察習慣，詩更要求以心眼補足肉眼。錫爾金（Ion Silkin）的詩行：

沉思，伸展開的臀部的安息日

良知，乾豆那麼大小

磨擦教堂座椅的肌膚，淌著

安息日的液汁。

——〈教堂正缺少呼吸〉

Sabbaths of the pensive spread buttocks.

Conscience, the size of dried pea

Chafes over the pew's flesh sweating its

Sabbath juice

——"The Church Is Getting Short of Breath"

其中臀部的沉思，良知為「乾豆那麼大小」和「淌著安息日的液汁」都超越真實世界的邏輯和推理，但如隨詩中人的意識想像並非不可解，洛夫的詩也如此。

---

[7]James Joyce, *Ulysses*（New York: Random House, 1961），p.166. Spiegel 討論小說和電影也曾經以此為例，見 Alan Spiegel, *Fiction and the Camera Eye: Visual Consciousness in Film and the Modern Nouel*（Chartvttesoille, University Press of Virginia, 1976），p.132.

　　洛夫的詩中，意識的多重視野橫跨時空，突破既定句型所呈現單一理念或單一意象的限制。詩因此意義繁複有別於散文。詩所呈現的世界不是單一現實的重現，而是多重現實的重組，這才是「超現實」的真義。文學，尤其是詩，本來就是界於真實和非真實之間，意識基於現實且橫越現實而趨近於非現實。若要走進詩的世界，讀者就不宜以現實世界的邏輯體系來論評想像活動重組現實而創造非現實的活動。讀者站在環外以靜觀動，永遠遠離作品的核心，他必須置身於環內，文動意動，才能體會了解和詮釋互為首尾的奧祕。

　　自洛夫在《石室之死亡》的序言裡介紹超現實主義，洛夫一些較富於歧義（ambiguity）的詩，就時常被許多讀者和評者輕易解釋成超現實技巧的運作：意象的繁複被評為晦澀，多重現實的組合謂之來自於潛意識，意象的進展若理不出結構則稱之為「自動語言」。事實上洛夫在該序文裡介紹超現實技法時所引介的三位詩人：洛特阿蒙、艾略特和葉慈時就曾說：三位詩人「是運用暗示以產生價值的壓縮與意象凸出的效果」，「『自動語言』並非超現實詩人必具之表現技巧。」[8]洛夫對超現實的寫法是有所選擇，對「自動語言」多有所保留，詩裡大多是語言的濃縮和意象的繁複，而絕少「自動語言」。肯定的是藉由超現實的詩觀使人重新逼視客體，打破相沿成襲的認知，在平凡中顯現不平凡，這正如柯勒瑞奇 （S. T. Coleridge）在論述《華滋華斯》時所說，「使日常事務顯現魅力」並「將在習俗昏睡的心靈喚醒」[9]，要達於此，日常熟悉的事務透過語言展現不同的組合，正如艾略特所說：「語言永遠輕微的改變，文字持續新而突然的組合並置」。[10]語言的組合即顯現現實的重整，這時文字的世界即有別於我們習以為常的世界。幾乎洛夫乎的每一首詩無不以文字意象來重整客體的形象，以文字新的組合來調整既有的現實，使一切周遭的事物在每一首詩中呈現新的面貌。

---

[8]《石室之死亡》，頁 23。

[9]柯勒瑞奇的論述，布魯克斯（Cleanth Brooks）也曾經加以引用討論，見 Cleanth Brooks, *The Well-Wrought Urn*（New York and London: Harcourt Brace Jovanovich, 1975），p.7.

[10]也見之於布魯克斯的引文，Brooks, p.9.

　　但讀者傾向以詩人的詩論來論述他的詩；更不幸的是讀者尤其喜歡在詩人的論述中，片斷摘引以遮掩自己不足的詩觀和詩的鑑賞力。洛夫雖然在《魔歌》自序裡再度批判潛意識和「自動寫作」，許多讀者仍繼續將其詩興歸之於「潛意識」，技巧是「自動寫作」，整體產品是「晦澀」。總之，一切「超現實」。到了《釀酒的石頭》，洛夫仍然在〈後記〉中感慨地說：「某些半調子詩評者，對我作品中凡插上想像翅膀的詩句，一概視爲『超現實』；凡談到我以間接暗示手法處理的詩句，一概視爲『自動語言』。你如問他何謂『超現實』，何謂『自動語言』時，他又瞠目以對，不甚了了，情形亦如二十多年前不懂現代繪畫的人，把所有的抽象畫都稱之爲『印象派』一樣，令人啼笑皆非。」[11]

　　關鍵可能在於當年出版《石室之死亡》時，也許洛夫應該闡述超現實的詩觀，而不宜引介「超現實主義」。因爲文字本身或多或少都有超現實的傾向，值得肯定，但「主義」卻變成「半調子」作家或評者的護身符。以研究「主義」乃至於「主題」的許多人，是社會學、歷史學、心理學伸入文學的一隻黑手。對於這些評者來說，只要情節類同，大多可歸類在同一旗幟下，職是齊故，社會仇殺新聞可以和《哈姆雷特》一起研究，任何濫情求死的囈語如：「人生好空洞喔！我想死喔！」可以和洛夫的《石室之死亡》一起比較。不論（也無能力論）語言的表現和意象的經營，只求統一的「主題」或「主義」，可能的結論是：前者優於後者，因爲前者明朗易懂；而後者因文字來之於「潛意識」，「晦澀」，太「超現實」。對於這樣的結論，評者可聲稱在洛夫的詩論裡找到依據，因爲作者自己就撰文介紹佛洛依德和超現實主義。

　　對於任何嚴肅的作家稱之爲某種「主義者」都可能是一種侮辱。「主義」或「主義者」像產品標示（label），評者以「主義」標示作家，意謂他無力洞察個別作家作品裡的纖細繁複，將其歸於「大一統」，分門別類以便

---

[11] 《釀酒的石頭》，頁 166。

記憶。作家無不試圖突破自己，以其語言上的風格以別於他人，但卻連同和其風格不同但「主題」類同的作家一起被從事研究「主義」的評者扭捏成同一種面貌。

　　以洛夫的作品來說，如就其「主題」來論，我們可輕率的說，《靈河》談愛，《石室之死亡》談存在及死亡，《外外集》是《石室之死亡》心緒夾雜情感的綿延和戰爭的陰影，《無岸之河》主體是戰爭和戰爭的陰影，《魔歌》呈現物我的關係和人生的觀照，《時間之傷》著筆懷鄉和周遭的生活，《釀酒的石頭》悲秋，並展現思想和生活的點點滴滴。以這樣概而化之的分類會觸發兩個問題：一、以《魔歌》來說，「呈顯物我的關係和人生的觀照」，哪一首詩不是如此？寫愛情和死亡不也是一種人生的觀照？那和《靈河》和《石室之死亡》有何差別？主題既陳述得如此不精確，那主題究係何指？事實上在洛夫大部分的詩中，任何單一陳述的主題需要緊接一連串的附屬片語子句加以補足說明，而使得原有認定的主題已變得毫無意義。以整體詩集來說如此，以單一的詩篇也如此。因詩所服膺的語言所顯現的複雜人生，而不是簡化後的主題，詩所表現的不是單一理念的哲學，而是哲學的變奏，文學因此反而豐富了哲學的內涵。

　　二、若是以主題或主題的分類為依歸，文學之優劣，乃至於文字之真假將難以分野。當代中國人飽受顛沛流離之苦，百萬人中多少在詩歌散文札記或日記言談中表露思鄉之情，但有多少作品能有洛夫〈邊界望鄉〉給人的震撼？

　　　　霧正升起，我們在茫然中勒馬四顧
　　　　手掌開始生汗
　　　　望遠鏡中擴大數十倍的鄉愁
　　　　亂如風中的散髮
　　　　當距離調整到令人心跳的程度
　　　　一座遠山迎面飛來

把我撞成了

嚴重的內傷

若以主題研究爲職志，洛夫的〈邊界望鄉〉和任何猛喊故國爹娘的文字都可以等而視之。洛夫詩作的菁華在於其語言經營意象的能力，捨此不論，一切就顯得避重就輕了。

　　以上簡述討論洛夫作品時，主題的探討方式可能忽略了洛夫詩作的核心——意象語言，並且概略檢討洛夫超現實詩作和「超現實主義」所引起的爭論。至於結構，對我個人而言，我絕少用結構之詞，但就其至目前的九本詩集中，除了極少數兩、三首外，一旦先將自我融入詩中，去感受（feel 或 sense）其中的情景，將意象視覺化（visualized），大多能理出一個頭緒。重要的是讀者暫時不應以故步自封的邏輯體系觀之，而應以心眼審視其多層現實重整並置後的世界。先要有所感再詮釋，如此的詮釋才有意義。

三

　　洛夫詩作中的意象所呈現的世界不只是現實的反映，而是對現實的反應。正如他在《石室之死亡》序言裡說，寫詩是人對命運的一種報復手段。[12]既是反應或報復，詩絕非是現實的翻版，它可能重新調整客體和事物的原有順序，也可能藉語言肯定人自我的本質，也可能藉意象暗喻人面對現實的一種矜持。

　　詩既然是對既定命運的報復，其意象語即不會墨守世俗的成規。洛夫的詩從早期的《石室之死亡》到近期的《釀酒的石頭》，不論語言如何從繁複轉趨明晰，其意象的捕捉和展現大多源於大致不變的靈視。今就其意象中和詩整體「結構」有關的隱喻，置換喻，主客易位，意象疊景和時間空

---

[12]洛夫，《石室之死亡》，頁 1。

間化，空間時間化等特色略述如下。

　　比喻性的語言基本上就是超現實的。史蒂文生（Wallace Stevens）說：「現實陳腔濫調，我們避之以隱喻。」（"Realisty is a cliché from which we escape by metaphor"）又說：「絕對客體輕微的轉換就是客體的隱喻」（"The absolute object slightly turned is a metaphor of the object."）李柯（Paul Ricoeur）說，隱喻是在相異或不相干的客體上發現相似。[13]若是客體原本不相干而經由比喻性的語言顯現相似，文學已是超越既有的現實。洛夫的詩行：「怎麼也想不起你是如何瘦的／瘦得如一句簫聲」（《時間之傷》：〈迴響〉）人的瘦削本和簫聲毫不相干，藉由比喻，先由瘦削的簫身聯想成瘦削的你，再由聲音的淒涼轉向賦予形象之淒涼，由聲「繪」影，超乎日常相沿成習的認真和觀察。「戰爭，黑襪子般在我們之間搖晃」（《石室之死亡》第 41 首），以〈黑襪子〉之「黑」來暗示生命中的黑暗，襪子穿了發臭，丟了可惜，總在意識間搖晃，隨時提醒人們它的存在。「所幸諸事順遂／除了／隔壁那隻在宵禁時遊蕩街頭的貓／昨已入獄」（《魔歌》：〈越南來信〉），宵禁時，人跡絕滅，要逮捕入獄的只有抓在街上遊蕩的貓，街頭空曠，貓四處遊闖覓食，詩行呈現淒涼的景象。另外，「貓」也是極複雜的隱喻，它可暗指那些甘冒宵禁為了生活在街頭討生活的卑微人物，顯現戰爭背景下的艱辛。以〈雪地的鞦韆〉來映襯半懸的中年（《時間之傷》：〈雪地鞦韆〉）。有飛揚的悲壯，降落的驟驚，有風雪中的冰涼，有擺動中搖擺的歲月。以「也曾關心水的變色／山的走向」（《時間之傷》：〈歲末無雪〉）的意象藉由分隔兩行的山水，暗喻心繫的江山。時光的影子，山水相隔，即時空阻絕，滿懷遊子之思。類似的意象如：

　　　澗水淺了又深
　　　在暗香浮動中

---

[13]Paul Ricoeur, *Interpretation Theory* （Fort Worth: The Texas Christian University Press, 1976）,p.51.

飄起了

一張張腫得像黃昏的臉

—〈如果山那邊降雪〉，《時間之傷》

水帶來已逝時光的訊息，但故人已飄浮如一張張腫脹的臉。所謂訊息已是噩訊，事實上水中的臉孔無異是無法磨滅的記憶。水暗示時光和記憶，但在下面的詩行卻以另一種面目增加其繁複：

子夜的燈

是一條未穿衣裳的小河

—〈子夜讀信〉，《魔歌》

這裡意象的掌握需要藉想像組合多層空間的現實。「子夜的燈」藉由形體的相似而成一條小河，視覺上是午夜的一片黑暗，只有檯燈照射，如帶狀的小河，而一般河流兩岸總長了草，如穿了衣裳。如今，燈光裸露，帶狀之光輪廓分明，和黑暗的子夜成一明晰的對比。小河暗指水流，引發逝去的時光和記憶，在燈光（如水）下讀信，「照」出信中的字跡，層層的往事和一張熟悉但已不在的臉孔。以水暗示時光，古今中外的詩不勝枚舉，但以「子夜的燈」比喻成「小河」，使詩道地由寫實升騰至非寫實的描述，使這老舊的母題（motif）展現新義。洛夫的隱喻有時可進一步解釋其詩「結構」前後呼應上的圓熟。前面所舉的你「瘦得如一句簫聲」，「你」既然和簫聲化為一體，緊接的兩行：「試以雙手握你／你卻躲躲閃閃於七孔之間」是極具創意自然的引伸，「你」為簫聲已無形，再「躲躲閃閃」更難以掌握。第二節景象以江邊飛雁暗示時間的流逝，人生之悲歡離合，但「我」並不自知。到了第三節結尾：

你一再問起：

> 「千年後我瘦成一聲悽厲的呼喚時
>
> 你將在何處？」
>
> 我仍在山中
>
> 仍靜立如千仞之崖
>
> 專門為你
>
> 製造悲涼的迴響

其中「瘦成一聲悽厲的呼喊」是第一段簫聲的延續，第四、五行「我仍在山中／仍靜立如千仞之崖」和第二節裡「江邊，我猛然看到／自己那幅草色的臉／便吵著也要變成一株水仙」相對照。第二節裡「我」比喻成水草，看著水中的倒影想要變成外形姣好的水仙，自比水仙暗示「我」之顧影自憐，以自我為中心，「竟不管頭頂橫過的一行雁字／說些什麼」，「我」未能體會時間和別離的真義；「說些什麼」後緊接一段空白後進入第三節，這段空白裡已含蘊時空的錯失和「我」之感悟。第三節裡，意象一變，以山對水，以「千仞之崖」對草之卑微和水仙之自我陶醉。「千仞之崖」不是自我的存在而是「專門為你製造迴響」，由自我轉向「為你」，以迴響照應前面的簫聲，且化為已成絕響的「你」的迴響。

　　有時隱喻不能單憑自己的文字顯現完整的語意，而要依賴前後文字的相依或意象的並置，換句話說，由語法上的並置引發語意的聯想。以上隱喻的最後一個例子，全文是這樣的：

> 子夜的燈
>
> 是一條未穿衣裳的
>
> 小河
>
> 你的信像一尾魚游來
>
> 讀水的溫暖

　　　　讀你額上動人的鱗片

　　　　讀江河如讀一面鏡

　　　　讀鏡中你的笑

　　　　如讀泡沫

　　整首詩充滿隱喻。第二節的第一行「信像一尾魚游來」，樂府詩中「客從遠方來，遣我雙鯉魚，呼兒烹鯉魚，中有尺素書」，信如魚可解；「讀江河如讀一面鏡」，江河變遷，年華俱逝，詩意甚明。但這兩個意象除有獨立的語意外，還呼應前後意象構成詩的進展，進而提高詩的層次。由於第一節燈是小河，第二節信如魚游來乃渾然天成，又因已有河的意象，江河如鏡的出現並不唐突，河或水因而可進一步引用為映照臉孔和時光的鏡子。

　　至於「讀你額上動人的鱗片」及「讀鏡中你的笑／如讀泡沫」，都要基於前面文字的比喻——信像一尾魚才能成立。詩，建立於一適當的比喻，再將其屬性播散，環環相扣，向前進展。「鏡中你的笑」是水中魚的笑，因為前一行江河如鏡。「笑如泡沫」表面是魚在水中呼吸，口吐泡沫，另一方面暗示寫信的人已不在，笑只存在於回憶，而這個回憶如泡沫即將成為幻影。

　　文字的進展依雅克慎的觀念是基於相似語意的選擇，和毗鄰詞語的組合而成，前者促成隱喻（metaphor），後者造成換喻或置喻（metonymy）[14]，但毗鄰（Contiguity）可能是時間性的持續，也可能是空間性的並置。以洛夫來說，其詩中的 metonymy 正顯現這兩種「換」和「置」看似矛盾的特質，一方面意象並置造成比喻，另一方面，比喻一旦形成，其他意象即藉其屬性兩邊延伸，構成詩的網絡。洛夫詩中置換的比喻幾乎是當代中國人詩人中用得最巧妙的作家。

　　故 metonymy，有「換」、「置」和「置換」三個層次，本文將其暫譯成

---

[14]見 Roman Jakobson and Morris Halle, *Fundamentals of Language*（The Hague: Mouton, 1956），Chapter 5.

置換喻以便探討洛夫作品在這方面的運作。

　　以「換」的層次來說，傳統的運用總不脫離以小喻大或以大喻小的關係。以大喻小，如洛夫的「我的馬兒，邊走邊嚼著風景」（《外外集》：〈鞭之外〉），以風景取代草，美學效果上有風景越來越少，漸漸已不能回頭，果然詩的結尾：「我僅是敲過的鐘聲，實在懶得回首去探問／誰是那眼中的落塵／落塵就是歸心」。以小喻大如以鳥聲替代風景，下山過程中：「沿著路標一直滾到我的腳前／伸手抓起／竟是一把鳥聲」（〈隨雨聲入山而不見雨〉[15]）。風景不能盡入掌心，故代之以鳥聲，而「鳥聲」卻同時具有聽覺和視覺的意象，不僅擴大呈現視覺的風景，還加上事後回味的餘音繞樑。洛夫形聲合一的意象很多，如「一株樹如何在風雪中／俯身搜尋昨日的蟬聲」（《時間之傷》，〈驚見〉），「築一切墳墓於耳間，只想聽清楚／你們出征以後的靴聲」（「石室」第 49 首）等，前者以蟬聲意謂已逝去的時間，聲音本存在於時間，蟬的形象和聲音早在風雪（也是聲音和形象的結合）中湮滅，過去已不可得。後者的鞋聲也是出征人的具體而微，既已築墳墓於耳間，大多橫臥沙場，空留鞋聲的回憶了，靴聲的意象甚具效果，可勾起和出征前整齊劃一踢響征途的豪邁的對比。此時已一切不成足跡，空有耳朵間想像的聲音權充記憶。

　　以「置」的層次來說，意象本身不能單獨做為比喻，但藉由意象和意象間的並置的關係而造成隱喻。前面「子夜讀信」中「讀你的笑／如讀泡沫」即是。今再就洛夫詩中有關伐木釘木的意象進一步討論。在〈一株腰斬的白楊〉裡，洲際飛彈，核爆，談判，抽煙，「抽煙繼之以微笑／微笑／繼之以／一把迎面劈來的斧頭」，接著，「斧頭繞樹一匝」，「一株白楊／被腰斬成一部斷代史」（《時間之傷》，頁 45～46），微笑後，繼之以一把斧頭令讀者一驚，以為被劈的對象是人，到了「一株白楊／被腰斬成一部斷代史」，肯定白楊被砍，文字和意象間的並置，造成豐富的隱喻－斷代史映照

----

[15]張漢良先生也曾經詮釋過這個意象，見其〈論洛夫後期風格演變〉，《中外文學》第 2 卷第 5 期，頁 77。

前面的飛彈，核爆，談判，抽煙，微笑，且為這些荒謬的歷史做見證。

〈一株腰斬的白楊〉推理的痕跡較明顯，〈焚詩記〉裡則藉文字間的留白刺激讀者的想像空間：

> 把一大疊詩稿拿去燒掉
> 然後在灰燼中
> 畫一株白楊
> 推窗
> 山那邊傳來一陣伐木的聲音

──《魔歌》，頁 159

「灰燼中／畫一株白楊」後，留白進入第二節，而緊接著第二節的核心意象即是「伐木的聲音」，兩個意象藉著並置造成多層面的反諷，畫白楊似乎藉形賦生，但實質上伐木的聲音卻繼之以毀，事實上第一節是燃燒詩稿，也暗襯灰燼中畫白楊的罔然。畫白楊和伐木表面上的相對，卻是實際上的相似，不同現實的並置組合使表象的二元對立趨於朦朧，生死的問題因此也不是儼然可分。

《石室之死亡》第十首也是藉由意象的並置促成比喻和詩的進展：

> 暴躁亦如十字架上那些鐵釘
> 他頓腳，逼我招認我就是玩蛇者
> 逼我把遺言刻在別人的脊樑
> 主哦，難道你未曾聽見
> 園子裡一棵樹的悽屬呼喊

詩中十字架，脊樑和一棵樹屬性相仿，鐵釘將「我」釘在十字架上間接造成一棵樹的呼喊，因為釘我事實上也釘十字架，而十字架卻來之於

樹。「遺言刻在別人的脊樑」亦然，樹也同樣受苦。被釘而痛苦的應是人，但將人的動作轉移至樹，一方面避免濫情的描寫，一方面以另一種靈視觀察世界。將人的悽厲呼喊轉至樹已是「置換」的運用。《石室之死亡》第14 首，有關十字架有一極有趣的意象：「爲何你要十字架釘住修女們眼睛的流轉。」真實狀況應是修女們「盯住」十字架，但其眼睛流轉，帶有心神游移之意，十字架釘住的動作帶有警惕的暗示，但釘住和盯住音相同，藉同音增加意象的反諷。將人盯住物（十字架）的動作轉移換至物，但物仍保留其動詞的屬性，而以物釘住人，整體視覺經驗的呈現已不是現實世界的映照。

十字架悽厲的呼喊和十字架釘住修女們眼睛的流轉已是以物觀人，以主客易位來調整人和物，以及人和自然的關係，稍後將進一步討論。

以上「換」，「置」和「置換」的運用大多同時照應了比喻和意象的進展，因此也照顧了詩的次序。洛夫詩中有時候「置換喻」沒有三個明顯分別的層次，但彼此自然融合：「共傘的日子／我們的笑聲就未曾濕過」（《釀酒的石頭》：〈共傘〉），以傘外下雨和你我的並置才有笑聲未曾濕過的聯想，但「濕過」又可能暗示掉眼淚，所以笑聲未曾濕過實暗指充滿爽朗笑聲，毫無牽掛的日子。比喻的產生主要建立在空間的並置，由意象的毗鄰關係強化隱喻的效果。

前面提及的〈邊界望鄉〉，其震撼性的效果也是建立在意象並置所促成詩中人感受的時空錯失。其中引文最具關鍵性的意象：當望遠鏡的準心「距離調整到令人心跳的地步／一座遠山迎面飛來／把我撞成了／嚴重的內傷」。遠山本是故國的隱喻，但在此和詩中人似乎在空間上並置而爲置喻，但所謂並置是假象，只是在望遠鏡放大，飛來，「飛」的動作造成動感，使原來的差距在瞬間似乎縮短，但遠山畢竟可望不可即，撞成嚴重的內傷是心靈假想的觸及後幻像的破滅，實際上肉體和故國江山空間上的距離並不能改變。

置喻或置換喻的產生有時是藉著偶發性狀況。我在〈沉默和語言〉一

文中曾經說過：

> 有時偶發狀況之介入會默默改變文字的訊息。以製造（make）的觀點來
> 說，科學較能依循設計意圖，而文學較易受過程中的偶發狀況所影響。
> 但以創造（create）的角度看來，不論文學或科學都會受過程中偶發的狀
> 況所左右。[16]

偶發狀況的介入可略分為作品內意象或文字的並置，及意象或文字和作品
外突發性的情景並置兩種。作品內偶發性的並置事實上也是造成詩行發展
次序的重要要素，如前面所述〈焚詩記〉中，從灰燼到畫一白楊到窗外傳
來一陣伐木的聲音，兩個詩節的跳接頗令讀者驚訝，但卻造成一多層面的
反諷。這是詩中人在兩種偶發並置狀況瞬間中所體會有異於平常的人生，
而不必一定要解釋成為詩人（洛夫）在寫作時的真實狀況，展現的是作品
的內在世界，而不一定對外指涉。

　　洛夫類似效果的詩行：「他沉思當仰望天花板／他把時間雕成一塊方
格」（《時間之傷》:〈歲末無雪〉）時間雕成「一塊塊方格」純粹是和前面一
行的天花板並置，所造成偶發性的聯想。另外如《魔歌》裡的〈十一月初
八夜讀記事〉，詩中人讀莊子到「中央之帝為渾沌」，突然外面喧嘩，原來
鬧賊，「關起窗子／順手從書架上／又取下一本／嘔吐」。嘔吐一詞的出現
非常突然，但與前面的文字印證，從「渾沌」到「喧嘩」，到對其反應之嘔
吐，這和前面「把時間雕成一塊塊方格」一樣，讀者初步的印象有偶發性
想像的跳躍，但細究之則無論在創作的藝術性和讀者審美的感受上，作品
內偶發性的並置實際上是詩「結構」的一部分。

　　意象和作品外的事物或景象，偶發性的並置所造成的語意較易引起爭
論。事實上不論人生或文學作品，突發性狀況的介入確會衍生新的語意。

---

[16]見拙著〈沉默和語言〉，《中外文學》第 15 卷第 8 期（1987 年 1 月），頁 17。

如有人演講，聽者對其內容不起共鳴，但又不願表示意見，這時就在講者滔滔不絕中，講者背後的窗外突然從樓上潑一盆水下來。水倒下和講者聲音和形象的偶發性並置，立即在聽者中引發會心的微笑。以作品來說，簡奈特（Gérard Genette）在普魯斯特作品裡發覺兩座教堂的尖塔一個被描述成玉米穗，一個被描述成魚鱗，主要是前者的教堂座落玉米田，而後者毗鄰海邊。[17]艾門（Stephen Ullmann）論述普魯斯特小說《史萬之途》（Du Côté de Chez Swann）中，敘述者以「鮮活迷人的朱紅色」的措詞談及喬治桑的小說，是因爲該小說恰好裝訂成紅色，文中的語意不是內在結構的要求，而是基於偶發事實，對外指涉。[18]

偶發性因素（chance）正是文學掙脫結構學駕馭的最有力的利器。[19]作品本身有其次序或紋理，但這個紋理除其內在統籌的秩序外，有時還可涵蓋外在介入的偶發因素，而不是純粹放諸四海，歷盡歲月永不變的法則或結構。作者創造時，藝術性的考慮如何調和內在的紋理，和文字進展時對外的關係，是對作者極大的考驗。

以洛夫〈手術臺上的男子〉來說，這首詩十幾年前即引起爭論，關鍵在於：當作品往外指涉，評者則要求其內在結構的必然性；當作品自我要求內在的完整，評者則要求其印證外在的現實。「手掌推向下午三點鐘的位置」，是手術臺上男子的手「偶發性」的擱置在三點鐘的位置，意象中並不要求三點鐘帶有任何「象徵」，或暗示意義，現實世界鐘面時分針形成的角度正「巧」是人體和左手此時的姿勢。但顏元叔先生所要求的是「三點鐘」在本詩內在結構的必然性，他問，難道四點、五點就不能暗示死亡？[20]反之，本詩將近結尾的詩行：「十九級上升的梯子／十九隻奮飛的翅膀／十九雙怒目／十九次舉槍」，表面上「十九」的一再重複可能有「超現實主

---

[17]見 Gerard Genette, *Figures III*（Paris: Seuil, 1972），pp.42~43.

[18]Stephen Ullmann, *Language and Style*（Oxford: Blackwell, 1964），p.178.

[19]Roland Barthes 曾經在其著名的〈結構學者的活動〉（"The Structuralist Activity"）一文中說，結構學所要抗爭的就是偶發因素。

[20]顏元叔，〈細讀洛夫的兩首詩〉，《中外文學》第1卷第1期，頁120。

義」「自動寫作」之嫌。但詩行中「十九」暗示一種歲月的累積而未臻於完滿，事實上，男子 19 歲本就暗示生命已成長多年，但卻在將屆成年之時（差 1 歲 20 歲）離開人世。「十九」之運用正如葉慈〈庫爾的野天鵝〉（"The Wild Swansat Coole"）一詩中的 59 隻天鵝，既未達 60 之整數，也未能配成 30 對之偶數，是一種殘缺。洛夫詩中所要求的是以「十九」的暗示達到語意上的完整，所以詩的最後一行「十九個」窟窿變成極大的反諷：前面幾個「十九」代表男子生前的努力，未達於完滿，被打成十九個窟窿卻暗示前面的每一種努力結果只是換來每一個窟窿，不多不少，意象語的運用是內在「結構」上的要求。但顏元叔先生以外在可能的真實狀況懷疑：難道男子真的被打 19 個窟窿，也許是 18 個，或 20 個？[21]

　　這裡且不論顏先生對前面兩者質疑是否合理，但有一點肯定的是，以這兩點來說，〈手術臺上的男子〉其詩中人的意識，有其內在的次序，也有和外在世界偶發性的聯想，而不是遵循作者的「自動語言」。

　　洛夫隱喻或置換喻的運用，有時呈現一個以物觀人，或以物觀物，或物我合一的世界。「一把酒壺／坐在那裡／釀造一個悲涼的下午」（《魔歌》：〈壺之歌〉），由「坐」的動作，人和酒壺互爲隱喻，人的意識介入，故酒「釀造一個悲涼的下午」。「山色也曾醉過，當它飲盡我們的目光」（《外外集》：〈山色之外〉）中，人爲山色所醉，置換或轉移，以山色取代人再保留人「飲」的動作達到主客易位。主客易位是洛夫詩中意象經常出現的靈視，是視覺經驗的重整。典型的意象，信手拈來：

光在中央，蝙蝠將路燈吃了一層又一層

——《石室之死亡》，第 5 首

當鏡的身分未被面貌所肯定

——《石室之死亡》，第 42 首

---

[21]同前註，頁 123。

你知道河流為什麼要緊緊抓住兩岸

　　　　　　　　　　——〈邏輯之外〉，《石室之死亡》

城市中我看到春天穿得很單薄

　　　　　　　　　　——《石室之死亡》，第 18 首

把這條河岸踏成月色時

　　　　　　　　　　——〈白色之釀〉，《魔歌》

自從／路，一口咬住了鞋子

　　　　　　　　　　——〈致詩人金詩堡〉，《魔歌》

枯葉愛火

　　　　　　　　　　——〈大地之血〉，《魔歌》

廣場上／鴿子啄去了我半個下午

　　　　　　　　　　——〈廣場〉，《時間之傷》

風摺疊著湖水／時間摺疊著臉

　　　　　　　　　　——〈童話〉，《時間之傷》

如何相信屋頂上的月亮
確確切切是
按照月餅模子壓出來的

　　　　　　　　　　——〈驚秋〉，《釀酒的石頭》

這些意象基本上是使物賦予人的思維或活動，使現有既定熟悉的世界調整
為不熟悉而顯現新鮮感的經驗。進一步觀察，如此「倒錯」的世界反而更
逼近心眼中的現實。以上列的第一個意象來說：光在中央，蝙蝠群圍著光
繞飛不去，黑色形體的蝙蝠一次次遮蔽光線，似乎要「吃」掉光，其中所
暗示的黑暗力量藉「吃」的動作向光明吞食。緊接著第二句，「鏡的身分未

被面貌所肯定」是人的面貌觀鏡，人之面貌不明，若鏡不能顯現明晰的面貌，其身分也就不肯定了，以人面目之朦朧託辭謂鏡子身分不定，是詩中人奇特的視覺經驗。

「如何相信屋頂上的月亮／確確切切是／按照月餅模子壓出來」，倒果為因，詩中人看到一個自然反要模仿人工的現象，「如何相信」？但這幾乎是現代人的命運，一切越來越遠離現象和本貌。心靈透視的非現實反而更真實。河流緊緊抓住兩岸的意象亦然，重新體認到自然界物和物的另一層關係，河流和岸相互依託使物似乎有情也有愛（〈枯葉愛火〉）。視覺上滿山枯葉和火的愛戀，其性習相近相依正是物性的本貌和人事的映照。自然不一定是「草木無情」。

展現物性的本貌藉由動詞的巧妙運用（如上面的「愛」、「抓住」），改變了人觀察客體既定的習性。「自從／路，一口咬住了鞋子」也藉由動詞的「咬」開拓人的視野，鞋子在路上走一段時間後破損，不是被「咬破」了嗎？「風摺疊著湖水、時間摺疊著臉」，前者風「吹皺」一池水的暗示介入後半段，故時間摺疊人的臉給人留下縐紋。動詞「摺疊」使原來自然略帶不及物的「吹動」，「留下」變成及物，強化時間積極催迫人的動機。

上面所提鞋子和路的對調關係，純粹是主客易位，將接受「鞋子」的路轉變為動作「抓住」的主詞。洛夫有些詩行則是把襯托的背景當作動作的受語。「把這條河岸踏成月色時」，月色本是背景的一部分，變成「踏成」的受詞時，有月光撒落河岸，由於月光皓潔明晰，詩中人感受地面上月光的印象甚過河岸。和此相對的是，襯托的背景變成動作的主詞。「廣場上／鴿子啄去了我半個下午」，真實的狀況是廣場上有鴿子，「我」在廣場上耗掉半個下午。鴿子是景象背景的一部分，這裡藉由「啄」將半個下午啄食掉。詩中人感受時間流逝，但卻藉著鴿子的動作將兩個現實組合，如此組合使人驚覺光陰原也是顆顆粒粒被吞食掉的。「城市中，我看到春天穿得很單薄」的句法也是如此，以春天概括所有的人物和景物，是抽象的意念，也是實體的景象，介於寫實和非寫實之間。

　　以上主客易位所表現的「物我合一」，或以物觀物或以物觀人的視覺，在葉維廉早期《愁渡》的詩裡也時有出現：「窗戶被龐大的足音推開」[22]，「明月生瘦長的樹枝」（《愁渡》，頁 65），「彷彿是戰爭裡湧破房舍」（《愁渡》，頁 46），「白色的醉漢一個個從杯沿溢走」（《愁渡》，頁 52）。但詩意象的經營，如此以主客地位的調整重現心靈中的世界，洛夫的詩最持之以恆。從《靈河》經過《石室之死亡》，《魔歌》到最近的《釀酒的石頭》，無論洛夫語言上從幽微到明朗，從繁複趨近簡要，人跳脫自我漸趨僵化的觀察，而以物象或物的觀點的詩觀大致不變。

　　以物為主的觀點所呈現的主客易位是中國古典文學極具價值的遺產。前面所引洛夫倒果為因的意象，如面貌肯定鏡子的身分，月亮根據月餅的模子成形，正是禪宗公案打破因果律認知的寫照。《傳燈錄》卷三的公案：

> 僧璨問慧可曰，弟子身纏風光，請和尚懺罪。可曰，將罪來與汝懺。璨良久曰，覓罪不可得。可曰，我與汝懺罪竟。

僧璨未說明罪由而罪已不在，也許慧可沉默之前已有語言，意由心傳，故罪已化解，但整體進展方式是倒果為因[23]，感悟超越邏輯性的推理，心靈的領會更能呈現一種真實。

　　洛夫語言上的表現呼應了古典詩的菁華。古典詩由於語法的要求，語意濃縮，創作上為配合格律的要求反而造成閱讀上獨特的效果。前面洛夫〈河抓兩岸〉和〈枯葉愛火〉的意象和唐代錢起的「竹憐新雨後，山愛夕陽時」類似，在某時間凝聚的片刻（新雨後，夕陽時）顯現出物和物之間的關係和「情誼」。動詞的運用尤其是古典詩最具成就的特色。「雲霞出海

---

[22]葉維廉，《愁渡》（臺北：仙人掌出版社，1969 年），頁 62。
[23]此公案是為馬樂伯教授（Robert Magliola）應中興大學外文系每月舉辦的學術座談會之邀，於民國 76 年 3 月 25 日在會中演講時所舉的例子，在此致謝。馬教授以解構學的方式解禪宗的公案，說明公案中不乏打破因果律的例證，細節請參見 *Derrida on the Mend*, （West Lafayette: Purdue University Press, 1984），Part 3.

曙，梅柳渡江春」（杜審言），「寒燈思舊事，斷雁警愁眠」（杜牧），「遠樹帶行客，孤城當落暉」（王維）等詩句的動詞都使物賦予人思維的活動和人意識之投射，其所造成的主客易位使既有現實趨近非現實。試以「寒燈思舊事，斷雁警愁眠」說明──正常的情景應是：人在寒夜孤燈旁邊想往事；愁緒糾結不能成眠，天邊有零落的雁，驚叫而過。但詩行上，本是背景的燈取代人成為意象的主語，而人隱去，雁原本也是襯托愁緒過客夜晚不能成眠的背景，但卻轉而變成不能成眠的理由，其聲「驚叫」是一種警示，使人回憶，使人驚覺已逝的過去，放逐的時空。[24]語法上的要求造成語意的延伸，創作時藝術性上的考慮反而造成閱讀上特殊的美學效果。[25]這些詩行和前面洛夫的路咬住鞋子和鴿子啄去了半個下午有異曲同工之妙，都是一連串主客之間置換轉移的結果。

　　洛夫詩中的非寫實，因此可說是傳統古典文學中極具特色的主客易位和物我合一的延續。以一般普通常識和邏輯認知來念詩的讀者，面對這一類的意象將有無比的困惑。路如何咬鞋子？寒燈怎麼會思念往事？堅持「海上生明月」的「生」只是「升」而不能體會由海平面上「生」出月亮一瞬間的懾人景象的讀者，大多在意象的感受上只是把詩當作散文。

　　以上洛夫的比喻性語言，隱喻或暗喻，物我合一的視覺觀大多是詩內部「結構」的成因和紋理。洛夫被譏為「自動寫作」的一些詩行，部分可能來之於相同句型的排比，這類的詩行在其他當代中國人詩人中也屢見不鮮，如張默的〈無調之歌〉。相同句型易流於機械性單調的重複，但運用得當，可以表現一種難以躲避的壓力或魅影，或是強調詩中人的某種堅持，試舉一例：

---

[24]有關《寒燈思舊事》的解釋和討論，請參見拙作〈隱喻和換喻──以唐詩為例〉一文，《中外文學》第 12 卷第 2 期，頁 6～23。
[25]閱讀和創作所關心不同，創作時考慮的是藝術性的問題，閱讀時則是美學上的層次，見 Wolfgang lser, *The Implied Reader* （Baltimore and London: The Johns Hopkins University Press, 1974），p.274.

你純粹的眼，亦如

你逃逸的腳

你逃逸的腳　亦如

你反抗的髮

你反抗的髮　亦如

你癡愚的唇

你癡愚的唇　亦如

你哀傷的血

你哀傷的血　亦如

你化灰後的白

——〈詩人的墓誌銘〉，《魔歌》

詩裡意象進展的次序極為明顯：天真單純的眼睛看穿一切後，只有用腳逃出人群，怒髮衝冠抗議，執著癡愚的嘴唇直言不屈，直言後的傷害是自己的流血，而後是死後成灰的空白。意象和意象之間以「亦如」連接暗示所有一系列的動作都是劃一的堅持，精神和肉體一起投入。洛夫這類的詩行比美國惠特曼和金斯堡詩中的一些詩行更有動感，有往前推進的力量，而不是原地踏步。

洛夫詩中意象的推展，有時不是單憑比喻性的語言或主客易位的視觀，而是意象疊景。在這些詩行中，意象如攝影機鏡頭中逐一出現的焦點。如〈麗水街〉：

家具行隔壁

是一家照相館

櫥窗內懸有一張蛋白洗過的臉

夜間部的女生喳喳而行

其中一個猝然回頭

牆腳有隻小狗蹺起了後腿

主人曖昧的笑了

十二樓鋼琴傳下來德布西

與巷口炸臭豆腐的嗤嗤聲

居然合折押韻

酒店打烊之前

似乎尚無一人醉死

——《釀酒的石頭》

洛夫詩中的意象，透明可及，但又游移於現實之外。意象疊景，景象逼真如畫，但又瞬間交雜不同的現實和時空：

清明時節雨落無心

煙從碑後升起而名字都似曾相識

一隻白鳥澹澹掠過空山

母親的臉在霧中一閃而逝

——〈清明四句〉，《釀酒的石頭》

意象中實景穿插幻覺，正如電影《大法師》中牧師在地下道入口處看到母親出現的幻影，效果直追龐德〈巴黎地下鐵〉著名的兩行：

人群中這些臉孔的魅影

潮濕黑色枝椏上的花瓣

詩中，煙和碑毗鄰，臉在霧中一現，清晰實體的景象卻暗示人事的虛幻。也許洛夫意識到自己意象的刻畫逼近電影鏡頭之取景，因此有電影詩劇像《水仙之走》和《大寂之劍》等之問世。

以詩的意象呈現電影意象，關鍵在於時間空間化，空間時間化。電影的放映和文字的閱讀都是隨著客體時間進行。但在某一特定的畫面中可能交雜不同空間的景象。電影因此是順時性（diachronic）和同時性（synchronic）的交互運作。現代文學以瞬間展現做為焦點的敘述，如吳爾芙夫人的《燈塔行》和《達勒威夫人》，都是以同時性來豐富小說的主要內涵。詩本身就具有同時性的傾向，因為其美學上的功能不是敘事，而是展現某特定時間的感覺，而這個感覺又常受制於不同時空殘存的經驗。洛夫詩的意象在文字的進行中瞬息即變，遨遊於不同的現實，極具同時性的效果，以上討論的詩大多如此，前面所提的〈雪地鞦韆〉第二節有如下的詩行：

> 我們降落
>
> 大地隨之撤退
>
> 驚於三十哩的時速
>
> 回首，乍見昨日鞦韆上
>
> 冷白如雪的童年
>
> 迎面逼來

在鞦韆高速擺盪中，回首卻看到自己的童年，自我分裂成兩個歲月，增加詩裡的悲調，詩中兩行的距離，卻是數十年的差距，時間也瞬間空間化。《石室之死亡》裡的詩行，更是一個詩行裡就有不同現實的組合和時空的轉移，類似「夏日撞進臥室觸到鏡內的一聲驚呼」比比皆是。時空的交錯整合正是人以心靈時間對抗客體時間的姿勢，文學的創作是在一無情的客體時間中創造心靈時間，並且在客體時間的摧折中留下自我的空間；贏得空間的作品不只是現實的重現，而是「超現實」地將時間空間化，空間時間化。

——選自《中外文學》，第 16 卷第 1 期，1987 年 6 月

從《靈河》到《無岸之河》

洛夫早期風格論

◎奚密[*]

　　《靈河》是洛夫（1928～）的第一本詩集，在 1957 年 12 月出版。雖然只收錄了 31 首詩，但正如詩人在〈題記〉中說的，它們是他手邊保存的百餘首詩的精選之作，呈現詩人過去十年的創作風貌。[1]因此，說它們代表了洛夫早期的風格應不爲過。本文首先對《靈河》做一概括性的分析，然後進一步探討《靈河》和何其芳早期作品的相似之處，最後則比照《靈河》原作和 12 年後出版的《無岸之河》中對原作的修改，試從兩者的差異來了解詩人風格的演變。

　　貫穿《靈河》的一個重要意象和主題是「封閉」（"enclosure"）。卷首的〈芒果園〉以鮮明的感官意象來描寫一成熟、芬芳的果園，果實「金色的誘惑」和「美麗的墜落」[2]令人聯想起基督教傳統裡的伊甸園，在亞當和夏娃未食禁果前它是至善至美的。果園的意象也出現在〈禁園〉和〈城〉兩首詩中，兩首詩也用「鎖」的意象來強調這個小世界的封閉和隔絕。〈飲〉裡詩人更明白地告訴我們：「茂密的果園……！把我囚禁」。

　　除了果園，詩人也重複使用「室內」（"interior"）的意象來表達「封閉」的主題。在〈風雨之夕〉裡，詩人自喻爲小舟，停泊在愛人臂彎的港灣，而且進入屋子去烤火，享受愛的溫暖。〈靈河〉裡詩人要在他「小小的夢的樓閣」裡「收藏起整個季節的煙雨……」。〈生活〉一詩中，很明顯地

[*]加州大學戴維斯分校東亞語言與文化系教授。
[1]洛夫，〈題記〉，《靈河》（左營：創世紀詩社，1957 年）。
[2]同前註，頁 2。文中引用《靈河》詩句皆出自此版本。

詩人在屋子裡，而且還要「關起窗子，任北風訕笑而過」。這類意象表現的最繁複、最深刻的是〈小樓之春〉（原詩見後文）。詩開端我們看到的是「小樓」的內景，然後鏡頭移到小樓的窗子，窗子的一角，最後到作繭自縛的春蠶。這一連串的過程裡，視界愈趨凝聚、細小，彷彿詩人被外在環境給層層包圍禁錮住了。此外，詩人或自喻為被牆和護城河圍住的城堡（〈煙囪〉），或是「一座夜的森林，……千年的風雨，吹不進這一片蒼茫」（〈夜祭〉），或是一座為水隔絕的孤島（〈街景〉和〈這島上〉）。

以上所舉一系列的封閉意象呈現的是一個隱密的內在世界，其意義可從兩個角度來看。一是其正面意義，它指向一個僅屬於詩人和其愛人的愛的世界。它是狹隘的，因為只容得下兩個人；它是隱密的，一如愛人間的誓言（〈石榴樹〉）；它也是甜美寧馨的，像芬芳的果實（〈故事〉、〈石榴樹〉）或果園（〈芒果園〉、〈禁園〉）或是安全的港灣（〈風雨之夕〉）。

然而，封閉也含帶了反面的意義，暗示著詩人內心世界與外在現實的疏離與隔絕。詩人要關上窗子，因為屋外的北風是譏諷、無情的（〈生活〉），它扯詩人的頭髮，咬他的腳（〈冬天〉）。《靈河》中充滿了風雨的淒冷意象，象徵著現實的冷酷和打擊。從這個角度我們可以了解詩人常用的遠鏡頭，如：遠山、天涯、小路盡頭等。它們和前面討論的封閉意象恰成對比。再以〈小樓之春〉為例，詩前半給我們一連串的封閉意象（屋子→窗→窗的一角→蠶），後半卻表現了空間距離的延長和伸展。屬於後者的意象有：遠山、滿山落紅、青煙、長廊、歸去的燕子和遠行人。這些遠景暗示著詩人有意將自我和外界的距離拉遠，寧可活在一個封閉、狹小的世界裡，如一隻春蠶。

這種心態的根源在《靈河》裡亦可找到答案：詩人追求的是一「至美的完成」（〈飲〉）。因此，詩人常用宗教性神聖的詞彙，如：聖火、祭壇、聖名等，來形容他對完美的愛的追求及渴望，這可能跟詩人是位虔誠的基督徒有關，但更重要的是，在文本裡他流露出一份浪漫式的理想主義。然而，這個理想在現實世界裡往往無法實現。除了風雨的意象外，詩人也一

再使用落日、黃昏、暮色、煙、霧、落葉、殞星等，來鋪陳出一股淒清、幽冷、朦朧的情調。他所追求的完美正如黃昏的稍縱即逝、煙霧的消散、秋葉的枯萎、和流星的墜落那樣的不可恃。它們都象徵著死亡，尤其是流星或殞星的意象多次出現在〈城〉、〈兩棵果樹〉、〈我來到愛河〉、〈歸屬〉、〈夜祭〉、〈晨〉、〈我曾哭過〉等詩中。這點與某些同期詩人（葉珊、楊喚）不謀而合，反映該時期抒情詩的某種風貌。[3]

　　死亡的主題帶領我們到另一組重複出現的意象：「痕跡」（"trace"）。詩人有感於理想的短暫和幻滅，卻不能不為它追憶、哀悼。因之，〈踏青〉裡詩人「拾取溪澗的花影」與昔日的「腳印」。在〈禁園〉裡，祭壇裡只剩下將熄的聖火、「夢的餘粒」。〈煙囪〉裡，河裡流的是「千古的胭脂殘粉」。此外，夢和影子的意象亦多次出現在《靈河》中。這些殘留、縹緲的痕跡又再次強調內心世界與外在現實之間的距離和衝突。

　　洛夫早期的風格，從上面的概述裡可見端倪。它和何其芳（1912～1977）1930 年代的作品風格有若干相似點。何其芳的抒情詩繼承徐志摩、聞一多以降的抒情傳統，而能更深刻的融合中國古典詩詞（尤其是晚唐五代）的特色，創造他獨有的婉約淒清的情調和洗練細膩的語言。在現代漢詩傳統中自有其重要的地位，對後來的抒情詩也有相當的影響（如瘂弦即承認受早期何其芳作品的影響）。我們雖不必追究洛夫是否曾受其直接影響，但兩人相通處至為明顯，這點可分兩方面來看。（有關洛夫的部分不再重複，重點將放在何其芳上。）

　　第一，兩位詩人均在詩中創造一封閉的內心世界。舉何詩〈花環〉為例：

開落在幽谷裡的花最香。

無人記憶的朝露最有光。

---

[3]關於「星」在現代漢詩中的意義，請參考奚密，〈星月爭輝──現代漢詩「詩原質」舉例〉，《現當代詩文錄》，頁44～48。

我說你是幸福的，小玲玲，

沒有照過影子的小溪最清亮。

你夢過綠籐攀進你窗裡，

金色的小花墜落到髮上。

你為簷雨說出的故事感動，

你愛寂寞，寂寞的星光。

你有珍珠似的少女的淚，

常流著沒有名字的悲傷。

你有美麗得使你憂愁的日子，

你有更美麗的天亡。[4]

這首詩是哀悼早夭的美麗少女的悼詞，少女被比喻為幽谷裡的花、小溪，它們遠離人世，孤獨而美麗（隔離的意象也暗藏在第五行：「綠籐攀進你窗裡」暗示少女在室內，和洛夫的用法近似。）詩的主題是一「似非而是」的弔詭（paradox）：死亡固然結束了少女的生命，但也同時保護、永存了她的美，使其不受俗世汙染，因此雖是悼詞，卻悼而不哀。

此外，〈慨歎〉和〈古城〉中的「閉戶」，喻回憶的「錦匣」（〈病中〉），上了鎖的衣篋（〈羅衫〉）等都屬於封閉的意象，而它們開啓的是一個屬於回憶、屬於夢的內心世界。當美與愛不再，詩人一再回到這個閉鎖而隱密、寂寞而溫馨的角落，沉吟不已。

沉吟低迴用的是一種近乎獨白的親密語氣（intimate tone），詩裡的話常常是說給「你」一個人聽的。舉何詩〈腳步〉為例，詩啓首即揭開記憶的匣子：「你的腳步常常低響在我的記憶中，／在我深思的心上踏起甜蜜的悽動」（頁 9）。然後回憶昔日的情景，從江南的秋夜、荒郊的白楊、曲折

---

[4]何其芳，《預言、秋天、風沙日》（臺北：正文出版社，1968 年），頁 21～22。文中引用何詩皆出
自此版本。

的闌干、詩人房裡的燈、「你的新詞」、到詩人自己的詩。回憶最深處的那一句：「那第一夜你知道我寫詩！」表達了驚喜的一刹那，詩人和「你」心靈契合的一刹那。這種「唯有兩心知」的親密語氣在《靈河》中也十分普遍：「……一個諾言／你曾不許我告訴別人的」（〈飲〉）。「你」面前，詩人是毫不隱瞞、是「赤裸」的。

　　第二，兩位詩人對愛與美都有一種近乎宗教信仰、理想主義式的熱情與渴求。何其芳作品中最好的例子是〈預言〉：

這一個心跳的日子終於來臨！
呵，你夜的歎息似的漸近的足音，
我聽得清不是林葉和夜風私語，
麋鹿馳過苔徑的細碎的蹄聲！
告訴我，用你銀鈴的歌聲告訴我，
你是不是預言中的年輕的神？

你一定來自溫郁的南方！
告訴我那兒的月色，那兒的日光！
告訴我春風是怎樣吹開百花，
燕子是怎樣癡戀著綠楊！
我將合眼睡在你如夢的歌聲裡，
那溫暖我似乎記得又似乎遺忘。

請停下，停下你長途的奔波，
進來，這兒有虎皮的褥你坐！
讓我燒起每一秋天拾來的落葉，
聽我低低唱起我自己的歌！
那歌聲將火光樣沉鬱又高揚，
火光樣將落葉的一生訴說。

不要前行！前面是無邊的森林；
古老的樹現著野獸身上的斑文，
半生半死的藤蟒蛇樣交纏著，
密葉裡漏不下一顆星。
你將怯怯地不敢放下第二步，
當你聽見了第一步空寥的回聲。

一定要走嗎，請等我和你同行！
我的足知道每條平安的路徑，
我將不停地唱著忘倦的歌，
再給你，再給你手的溫存！
當夜的濃黑遮斷了我們，
你可以不轉眼地望著我的眼睛！

我激動的歌聲你竟不聽，
你的足竟不為我的顫抖暫停！
像靜穆的微風飄過這黃昏裡，
消失了，消失了你驕傲的足音！
呵，你終於如預言中所說的無語而來，
無語而去了嗎，年輕的神？

——頁 3～6

詩中的神象徵著一切美好的事物：青春、愛和希望。詩人用他崇敬愛慕的心為神設了一溫暖的殿堂，為他歌唱，做他的導引，但是神匆匆的來又匆匆的離去。

〈預言〉中的神的停留是短暫的，詩人的懇求並不能使祂多作逗留。因此，詩以希望到臨的喜悅始，以幻滅的絕望終；以柔美溫郁的南方始，以黑暗邪惡的森林終；以銀鈴的歌聲始，以消失了的足音終。幻滅與絕望

的情緒也表現在廢墟、廢宮、沙漠、古城等意象中，其後遺症則表現在對過往的寄託與追憶裡。何詩中的「夢」和「回憶」幾乎是同義詩，處處皆是。僅舉〈土地祠〉裡的名句：

> 我昔自以為有一片樂土，
> 藏之記憶裡最幽暗的角隅。
> 從此始感到成人的寂寞，
> 更喜歡夢中道路的迷離。

——頁 43

意識的流動僭替了客觀的時間，夢的世代取代了現實。何其芳詩中的「迷離」來自內心世界與外在世界的疏隔，來自理想幻滅的悲哀，也來自對往昔的耽思與重建。

上面討論了《靈河》和何其芳作品的主要相似之處，但這並不否定洛夫和何其芳個人獨特的風格。兩人最明顯的差異就在何詩中的絕望感來自對「無常」（"transience"）的痛苦經驗和領悟。如〈慨歎〉一詩中說的：「愛情雖然在痛苦裡結了紅色的果實，／我知道最易落掉，最難撿拾。」（頁 12）因此，在〈花環〉裡，詩人反而慶幸死亡保存了美的永恆。這種頹廢厭世的傾向可說是唯美主義與無常哲學結合後的自然發展，但「無常」在洛夫的《靈河》中並不顯著，《靈河》整體來說也沒有何詩悲觀。

《無岸之河》出版於 1970 年 3 月，總集洛夫已出版的三本詩集：《靈河》、《石室之死亡》（1965 年）和《外外集》（1967 年）。選自《靈河》的詩共 13 首，詩人在序中告訴我們這些詩「都是先經精選再經修改過的」[5]，又云：「凡早期的作品幾乎都動過手術，有的竟改得面目全非」。[6]「動手

---

[5]洛夫，《無岸之河》（臺北：大林出版社，1970 年），頁 4。
[6]同前註，頁 7。

術」的主因是詩人已揚棄了早期感傷的「陳腔濫調」。[7]下面我將簡短地討論原作與修改後的《靈河》作品之間的差異，藉此了解詩人風格上有意識的轉變。

《無岸之河》最明顯的修改就是篇名的改變。如〈芒果園〉改為〈果園〉，〈禁園〉改為〈暮色〉，〈冬天〉改為〈冬天的日記〉，〈小樓之春〉改為〈窗下〉。其中〈禁園〉和〈小樓之春〉的原題和內容變得「面目全非」，這大幅度的修改有相當重要的意義，容後再詳細討論。另一顯而易見的不同是標點符號的大量省略。尤其值得注意的是《靈河》中普遍使用的刪節號「……」可以表達一種欲語還休的傷感和言不盡意的朦朧，有陪襯主題（迷惘、失落等）、增加效果的作用。相反的，在《無岸之河》裡標點的簡化和詩人盡量將語言具體化、直接化，避免主觀情緒的介入的努力是一致的。

使詩的語言具體、直接、簡潔的方法之一是避免曖昧籠統的詞彙，刪除多餘的形容詞。舉例來說，〈飲〉中的句子：「19 歲少女的隱笑」改為「19 歲的隱笑」。「少女」在這裡顯然是重複的。同樣的，〈海〉中的句子：「那鬱鬱的常綠的棕櫚是你的臂」，到了《無岸之河》變成：「那鬱鬱的棕櫚是你的臂」。〈風雨之夕〉頭三句如下：

> 撐著一隻無篷的小舟，風雨淒遲，
>
> 纜斷了，我迷失在茫茫的江心，
>
> 而且，暴雨即將沖垮夢的長堤。

——頁 7

《無岸之河》中將其改寫為：

---

[7]同前註，頁 8。

風雨淒遲

遞過你的纜來吧

我是一隻沒有翅膀的小船

——頁 165

「迷失」的意思不變，但文字簡潔多了：「茫茫的」、「夢的」這類模糊、不準確的字眼被刪去；「暴雨」重複首行的「風雨」，因此也被刪除。又如〈靈河〉裡的句子：「那條長長的美麗的靈河」簡化為「那條長長的靈河」，「美麗的」並不能給讀者任何具體的、鮮明的意象，是多餘的。類似此例，「你的美目使我長醉不醒」（〈飲〉）改成「你的眼睛」。「美目」是濫辭，「美」空泛而主觀，倒不如「眼睛」來的直接。

「愛」和「夢」是《靈河》集中重複出現的兩個主題。到了《無岸之河》裡，詩雖然還是情詩，但詩人不再用這樣明白露骨的字眼，茲舉數例如下：

「使我溯不到夢的源頭」（〈煙囪〉）——刪除；

「……我們的愛刻在石榴樹上」（〈石榴樹〉）——改成「你的諾言」；

「……閃爍著愛的蠱惑」（〈靈河〉）——改成「逼人的光」；

「琴韻如水，載走了我們夢的輕舟」（〈城〉）——刪除；

「我怕鴿子啣走了夢的餘粒……」（〈禁園〉）——刪除；

「院子裡要裝滿冷夢」（〈生活〉）——刪除。

以上諸例在在顯示詩人企圖減低詩中傷感、朦朧的意象。

《靈河》和《無岸之河》中間最重要的改變在於後者的主觀自我（subjective self）沒有原作那麼凸出、介入（intrusive）。讓我們對照〈小樓之春〉和改寫後的新面目——〈窗下〉：

小樓之春

以暮色裝飾著雨後的窗子，

　　我便從這裡探測出遠山的深度，

　　每一個窗格裡嵌著一角幽冷的回憶，

　　像春蠶，我自縛於這猶醉而未醉的夢影。

　　這小樓曾收藏過三月的風雨，

　　於今，我卻面對蒼茫哭泣那滿山的落紅。

　　（不是為了死亡，

　　而是為了新的成長）

　　燭火隱隱，壁上畫幅裡的青煙繚繞，

　　唉！又是簷滴，滴穿了長廊的深沉

　　沒有留下一句話，燕子將歸去

　　遠行人惦念著陌頭上的楊柳。

——頁 22～23

　　窗下

　　當暮色裝飾著雨後的窗子

　　我便從這裡探測出遠山的深度

　　在窗玻璃上呵一口氣

　　再用手指畫一條長長的小路

　　以及小路盡頭的

　　一個背影

　　有人從雨中而去

——頁 183～184

〈小樓之春〉裡詩人耽溺在自憐的、憂鬱的情緒中，全詩渲染的正是這種「自縛」所導致的自我與外界的隔絕。〈窗下〉則強調具體意象的視覺效

果，詩中重疊了兩個視覺性的意象：窗外的遠山和玻璃窗上詩人用手指畫的小路和路盡頭的背影。前者是真實的外在景致，後者是詩人即興創作出來的迷你景致。最後一句「有人從雨中而去」卻巧妙地把兩者融合在一起：窗上的水氣使小小的背影看起來好像走進雨中，而水氣來自已停（剛停？）的雨。真實與虛擬的兩層境界之間建立了一種和諧與統一，而這效果來自視覺性意象的並列，無關詩人的主觀感情的投射。〈小樓之春〉和〈窗下〉可說是體現了兩種非常不同的詩觀。

　　再舉〈禁園〉和改寫後的〈暮色〉頭兩節為例，來進一步探討洛夫詩觀的轉變：

禁園
黃昏將盡，好一片淒清的景色！
門鎖著，
鎖住了滿園子的煙雨，
我要從這裡通過，走向聖火將熄
的祭壇。

風在輕輕地掐著門，不敢掀啟，
我怕鴿子啣走了夢的餘粒……

　　　　　　　　　　　　　　　　　　——頁6

暮色
黃昏將盡，院子裡的腳步更輕了
燈下，一隻空了的酒瓶迎風而歌
我便匆匆從這裡走過
走向一盆將熄的爐火

窗子外面是山，是煙雨，是四月

更遠處是無人

一株青松奮力舉著天空

我便聽到年輪急切旋轉的聲音

——頁 163～164

〈禁園〉裡主觀的「情」（淒清、孤獨）瀰漫、統御了「景」；詩人幻滅、
哀怨的情緒爲讀者詮釋了眼前的風景。相對的，〈暮色〉第一節呈現幾個具
體的意象：輕輕的腳步、空了的酒瓶、將熄的爐火等，但詩人並不置評。
它們暗示空虛，但詩人始終拒絕將它們與心境之間的關係點明，只留給讀
者去體味。第二節裡詩人仍用同樣的角度，寫自然時令但並非「照相式」
的翻版客觀景物。青松隱隱象徵不朽，年輪象徵時間；後者雖然不可抗
拒，但宇宙間亦有一股力量，卓然聳立於時間的恆流中。

　　無論在語言、意象、詩觀、甚至標點的運用上，《靈河》和《無岸之
河》間有顯著、普遍的不同。從《靈河》到《無岸之河》，中間隔了《石室
之死亡》和《外外集》。誠然，《石室之死亡》和《外外集》的風格並不一
樣。張漢良曾這樣比較它們：前者「意象擁擠」，「詩質稠密」[8]，後者則意
象單純，句構散文化，用字口語化。[9]前者乃對根本存在問題的玄思，艱澀
深沉；後者乃對尋常事物的靜觀，平淡自然。然而，從洛夫詩風的整個發
展過程來看，《石室之死亡》與《外外集》均可視爲詩人的成熟期作品，其
風格與早期的《靈河》有根本上的差異。《靈河》中有何其芳式的婉約、哀
怨，表現對愛與美的抒情性的追求。洛夫日後的揚棄是他個人詩觀的轉
變，也可以廣義的視爲他對現代詩某類抒情風格的反動。了解《靈河》當
可以幫助我們了解詩人的摸索過程與建樹。《靈河》中〈四月的黃昏〉是這
樣結尾的：「當教堂的鐘聲招引著遠山的幽冥／一對紫燕啣來了滿室的纏

---

[8]張漢良，〈論洛夫後期風格的演變〉，引自：洛夫，《魔歌》（臺北：中外文學月刊社，1974 年），
　頁 201。
[9]同前註，頁 215。

綿，滿階的蒼茫……」。在《無岸之河》裡這兩句改為：「當教堂的鐘聲招引著遠山的幽冥／一對紫燕啣來滿階的蒼茫……」。或許我們可以說，《靈河》以降的洛夫欲去其「纏綿」而僅留下「蒼茫」吧！

　　　　　　　　　　　——原載《現代詩季刊》第 12 期，1988 年 7 月

　　　　　　　　　　　　　——選自奚密《現當代詩文錄》
　　　　　　　　　　　臺北：聯合文學出版社，1998 年 11 月

洛夫論

◎葉維廉[*]

本文所引詩集用下列代字

靈：《靈河》（創世紀詩社，1957 年）

石：《石室之死亡》（創世紀詩社，1965 年）

外：《外外集》（創世紀詩社，1967 年）

無：《無岸之河》（大林文庫 34，1970 年）

魔：《魔歌》（蓬萊出版社，1981 年）

時：《時間之傷》（時報書系，1981 年）

釀：《釀酒的石頭》（九歌出版社，1983 年）

《石》數字指詩的編號，其餘數字指頁數。

一、「我是一隻想飛的煙囪」：禁錮與騰躍

我們太容易忽略一些所謂不成熟的詩。生命的痕跡有千萬種蛻變，所謂柔軟的情思，年長後覺得不忍卒讀，便棄屍在塵封的屋角；但對我們來說，它們起碼有兩種可助追跡的作用。其一，我們要問：詩人洛夫當時處於怎樣的一種情緒狀態？那種境況在後來的蛻變中有什麼迴響？其二，早期的文字和後期的文字比較，可以顯出詩人表現策略的考慮。第二點留到第三節討論。

這一節的題目「我是一隻想飛的煙囪」擇自洛夫少作《靈河》集（1957 年）的〈煙囪〉一詩（頁 40），該詩「附記」上說：「去年秋天某

[*]發表文章時為香港大學外國語文學系講座教授，現為加州大學聖地牙哥校區比較文學系卓越教授。

日，向晚小立窗前，無煙無酒，連聊天的友人鬼影子也不見一個，眺望遠處一隻瘦長的煙囪在夕陽中矗立，寂寞亦如我。它固不能離開它的空間，而我又何嘗能擺脫這個世界！」又說：「寫此詩前，我失眠整夜，詩成，竟泣不成聲矣。」

　　這裡不是一隻「想飛」的雲雀，不是善病工愁，帶著幾滴多情眼淚的少年，雖然那時候洛夫的詩，在語字上，偶爾還帶著五四年代的一些「傷涕夢啼」的調調：

> 誰使我禁錮，使我溯不到夢的源頭？
> …………
> 我想遠遊，哦，那長長的河，那青青的山
> 如能化為一隻凌雲的野鶴，
> 甚至一粒微塵，一片輕煙……
>
> ——靈：頁41

我說這裡不是善病工愁的少年，因為這首詩的作者不是在幻想飛向某種少年的夢境，而是戰爭傷殘過後，從多次死亡中逃出來，隨著軍隊渡過與他家園永絕的臺灣海峽暫時停駐後，對那失去的世界的追望。不是一隻「想飛」，「雲遊」的輕盈的鳥，而是飛不起來的孤寂而黯然的煙囪。飛不起來的飛的欲望，便構成了他後來全部詩作的努力，用沛然騰躍，塞乎天地間的氣勢，來克服和取代那肉體之被禁錮。

　　洛夫不是夢樣的少年，因為對於他，「生活」是：

> 嚼著五毛錢的尤魚乾
> 這條路我走得好吃力
>
> ——靈：頁32

生活是：食之無味，棄之可惜。不是夢樣的少年，雖然在夢與愛的追求中，做為一個少年，偶爾還有美的陶醉和哭與淚，因為，在他「孤」與「絕」的生活中，噩夢覆壓，他：

> 沉落，沉落，冉冉地直墜無底的深淵，
> 像一隻只往黑夢裡鑽的盲目的蝙蝠。

——靈：頁 20

而當他為「尋覓一把失落的鑰匙」而來到愛河：

> 一陣陰風吹碎了水面的月亮，群星顫抖！
> 我猛然看到那邊又浮來一對死烏鴉！

——靈：頁 36

他希望為那游離無著的生活繫舟，但他「找不到一座島」；他找不到一座島而宣說「我就是島」（靈：頁 24）。所謂現實，不能從字面去了解。他肉身當然是生存在一個島上；但那個島，在他被戰爭從母體大陸切斷之際，不是他靈魂的歸屬。對他來說，精神的家才是現實。詩人，在無法把握住那外在的世界時，只能肯定內在的崖岸：「我就是島」。讓人的精神克服那無法量度的距離，用創造去重塑生命的意義，這一直是他中、後期成熟的詩的使命。即在這段猶為青澀的日子裡，詩人已經用「建築般的穩定」（見《石室之死亡》初稿之二）發出他沉毅橫空的宣言和自許：

> 伸出手掌，流星一個個從指縫間漏過，
> 哦！洛夫，你原是一個偉大的夢遊神。
>
> 上帝用泥土捏成一個我，

我卻想以自己作模型塑造一個上帝。

——〈歸屬〉，靈：頁 37

尤有進者；他還要承接那近乎荒謬的行動：「我負荷著世界又走進了世界。」這好比說；我有著一刀一刀把自己割切下來去認識自己一樣的痛苦。既在世界中又如何能負荷世界呢？就是因為足踏的世界，對他來說，畢竟是一個無感無覺，生死無判的個體，而真正構成他心中的「真實」的，卻是那無限的沉重、死灰無垠的沉重：

陰影覆著，我仍矗立，矗立於死滅的接境。

……攀登危樓之頂，四顧蒼茫，
這裡觸摸著深空，擁抱著宇宙之核心，
它占領我生命整個的空間

——〈危樓〉，靈：頁 29

我們可以看見，「攀登四顧」、「擁抱宇宙之核心」、「負荷著世界」，實在是屈子以來傳統中國詩人的情操。但他寫的則是人被狠狠地拋擲入破碎、氣脈中斷、陰影覆蓋、死滅的空間。這空間所具有的奇特的真實感，以洛夫和他同代詩人的際遇來看，自然與狂暴戰亂所導致與大陸母體文化切斷有關。所以，這個空間既是物理的空間也是文化與內心的空間，帶著無限歷史的迴響。洛夫後來的詩的衍化，便是由這個空間的凝注開始（包括在這空間中種種肌理的顫動），到從這個空間的突圍而出，從而對藝術與宇宙心之間所建立的對應作出肯定。

我們從洛夫早期的詩集《靈河》中拈出詩人當時生存的孤絕的境況，目的在確立他情緒、情懷的歷史性；他的「孤絕」絕非是虛幻、虛無的。而這裡拈出的母題，我們在以後的詩作中可以看出不少的迴響。現在只想

提出兩首，以見〈孤絕〉在他不同歲月下所產生的情緒的理路。（這裡暫不談文字技巧。）第一首是膾炙人口的〈獨飲十五行〉（1971 年）：

> 令人醺醺然的
>
> 莫非就是那
>
> 壺中一滴滴的長江黃河
>
> 近些日子
>
> 我總是背著鏡子
>
> 獨飲著
>
> 胸中的二三事件
>
> 嘴裡嚼著尤魚乾
>
> 愈嚼愈想
>
> 唐詩中那隻焚著一把雪的
>
> 紅泥小火爐
>
> 一仰成秋
>
> 再仰冬已深了
>
> 乾
>
> 退瓶也只不過十三塊五毛

> 後記：此詩寫於我國退出聯合國次日，詩成，沽酒一瓶，含淚而下。

——魔：頁 84～85

《靈河》和這首詩相去 20 年，那「隔斷」的孤絕每況愈下，詩人的無奈依舊，嚼的魷魚乾，自然仍是食之無味，棄之可惜；但詩人在時間的急變中，把傷痛一揮，生命彷彿就是退瓶那樣的瑣碎。但在那滿不在乎的姿態中，實在沒有，也無法忘記那可能永遠失去的空間：「莫非就是那／壺中一滴滴的長江黃河。」

　　這個空間始終纏繞著詩人的夢寐。但最複雜的，卻也最真實的是〈車上讀杜甫〉（1986 年）。這時詩人已經 58 歲。他在別的詩作裡，自然還有另一些新的追尋和新的肯定，我們在後面會一一論到。但就生存的現實來說，洛夫和其他隨著政府到臺灣的人們此時都已步入老年，那「夢的源頭」仍是渺遠無著。而那持之以存的內在化的空間也許終將失去。車上談的是杜甫的〈聞官軍收河南河北〉，描寫杜甫聞薊收復想像作伴還鄉的情緒。但在洛夫此時此地，每一個字都喚起中原和歷史──杜甫的、他自己的記憶；又偏偏車過長安西路、成都路等。一時似幻仍真、似真仍幻，一時杜甫的空間、他記憶中中原的空間、他在車上所見的空間、他生存的境遇、家國的空間都交錯在一起。這首詩有強烈的，獨特的歷史真實，是年輕的或生於臺灣的詩人無法寫出來的。現在只錄兩段：

・漫卷詩書喜欲狂
　車子驟然在和平東路剎住
　顛簸中竟發現滿車皆是中唐年間衣冠
　耳際響起一陣窸窣之聲
　只見後座一位儒者正在匆匆收拾行囊
　書籍詩稿舊衫撒了一地
　七分狂喜，三分歔欷
　有時仰首凝神，有時低眉沉吟
　劫後的心是火，也是灰

・便下襄陽向洛陽
　入蜀，出川
　由春望的長安
　一路跋涉到秋興的夔州
　現在你終於又回到滿城牡丹的洛陽

　　而我卻半途在杭州南路下車

　　一頭撞進了迷漫的紅塵

　　極目不見何處是煙雨西湖

　　何處是我的江南水鄉

從 1957 年的《靈河》（估計有些詩成於 1954、1956 年間）到〈車上讀杜甫〉（1986 年）之間，我們清楚地看到詩人游離或馳騁在一個同時充滿著歷史、文化和個人記憶的內在空間，一面作「時不我予」激動的慨歎（如：「神啊，我所能奉獻於你腳下的，只有這憤怒！」見《石室之死亡》第 46 首），一面「在血中苦待一種慘痛的蛻變」，〈巨石之變〉，《魔歌》，頁195）。

二、「孤絕」的理路與政治社會的參與

　　洛夫常被視爲中國現代主義典型的代表，也因此受到的批評最多，尤其是《石室之死亡》中「孤絕」所發散的死氣瀰漫的生命、凌遲的顫慄、駭人的靜止和純粹性、近乎野蠻的一種怪異的迷惑、或是鬼靈似的橫空的驚呼等。非議者所持的理由之一是詩中意象過濃、造語奇特所造成的難懂。關於這一點，現在已有不少專論，可以證明這是解讀方法的差別，而不完全是詩的困難，雖然我們也不否認有些段落確有難人之處（見李英豪，〈論洛夫的《石室之死亡》〉；林亨泰，〈大乘的寫法——論《石室之死亡》〉和張漢良，〈論洛夫後期風格的演變〉）。非議理由之二：臺灣的社會當時還是農業重於工業的狀態，完全沒有達到高度發展資本主義下人所受到的異化和心理的病變，所以在臺灣，現代主義的出現是虛幻的；它，像西方的現代主義一樣，是頹廢的，墮落的，極端個人主義的；不關心社會，背離現實，沉醉於虛無與夢幻等等。我在上一節已說明，他所寫的空間是根源於獨特的歷史性。但這並不能完全化解這第二點的非議。

　　首先，非議的第二個理由來自庸俗的機械的馬克斯論者，只能算是一

種詮釋的方法,但由於說法粗糙,大致都被後期的馬克斯論者所否定。藝術風格的形成和轉變不能按照政經文化一對一的方法來決定。後期馬克斯論者阿圖塞(Louis Althusser)就曾說:同一個政經文化下,由於種種其他的因素,可以產生不同的風格。有時,當一種風格被用濫的時候,或當它在發展過程中有了另一種可能的提示時,一種新的風格便告產生;它的產生很多時候不是隨著社會經濟的變動而變動的。在文學史上,所謂時代錯亂的風格已屢見不鮮。而當我們從跨文化的角度來看時,詮釋歷史發展必然性的神話,尤其不易確立。

這也不是說洛夫所代表的現代主義和西方的現代主義互不相涉。我們應該提出這樣的問題:洛夫在怎樣的一種文化氣候、政治社會狀態下發現了類似西方現代主義的觀物態度與方法;或者,他在西方現代主義中找到什麼適合於表現他內心空間的策略?他所找到的迴響只是一種迴響;它和發音源頭的原狀況自然可以不同。

人在一種什麼情況下會突然同時背離自然與社會,而在一種內在的行程裡尋索與猶疑呢?最常發生的情況是:當他被某種強大的突變(如天災、戰亂、毀滅性的肢解和瀕臨死亡等)驅入一種絕境時——譬如被放逐——人突覺與凝融一切的文化中心割離,迷失在文化的碎片間,在肢解的過去和疑惑不定的將來之間徬徨。這時人轉向內心求索,找尋一個新的「存在的理由」,試圖通過創造來建立一個價值統一的世界(哪怕是美學的!)這個雛型我們可以追源到《離騷》,也可以在杜甫的《秋興》,魯迅的〈影的告別〉和〈墓碣文〉,聞一多的〈死水〉,穆旦的〈我〉中找到迴響。

一個極端的例子是西方高度工業的現代社會,人在不斷分化支離及物化的過程中,知識被破裂為許多獨立互不相涉各自為政的單元之際,發現他面臨雙重的危機:自然體的我的存在性和語言的存真性都受到燃眉的威脅。因此,寫作是一個知識追索的行程,通過猶存的「感覺」,重新取得「可感」的存在,如此,也許可以使被工業神權與商業至上主義砸碎的文

化復活：寫作也是要通過語言的自覺，剔除文化工業加諸它身上的工具性而重獲語言的真實。

但現代主義在西方的興起是具有積極性的。讓我們用最簡單的方式略加說明。

現代主義在西方的興起，無論是阿多諾（Theodor Adorno）與霍克海默（Max Horkheimer）所重視的那種講求完整結構和自身具足的作品，或是班傑明（Walter Benjamin）和布萊希特（Bertolt Brecht）所重視的前衛藝術，都是要和物化、異化、減縮化的社會力抗衡，都是要重新喚起被壓抑下去的、被遺忘了的人性和文化層面，都是要指向社會重建的深層意識。

阿氏認為：真正的藝術必然是具有解放的潛力，從壟斷資本主義下物化、商品化、目的規畫化的文化取向（即所謂「文化工業」）解放出來。真正的藝術是在它純粹昇華而彷若超然於社會或無涉於社會的狀況下而肯定其獨特的社會性。現代詩、現代藝術、現代音樂保持著它們的自發性而與現行限制性的社會形成一種張力，同時在它們超越現行社會狀態時指向失落的人性；換言之，它們在所謂「社會性的缺乏中反而把社會壓制自然與人性的複雜性真實的反映出來」。「美感的昇華是把（文化工業）所鼓吹的理想實現性之假面具揭發開來；文化工業做的不是昇華，而是壓制」。阿氏在〈詩與社會〉一文中說：

> 當編制性的社會愈超越個人，抒情的藝術的情況愈游疑不定。波特萊爾是第一個註記這個現象的詩人，他拒絕止於個人的痛楚：他超越個人的痛楚而控訴整個現代世界反抒情（反詩）的態度，通過一種近乎英雄式風格的語言，他從控訴中搥鑿出真詩的火花……通過一種自身絕對客觀性的建立，這種詩無視現行社會狹窄的、受限歷史性的、意識形態偏面的所謂客觀性的傳達方式……而設法保持一種活潑潑、未變形、未沾污的詩。

現代主義中的前衛藝術則是強調對布爾喬亞體制下藝術的攻擊，在策略上用的是驚世駭俗的姿態與行動，包括出人意表的破壞，包括把非藝術物視為藝術，包括非策畫性的自動語言和即興創作等等；在精神上是要驚醒群眾，使其明白他們是在布爾喬亞意識的囚制下生活，最終的目的可以引發至政治的革命和社會的改革。

　　我們可以看見，西方現代主義這兩種取向在本質上是針對「知識思想工具化、隔離化、單線化」的現行社會而發；在策略上，一則向內追求一種失去的圓融，一則向外行動以求突變；二者都帶有烏托邦意欲，都要打開藝術潛藏的解放力，我們現在回過頭來看洛夫，可以發現他詩中有不少對現代主義的迴響；但這些迴響並不是來自對過度工業發展的反應。他的「孤絕」另有構成的因素。事實上，上面有幾句話幾乎可以直接移用到洛夫的詩上，如「真正的藝術是在它純粹昇華而彷若超然於社會或無涉於社會的狀態下而肯定其獨特的社會性……保持它們的自發性與現行限制性的社會形成一種張力……超越現行社會狀態……指向失去的人性」。但以洛夫的情況而言，「壓制」的來源不是西方式的文化工業，而是深藏著長久歷史烙印的、極其複雜的政治情結。我們在下面討論「孤絕」的成因時再加細論。讓我們繼續指出迴響，像西方現代主義者一樣，他超越個人的痛楚而控訴現代世界反抒情（反詩）的態度，他在《石室之死亡》第 46 首中說：

　　　神哦，我所能奉獻於你腳下的，只有這憤怒！

他在〈自序〉和詩劇《借問酒家何處有》裡有進一步的說明：

　　　攬鏡自照，我們所見到的不是現代的影像，而是現代人殘酷的命運，寫
　　　詩即是對付這殘酷命運的一種報復手段。

　　　　　　　　　　　　　　　　　　　　　　　　　　　——石：序

（借杜甫的口說）無奈我杜某生不逢辰，命途多舛，手觸到的無非是帶血的的荊棘，腳踩過的無非是坷坎與濘泥，身上纏著一條大蟒蛇，你愈掙扎，它把你綑得愈密，寫詩吧！寫詩就是我採取的唯一報復手段。

——時：頁 305

纏身的蟒蛇，其象徵是多層次的，它可以代表政治氣候，但更重要的可能指根深柢固的庸俗實用主義與思想的保守主義。

　　構成洛夫做為一個詩人特殊的「孤絕」與「憤怒」的因素相當複雜。有燃眉的近因，有深遠難解的遠因，有生存的威脅，有語言的危機，以及在這個時期還潛藏著而後來變得顯赫重要的承傳問題。這些對詩人感受的沖激，不弱於西方所說的「文化工業」。

　　先說近因。帶著 1930 年代的詩語言和 1940 年代的一些美學關懷的洛夫，當他隨著軍隊渡過海峽到臺灣的時候，除了第一節所提到的「與家園永絕」的黯然之外，他的「禁錮」感受不只是個人的，而且是全社會的。當時的臺灣，自第七艦隊進入臺灣海峽之後，已經被納入世界兩權對立的舞臺上，而且成了自由世界的前衛。既是屬於自由世界的陣營，當然要鼓吹自由思想，自由行動了；但事實上，臺灣剛剛被迫遠離大陸，敵人只有一水之隔，隨時有被突然攻陷之憂；所以在政治上，隨著防衛的需要，便實行肅清與有形無形的鎮壓。文字的活動與身體的活動都有某種程度的管制。與家園隔絕，懷鄉，渴求突圍出去，或打破沉悶與焦躁，卻又時時沉入絕望之中，一種強烈的沉淵似的「走投無路」的低壓呼應著冷戰初期的氣象。這種低氣壓瀰漫了相當一段時間，幾乎到臺灣經濟起飛之前，都隱約感染著當時的島住民。譬如商禽後期的〈門與天空〉便可以視為這種冷戰氣候中臺灣住民的寫照。這首詩寫一個沒有監守的被囚禁者（注意：沒有監守而被囚禁即表示「監守意識的內在化」），在沒有外岸的護城河所圍繞著的有鐵絲網所圍繞著的沒有屋頂的圍牆裡面，用手砍下幾棵樹，做成一扇門，走出去。出去。出來。出來。出去。直至看到了天空。所謂出，

所謂來，是始終沒有真正出去。這顯然是徒勞無功的作為，但要衝出沉悶的局面的渴求卻是如此的強烈，就算一扇通不到任何地方的門，也勉強可以有短暫的解憂。

我們應該注意到，這首詩，像洛夫和其他幾個重要現代詩人的詩一樣，還不只停留在這一個層次上。亦即是說，這個令人絕望的禁錮感，除了反映政治緊張狀態下的現實情境外；顯然還投射到別的層面上去，如個人的存在猶如自囚這一個近乎存在主義的課題；又如中國文化之被放逐與禁錮。這三個層次——個人、社會、民族的「走投無路」，在當時構成了創作者特殊的孤絕意識。我在後面將會有進一步的衍論。

所謂政治肅清和有形無形的鎮壓如何影響到詩人的文字策略，我們可以看看瘂弦和陳映真的兩段回顧的文字：

瘂弦：

五〇年代的言論沒有今天開放，想表示一點特別的意見，很難直截了當地說出來；超現實主義的矇矓，象徵式的高度意象的語言，正好適合我們，把一些社會的意見、抗議隱藏在象徵的枝葉後面。

——〈現代詩三十年的回顧〉，《中外文學》，1981 年 6 月，頁 146

許南村（即陳映真）：

無法在官式的「戰鬥文藝」中表達真實情感的人們……都在紀弦提倡的法國象徵主義詩中，找到了一個既能滿足創作要求，又可以在別人難以懂得的晦澀中說出心中的塊壘，且絕不致干犯禁忌的表現形式，從而，這個時期中臺灣現代詩一部分真誠的作品，也因而具有進步的性質。

——〈試論吳晟的詩〉，《文季》第 2 期，1983 年 6 月，頁 17

記得 1950 年代雷震因倡導「反攻無望論」（即「有家歸不得」）而被捕。這是有形的鎮壓。「永絕家園」的廢然絕望確是當時的傷痛，但我們不能說。

如換一個方式，借用一首古詩的聲音說「子欲望魯兮，龜山蔽之，手無斧柯，奈龜山何」，這是無形的鎮壓下的轉喻。

唯眸子在眼瞼後面移動
移向許多人都怕談及的方向

——石：第1首

他們如一群尋不到恆久居處的獸

——石：第2首

而我只是在歷史中流浪了許久的那滴淚
老找不到一付臉來安置

——石：第33首

這些最後或許可以視作「孤絕」、「傷痛」的一些聲音的蛻變，甚至整首《石室之死亡》都可從這個角度去看。但這樣解釋我們覺得太著相了；詩人們所承擔的壓力，直接的無疑是上述的政治氣候；但構成這個氣候的，也不只是一個政黨的問題，而是政治與社會結構中的一個失去文化凝融的情結，和這些結構中長久以來反人性反自然質素的沉澱。

　　創作者當時的憂懼與瞻望，超過了眼前的現實。因為自從列強入侵以來，中國民族和文化的原質根性已經被放逐了。從一向被神視為神聖不可侵犯的中國迅速的崩潰和空前的割地讓權開始，中國人已失去了至今猶未挽回的民族自信。我在一篇題為〈中國文學的前途〉的文稿上說：

在攝取西方文化的初期，傳統的美學立場和中國民族的原質根性都一直受到威脅，由於列強帶來了毀滅性的壓迫、亡國的恐懼和無法形容的辱國，作家們，戰戰兢兢地、缺乏信心地、甚至帶著恥辱地踏上歷史的戰場，彷彿神聖不可侵犯的光榮的中國如今縮減為眾人嘲弄的侏儒！彷彿

　　　　所有精純的文學藝術的作品只不過是野蠻的表達！

而在設法調適傳統與西方文化時落入了一種「既愛猶恨，說恨還愛」的情
結，亦即是對傳統持著一種驕傲但又同時唾棄的態度，對西方既恨（恨其
霸權式的征服意識）而又愛其輸入來的德先生與賽先生。但中國真正文化
的凝融力量在哪裡？西方真正的凝融力量（如果有！）又在哪裡？是至今
未能解決的問題（「當鏡的身分未被面貌所肯定」，石：第 42 首）。

　　事實上，從五四開始，中國作家便被放逐入一個中國文化的空虛裡，
各自在「行程」中尋索、猶疑、追望，而時時陷入絕境。魯迅說：「然而我
不願彷徨於明暗之間，我不如在黑暗裡沉沒。然而我終於彷徨於明暗之
間……」（〈影的告別〉）。他是第一個流露這種境況的人。他希望在墓碣上
找到一些指示，但只有殘跡：「有一游魂，化為長蛇，口有毒牙，不以嚙
人，自嚙其身，終以殞顛」，「抉心自食，欲知本味。創痛酷烈，本味何能
知？……痛定之後，徐徐食之，然其心已陳舊，本味又何由知？」（〈墓碣
文〉）「彷徨尋索而未得，內嚙又不知本味」就是現代中國人民族文化原質
根性放逐後的傷痛。為了同樣的原因，聞一多的詩中充滿「死的慾望」，欲
求死而得再生；「索性讓爛的越加爛了／…爛穿了我的核甲／爛破了我的監
牢／我的幽閉的靈魂／便穿著豆綠的背心／笑迷迷地要跳出來了！」（〈爛
果〉）中國文化放逐後的虛位，直接影響到自我的虛位，請看穆旦的
〈我〉：

　　　　從子宮割裂，失去了溫暖，
　　　　是殘缺的部分渴望著救援，
　　　　永遠是自己，鎖在荒野裡，

　　　　從靜止的夢離開了群體，
　　　　痛感到時流，沒有什麼抓住，

不斷的回憶帶不回自己，

遇見部分時在一起哭喊，
是初戀的狂喜，想衝出樊籬
伸出雙手來抱住自己

幻化的形象，是更深的絕望，
永遠是自己，鎖在荒野裡，
仇恨著母親給分出了夢境
1940・11

——《探險隊》，昆明：文聚社，1945 年，頁 55～56

這就是我們所說的「既愛猶恨說恨還愛」的文化情結，也是我自己一度為自己的詩所提出的「鬱結」。

上面舉的三個例子，都不應說為個人主義頹廢、病態的發洩。因為這三個例子中的情結，既是個人的，也是社會的，更是民族的。而隨著文化的放逐而來的是美感風範的放逐，代之而起的是清朝以來庸俗的實用主義和強烈的目的功用論（如說詩書六藝是不事生產的東西；詩人是瘋子，詩是囈語，沒有建設性云云），而鞏固這種功用論的是中國傳統政治社會中沉澱下來反自然反人性的專一排他的行為。洛夫曾借杜甫的聲音說：

唉！時代愈進步，詩道愈淪落，庸俗之輩，又喜愛謬論，知詩者，一代不如一代。

——時：頁 306

這句話，從某一個角度來看，是把詩看成一種「貴族」；但如果說話者是「知我者，謂我心憂；不知我者，謂我何求」的情操，或者是「心之憂

矣，如或結之」，那種情感的負重，便不是關在象牙塔的「貴族」，而是「天降大任」那種使命驅促的憂憤。洛夫在〈書之騷動〉一詩中有痛心的表達：

一冊薄薄的李商隱　上面是
一冊大字足本的聊齋　上面是
一冊燙金封面的戰爭與和平　上面是
一冊社會進化論　上面是
一冊實用經濟學　上面是
一冊市場調查學　再上面是
一冊厚黑學

夕陽無限好而命不好的李商隱
藍田日暖，被成噸的鉛字壓得
兩眼冒煙的李商隱……

——時，頁67

這首詩是詩人自況，但社會價值階梯赫赫在目是如此，做為一個文化的關心者，能不憂憤嗎？

「文化虛位」的憂懼，在「憂結」的詩人的心中，因著 1949 年狂暴戰亂導致古大陸母體頓然切斷而濃烈化、極端化。「『現在』是中國文化可能全面被毀的開始，『未來』是無可量度的恐懼」。詩人們要問：「我們如何去了解當前中國的感受、命運和生活的激變與憂慮、隔絕、鄉愁、精神和肉體的放逐、變幻、恐懼和游疑呢？」

「文化虛位」的憂懼，更因為當時語言的失真而加速。當「既愛猶恨說恨還愛」的情結變為情緒的游疑不定和刀攪的焦慮，報章雜誌上的作品盡是些非藝術性的，功用性極強的所謂積極意識和戰鬥精神，完全沒有為

當時的文化虛位憂懼感存真。我們現在回頭來看，現代詩容或在晦澀上有了錯失，但在擊敗 1950 年代那類作假不真、虛幻不實的文學上，是功不可沒的。

對洛夫所處的歷史場合與文化情結的複雜性有所了解，我們便可以掌握早期「想飛的煙囪」所代表的「禁錮」意識在《石》詩中蛻變的諸種形相：

> 我確是那株被鋸斷的苦梨
> 在年輪上，你仍可聽清楚風聲、蟬聲
>
> ——石：第 1 首

這個意象所發射出來的不只是個人的「切斷」、「創傷」、「生命無以延續的威脅，而歷史的記憶與傷痕則繼續不斷」的情境，而且也是社會的、民族的，和文化的「切斷」、「創傷」、「生命（文化）無以延續的威脅」和「歷史的記憶和傷痕不斷」的迴響。是的，這是一個內在化的境，是「主觀意識投入」的形象，但它不盡是個人主義虛幻的構成。再看：

> □褐如泥，他是一截剛栽的斷柯
>
> ——石：第 8 首

> 天啦！我還以為我的靈魂是一隻小小的水櫃
> 裡面卻躺著一把渴死的杓子
>
> ——石：第 59 首

> 你，一隻未死的繭，一個未被承認的圓
> 一段演了又演的悲劇過程
>
> ——石：第 43 首

　　而靈魂只是一襲在河岸上腐爛的褻衣

——石：第 19 首

　　神蹟原只是一堆腐敗的骨頭

——石：第 13 首

　　你確信自己就是那一甕不知悲哀的骨灰

——石：第 14 首

　　我卑微亦如死囚背上的號碼

——石：第 3 首

詩人彷彿說：個人、社會、民族正夾在「死斷」（斷柯）與「重生」（剛栽下所帶來的生之渴欲）的焦慮之間（我們記得魯迅曾借裴多菲的話說：「絕望之爲虛妄，正與希望相同」），而靈魂渴死（我們記得聞一多在〈奇蹟〉裡說：「這靈魂是真餓的慌」）；中國是一隻未死的繭，如何可以化爲飛揚的彩蝶呢？她是一個未被承認的圓，「啊，願那蛻殼化爲灰燼」（聞一多，〈奇蹟〉）。在我們最後化爲一個號碼之前，在靈魂終於腐爛在河岸之前，我們已經無法寄望神蹟，因爲神蹟已給了中國光榮的過去，現在只是一堆腐敗的骨頭。

　　《石室之死亡》中充滿了生死的冥思（尤其是第 11 首），包括死的誘惑（尤其是第 12 首），和由死到重生（如第 13 首中死與子宮的並列，亦即是張漢良所說的「生兮死所伏，死兮生所伏」），貫穿全詩的是黑色的意象，和光之不斷被追殺（如第五首）。

　　往來於皮肉與靈魂之間
　　確知有一個死亡在我內心

——初版第 11 首

我們記得聞一多的〈爛果〉（見前）渴欲死去以求新的誕生，渴望黑蟲子把果肉（腐爛中的中國）咬爛，好讓他幽閉旳靈魂穿著豆綠的背心跳出來。同樣我們聽見洛夫說：

> 我們將苦待，只為聽真切
> 果殼迸裂時喊出的一聲痛

——石：第 39 首

像聞一多一樣，洛夫對死感到強烈的誘惑：

> 山色突然逼近，重重撞擊久閉的眼睛
> 我便聞到時間的腐味……
>
> 我把頭顱擠在一堆長長的姓氏中
> 墓石如此謙遜，以冷冷的手握我
> 且在它的室內開鑿另一扇窗，我乃讀到
> 橄欖枝上的愉悅，滿園的潔白
> 死亡的聲音如此溫婉，猶之孔雀的前額。

——石：第 12 首

這個死的誘惑不是頹廢、虛無，或病態，而是在文化虛位進入絕境的痛楚中的一種背面的欲求，亦即是帶著死而後生的準備而進入生之煉獄。

死而後生，生不離死，或生在死亡的陰影下，都是絕境中的猶疑狀態，不但嬰兒（代表誕生）和墳墓並列（「驀然回首／遠處站著一個望墳而笑的嬰兒」，石：頁 36），而且死亡與子宮不辨（「他們竟然這樣的選擇墓塚，羞怯的靈魂／又重新蒙著臉回到那湫隘的子宮」，石：頁 13）。光猶未生，即為黑暗殺死的形象，更迭次出現：

長廊的陰暗從門縫閃進

去追殺那盆爐火

　　　　　　　　　——石：第 5 首

哦，這光，不知為何被鞭韃，而後斃死

　　　　　　　　　——石：第 43 首

我遂把光交給黑色

　　　　　　　　　——石：第 21 首

詩人這樣做，彷彿要逼出那「背面的意義」（見聞一多〈奇蹟〉），因為「舍利子似的閃亮的、整個的正面的美」已經被放逐在遠方。

　　我們在此先後提到以魯迅、聞一多和穆旦為例的 1940 年代詩人，並不是說洛夫有意識地從他們那裡轉化出來；而是說，他做為一個詩人所瀕臨的境遇、他所承擔的心理的壓力、他的文化的憂懷，在本質上、在追索的路線上可以說是他們的境遇、壓力、憂懷無形的延續，在 1950 年代與母體文化突然隔斷的情況下，變得特別尖銳與濃烈而已。

　　我們還要明白到詩人所處氣候的壓力。1950 年代的政治氣壓以洛夫的情況而言，更是複雜。他身為軍人，對政府給他的照顧他有相當的感激；但作為一個詩人，他又不得不為當時那分「憂結」存真。這在情緒上就是一種「張力」，反映在文字上自然也是一種「張力」。有些批評家認為《石》詩中的張力只是一種文字的遊戲，這是完全沒有了解詩人在文化上的承擔。只有當我們同時用個人、社會、民族所面臨的「孤絕」和「不安」的相似心境去看，《石》詩才可以迎刃而解：

只偶然昂首向鄰居的甬道，我便怔住

在清晨，走著巨蛇的身子

黑色的髮並不在血液中糾結

宛如你的不完整，你久久的慍怒

支撐著一條黑色支流

我的面容展開如雲，苦梨也這樣

而雙瞳在眼瞼後面移動

移向許多人都怕談及的方向

我是一株被鋸斷的苦梨

在年輪上，你仍可以聽清楚風聲、蟬聲

　　　　　　　　　　　　　　——石：第1首，初版

　　我們在前面已說過，最後兩句的意象發射出來的，同時是個人、社會、民族的「切斷」、「創傷」、「生命無以延續、歷史記憶可能失去的威脅」。如此，詩中的「不完整」、「黑色支流」、「許多人都怕談及的方向」都不用解釋便可以完全明白。

　　當人被逐入一種文化虛位、生存抽空的孤絕狀態時，他自然會對無形的動力、活動、精神狀態，亦即是越過眼前現實的精神狀態所迷惑，包括痛楚、焦躁不安、瀕臨瘋狂的恐懼、死亡的氣氛、心理的沉淵、子夜奇藍中的呼喊等；形象包括一種怖人的黑色從四壁的洞口入侵，空間仿似巨齒嚙人的口；沒有眼睛的臉，沒有臉的眼睛，以及原始的狂暴、激烈、扭曲等。這些感覺、這些形象是透過一種超敏感而出現。洛夫這時期的詩，尤其是《石室之死亡》，往往寫的不是眉目可辨、理路可循的眼前現實，而是錯雜的內在的空間，一個不斷被這些感受和形象——通過氣氛的凝合、通過語言的驅馳力和精警的意象來拉緊的感受和形象入侵的空間。我們可以舉《石》詩改訂版第一首的兩句說明：

我以目光掃過那座石壁

上面即鑿成兩道血槽

——石：第 1 首

不會發生的，「兩道血槽」當然是內在感受的外在投射，上面很多例子，都
應作如是觀。我們再看下面的一些例子：

將在日落後看到血流在肌膚裡站起來

——石：第 14 首

夏日的焦慮仍在冬日的額際緩緩爬行
緩緩通過兩壁間的目光，目光如葛藤
懸掛滿室，當各種顏色默不作聲地走近
當應該忘記的瑣事竟不能忘記而鬱鬱終日
我就被稱為沒有意義而且疲倦的東西

——石：第 15 首

夏日撞進臥室觸到鏡內的一聲驚呼

——石：第 33 首

石室倒懸，便有一些暗影沿壁走來

——石：第 43 首

這些超敏感（或神經質）的感覺意象，從另一個角度看，是：當我們發覺
人已變成「死囚背上的號碼」（石：第 3 首）或者是「在戰爭中成為一堆號
碼」（石：第 49 首）那種「物質化」的情況以後，身體的感覺（視、聽、
嗅、味、觸等）便成為唯一可以肯定我們的存在，唯一可以觸及那也許尚
存的精神的領域。請聽：

在噴嚏中始憶起吃我的就是我自己

——石：第 45 首

當時間被抽痛，我暗忖，

自己也許就是那鞭痕

——石：第47首

經過這一番尋索，我們可以說，《石室之死亡》的洛夫確曾向西方的現代主義借用了一些語言的策略，這包括近乎表現主義筆觸的緊張扭曲的語言；但這些語言策略的應用不是虛幻現實的描摹，而是把中國現階段歷史在文化放逐、文化虛位（本身是西方霸權所造成的壓制）和政治社會情結所造成獨特的「孤絕」的複雜性中反映出來。從內容來看，《石》詩是早期詩中的「禁錮」意識深層的探索；從詩的藝術來看，則是一種抗衡「禁錮」的精神的騰躍，一種死而後生，通向文化再造的隧道。

我無從推想，握在左掌中的雕刀

如何能觸怒右掌中的血

你或許正是那朵在火焰中活來死去的花

將之深深埋葬在

我們的另一種呼吸中

開花不開花並非接吻不接吻之分

正如我們與你們

並非僅僅為了吃掉那些果

化成那些泥

三、石室之外：蛻變的跡線

洛夫在《時間之傷》（1981 年）的〈自序〉上說：「我的詩曾一度被歸類為「鹹味的詩」，後又有人說我的風格近乎苦澀……至於說我的詩中往往

湧出一股勃鬱之氣，以致產生一種森森然令人不安且又無可奈何的壓迫感，卻是一般讀者的反應」。另外在 1984 年的一首幽默自嘲詩〈戒詩〉中說：「早年滿腹的激情／曾撐得我／沿室遊走如一懷了孕的貓／積多年的陣痛／只產下／一窩骨多於肉的意象。」這顯然是極好的寫照。

但我認爲論李賀的文字中，常稱他爲凝重險急，陰悽森寒，骨、死、寒、詭誕的字句特多。在氣質上洛夫最近李賀。洛夫有〈與李賀共飲〉（1979 年）一詩也不是無因的。錢鍾書論李賀的幾句話幾乎可以完全轉用來描寫洛夫這個時期的詩。錢鍾書是這樣說的：

> 夫鮑家（昭）之詩，操調險急，長吉化流易爲凝重，何以又能險急。曰斯正吉生面別開處也。其每分子之性質，皆凝重堅固，而全體之運動，又迅速流轉……如冰山之忽塌，戈壁之疾移，勢挾碎塊細石而直前，雖固體而具流性也。
>
> ——《談藝錄》，頁60

但作爲一首詩，《石室之死亡》是不夠完整的。洛夫屢次想重寫它便可以說明《石》詩有它的缺失。雖然它仍然是充滿割鋒、感染力，撞擊力很強的重要的詩。

《石》詩就是因爲游離而有時失去一個凝聚的主軸。在初期也許是有意的：生命是碎片，碎片就讓它反映在詩的形式裡。在第一、二批的出現時，確有一氣呵成，江河洶湧的趨勢；後來就有些「因興而作」的味道。洛夫必須衝出來，給它一個較緊密的結構。這個答案還是應從《石》詩中去找。《石》詩中有幾組是專題的，如第 16 至 18 首題爲「早春」給楊喚；第 51 至 53 首題爲〈初生之黑〉給其初生之女莫非；第 54 至 56 首題爲〈火曜日之歌〉給病中詩人覃子豪。每一組都自成一個完整發展的意念。洛夫特別注意到這一點，並在《無岸之河》（1970 年）中把《石》詩中若干章節分題重印，也是這個意思。從這個想法出發，洛夫開始寫他的《外

外集》（1967 年）。《外外集》中都是短詩，長度約爲《石》詩三節，都集中在一個意念上發展，前後呼應自然便易於控制。譬如〈煙之外〉：

在濤聲中喚你的名字而你的名字
已在千帆之外

潮來潮去
左邊的鞋印才下午
右邊的鞋印已黃昏了
六月原本是一本很感傷的書
結局如此之悽美

你依然凝視
我眼中展示的一片純白
我跪向你向昨日向那朵美了整個下午的雲
海啊，為何在眾燈之中
獨點亮那一盞茫然

還能抓住什麼呢？
你那曾被稱為雪的眸子
現在有人叫做
煙

獨立意象與句法都和《石》詩近似，像上述幾組《石》詩那樣，依循一個單一的意念來發展。這是要回到抒情短詩的構成邏輯上來。短詩，作爲一種抒情體，無論它作爲一首歌中的詞還是爲純粹感受傳達的媒介，都不強調序次的時間。在短的抒情詩裡，詩人把感情、或由景物引起的經驗的激發提升到某一種高度與濃度，而把常見於敘事詩中有關行爲動機的縷述和

故事發展的輪廓模糊起來，只留下一些提示性的枝節，沒有前後事件因素
的說明。一首短的抒情體往往是把包孕著豐富內容的一瞬間抓住——這瞬
間含孕著、暗示著在這一瞬間之前的多線發展的事件，和由這一瞬間可能
發展出的許多事件。它是一「瞬」或一「點」時間，而不是一「段」時
間；如果有時間的遞變，那數「段」或數「點」的時間往往會被壓縮在一
個彷似同時發生的「瞬間」中。

　　從這個構成的特色來看，《石》詩也具有相同的效果；但短詩的好處
是：當故事線被隱藏以後，呈現於語言面上的意象還是很容易凝聚為一種
統一的印象，但太長的詩便不太容易；只有那些訓練有素的讀者才知道如
何和在那裡要換角度，換「瞬間」去讀它。像其他《外外集》的詩一樣，
〈煙之外〉的瞬間和大約發生過什麼事（隱藏在詩後面的），都很容易決
定。我們大略知道，引起抒懷的事件是牽涉到一場傷情的分手和時空的變
幻激速：「千帆之外」說明了「喚」的人已經在那裡很久了，而距離也很遠
了。「潮來潮去」既是時間的也是空間的，不但「喚」的人特別感觸到他在
這律動中的傷情，我們更感覺到我們如何逃不出宇宙世界的變動。「左邊的
鞋印下午／右邊鞋印已黃昏了」，是心理時間的激速。事實上，時間無所謂
快慢，快慢是人感受的投影。「雪的眸子」是近看，是親密距離中的印象，
「煙」是「千帆之外」的距離所造成的印象，但當然是原有的親密情感和
距離已經幻滅，留下來的是「喚」和「凝視」，因而覺得一切「茫然」（呼
應著「千帆之外」和「煙」）。當然這是一個無法忘記曾在「親密距離」中
的癡情者。整首詩前後凝聚在這一點包孕著巨大變化的時間裡。

　　這代表洛夫突破《石》詩的游離結構的第一步。這個突破固然來自
《石》詩本身一些獨立的段落；但也可說是來自《靈河》的再思；因為
《靈河》裡全是抒情短詩，只是語言太具五四初期那種「傷涕夢啼」調調
罷了。洛夫大略在這個時候重看這些詩，而覺得如把語言修改，還是可以
拿得出來，放在《石》詩群中而不遜色。我們現在看看洛夫如何以《石》
詩中的語言修改《靈河》。

〈石榴樹〉

（A）靈河版（1957 年前）

假如把我們的愛刻在石榴樹上
枝椏上懸垂著的就顯得更沉重了。

我仰著躺在樹下，星子躺在葉叢中，
每一株樹屬於我，每一顆星屬於我，
它們存在，愛便不會把我們遺棄。

哦！石榴已成熟，這美的展示，
每一個裡面都閃爍著光，閃爍著我們的名字。

（B）修改版（1967 年前）

假如把你的諾言刻在石榴樹上
枝椏上懸垂著的就顯得更沉重了

我仰臥在樹下，星子仰臥在葉叢中
每一株樹屬於我，我在每一株樹中
它們存在，愛便不會把我們遺棄。

哦！石榴已成熟，這動人的炸裂
每一顆都閃爍著光，閃爍著你的名字。

修改的著墨不多，但效果相當不同。把「我們」（A）變成「你」（B），說話人突然從「共同陶醉的領域」走出來，脫離了軟綿綿的濃情而在圈外似的，口氣就比較客觀些。「愛」（A）何其大何其不可捉摸？「諾言」（B）便落實多了。「愛便不會把我們遺棄」（A），彷彿「愛」是一種在兩人之外的神祕力量，是理想主義幼稚的說法；「愛便不會把我遺棄」（B），語氣中是承著「諾言」，也就是說「你」而來，中間有一種契約。「愛」不是一頭

栽下去就得，但並不否認「你」的美，和你的美對我的吸引，所以不是
「閃爍著我們的名字」（A）那種夢幻，而是「閃著你的名字」（B）。「你」
才是最大的中心。而你成熟的美，就不是「這美的展示」（A）那種說了等
於沒有說的語言可以表達的。「這動人的炸裂」（B）不但是「石榴成熟」的
具體描寫，而且是「你」的血肉化、氣脈化、性感化。這首詩的「詩眼」
就是這一句，使整首詩生動起來，活潑起來。同樣是示愛，但（B）版是一
個較成熟的聲音：（A）版則是墜入愛情初夢的囈語。熟識洛夫《石》詩的
讀者必然知道，「動人的炸裂」這句既屬於客觀描寫也是激情放射的句法來
自哪裡。

> 石榴首次爆裂時所生出的那種欲望
>
> ——石：第 55 首

> 從灰爐中摸出千種冷中千種白的那隻手
> 舉起便成為一炸裂的太陽
>
> ——石：第 57 首

　　這種由視覺轉化為聽覺兼及感受（激清、慾望）的意象，《石》詩裡很
多，在《石》詩以後也常出現。可以這樣說，洛夫用了《石》詩中這類屬
於力的建造與放射的意象來寫淡而不濃、疏而不塞的詩，於是便開拓了他
後期的風格。洛夫鍾愛這種極具張力的意象，也可以說明他為什麼獨愛李
賀。李賀詩中如錢鍾書所拈出的，特別著力於動詞，如「石破天驚逗秋
雨」。「破」、「驚」這類字在《石》詩中已經不少，在後來的作品亦常見
到。事實上，他的〈與李賀共飲〉的首句便從李賀詩中轉化而來：「石破／
天驚／秋雨嚇得驟然凝在半空」。我們記得《石》詩的第一句「只偶然昂首
向鄰居的甬道，我便怔住／在早晨的虹裡」（石：第 1 首，初版），句法的
動態前後是一貫的。

我們觀察一個詩人的創作過程，一面要看他在歷史中的境況和這境況如何引發起語言的變化；但另一面，我們要看他在表達中面臨的美學問題和他解決這些問題的跡線，同時更要看這些跡線所開出來的新境。《石》詩中許多險峻的句法確是沉鬱中帶有割鋒；但有些時候，由於過度內在化，過度強調意象──濃烈主觀感受的意象──的獨立性而變得離常異正。洛夫在《石》詩之後，顯然有意要使這種句法溶入常與正之中而同時具有相同的沉鬱與割鋒。這個過程是不容易的。突破的路線約略是這樣的：在結構依從單一意念的發展與放射的《外外集》中，仍有「離常異正」的句子，譬如：

> 你猛力拋起那顆燐質的頭顱
> 便與太陽互撞而俱焚

> ──〈醒之外〉，外：頁 3

這和《石》詩中的句法、效果與感覺仍是相同的。現在讓我們試把「將在落日後看到血流在肌膚裡站起來」（石：第 14 首）這種完全屬於「內在空間中主觀感受的投射」的表現主義句法，和《無岸之河》（1970 年）中〈手術臺上的男子〉的首段比較：

> 血
> 從血中嘩然站起──
> 今年，他十九歲

> 他被抬了進來
> 他很疲倦而且沒有音響
> 白被單下面
> 他萎縮成一個字母

——無：頁 17

兩者句法相似，後者（包括「他萎縮成一個字母」那酷似《石》詩中的「我卑微亦如死囚背上的號碼」和「在戰爭中成為一堆號碼」（頁 49）的句法）卻完全落實在客觀的外在事件裡。這裡不但沒有「特異」的感覺，而且變得熟識地可觸可感。事實上，這裡的用法可以幫我們在重讀《石》詩時為某些句子找到一種落實的感覺。這是洛夫詩中很重要的一個突破。這裡還可分為兩方面去討論。其一即是詩人從內在空間移向外在空間，從落實的事件的跡線中去尋索生命與詩的意義。這應該以〈西貢夜市〉（1968年）開始，而後才有一系列詩的延展。這點我們留在後面討論。其二便是《石》詩中驚人的「特異」句法落實的應用。讓我們先繼續追跡這種蛻變。

脫離了游離不定的空間，洛夫往往在多種不同的事件裡發揮他險峻特異的句法，而取得非常的效果。他在試寫許多簡單日常生活的同時，也寫歷史事件，如〈嘯〉是通過一尊舊砲來激發中國近代史的憂焚與無奈。該詩的結尾是這樣寫的：「於今，主要問題乃在／我已喫掉這尊砲／而嘯聲／在體內如一爆燃的火把／我好冷／掌心／只剩下一把黑煙」（魔：頁 67）。此段句法和《石》詩相似，但並不覺得過於奇特。這裡當然還有不少的濃縮，但並不需要經過太多的轉折來曲解便可以感覺，就是因為寫的是庚子年通過七七事變到有砲不能發的整段歷史。

這類句法在歷史中出現不是無因的。事實上，《石室之死亡》寫的何嘗不是中國近代史的憂焚呢，只是那時的禁錮感、孤絕感是如此的逼人而推向情緒的前端，把歷史的輪廓隱約留在後面而已。

《石》詩後的驚人句法，由於落實在事件裡，它的顫弦更具威力，而不減以前的濃縮，譬如他改寫的〈長恨歌〉的第一節：

唐玄宗

從

水聲裡

提煉出一縷黑髮的哀慟

—— 魔：頁 134

這段是企圖利用一個意象而讓我們產生對整首〈長恨歌〉的感受。假如題目不是〈長恨歌〉，如果我們把「唐玄宗」改為「他」，在句法上幾乎是沒有變，但這樣寫法，需要我們曲解一番才可以感受。但現在這個樣子，我們不用去求解便可以完全感受。這是因為：1.事件有脈絡可尋；2.這首詩是產生於原有的〈長恨歌〉。原有的〈長恨歌〉和洛夫的〈長恨歌〉由於「唐玄宗」的出現而進入交談與互相指涉：「水裡」自然和「溫泉水滑洗凝脂」相應和，而「黑髮的哀慟」自然令人聯想到「宛村蛾眉馬前死……夜雨聞鈴腸斷聲……此恨綿綿無盡期」的事蹟。詩中「提煉」兩個字的意義是多層面的。字面上說，彷彿唐玄宗為了提煉「哀慟」而走上那條路；但我們也可以說，「黑髮的哀慟」是人生錘煉的一種過程，或者應該這樣說，美是要經過煉獄考驗的。但「提煉」也是詩人的目的，他寫的〈長恨歌〉是一種「提煉」，不是細節詳舉，而是神情（譬如「黑髮的哀慟」）的捕捉。

憤而「長嘯」或「爆烈」，鬱而「沉哀」，是洛夫詩中常見的意象。但《時間之傷》和《釀酒的石頭》兩集都是胸中的傾訴，再沒有過度「內在空間主觀感受」的困難。現抄數例如下：

我也曾有過淚

現已在胸中凝固成火

火將哀慟鑄成一把匕首

一揚手，便冷冷地

插在牆上的一幅地圖中央

—— 〈我在長城上〉，時：頁 175

室內

慢火在熬著一鍋哀慟

我拉起窗帘

夜急速而降

趕來為我縫製一襲黑衫

母親

我真的不曾哭泣

只癡癡地望著一面鏡子

望著

鏡面上懸著的

一滴淚

三十年後才流到唇邊

——〈血的再版——悼亡母詩〉，釀：頁 128

被謀殺的中國的龍啊

在日暮中奄奄一息

而這時，我憤然舉起雙臂

血管中迸出一聲長嘯

轟轟的回聲

蓋過了風中長城的低吟

——〈我在長城上〉，時：頁 177

詩人從內在空間移向外在空間並落實在事件上，開出了與《石室之死亡》
完全不同的表現手法。這個轉變當以 1968 年的〈西貢夜市〉最為特出：

一個黑人

兩個安南妹

　　三個高麗棒子

　　四個從百里居打完仗回來逛窯子的士兵

　　嚼口香糖的漢子

　　把手風琴拉成

　　一條那麼長的無人巷子

　　烤牛肉的味道從元子坊飄到陳國簒街穿過鐵絲網一直香到化導院

　　和尚在開會

這裡沒有強烈的主觀的投射，只有人物、物象、事象的排列呈現：除了報
告式的描述外，幾乎沒有加上什麼意見；除了「手風琴拉成……巷子」有
些轉折外（但並非難以感觸的曲解），幾乎沒有險奇的造語，換言之，這是
白描。這裡令我們想起，艾略特的一首詩〈序曲〉有相似的手法（這裡沒
有「影響」的意思）：

　　冬天的傍晚墜下來

　　有牛排的脂臭充走廊，

　　六點鐘。

　　煙燻的日子的短煙尾，

　　而今又疾風陣雨吹

　　纏住髒碎

　　圍在你足邊的葉

　　和廢地上的新聞紙；

　　豪雨抽刷

　　破百葉窗破煙囪

　　街之一角落

　　有匹駕車的孤馬汗騰騰把腿踩

　　然後路燈齊亮（王文興譯）

以上二詩都是一束意象或情境羅列的呈現，構成一種氣氛來反射出一種未經說明的社會狀況。在這類詩裡，讀者的心中會咀嚼：在眾多人物、事物中，作者為什麼選出了某一些而加以凸出（如艾詩中的「破窗」、「破煙囪」，如洛夫的「黑人」、「安南妹」、「高麗棒子」、「士兵」、「和尚開會」）？它們或他們作為一個意符投射出怎樣一種階級的生活（在艾詩），怎樣一種情況（在洛夫的詩）？

我們知道，道首詩寫在越戰時期，洛夫當時派駐西貢。在西貢而凸出黑人和高麗棒子，夾著安南妹，而不凸出一般越南民眾，詩人看到的是一個西貢特別的區域，因著戰爭的關係而多了外來的人（外來的援助，但也是外來的侵擾）。巷子無人，大概是囚人已為戰爭的危險而他往或躲起來。不是「鳥鳴山更幽」，而是寂靜無人中一聲淒清（詩人沒有說，但我們可以感到）的手風琴，由一個嚼著口香糖（美國的形跡）的漢子拉著。鐵絲網把許多活動摒在外面，不得侵入，而只有烤牛肉的味道可以穿過。烤牛肉大抵是來自美軍的營房。音和香都有，只是這不太平常。和尚不在寺院裡靜坐而在開會，情況已經非比尋常了。怪怪的，肉香竟飄到和尚的化導院去，彷彿去逗他們還俗。從另一個角度看，和尚參與政治實在也代表不再出塵而開始涉世了。事實上，從這些選擇的事物中還可以引出很多具體的政治迴響。

這種寫法其實有些像舊詩的羅列意象，譬如杜甫這首絕句：「遲日江山麗，春風花草香，泥融飛燕子，沙暖睡鴛鴦」，境界當然不同。杜詩呈現一種春來的靜美和和諧，以及春天帶來的一些凸出的有代表性的活動。但境界雖然不同，意符的選擇與羅列的方式（不加說明的羅列）卻很近似，即是讓羅列的意符放射出一種氣氛來構成一種情境。

如果說《石室之死亡》是主觀感受向外的投射，〈西貢夜市〉則是客觀事物向內的引發。我們也許可以這樣說，洛夫在這以後的詩再不是全然的主觀或全然的客觀，而是來往於兩者之間，而兼兩者之長。

〈西貢夜市〉的方法，經過一些修飾後，曾一再出現在洛夫後期的詩

中。這裡只提一首——〈國父紀念館之晨〉：

> 提鳥籠者二三
>
> 練太極拳者七八
>
> 溜狗的婦人兜幾個圈子便走了
>
> 另外一些則蹲在石階上
>
> 讀早報上的獎券號碼
>
> 讀石油上漲
>
> 讀機車騎士互撞之壯懷激烈
>
> 抬望眼，看風嘯雲捲
>
> 其瀟灑亦如
>
> 林覺民的絕命草書
>
> 汗巾是無論如何擰不乾的
>
> 心想：河山的淚
>
> 只怕也擰不乾了
>
> 他該回家了
>
> 手中拎著
>
> 當年路過廣州時買的那件灰毛衣
>
> 走得實在太慢
>
> 退役後
>
> 他就怕聽到自己骨骼錯落的聲音

——時：頁 91～92

以主題來說，此詩和我第一節提到的「禁錮」、「孤絕」、「隔斷」的無奈感（老而不能還鄉，而手上還拎著當年的灰毛衣！）是一貫的；但手法上，則完全通過羅列方式選擇其能襯出這種境況的外在事物。詩中雖然用

「他」字,但觀察者的心境是完全一樣的,所以詩的中段才有一段突然的情緒洶湧(為配合情緒,和說話人——退伍軍人——的身分,語言特別脫離其他句子的平鋪直述而襲用俗化的詩語:「……壯懷激烈／抬望眼／看風嘯雲捲」)。

詩人通過〈西貢夜市〉(1968 年)一詩由曲折的內在世界走出來以後,還引發兩種不同風格的試探。這些詩都是他從西貢服務兩年後返國住在內湖時所寫。據陳義芝訪談的記述,那時他工作輕鬆,生活安適,心境平靜,常常冒雨上山,到金龍禪寺,靠在樹上看書,躺在大石塊上看雲飄過,正是「蟬噪林愈靜,鳥鳴山更幽」的境界。其時所得和諧忘機短詩數首,都有中國絕句的意趣,如〈金龍禪寺〉(1970 年):

> 晚鐘
> 是遊客下山的小路
> 羊齒植物
> 沿著白色的石階
> 一路嚼了下去
>
> 如果此處降雪
>
> 而只見
> 一隻驚起的灰蟬
> 把山中的燈火
> 一盞盞地
> 點燃

——魔:頁 46～47

如果我們執著洛夫獨特的句法,恐怕不易看出此詩與中國絕句的近似。問題是,如果他用傳統的句法,那他寫的就不能反映現代人的絕句意味了。

我們覺得這首詩像絕句，主要還在它轉折的方式和視覺跳躍的律動。

《詩法家數》說：「絕句之法，要婉曲回環，刪蕪就簡，句絕而意不絕，多以第三句爲主，而第四句發之，有實接，有虛接，承接之間，開與合相關，反與正相依，順與逆相應，一呼一吸，宮商自諧。大抵起承二句固難，然不過平直敘起爲佳，從容承之爲是。至於宛轉變化工夫，全在第三句。若於此轉變得好，則第四句如順流之舟矣。」

洛夫用了假語法而在第一句和第二句以奇思的方式把景物壓縮，但第一、二句大抵仍符合一般的起承合拍。第一句是時間（空間化事件的時間：「晚鐘」是空間但亦是時間，「下山」是事件亦標出時間）；第二句是空間，從容承接下山所見景物，擬人化的策略是語言的一種抓住我們注意力的入勢；因爲如果寫成「沿著白色的石階一路下去的都是羊齒植物」只是平平的散文而已，我們無法給它應有的凝注。第三句就是所謂「宛轉變化工夫」，突來奇問，而引發我們的期待答案，手法上似禪機。答案不是降雪會怎樣，正如問「如何是佛法大意」，答的不是「佛法如何如何」，而是一個事件一個景：「春來草自青」。「君問窮通理」的答案是「漁歌入浦深」。「如果此處降雪」，答的是「只見一隻驚起的灰蟬，把山中的燈火一盞盞地點燃」。此即《文鏡祕府論》中「十七勢」中的第十勢：含思落句勢（「每至落句，常須含思，不得語盡思窮，或深意堪愁不可具說，即上句爲意語，下句以一景物，堪愁與深意相愜」），或第十七勢：「心期落句勢」。《文境》中舉的例子是：「青桂花未吐，江中獨鳴琴。」這句王昌齡的詩含有因果的關係。即是：青桂花吐之時得相見，現在花未吐而未能見，所以江中獨鳴琴。在洛夫的詩中，奇問的來源或可作如是解：「如果此處降雪」可以完成他記憶中的「晚鐘暮雪」之景，但他與家鄉隔斷後一直在中國的最南端；「晚鐘暮雪」只是一閃而過的記憶，眼前仍是內湖附近所見實景，差強相似暮雪的灰蟬的灰色而已。這也是「語盡思不窮」的策略。我們應該注意到，這首詩完全依照時間的邏輯進行。「晚鐘」到「灰蟬」到「燈火」是表示由黃昏到暮色到夜，而第三節的「奇問」，除了上述的原因之外，在策

略上，是幫助時間的飛躍，類似電影中突然來個分歧的鏡頭，然後再回到
已經變化了的原景。

　　從這首詩看來，洛夫不但從曲折的內在世界走出來，而且要以他自己
的風格回到傳統的詩中作一種新生的表達。這首詩雖有絕句的意趣，卻完
全是他自己的。其餘幾首詩如〈隨雨聲入山而不見雨〉、〈有鳥飛過〉等均
可以作如是觀。

　　這個回歸給予洛夫的不只是婉曲轉折的策略；後期的洛夫，尤其是
《時間之傷》中的歷史思懷，通過唐朝詩人的一些角度抒發，有幾首在句
法和氣勢上幾乎和古風或詞完全合拍。這裡我們不妨看〈煮酒四論〉中的
〈論劍〉（1975 年）：

> 拔劍迎風起
> 收劍天河斷
> 如今豪情不如昔
> 一夕只飲三百杯
> 請吧請吧，今夜趁我
> 興正濃
> 月正升
> 酒正溫
> 劍在鞘中作龍吟
> 當年我也曾
> 熟讀武當崑崙青城邛萊各種主義
> 苦練各家不傳之祕
>
> 朝在長江飲馬
> 暮宿峨嵋金鼎
> 某年的野店，我以炯炯的目光

在石壁上鑿詩一首

策馬穿過廿四史

兼程趕往烏江去為項羽送葬

今日你不要以為我只是

一塊磨劍的石頭

只因老夫的鋒芒盡歛？

也罷，看劍！

你微笑

以睫毛輕輕挾住一支射來的竹筷

洛夫以絕句意趣寫成的另一首詩〈有鳥飛過〉（1970 年），除了作為短詩形式的試驗外，也打開了「以日常生活瑣事寫詩」的路：

香煙攤老李的二胡

把我們的巷子

拉成一綹長長的濕髮

院子的門開著

香片隨著心事向

杯底沉落

茶几上

煙灰無非是既白且冷

無非是春去秋來

你能不能為我

在藤椅中的千種睡姿

各起一個名字？

晚報扔在臉上
睡眼中
有
鳥
飛過

據洛夫自述，這首詩確是他當時生活的寫實：

> 寫作的時間是盛夏的七月。下班回家，寬衣後泡了一杯茶，躺在院子裡
> 的一張藤椅上乘涼，漸漸睡意矇矓，打起瞌睡來。這時院子牆外扔過來
> 一分晚報，落在我的臉上，驟然驚醒，睜開眼，正看到一隻歸鳥，從頭
> 上掠過，投入蒼茫的暮色中
>
> ——陳義芝，〈叩訪洛夫詩境的泉源〉，魔：頁 242

　　這首詩像《石室之死亡》以後大部分的詩，都是落實易明，很少需要
曲解的。但「日常生活瑣事皆可為詩」的試探，打開了後來不少這方面的
創作，如前面提到的〈獨飲十五行〉、〈青空無事〉和後來的〈剔牙〉、〈挖
耳〉、〈刮鬚〉、〈洗臉〉（1985 年）都是。
　　我們花了不少字數去追索洛夫在《石室之死亡》後的蛻變，因為洛夫
確是一個多樣的詩人。卞之琳曾經說：詩是化腐朽為神奇，不少洛夫的詩
幾乎近之；他奇思異想特多，往往在平凡中令人有驚喜的發現。下面有一
節將會略論這一個層面。總的來說，除了「從平凡處見出奇」的詩之外，
洛夫後期的詩約略有三種主題，大致都是環繞著「孤絕」和「禁錮感」而
辯證。第一種是第一節談到的「禁錮感」（與家園隔斷的憂焚與無奈）的變
奏。第二種是在企圖用詩的創造來克服及取代肉體之被禁錮而達致騰躍的
過程中，同時作品的美學的尋索——一種新的存在意識的發掘。第三種是
對歷史與時間的沉思——因長久的隔斷屬於歷史與文化的懷鄉的沉思；這

一類以《時間之傷》中大多的詩最具代表性。

四、「禁錮」的變奏

我們分為三種主題，只是為了討論上的方便，事實上有時是不可分的，尤其是對歷史文化的懷鄉，又何嘗不是「禁錮」的變奏呢。

「禁錮」所產生的最大震撼無疑是在《石室之死亡》一詩，已如前述。我們可以這樣說，《靈河》（1957 年）中「想飛的煙囪」所呈現的「離不開空間」，是初次感到「隔斷」之傷情。《石》詩則是進入那傷情的中心，探索生命凌遲的顛憒和文化虛位下生存意識的憂焚與淵漾。從《石》詩走出來以後，詩人努力在美學中尋索新的存在意識，並作種種詩藝的開發。但在這個過程中，詩人始終無法忘懷「隔斷」的傷情。我們在第一節中已經舉出他後期變奏的二例：〈獨飲十五行〉（1971 年）和〈車上讀杜甫〉（1986 年。這傷情如惡夢纏繞，隨著年月的增加而深沉。事實上，在許多表面和思鄉無關的詩如〈夜飲溪頭公園〉中，也會凸出幾句：「……引吭高歌／每一句都含有血絲……高歌與激辯無非是為了證明／我們的血在霧起時尚未凝結／至於飲酒，飲酒又有何用？」（時：頁 146）正是：抽刀斷水水更流，舉杯消愁愁更愁。

最後把所有的酒器搬出來

也無濟於事

用殘酒

在掌心暗自寫下那句話

乍然結成冰塊

體內正值嚴冬

爐火將熄，總不能再把我的骨骼拿去燒吧

——時：頁 66

詩人漸老了，暗自寫下的那句話是：「河山的淚／只怕也擰不乾了」（〈國父絕念館之晨〉，時：頁92）；是：

醉眼中，花雕仍不乏江南水色

有時總忍不住以手指

在桌上寫滿山河的名字

想想，最後還是用衣袖拭去

真能全部拭去也還罷了，而……

　　　　　　　　　　　　　　　　　　——時：頁122

就是不能拭去啊！

鄉愁如雲，我們的故居

依然懸在秋天最高最冷的地方

所以，我們又何苦去追究

雁群在天空寫的那個人字

是你

或是我

　　　　　　　　　　　　　　——〈蒹葭蒼蒼〉，釀：頁65

就是不能拭去，才有「一夜鄉心五處癢」（〈驚秋〉，釀：六）。禁不住的情傷是因為「媽媽那幀含淚的照片／擰了三十多年／仍是濕的」（〈家書〉，時：頁220），是因為

三十年的隔絕

三十年的牽絆

日日苦等

兩岸的海水激飛而起

在空中打一個結

或架一座橋

夜夜夢中

把家書摺成一隻小船

……

然後夜泊在

你白髮滿覆的枕邊

那是千里停舟的碼頭

我欣然拋過纜索

你卻一把抓住我的臂

體內

有晚潮澎湃

任鹹鹹的水漬

濺濕了我的衣襟

你的枕頭……

不，我的枕頭

繫著滿載哀傷之舟的

枕頭

——〈血的再版——悼亡母詩〉，釀：頁 136

終於是等不到與母親重逢！

　　洛夫一再利用杜甫來抒他的愁緒不是無因的，他多希望能夠有「劍外忽傳收薊北……漫卷詩書喜欲狂……青春作伴好還鄉」的心情呢，因為坐五望六的洛夫，多像晚年的杜甫啊。像〈車上讀杜甫〉一樣，洛夫的〈邊陲人的獨白〉（1987 年）也用了〈春望〉前四句一句一傷情地寫出自己欲飛無力欲渡無舟，同時已經到了「渾欲不勝簪」的境況：

　　唯對鏡時才怵然怔住

　　當手中捻弄著

　　歷經風的革命

　　雪的浩劫

　　而今藏身於梳子牙縫中的

　　一根斷髮

　　在這一系列抽樣的變奏中，我以為最令人怵然驚懼的是那首〈剁指〉（1986 年），這首詩寫的是自我與外在政治的雙重壓制，描述「以手指丈量一幅地圖」，由他家附近的吳興街開始向前延伸，自基隆經廣州沿著粵漢鐵路直奔洞庭湖萬頃翻滾的波濤（詩人的家鄉）：

　　億萬次的丈量

　　億萬次的忐忑

　　索性剁掉食指

　　剁掉一根

　　又長出一根

　　剁掉一根

　　又長出一根

　　⋯⋯

我常常說，被隔斷的人能揮慧劍斬斷情絲（愁情也）千萬丈，將是新生命的再生，但這樣容易斬斷嗎？

　　童年在院子裡堆的那個雪人

　　無論如何是溶不了的

　　　　　　　　　　　　　　　　　　　　　　　——〈讀雪〉，1986 年

間開千里，許多悲劇都沉默地死去。像洛夫好友張拓蕪的表妹不相問聞四
十年後寄給張拓蕪一雙親手編製的布鞋那樣：

> 四十年的思念
> 四十年的孤寂
> 全部縫在鞋底

——〈寄鞋〉，1987 年

藉著一種毅力耐心去維護一種不死的記憶。但想想啊，經過 30 年，詩人仍
是那飛不起的「煙囪」，仍是

> 那株被鋸斷的苦梨
> 在年輪上，你仍可聽清楚風聲，蟬聲

——石：第 1 首

五、時間之傷

> 月光的肌肉何其白
> 而我時間的皮膚逐漸變黑
> 在風中
> 一層層脫落

——〈時間之傷〉第一段

時間之傷有兩種，一是歷史的創傷，一是歲月的刻割，在洛夫和他同
代人的身上，此時更是每況愈烈。詩人愈來愈沉入歷史文化的沉思，無疑
是「隔斷」太久的關係；但由於年歲的增長，死亡的逼近，在孤絕中隔斷

中的人此時會對失去的歷史文化空間和代表輝煌歷史文化的人物有特別的敏感，有特別深情的認同與思念；彷彿通過歷史尋索的行程——雖然是傷痛的行程——我們可以抓住一些能穩住我們的存在或豐富我們的存在的東西。

如果我們硬要把洛夫的詩分為現代味和古典味，我想《時間之傷》和《釀酒的石頭》中古典味的成分最多。這不只是句法、意趣而已，還有意象（有時是有意重視唐詩的意象）、行文、語勢都傾於古典。這顯然和事件的時距（長久的隔斷）及詩人的年齡（坐五望六）有關。

我們在詩論〈金龍禪寺〉時曾談到洛夫式的舊詩意趣的試寫和他向傳統的回歸。這個回歸在這兩冊詩中有大幅度的展開。但所謂回歸指的當然不是復古而是再造，所以我們不能稱某些詩為現代，某些為古典；現代味古典味之提出，只是作為一種方便討論的策略而已。

洛夫雖然在 1965 年曾首次離臺到越南服務，但越戰的情況似乎沒有使他有閒逸的心境向北面的故國作歷史的思懷。但 1979 年他應韓國筆會之請去韓訪問，寫了一系列的《漢城詩鈔》，竟是滿紙思鄉情，滿紙唐人意。我想，除了「隔斷太久」的觸媒外，氣氛、地點都有關係。從地理上來說，韓國是一步即成中國的鄰近；從風景建築來說，是大陸以外最具漢唐色澤的地方（另一個令人感到唐人氣息的地方是日本奈良、京都一帶）；從氣氛上說，這次是詩聚，是和韓國的詩人共遊。於是我們聽見詩人說：

除了雪
一切都是唐朝的
……
庭院中
大概就是那株寒梅著花未吧！
簷鈴自風中傳來
王維的吟哦

——〈雲堂旅社初夜〉，時：頁 11

門虛掩著，積雪上
有一行小小的腳印
想必昨夜又有一位宮女
躡足蹓出苑去

——〈晨遊祕苑〉，時：頁 16

馬蹄響在
官道的那一邊
雪地上，馬群奔馳而過
我們停杯，傾耳聆聽
傳自晚唐的一聲悲笳

——〈聽徐廷柱酒後誦詩〉，時：頁 35

詩人在長久隔斷後忽然彷彿回到了心靈的中國，一種驚喜，似幻仍真，似真仍幻，尤其是渡江（鴨綠江）後即是你們陌生我們熟識的山河萬里（〈不歸橋〉，時：頁 42）一步即成中國。近雖然是近，而周圍雖然盡是唐人意，到底這還是韓國；實際上，只有：

高中地理課本上的河川
仍在我體內蜿蜒

——〈如果山那邊降雪〉，時：頁 50

歷史追思之傷在唐人意的喜悅後面泛濫著。「在板門店山頭眺望，透過遠方重重的嶂巒，我們似乎看到了長白山的大雪紛飛，聽到了黑龍江憤怒的咆哮。在感覺上，此處距故國河山好像比古寧頭距廈門還近。這時，仰首拭目，手帕竟是一片濡濕的鄉愁」（〈後記〉，時：頁 51）。

　　鄉愁之強烈，是因為長久的隔斷，但更是因為生命與歷史的皮膚已經逐漸變黑，在風中一層層脫落。年輕的時候，總覺得「有一天」是充滿著希望和可能的。現在「退伍」了，髮已見白，風箏被天空抓去不回，手中只剩下那根繩子猶斷未斷。想當年嗎？昂然穿過歷史的生命已不在。「我忽然振衣而起，又頹然坐了下去」，爐火將熄，死亡逼近（俱見〈時間之傷〉一詩），所以主題「乃一種越嚼越曖昧的鄉愁」（〈小店〉，時：頁40）。

　　就是在這種憂懼的割刺下，洛夫不但對時間與存在的壓力極其敏感，而且對地理位置距離都突然會產生特別激動的凝注。像〈哀郢〉的屈原，「顧龍門而不見，心嬋媛而傷懷兮……登大墳以遠望兮，聊以舒吾憂心……至今九年而不復（我們是 30 年啊！），慘鬱鬱而不通兮，蹇侘傺而含慼……」。像杜甫北望長安，洛夫在這一個時期作了不少歷史文化的行程與求索，由寫從香港落馬洲中港邊界看中國大陸「近鄉情怯」的心境的〈邊界望鄉〉開始，透過了詩人李賀、李白、屈原的境遇和靈視，透過了長城、三峽等文化地點和一切歷史文化事件，舒他鬱塞之感。代表詩作是〈與李賀共飲〉、〈我在長城上〉、〈猿之哀歌〉、〈李白傳奇〉、〈水祭〉（詩成於 1979 年、1980 年）。

　　跨越時空與李賀共語共飲，是因為兩人都因處於歷史中的困難而走上險急之路：「有客騎驢自長安來／背了一布袋的／駭人的意象」。這個是李賀的描寫，但也是洛夫的自況。（二人的氣勢語勢相近已見前論。）「來來請坐，我要與你共飲」，共飲的是「這歷史中最黑的一夜」（時：頁 163）。（試請比較《石室之死亡》第二節：「弟兄俱將來到，俱將共飲我滿額的急躁。」）作為一個詩人，他要承傳過去：「你激情的眼中／溫有一壺新釀的花雕／自唐而宋而元而明而清／最後注入／我這小小的酒杯」。他試把李賀的七絕塞進酒甕裡，「語字醉舞而平仄亂撞／甕破，你的肌膚碎裂成片」。這是因為他是「被鋸斷的苦梨」而在精神和肉體的放逐中，在文化虛位的憂懼中，他游離分裂而找不到中國再生的凝融力量。

　　或欲登臨長城，在歷史的峰頂上，看昨日大漠中漫天的烽煙，再一次

奔馳過「秦時月」、「漢時關」、「荒草中的李陵碑」或「昭君出塞」的行
跡：

> 而今，我已登臨
>
> 爬上了居庸關，直上八達嶺
>
> 極目萬里
>
> 仍見不到歷史的盡頭
>
> 守關人何在？
>
> 飛將軍李廣呢？
>
> 只見一隻兀鷹在烽火臺的上空盤旋
>
> 在搜尋
>
> 那支被巨石吞沒的箭
>
> 上有鬱鬱蒼天
>
> 下有壘壘荒塚
>
> 我在長城上披髮當風
>
> 手指著夕陽：那就是漢家陵闕？
>
> ——時：頁 176

雖然只是想像的登臨，詩人企圖通過太史公，通過李白（尤其是〈古風十
四〉）的歷史空間來肯定他的存在。結局還是一樣：這就是我們心靈中的中
國嗎？他「憤然舉起雙臂，血管中迸出一聲長嘯」。但那長嘯像〈猿之哀
歌〉中猿子被奪走的母猿那樣，終至肝腸寸斷：

> 那哀嘯，一聲聲
>
> 穿透千山萬水
>
> 最後自白帝城的峰頂直瀉而下
>
> 跌落在江中甲板上的

那已是寸寸斷裂的肝腸

一灘瘀血，把江水染成了

冷冷的夕陽

——時：頁 181

難怪詩人下意識中自況屈原、李白，因爲，正如我前面說過的，他憤而
「長嘯」或「爆烈」，鬱而「煉哀」；我們可以從〈李白傳奇〉和〈水祭〉
中找到強烈的迴響：

驚見你，巍巍然

據案獨坐在歷史的另一端

天為容，道為貌

……

雷聲自遠方滾滾而來

不，是驚濤裂岸

你是海，沒有穿衣裳的海

赤赤裸裸，起起落落

你是天地之間

醞釀了千年的一聲咆哮

——〈李白傳奇〉，時：頁 184～185

從洛夫全部的作品來看，他所描畫的李白不隱約也是他自己的寫照嗎？我
們在以上的例子中，已經聽到他不少沉痛的長嘯。

作爲一個詩人，傷痛之外，也許應該化憂憤鬱塞爲力量？在紀念屈原
的〈水祭〉中，我們聽見洛夫如此期許：

讒言似火

只燒得你髮枯唇焦，雙目俱赤

你被扔進烈焰而化為一爐熔漿

冷卻處理自屬必要

便投身於江水的冰寒

鋼鐵於焉成形

在時間中已鍛成一柄不鏽的古劍

水中躺了兩千年的詩魂啊

汨羅洶湧的浪濤

高舉你於歷史的孤峰

——時：頁 194

詩，對洛夫來說，也要經過但丁《神曲》的三個階段，必須由地獄經過煉獄才可達至樂園。這段詩所呈現的，實在和洛夫另一個層面——美學的尋索——是息息相關的。

六、美學的尋索

1974 年的〈巨石之變〉中有這樣兩句：「體內的火胎久已成形／我在血中苦待一種慘痛的蛻變」（魔：頁 195）。1984 年的〈葬我於雪〉中最後幾句也說「其中埋葬的／是一塊煉了千年／猶未化灰的／火成岩」。洛夫作為詩人的整個使命，是要把自己（作品）燒煉為「一柄不鏽的古劍」，這，也是躍焉於紙的。

我們應該這樣去了解。1964 年，洛夫曾說：「寫詩即是對付這殘酷命運的一種報復手段」（《石》序）。洛夫企圖用詩的創造來克服及取代肉體之被禁錮，用沛然騰躍，塞乎天地間的氣脈來提升生命，也就是說，要在文化虛位，凝融缺失中找到可以統合生命與藝術，給與生存意識新的意義的另一種凝融力量。

　　這一點洛夫是非常自覺的。在《魔歌》的序中，他有非常清楚的說明：

> 「真我」，也許就是一個詩人終生孜孜矻矻，在意象的經營中，在跟語言搏鬥中唯一追求的目標。在此一探索過程中，語言既是詩人的敵人，也是詩人憑藉的武器，因為詩人最大的企圖是要將語言降服，而使其化為一切事物和人類經驗的本身。要想達到此一企圖，詩人首先必須把自身割成碎片，而後揉入一切事物之中，使個人的生命與天地的生命融為一體。作為一個詩人，我必須意識到：太陽的溫熱也就是我血液的溫熱，冰雪的寒冷也就是我肌膚的寒冷，我隨雲絮而遨遊八荒，海洋因我的激動而咆哮，我一揮手，群山奔走，我一歌唱，一株果樹在風中受孕，葉落花墜，我的肢體也隨之碎裂成片；我可以看到「山鳥通過一幅畫而溶入自然本身」，我可以聽到樹中年輪旋轉的聲音。

然後他舉出他的「死亡的修辭學」作為這個觀念的表現：

> 我的頭殼炸裂在樹中
> 既結成石榴
> 在海中
> 即結成鹽
> 唯有血的方程式未變
> 在最紅的時候
> 洒落

他繼續說：「這些都是近年來（按：1973 年前後）我詩中經常出現的意象，也是我心的寄托。在詩中，這顆心就是萬物之心，所謂〈真我〉，就是把自身化為一切存在的我。於是，由於我們對這個世界完全開放，我們也

就完全不受這個世界的限制」（魔：頁 516）。

我們在這裡可以看見：1.這是詩人要躍過禁錮進入自由活動所採取的新靈視；2.碎片由於與萬物的氣脈相通，無形中成為幫他統合生命與藝術，給與生存意識新的意義的凝融力量。在這裡「我心萬物心，萬物心我心」，看來是「天人合一」之下宋明心學的延續。但自身割碎化成萬物卻又是西方奧菲爾斯（Orphic）式的，包括「我一歌唱，一株果樹在風中受孕」這種語言的神祕力量。顯然，洛夫覺得傳統的「人與自然凝融為一」的理想在現代中國的命運中太過靜化無力，所以必須給與詩一種積極的作用；換言之，是所謂「報復手段」的另一種面貌與方式。

「自身裂化而為萬物，歌唱樹乃成孕」這個美學的角度，在《魔歌》集中發揮得最為顯著。〈蟹爪花〉（1973 年）寫的當然是花開的過程，但寫的也是美的孕化與誕生：

在最美的時刻你開始說：痛
枝葉舒放，莖中水聲盈耳
你頓然怔住
在花朵綻裂一如傷口的時刻
你才辨識自己

——魔：頁 113

句法仿似《石室之死亡》，氣氛、意義則完全不一樣。花、詩、自我三者不可分地經歷一種痛苦的蛻變而辨識生存的真實。

有了這種認識，〈詩人的墓誌銘〉便可以迎刃而解：

主要乃在
你把歌唱
視為大地的詮釋

石頭因而赫然發聲

河川

沿你的脈管暢行

激流中，詩句堅如卵石

真實的事物在形式中隱伏

你用雕刀

說出

萬物的位置

——魔：頁 171～172

這是洛夫的論詩詩（Ars poetica）。但論詩詩的巨篇，當推他的〈巨石之變〉。有了上述的說明，我們不必再費辭作解人。現看六、七兩段以見其雄渾的風格，可以直追司空氏：

鷹隼旋於崖頂

大風起於深澤

麋鹿追逐落日

群山隱入蒼茫

我仍靜坐

在為自己製造力量

閃電，乃偉大死亡的暗喻

爆炸中我開始甦醒，開始驚覺

竟無一事物使我滿足

我必須重新溶入一切事物中

萬古長空，我形而上地潛伏

一朝風月，我形而下地騷動

體力的火胎久已成形

我在血中苦待一種慘痛的蛻變

——魔：頁 194～195

洛夫通過美學尋索得到的這個靈視，顯然一直持護著他的生命觀和藝術觀。我前面已指出，1984 年的〈葬我於雪〉還有相同的迴響。事實上同年的〈觀仇英蘭亭圖〉，也是以類同的話作結：「酒杯空了／詩稿灰了／而形骸早已輪迴爲山／投胎爲水」。1986 年的〈葬身七行〉也說「一面溶入泥漿，一面感到你漸漸升高的體溫。」1987 年的〈煉〉更可以視爲晚期論詩詩的極短篇：

葛藤纏身

且時有折木摧花之痛

而樹

一點抗拒的意思也沒有

因它的果子

早已在一場大火中成熟

七、平凡處見出奇

詩是憤，是傷，是鬱，是痛。這就是洛夫的全部嗎？不。他不是說：已經不受這個世界限制嗎？洛夫的驚人處，是多樣、奇變，包括詼諧。如果要把這類詩看作詩人用以平衡他的憤、傷、鬱、痛的作品，亦無不可。

洛夫《石室之死亡》以來驚人的句法、想像、奇思轉用到最瑣碎的日常生活中上去，最諧趣而又最奇詭的當舉〈剔牙〉、〈挖耳〉、〈刮鬍〉、〈洗臉〉那組詩（1985 年）。我們且看〈剔牙〉：

　　中午

　　全世界的人都在剔牙

　　以潔白的牙籤

　　安詳地在

　　剔他們

　　潔白的牙齒

　　依索匹亞的一群兀鷹

　　從一堆屍體中

　　飛起

　　排排蹲在

　　疏朗的枯樹上

　　也在剔牙

　　以一根根瘦小的

　　肋骨

這首詩中有多重技巧在運作。1.用宇宙大的角度來看一件幾乎沒有人注意的瑣碎日常事，由於觀點被擴大到全界（仿似鏡頭逼我們凝注），詩便沾上非比尋常的氣氛。

　　2.我們當然知道在現實中不可能如此，因為全世界各地的中午都在不同的時間，所以我們知道這是作者一種奇思的遊戲。既知道這是一種「出奇制勝」的戲謔，我們樂於作會心微笑的參與，期待這一個凸出意象（事件）的意義。

　　3.作者突然由人的世界轉向動物的世界：兀鷹用肋骨剔牙。這在現實中也是不可能的。但由於這個新的奇思、戲謔的事件和前一個事件的並置，我們瞿然驚覺到新的意義。我們覺得兀鷹用肋骨剔牙之可怖，因為這表示滿目屍骨，骨就是表示人的腐死；但牙籤不也是一種死嗎？牙籤就是樹的骨，是自然事物的死。樹的死好像是應該的，我們不驚不覺；人的死

便是殘暴可懼。公平嗎？詩人沒有說。他只讓我們看到，讓我們想。（四）
不要忽略這首詩的歷史事實。衣索比亞近年的饑荒和白骨纍纍也是人爲
的，不全是自然的狂暴。這樣一想，兀鷹能不能剔牙便不重要；剔牙只是
一種令人驚覺的策略，以不常展現常而已。就這樣，洛夫把戲謔與嚴肅結
合在一起，在平凡處見出奇。

　　洛夫這類奇思異想的詩很多，往往都帶有〈剔牙〉一詩中的諸技巧。
如用宇宙大的角度，亦見於〈大悲四題〉（1984 年）中寫的石榴與桔子。
這裡用的正是題銘的手法。題銘是阿難尊者的話：「我觀大地，如掌中觀安
摩羅果」。又如〈形而上的遊戲〉（1985 年）寫的是擲骰子的動作，但由於
是放入宇宙運作的幅度，我們看到的已經不是賭場的輪盤，而是人生、命
運的操作。

　　會心的幽默與詼諧有時是由奇想出發，前面已有觸及。現可以再舉數
句：「咖啡豆喊著／我的命好苦啊／說完便跳進了一口黑井」（〈咖啡斷
想〉，1987 年）；有時是捕捉一個形象，一些動作，如〈華西街某巷〉
（1985 年）：

　　　一位剛化過妝的女人站在門口

　　　維持一種笑

　　　有著新刷油漆的氣味

　　　另一位蹲在小攤旁

　　　一面呼呼喝著蚵仔湯

　　　一面伸手褲襠內

　　　抓癢

景是略帶幽默，但幽默的背後卻含有令人不得不想的社會現象，以及對這
種現象中呈現的社會不平的批判。

　　洛夫亦寫反詩的詩，如〈戒詩〉（1984 年），對詩之爲詩，詩人之爲詩

人作種種的逗弄和冷嘲；或在無詩中寫詩，如〈歲末無詩〉（時：頁
105），也是以自嘲的方式反映出生命之無奈。

洛夫還有一種以奇幻爲真的詩，如他的〈鼠圖〉（1986 年），寫在空白
的牆上掛著一幅灰鼠圖，詩人幻想老鼠在夜間騷動起來，然後隨著幻想而
走，作出種種活動。詩人說了一陣罵鼠的話以後：

> 倒頭便睡
> 次日晨起，我驚見
> 牆上一片空白
> 牆腳一地碎紙
> 壁間留下顆顆印血的齒痕

竟如此的不可思議！但人生有時不也是如此的不可思議嗎？文化的虛位，
家園長久的隔斷，想想，何嘗不是人爲中的不可思議呢？平凡中見出奇，
也許可以沖淡久久不能消去的憂焚與傷痛。

——1988 年 4 月於聖地雅谷

——選自《文學世界》，第 3 期，1988 年 7 月

試探洛夫詩中的「古典詩」

◎李瑞騰[*]

前言

　　1988 年 8 月，洛夫終於回到睽違近 40 年的家園[1]，並得以和不少大陸著名詩人和詩評家會面，且暢遊湖南張家界及一些名城勝蹟。對洛夫 40 年的詩生命來說，這必然是一個巨大的撞擊，究竟會激迸出什麼樣的火花，關心洛夫的詩之發展的人，想來正在密切觀察之中。

　　在臺灣的現代詩人中，洛夫確實值得觀察追蹤，從 1952 年 12 月發表來臺第一首詩〈火焰之歌〉，1954 年 10 月初識張默，共創《創世紀》詩社在左營迄今[2]，他已出版十本詩集，四本詩評論集，另外還有兩本散文集和六本譯著[3]，重要的不在於量的多寡，而是他的詩之品質以及詩之言論主張所引起的爭議所象徵的意義。我們可以這樣說：洛夫是 1949 年以後臺灣極其重要的一位詩人，他的詩風之變化，合理自然；每一個階段的創作取向，態度嚴肅而理想崇高；每一次著墨，字字皆是不得不發的子彈，而且都能命中標的；他不率爾為詩發言，而所發之言卻常引發熱烈的討論，甚至發生論戰。[4]在臺灣的現代詩發展史上，他必須專章論述；追蹤他的詩之

---

[*]發表文章時為淡江大學中國文學系副教授，現為中央大學中國文學系教授、國立臺灣文學館館長。

[1]洛夫，湖南衡陽人，1928 年生。1949 年 7 月隨國軍來臺，1988 年 8 月初次返鄉探親，離家 39 載。

[2]侯吉諒編，〈洛夫年譜〉，《洛夫〈石室之死亡〉及相關重要評論》（臺北：漢光文化公司，1988年）。

[3]〈作者書目〉，《因為風的緣故——洛夫詩選（一九五五～一九八七）》（臺北：九歌出版社，1988年）。

[4]1960 年代曾兩度和余光中論戰，一次是因〈天狼星論〉而引起的，一次是因《七十年代詩選》而引發；其後 1970 年代兩度和顏元叔筆戰，一次是因顏元叔〈細讀洛夫的兩首詩〉引起的，一次是

發展，同時可以掌握臺灣的詩之主流。

論洛夫者多矣，1977 年他自己為《洛夫詩論選集》寫序時說：「近幾年來，我一直成為詩壇上批評的對象之一，粗略估計，評論我的文章當在三十萬字以上。」[5]再經十有一年，所增不知凡幾，近兩年內重要的就有：年輕的許悔之所寫的〈石室內的賦格——初探《石室之死亡》兼論洛夫的黑色時期〉[6]，文長一萬七千餘字；中興大學外文系教授簡政珍所作〈洛夫作品的意象世界〉[7]，文長近三萬字；當代重要詩人兼文學評論家，美國加州大學聖地牙哥校區比較文學系教授葉維廉的〈洛夫論〉[8]，文長超過四萬字。單這三篇就已經八萬多字了。簡、葉二文皆是綜論，所論都非常深入，且已經論及洛夫在 1980 年代出版的《時間之傷》（1981 年）和《釀酒的石頭》（1983 年）了。對我而言，套一句劉彥和在《文心雕龍‧序志》篇的話說，「就有深解，未足立家」，所以本文想從另一個比較有趣的角度來論洛夫，這個角度是「古典詩」。

中國古典詩特質之發現

洛夫是一個標準的現代詩人，他曾經充滿前衛色彩和實驗精神，意圖緊緊掌握現代社會的特質。根據觀察，1970 年代以前，洛夫的詩和中國古典詩幾乎是絕緣的，換句話說，在《靈河》（1957 年）、《石室之死亡》（1965 年）、《外外集》（1967 年）、《無岸之河》（1970 年）四本詩集中，縱使他曾說過要「建立新民族詩型」[9]，可能是自覺是「新」，而且認同於「現代派」[10]，而現代派的信條又標舉出「我們認為新詩乃是橫的移植，而

顏元叔的「陋巷雜談」專欄引發的；1980 年代因他的一篇〈詩壇春秋三十年〉亦引起軒然大波。

[5]《洛夫詩論選集》（臺北：開源出版社，1977 年）。此書後來易名《詩的探險》，交由黎明文化公司出版，1979 年。

[6]第二屆「現代詩學研討會」論文，載《文訊月刊》第 25 期（1986 年 8 月）。

[7]見《中外文學》第 16 卷第 1 期（1987 年 5 月）。

[8]見《因為風的緣故——洛夫詩選（一九五五～一九八七）》。

[9]《創世紀》詩刊第 5 期（1956 年 2 月）社論〈建立新民族詩型之芻議〉為洛夫所草擬。

[10]1956 年元月 15 日洛夫代表《創世紀》列席由紀弦所發起的「現代派」成立大會，見〈洛夫年譜〉。

非縱的繼承」[11]，所以此階段的洛夫作品，可以說毫無古典色彩和精神可言。他的一本詩論集《詩人之鏡》（1969 年），所論所引，幾全是西洋理論和典故，充分顯示出洛夫整個的詩學系統被套牢在西化的整個時代渦流之中。

　　1970 年以前，洛夫任職軍中最重要的兩個工作現場是金門和越南的西貢，所以戰爭和死亡便成了他的作品之主題，在前者主要是《石室之死亡》，後者主要是「西貢詩鈔」（《無岸之河》第一輯，1967～1969 年），雖然戎馬倥傯以及所關切主題的強烈現實性，但是在表現上，他是暗示多於白描，間接多於直敘，向內心世界的探索多於向外世界現實的撫觸，這就影響了他的作品被一般讀者接受的可能性，而一度被視之為「晦澀」。他曾在《魔歌》詩集的自序中為自己的詩風辯護，理路清晰，觀點犀利。這是一篇反思之作，寫在 1974 年。洛夫說，《魔歌》是他「近四年來調整語言，改變風格，以至整個詩觀發生蛻變後所呈現的新風貌」[12]，這不正是說明進入 1970 年代的詩人洛夫已自覺到要走一條新的路，而且已經具體認識到：「詩人不但要走向內心，探入生命的底層，同時也須敞開心窗，使觸覺探向外界的現實，而求得主體與客體的融合」。[13]

　　這內外兼顧的詩路，主客合一的詩境，對洛夫來說，當然是一個很大的突破，不過，我認為他更大的突破應該是古典詩質之發現。

　　遠在 1965 年 8 月，在一篇題為〈詩的語言〉的論文中，洛夫就已上下古今、出入中外，以中國古典來說，有韓愈〈原道〉、李白的〈蜀道難〉、袁宏道文、論語以降有關詩的許多言論以及鮑照、杜牧等人的詩等，1967 年 3 月，他寫〈泛論現代詩〉，亦大量引證古典詩作及詩論，並且論述文學的史之發展，充分顯示詩人洛夫並不是「現代」到排斥「傳統」的地步，至少在此際，他對於中國詩傳統已有相當程度的認識，1969 年，他說：

---

[11] 〈現代派信條釋義〉，《現代詩》第 13 期（1956 年 2 月）。
[12] 《魔歌》（臺北：中外文學月刊社，1974 年）。1981 年由臺北蓬萊出版社再版。
[13] 〈自序〉，《魔歌》。

我們確曾有過輝煌的詩的傳統，我們也常以這個傳統自負自豪，而且在
傳統的回顧中獲得信心和力量，但做為一個現代詩人，……只有傳統創
造者才有資格稱為傳統發揚者。[14]

比較起在《石室之死亡》自序（1964 年）中所說的：「一般人對文學上的
傳統總含有幾分情感作用，很少人具有一種批評的抉擇力，而現代詩人之
反傳統實具有另一種積極的意義，即創造精神之建立」[15]，在精神上是一致
的，但說法不一樣了，最起碼他已不提「反傳統」。

我認為 1960 年代最末的這一年對洛夫來說是深具意義的，他整理好從
《靈河》以降作品的自選集《無岸之河》，毫無疑問，這本選集頗具總結過
去的意義，在序言中，洛夫指出：中國詩人應該要抓住古詩中的那種特質
（也許就是詩中不可盡解的那點東西吧！）再以新的技巧表現出現代人的
精神風貌[16]；同年，他在兩場演講中大量引證中國古典文論、詩論和古代詩
人的作品，可以說是毫不費勁的順手拈來，在這裡，他一方面自述創作經
驗而有所檢討，一方面反省傳統詩學中的某些理念而有所修正，並在其中
援引古今詩例加以說明。特別值得注意的是，當他在解釋自己一向所堅持
的詩觀「以有限暗示無限，以小我暗示大我」時，在前者，他引王維「明
月松間照，清泉石上流」，說這是王維「利用一組有限的意象來暗示一種靜
觀中的無限世界，這種世界是不受時空限制的，而且是超乎語言之外」；對
於後者，他舉杜詩，說：杜甫詩中的「我」已不再是小我的「我」，而是由
主觀的「我」化為客觀的「我」，化為整個人類的「我」，最後他說：「這一
點尤其是中國古詩的一個特質」。[17]

寫自序和演講，都不是正式寫論文，唯其如此，更可能逼進內心的真
實。做為「創世紀」詩社扛鼎人物之一，洛夫在 1960 年結束之際，根本反

---

[14]〈詩辨〉，《洛夫詩論選集》，頁 28。此段所提〈詩的語言〉、〈泛論現代詩〉皆載本書。
[15]〈詩人之鏡〉，《石室之死亡》自序（臺北：創世紀詩社，1965 年），頁 4。
[16]〈自序〉，《無岸之河》（臺北：大林出版社，1970 年），頁 5。
[17]〈詩的欣賞方法〉，載《洛夫詩論選集》，頁 8。

省現代詩的創作路向與傳統詩之間的關係，就時間上來說，意義非常重大。

　　熟悉臺灣地區文學發展的人都知道，從 1970 年代初期以降，我們的文學界就存在著緊張的對抗關係：1972 年，總結政府遷臺 20 年文學成就的《中國現代文學大系》（1950～1970 年）出版；同年，標舉「現代」大旗的《現代文學》推出葉珊（楊牧）策畫的《現代詩回顧專號》；也就在這一年，關傑明點燃批判現代詩的戰火，唐文標加強火力持續抨擊臺灣的現代詩。[18]戰火燎原，到次年的 7、8 月間出版的《龍族評論專號》達到最高潮；另外，由尉天驄等原《文學季刊》同仁再組合重新出發的《文季》季刊，展開了強而有力的臺灣現代主義小說之考察與批判。這些文學現象並不是孤立的，它有一個很大的時代做背景，特別是退出聯合國、釣魚臺事件（1971 年）、中日斷交（1972 年）等象徵著中華民國的國際地位之動搖與處境之艱困，而引發海內外中國知識分子更積極思索臺灣的各種問題，其中當然也包含素來被視爲可以見證時代，或者推動社會政經建設的文學。基本上，1970 年代前期的現代主義批判是必須納入這樣的歷史格局與處境去理解的。

　　高上秦在《龍族評論專號》的前言〈探索與回顧〉中說：

　　綜觀這次評論專號的諸家之言，我們覺察到一個較大的趨勢是，讀者、作者都共同要求現代詩的「歸屬性」。就時間而言，期待著它與傳統的適當結合；就空間而言，則寄望於它和現實的真切呼應。[19]

　　這是一篇非常重要的詩之文獻，總結出傳統與現實對於現代詩的重

---

[18]關傑明先後發表兩篇文章：〈中國現代詩的困境〉、〈中國現代詩的幻境〉，皆發表在高信疆主編的《中國時報‧人間副刊》；唐文標發表〈詩的沒落——臺港新詩的歷史批判〉等四篇針對現代詩的批判文章，發表在《文季》等刊物上面。大部分的文章收入趙知悌編，《文學，休走——現代文學的考察》（臺北：遠行出版社，1976 年）。
[19]高上秦即高信疆，此文亦收入趙知悌前書。

要，可以說是時代的集體意識。洛夫在這一場詩壇風暴中當然也是被批判的對象，但其實他先此已經反省到傳統之於現代的意義。他既已發現了中國古典詩的特質，在往後的創作中必然的要觸及古典詩，以下我將選擇洛夫在 1970 年以後幾篇以古典詩爲素材的重要作品加以分析，希望能描繪出洛夫的另一個面相。

李白：你原是一朵好看的青蓮

諸多跡象顯示，洛夫對於古典詩以及古典詩學的閱讀有逐漸加強增多的趨向，尤其是他赴越戰現場二年歸來（1968 年）以後，應該是生活日趨安定吧，他開始將古典詩句翻變入詩，首先出現的正是收入《魔歌》，1970年的第一首詩〈月問〉：

> 今夜，當我仰首向你
> 我的淚便順著髮根往上流
> 流向天河
> 仍然潔白，如雪，如一牀新娘的嗒然
> 我仍然推窗
> 邀你共飲一杯天色
> 其中有你有我
> 　　有李白臉上的一點點苦澀
> 當嫦娥把青天繡成碧海
> 你知夜夜誰是那顆心？

〈月問〉是爲阿姆斯壯登陸月球而作，此詩六段，一百餘行，洛夫在整個問月的過程中做了不少關乎明月在夜空的形象之描述，同時表達了中國人對月亮一種具普遍性的感覺經驗，以現代手法寫傳統美感，對於阿姆斯壯登陸月球，詩人說：「那步履如何在你未設防的內裡踢成風暴？／將如何通

過你？／通過你芬芳芬芳的乳房？／這是初夜，他們狠狠踐踏你的私處／讓你／痛成歷史」（第五段），洛夫顯然以女體喻月球，將登陸月球比擬成對女體的強暴，面對這種慘狀，詩人縱使傷心落淚，卻仍然視之為「潔白，如雪」，以「李白臉上的一點點苦澀」比喻「我」內心的感覺，更翻用李商隱詩「嫦娥應悔偷靈藥，碧海青天夜夜心」（〈嫦娥〉），將李詩中所指嫦娥幽怨孤獨之心，轉變成一種「我」內心恆常的愛之執著。所以不管在什麼情況之下，月「或明或暗／都是一種呼喚」。

除此之外，這首詩也翻用王維「明月松間照，清泉石上流」（〈山居秋暝〉）：「推窗一看／夜色竟是我們的臉色／你在松間照／誰在石上流？」（第三段）隱去美好的「清泉」而代之以不可解的疑惑，呼應著前面的「灰茫的心」和蒼白的臉色，無非是說明美景感覺的消逝，則洛夫對於古典的月之美的嚮往也就暴露無遺了。

在此詩中，月也與鄉愁有所關聯，「仰首　向你／故鄉已是昨日的一聲輕咳／鄉愁比長安還遠？」（第二段）熟悉唐詩的人都知道，李白的〈靜夜思〉，杜甫「露從今夜白，月是故鄉明」（〈月夜憶舍弟〉），白居易「共看明月應垂淚，一夜鄉心五處同」（〈望月有感〉），在在都顯示出月亮成了離鄉背井的遊子傾訴鄉愁的對象。

毫無疑問，鄉愁乃是人類普遍的情感表現，如果放逐／回歸是文學普遍的表現母題，那麼鄉愁顯然是其中的重要成分。對於 21、22 歲就隨國軍來臺的洛夫來說，變奏李白〈靜夜思〉以表達他在歲月的流逝中日愈加深的鄉愁，一點都不意外，下面是〈牀前明月光〉（1970 年）的原詩：

不是霜啊
而鄉愁竟在我們的血肉中旋成年輪
在千百次的
月落處

　　只要一壺金門高粱

　　一小碟豆子

　　李白便把自己橫在水上

　　讓心事

　　從此渡去

　　李白的〈靜夜思〉大家耳熟能詳：「牀前明月光，疑是地上霜；舉頭望明月，低頭思故鄉。」洛夫曾經說過，這「恐怕是他詩中最蹩腳的一首，如果把這首詩去掉韻，譯成白話，豈不成了一點淺薄情感的散文？」[20]這種批評，我們不一定會同意，但洛夫是有了這看法才會在〈牀前明月光〉的一起筆便直接向李白喊話：「不是霜啊」，這突如破空而至的一句吶喊，主要的用意，一方面是反對李白的「疑是地上霜」，另一方面則是漫長歲月逐漸加深的鄉愁，在面對李白的詩時一下子迸射了出來。前段主旨便是說這種鄉愁已嵌入生命內部；至於後段，主要是說借酒澆愁一事，但洛夫用了李白撈月沉水的傳說典故，顯然是有以李白自比之意，細思之，則這裡有兩種可能的解釋：第一，詩人無法化解日愈深化的鄉愁，想來醉死就一了百了；第二，在酒精的刺激中，讓心事從此渡水而去，回到出生的原鄉。當然，兩種解釋都有可能，而不管怎樣，都充滿無奈無力之感。

　　這首詩寫在 1970 年，經過十年，洛夫以一首近百行的長詩〈李白傳奇〉（1980 年）表達他對這位盛唐詩仙的生命本質的認識。

　　本詩基本上是建立在史料的基礎上而有所虛構的，以詩前可做為楔子的兩段文字來說，「峨嵋峰」、「一隻碩大無比的鵬鳥」、「長安一家酒樓」都是實際的存有，和李白都有密切的關係：關於峨嵋山，李白詩中著名的就有〈峨眉山月歌〉，〈峨眉山月歌送蜀僧晏〉、〈登峨眉山〉；關於大鵬，我們知道青年李白曾自比大鵬而寫了〈大鵬賦〉，晚年李白有〈臨終歌〉六行，

---

20 〈詩的欣賞方法〉，《洛夫詩論選集》，頁 11。此意見後來又見〈詩與散文〉，《孤寂中的迴響》（臺北：東大圖書公司，1981 年），頁 62。

復以大鵬自比，「大鵬飛兮振八裔，中天摧兮力不濟」，很顯然喻己一生之不遇時而終；至於長安酒樓，當是耳熟能詳，不必再述。而文中有「巨石」，由於〈登峨眉山〉、〈臨終歌〉皆有石意象，而洛夫從《石室之死亡》之後，石頭是他詩中的主要意象，〈石頭記〉、〈巨石之變〉、〈釀酒的石頭〉只不過是其中較著名者而已。[21]從這裡來看，李白很可能是洛夫的「第二身」。

詩的第一節承楔子末尾「第一站／他飛臨長安一家酒樓」而來，極力頌揚李白，用了不少誇張性的形容，「眾星無言／只有一顆以萬世的光華發聲」，「你是天地之間／醞釀了千年的一聲咆哮」，除了表達看法，同時應含有角色的認同。

然後我們便讀出一個「興酣落筆搖五嶽，詩成嘯傲凌滄州」的李白（〈江上吟〉），鮮明的活躍在字裡行間，與李白有關的典故便巧妙而貼切的被連綴成爲情節，寫主角在酒樓的動作，緊扣詩和酒：「用月光寫詩」、「向牆上的影子舉杯」，接著便引出膾炙人口的高力士脫靴、貴妃研墨、揮筆而成三章〈清平調〉的故實。洛夫驅遣文字，可以說如轉丸珠，李白詩句如「舉杯邀明月，對影成三人」〈月下獨酌〉、「與爾同銷萬古愁」〈將進酒〉、杜甫〈贈李白〉詩中的「痛飲狂歌空度日，飛揚跋扈爲誰雄？」以及〈清平調〉有關的「木芍藥」（即牡丹）、「沉香亭」都自然轉化運用在洛夫的詩中。

第三節仍然緊扣詩和酒，勸李白離開長安，去遊走江湖，洛夫好像對著一位至交好友在講話，婉言建議他不要「做官」，對於他的接近永王璘，洛夫認爲李白是「去蹚那次渾水」，又提到「月下獨酌」，也敘及李白放逐夜郎，（李白有〈南流夜郎寄內〉）、泛舟洞庭（李白有〈陪侍郎遊洞庭〉等）、出三峽聽哀絕的猿聲（李白有〈上三峽〉、〈朝發白帝城〉）等事，歸

---

[21]拙文〈釋洛夫的巨石之變〉曾論及洛夫的石意象，載《詩的詮釋》（臺北：時報文化出版公司，1982 年）。洛夫自己曾說：「我的個性固執而穩定，歷經風雨而屹立不搖，故每以石頭自喻。」見《釀酒的石頭》後記（臺北：九歌出版社，1983 年），頁 169。

結到人在江湖，心也要在江湖，不能是「身在江海之上，心居乎魏闕之下」
（〈讓王〉，《莊子》）。

　　第四節一開始便是「不如學仙去」，這裡顯示出洛夫體會出李白生命性
格上具有人間性和神仙性的矛盾，前者主要是積極入世，企盼人間創業的
性向；後者主要是神仙世界悠邈超俗情境的嚮往之心。洛夫是認爲李白
「原本是一朵好看的青蓮／腳在泥中，頭頂藍天／無需潁川之水／一身紅
塵已被酒精洗淨」，當然，李白很可能真的是「有仙風道骨，可與神遊八極
之表」，是「天上謫仙人」。[22]洛夫以「一朵好看的青蓮」喻李白的原本質
性，一方面因舊有說李白乃蜀之青蓮鄉人，再者，青蓮花清淨香潔、不染
纖塵，故李白自號青蓮居土，特具神仙性格，既然現實人間濟世之志難
伸，何不回復本性，學仙去也。

　　在結束本詩時，洛夫以李白詩〈訪戴天山道士不遇〉爲素材：

　　　就在那天下午
　　　訪戴天山道士不遇的下午
　　　雨中的桃花不知流向何處去的
　　　下午，我終於看到
　　　你躍起抓住峰頂的那條飛瀑
　　　盪入了
　　　滾滾而去的溪流

李白的詩是這樣的：

　　　犬吠水聲中，桃花帶露濃。
　　　樹深時見鹿，溪午不聞鐘。

---

[22] 前者是司馬子微所說，後者是賀知章的話。關於李白的神仙性，詳見李正治〈李白的釣鰲意
　　識〉，《中國古典文學論叢》冊一《詩歌之部》（臺北：中外文學月刊社，1976 年）。

野竹分青靄，飛泉掛碧峰。

無人知所去，愁倚兩三松。

原詩前六句主要是寫客觀的外在景象，二、三、四句暗含時間，是從早晨（帶露濃）到下午（溪午），「不聞鐘」其實已扣「不遇」的主題，最後以「愁」做結，頗有無奈之感，則未免俗化。洛夫相對於李白原作，取其部分時空意象（山、桃花、飛瀑、溪），而重新造境，回承前面「而今你乃／飛過嵩山三十六峰的一片雲／任風雨送入杳杳的鐘聲」，這是就其精神面著眼，結筆之處實是神來之筆，躍起抓住峰頂的飛瀑，盪入了滾滾而去的溪流，這到底是已經學仙得道，逍遙遊於天地之間，已是身與萬物合一的化境？抑或是指他神奇死亡？二者當然亦有可彙通之處，讀者或能有所感悟。

　　毫無疑問，洛夫熟讀李白的詩，引李白詩，寫李白傳奇，除了一分喜愛，一分認同，並重新復活了李白，詮說了在他心中的李白生命之展向。

杜甫：我能搭你的便船還鄉嗎？

　　「李杜文章在，光焰萬丈長」，這是韓愈對盛唐兩位大詩人的推崇，誠如宋祁《新唐書・杜甫傳》所說，「誠可信云」。洛夫對於李白的看法已如上述，至於杜甫，在他所著的詩論集中，隨處可見徵引杜甫名詩名句以說明詩之原理，也曾比較詳細的分析過他的〈登岳陽樓〉[23]、〈旅夜書懷〉[24]等詩，在一篇題為〈詩的語言和意象〉的論文中，他說：

> 我們知道，杜甫是中國文學史中的大詩人，他因何偉大？……他之偉大
> 是由於他的詩，但他的詩為何偉大？就是因為他在詩語言的運用，和意
> 象的經營上，能超凡脫俗，創造一個新局面，並利用他創新的語言，在

---

[23]見〈波撼岳陽城——談兩首詠洞庭湖的古典詩〉，《孤寂中的迴響》。
[24]詳見〈夜讀人在天馬塚口〉，《孤寂中的迴響》，頁218。

詩中提供一個獨特的境界。[25]

在談論孟浩然、杜甫詠洞庭湖的詩時[26]，洛夫又提及杜甫之所以地位崇高、被尊爲詩聖的原因，從杜甫崇儒尊孔的思想、悲憫苦難的情懷、格律詩衆體皆備，談到他能匠心獨運經營意象。充分顯示洛夫對杜詩掌握，在這裡，我們要來讀他最近一首頗受注意的〈車上讀杜甫〉（1986 年）。此詩以〈聞官軍收河南河北〉中的八句（每句八行）做爲八段的小標題：

> 劍外忽傳收薊北，初聞涕淚滿衣裳。
> 卻看妻子愁何在，漫卷詩書喜欲狂。
> 白日放歌須縱酒，青春作伴好還鄉。
> 即從巴峽穿巫峽，便下襄陽向洛陽。

唐代宗廣德元年（西元 763 年），杜甫在梓州（四川三臺）聽說官軍收復河南河北，非常高興，遂寫下這首情緒激昂、速度極快的名詩。前四句寫聞收復而喜，後四句寫急於還鄉的心情，前人對此詩極爲推崇，仇兆鰲《杜詩詳註》引諸家之說有「於倉促間，寫出欲歌欲哭之狀，使人千載如見」（顧宸），「一氣流注，而曲折盡情」（王嗣奭）。如今洛夫以第一人稱「我」，對「你」（杜甫）發言，基本上是把「我」的情境和「你」的情境交疊，跨越時空，混融古今。於「今」是洛夫在現代臺北的車上情境，出現的路名有四：長安西路、和平東路、成都路、杭州南路，洛夫一路上讀杜詩，因而想起杜甫所處的時代，描寫的重點皆由路石而引發：長安原是帝京，是政治權力核心，安史之亂時曾經淪陷賊兵之手，杜詩「國破山河在，城春草木深」〈春望〉的「城」便是長安；「成都」在蜀，杜甫「支離東北風塵際，飄泊西南天地間」（〈詠懷古蹟五首〉之一），曾在成都浣花溪

---

[25]見〈詩的語言和意象〉，《孤寂中的迴響》，頁 2。
[26]同註 23。

畔築屋草堂以棲身；他現今人在「梓州」，聞官兵勝而喜，希望從巴峽穿巫峽，下襄陽（在湖北），向洛陽（東京），那裡正有杜甫美麗的田園。至於「和平」，這時代的集體願望，則恆是一種理想。

洛夫以原詩句爲基礎，一方面描摹杜甫的狀況和心情，一方面表達了一己的情懷，所以洛詩除了做爲杜詩的一種詮釋方式之外，何嘗不也是借他人酒杯以澆胸中壘塊：

而今驟聞捷訊想必你也有了歸意
我能搭你的便船還鄉嗎？

離鄉日久的苦楚，還鄉的意願日夜在胸際翻騰，1970 年代中期的漢城之旅中，他寫〈不歸橋〉：「田園縱然將蕪／縱然有千棵松樹可抱／歸與不歸都是一樣」，但這是板門店，是南北韓分界之處；1970 年代末的香港之旅，在落馬洲之邊界，「望遠鏡中擴大四十倍的鄉愁／亂如風中的散髮」〈邊界望鄉〉；其餘像 1980 年寫短短 14 行的〈家書〉，1982 年寫長達四百餘行的〈血的再版——悼亡母詩〉。洛夫曾經講過，「我的傷是個人的傷，也是時代的傷」[27]，「我的哀慟也是千萬中國人的哀慟」[28]，這些愁，這些傷，這些哀慟，都化成了一行一行的詩篇，一部分就借著古詩人的亂離來表達，所以當他讀到杜甫急於還鄉，他再也忍不住地說：「我能搭你的便船還鄉嗎？」畢竟這已是 1986 年了，即將邁入耳順之齡的洛夫，鄉愁日愈深化，極其難忍。當然，那時他是不可能想到，近四十年思鄉的積鬱，能在兩年之後初步得到抒放。

大體來說，洛夫在「劍外忽傳收薊北」一段掌握「捷訊」，由「長安西路」的「塵煙四竄」，想到「安祿山敗軍之倉皇」，又聯想及玄宗出奔幸蜀，自蜀返京途經馬嵬坡的情境；二段抓住一個「淚」字加以發揮：「積聚

[27]《時間之傷》自序（臺北：時報文化出版公司，1981 年），頁 4。
[28]〈血的再版〉後記，《釀酒的石頭》（臺北：九歌出版社，1983 年），頁 162。

多年的淚／終於氾濫而濕透了整部歷史」；三段緊扣「愁」字，「夫妻愁對」、「愁一生太長」、「愁歲月茫茫」、「愁歸鄉的盤纏」，最後以「妻的笑意」化解了上述幾多的愁；四段承上段的「笑意」，而著墨在「喜欲狂」的複雜心情上面：「七分狂喜，三分欷歔／有時仰首凝神，有時低眉沉吟／劫後的心是火，也是灰」；五段集中於「酒」，「酒，是載我回家唯一的路」，顯然已是長期以來的悲痛與無奈；六段就「還鄉」情境下手，所謂「山一程水一程」、「雨一程雪一程」，表達了還鄉的可能過程，而且呈現了近鄉情怯的心境；七段是出川的行動，速度極快，並且對比了當年拉縴入川的慌亂悽惶和今日閒坐船頭讀夕陽的悠閒；最後一段總結杜甫多年飄泊的生命旅程，對比出「我」的鄉愁：「極目不見何處是煙雨西湖／何處是我的江南水鄉」。

　　這裡面當然可見詩人虛設的情境，譬如說杜甫後來雖「下襄陽」，卻無法回到洛陽，在從潭州（湖南長沙）向岳州（在湖南北部，洞庭湖東岸）進發之湘江舟中溘然長逝了，時為代宗大曆五年（西元 770 年）。而洛夫詩中卻說「現在你終於又回到滿城牡丹的洛陽」（第八段），關於這點，牽涉到古典素材翻新使用的創作問題，下面論及〈與李賀共飲〉時再加以討論。

李賀：我要趁黑為你寫一首晦澀的詩

　　比較起李杜，洛夫在論述方面對李賀顯得冷淡多了，早期在評管管詩集《荒蕪之臉》時引了「羲和敲日玻璃聲，劫灰飛盡古今平」（〈秦王飲酒〉）、「女媧煉石補天處，石破天驚逗秋雨」（〈李憑箜篌引〉），而且只簡單地說這些詩句「極富象徵意味」的話。[29]另外，在 1979 年的一篇講稿中，又引「石破天驚逗秋雨」，特別提出「逗」字「死字活用，有化腐朽為神奇的功效」。[30]但這並不表示洛夫不喜歡，或者不了解李賀，相反的從一首

---

[29]《洛夫詩論選集》，頁 243。
[30]同註 25，頁 15。

〈與李賀共飲〉（1979 年），可以看出洛夫不只是喜歡李賀，而且具體掌握
住李賀的詩之特質。

　　1980 年，在一場「洛夫詩作座談會」中，洛夫自選此詩做爲被討論的
三首作品之一[31]，緣此可知洛夫自己對這一首詩的重視；1987 年，遠在湖
南的著名文學評論家李元洛發表〈想得也妙，寫得也妙——讀臺灣詩人洛
夫〈與李賀共飲〉〉一文[32]，可見此詩已受詩評家的重視。

　　毫無問題，在洛夫以詩朝向古典中國探索的路途中，跨越時空去與李
賀共飲，是一次非常具有意義的行動，這個行動必須有充分的事實認知做
基礎，換句話說，必須徹底掌握中唐詩人李賀的生命形象、特質以及他的
創作主題的諸多可能傾向和作品風格。大體說來，李賀形體細瘦；家境貧
窮；常騎驢，揹古破錦囊，「遇有所得，即書投囊中」（李商隱〈李長吉小
傳〉）；他的詩鬼氣陰森，意象駭人，酒氣醺天，絕句甚多（大約五十首，
占全部詩作的最大比例），卻不入選《唐詩三百首》。這些李賀形象的重要
特徵，都準確而自然地出現在洛夫的這首詩中。

　　此詩三段 46 行（分別是 16、15、15），亦以「我」第一人稱敘述，以
「你」指稱敘述對象李賀。詩一開始便拆散、轉化李賀名詩句「石破天驚
逗秋雨」爲「石破／天驚／秋雨嚇得驟然凝在半空」，這顯然不是現實景
象，而是指洛夫在讀李賀此詩（可以泛指李賀的詩），第三句是針對「逗」
字所做的詮釋（逗，留住也）。整個來說主要是要引出李賀，提供主角出場
的背景，不過，這「石」意象如上所述是洛夫詩中的主要意象，而且這
「石破」和〈李白傳奇〉楔子中的「碎石破紙」（碎破皆動詞），都頗具神
祕與驚人的效果，所以洛夫選擇李賀詩集的首篇〈李憑箜篌引〉的詩句做
爲此詩的起筆是有其理由的。

　　接著便是主角出場：

---

[31] 蕭蕭策畫；座談實錄以〈我們的血在霧起時尙未凝結〉爲題發表於《中外文學》第 9 卷第 8 期
　　（1981 年元月）。三首詩分別是〈夜飲溪頭公園〉、〈邊界望鄉〉、〈與李賀共飲〉。
[32] 發表於湖南《文藝天地》第 6 期（1987 年 3 月）。

> 這時，我乍見窗外
>
> 有客騎驢自長安來
>
> 背了一布袋的
>
> 駭人的意象
>
> 人未至，冰雹般的詩句
>
> 已挾冷雨而降
>
> 我隔著玻璃再一次聽到
>
> 羲和敲日的叮噹聲

　　洛夫靈活運用典故，承轉之際自然流暢，以情節動作的處理方式表現他對於李賀的印象和看法，一布袋駭人的意象、冰雹般的詩句挾冷雨而降，直指李賀詩的語言與意象之經營，後來兩句來自〈秦王飲酒〉中「羲和敲日玻璃聲」，這裡特指李賀詩的韻律之美。換句話說，此段從意象和韻律兩方面肯定李賀詩的藝術性。

　　接著再回到李賀的形象，集中在他的「瘦」上面，卻用了一個和寫詩有關的譬喻：「猶如一支精緻的狼毫」和他的詩之藝術之美相照映，並且將李賀身上寬大的藍布衫隨風飄揚的形象，誇飾成「湧起千頃波濤」，和「瘦」形成強烈對比，暗指李賀向外的巨大散發力量及其影響。

　　第二段一開始特別拈出「絕句」。「嚼五香蠶豆似的／嚼著絕句。絕句。絕句」，乃指洛夫讀著李賀的絕句的快感，接著以酒（一壺新釀的花雕）喻詩，連接千載之間的「你」、「我」，這是一種極其巧妙的寫法，洛夫的意圖其實是要表達對於李賀絕句的看法：

> 我試著把你最得意的一首七絕
>
> 塞進一隻酒甕中
>
> 搖一搖，便見雲霧騰升
>
> 語字醉舞而平仄亂撞

甕破，你的肌膚碎裂成片
曠野上
鬼哭啾啾
狼嗥千里

「酒甕」喻指一種分析或評價的模式，「雲霧騰升／語字醉舞而平仄亂撞」當然是分析的結果，指出李賀不受格律拘圉，任意驅遣文字的藝術特徵；最後連「甕」都「破」了，表示李賀的詩反過來對抗批評者的規範，由於「語字」、「平仄」緊緊牽繫詩人的生命，所以「醉舞」、「亂撞」、「甕破」的結果是詩人的「肌膚碎裂成片」，被割裂得肢離破碎的痛苦，終於是引來「曠野上／鬼哭啾啾／狼嗥千里」。

最後一段由「共飲」開始，洛夫把這共飲之夜說成是「這歷史中最黑的一夜」，而「今晚的月，大概不會為我們／這千古一聚而亮了」，套用杜甫的詩句來說，這顯然是「蕭條異代不同時」（〈詠懷古跡五首〉之二），時代雖不同，卻有共同的不好處境：詩不受一般世俗選本所錄，當一個小小的官。洛夫對李賀，有同情，有認同，但他自覺表現得比李賀瀟灑，世俗的名聲利祿，「這都不必去管它」，最後洛夫說：

我要趁黑為你寫一首晦澀的詩
不懂就讓他們去不懂
不懂
為何我們讀後相視而笑

李賀詩的晦澀難懂是有名的，洛夫曾說過：「文學史中，晦澀的詩所在多有，而且多為大詩人的作品。」他的作品也曾被攻擊為「晦澀」，他說他也曾寫過許多所謂「明朗」的詩（如「西貢詩抄」），但是：「縱然明朗，竟仍然有許多讀者看不懂，反而晦澀的詩卻一再受到批評家的論析和評價」，

洛夫也並不是主張晦澀，不過他說：「我寧取輕度的晦澀，而捨毫無藝術效果的明朗」，他認為：「不懂」實在只是個別情況與層次問題。[33]

洛夫同情李賀的際遇，認同李賀的作風，〈與李賀共飲〉表達了他對這位古典詩人的看法，也藉此做了一些自我陳述。

在前面說過的那場「洛夫詩作座談會」中，李瑞騰曾說：

> 余光中先生說洛夫已經寫出了李賀的真精神，這是不錯的。不過有兩個地方似乎不見於與李賀有關的資料中，一個是第三段的「你最得意的一首七絕」，另一個是末段的「當年你還不是在大醉後／把詩句嘔吐在豪門的玉階上」，當然洛夫也許另有其用意，但我認為此詩既已緊扣住李賀其人其詩，似乎不宜「捏造事實」，以免徒增閱讀的困擾。

洛夫在回答這個問題時表示，詩之創作可以想像，不必求其與史實盡同，他說：

> 最後我想對李瑞騰提出的問題稍作解答：詩不宜當作歷史讀，詩人最大的本錢是想像，因此詩中的事物都不必是事實的真。我寫〈與李賀共飲〉，旨在自我調侃，其中有關李賀的身世與事蹟，也是信手拈來，不求準確，其表現手法正如我寫〈李白傳奇〉，只求能抓住他們兩人的神。……假如以讀史或考據的方法去讀詩，而結果發現詩中事事皆真，我想這未必就是一首好詩。

這牽涉到詩人創作的態度和方法問題，以史實做為寫作素材，是否需要完全符合原典，抑或可以完全虛構，或者適度虛構？這應該是一個個人自由意志的抉擇，或者應該是一個視狀況而定的問題，原不必強有一個定理，

---

[33]此段討論晦澀問題的引文皆見《魔歌》自序。

但誠如洛夫所說，要能抓住他們的「神」，但想達此境界，當然更有必要準確掌握原始素材，運用想像和修辭，注入思想和情感，讓古今在紙上交會的剎那，迸出智慧的火花。

結語

　　以上從洛夫對於唐代三位重要詩人（李白、杜甫、李賀）的描述和論斷中，是可以看出洛夫所持的觀點和處理的方法，基本上他是相當尊重客觀的歷史真實，但是做為一個詩人所特具的新感性，又使他運用想像去參與人物的創造，適時免去複述歷史人物的平面化危機，更重要的是他在掌握對象特色時，融入了自身的歷史處境和生命處境，在古今的照映中，讓作品更有豐盈的內涵。

　　在處理的方式上面，他沒有一個機械的形式，頗能彈性運用。我們可以這麼說，〈李白傳奇〉、〈車上讀杜甫〉、〈與李賀共飲〉和傳統詠史之作皆大異其趣，而且三首都採個案處理。另外，本文沒有討論到的〈水祭〉（寫屈原），其實也是一篇佳作，唯是應景之作，故不論列。

　　本文另外處理了〈牀前明月光〉，合〈李白傳奇〉一併論述；這種變奏，洛夫詩中另外還有〈長恨歌〉（白居易）、〈蒹葭蒼蒼〉（《詩經》‧〈秦風〉）和〈月出驚山鳥〉（王維〈鳥鳴礀〉）等；放寬範疇來說，〈猿之哀歌〉、〈枯魚之肆〉、〈愛的辯證〉，前者引自《世說新語》，後二首皆從《莊子》而來，皆可取來說明現代詩人的縱向繼承意識，本文受限於時間、精力和篇幅，未能詳加討論，謹期待來日再論。

——「當代中國文學：1949 年以後」學術研討會發表論文

——《聯合文學》第 50 期（12 月號）節錄刊登

——選自李瑞騰《文學的出路》

臺北：九歌出版社，1994 年 9 月

在語字中安排宇宙

讀洛夫的《魔歌》

◎陳大為[*]

小序：如果此處降雪

如果你由《靈河》（1957 年）開始接觸洛夫，那種稍嫌生澀的抒情方式，以及必須大加修繕的語言，實在無法讓你想像此乃大師之雛型。要是你繼續展讀《石室之死亡》（1965 年），撲面而來的是死亡之魅影，每一聲鬼號與神泣皆發自詩人被傷害的內部，悽厲而昂揚；讀來讀去都是沉甸甸的意象砝碼，這種詩筆簡直是對殘酷命運的一種報復，既灼熱又森冷，讓你不及思索便遍體鱗傷。當你發現竟然有二十餘萬字的評論廝殺在石室之中，呼吸就更加沉重。唯一想做的是：掩卷，然後逃走。

接著你讀到《外外集》（1967 年），讀到《無岸之河》（1970 年），登時覺得那支重金屬的樂隊總算累垮了自己，詩人不再殺氣騰騰地呼天喚地，不再撕裂自己然後掏出一顆又一顆晦澀難懂的心臟；總算有一些靈巧的意象輕輕翻身，在煙之外，在泡沫和灰燼之外。於是你愉快地在筆記本裡記下：「還能抓住什麼呢？／你那曾被稱爲雪的眸子／現在有人叫做／煙」。

等你從圖書館的架上抽出洛夫的第五本詩集，觸及《魔歌》這個很嚇人的書名，會不會皺起眉頭放回去？「魔歌」是不是在暗示一種走火入魔的詩境？

1974 年 12 月出版的《魔歌》，收錄了洛夫發表於 1966 至 1974 年間的

[*]發表文章時爲臺灣師範大學國文學系博士生，現爲臺北大學中國文學系教授。

58 首長短詩作。洛夫在〈自序〉中聲稱：這本詩集不但呈現了他調整語言，改變風格的成果，還記錄了整個詩觀的蛻變（頁 01）。[1]所以，不妨鬆懈你的閱讀神經，用心聽一闋蛻變後的魔歌，看他如何把意象安排得「疏落有致，濃淡得宜」（頁 07）。

作爲轉型期的一本詩集，《魔歌》裡的詩作可謂風貌繁雜，我們暫且把集子裡的詩粗分成兩大類別：「魔」與「歌」。前者指的是洛夫在詩中不經意流露的主體意識，或刻意傳遞的創作理念，主要包括：〈巨石之變〉、〈詩人的墓誌銘〉、〈裸奔〉、〈死亡的修辭學〉、〈不被承認的秩序〉；後者則是理念的實踐，也就是所謂「疏落有致，濃淡得宜」的詩作，其中包括〈金龍禪寺〉、〈有鳥飛過〉、〈獨飲十五行〉、〈隨雨聲入山而不見雨〉、〈子夜讀信〉等膾炙人口的名篇。

也許這集詩作的閱讀感乍輕乍重乍緊乍鬆，但洛夫骨子裡始終維持著一貫的執拗：寫詩是對人類靈魂與命運的一種探討與詮釋，而詩的創造過程就是生命由內向外的爆裂。就因爲肩負著這個嚴肅的使命感，使洛夫一直處於劍拔弩張，形同鬥雞的緊張狀態（頁 01～02）。以本集爲例，其中幾首言志大作可能是太緊張或企圖心太大的原故，反而因理害文；倒是那幾首頗具禪境的短詩，雖然只是他任意揮灑的無心之作，卻插柳成蔭，出乎意料的比前者更受好評（頁 08）。

讀《魔歌》，儘管可以上承《石室之死亡》，下啓《時間之傷》；但也容許我們將之安置在孤峰之上，就魔論魔，就歌言歌。是的，「如果此處降雪」，隱去其他相關或不相關的風景，更能凸顯《魔歌》的獨立價值。其次，詩集的自序是一個極重要的解讀途徑，它是詩集的「嘴」。所有隱匿詩中的訊息，必然透過這張忍不住的發聲的嘴，一一外洩。或者只有那麼一言半語，但全都是珍貴的聲音。這篇自序將成爲本文詮釋觀點的主要辯證對象，從中尋求印證與反證。

---

[1] 蓬萊版《魔歌》的〈自序〉頁碼跟內頁重疊，爲了辨別上的需要，所有〈自序〉的頁碼皆附加一個「0」。

　　本文擬分兩節，就其創作理念及實踐的成果，進行簡單扼要的導讀。

一、在我金屬的體內

　　翻開《魔歌》的第一首詩〈裸奔〉，你會遇到這麼一位男子：

> 他就是這男子
> 胸中藏著一隻蛹的男子
> 他把手指伸進喉嚨裡去掏
> 多麼希望有一隻彩蝶
> 從嘔吐中
> 撲翅而出

——頁 2

　　洛夫就是這男子。尚未孵化的蛹，即是詩人埋藏在胸臆中，尚不為人知的嶄新詩觀、對生命和宇宙事物的洞悉，以及龐沛的創造力。它甚至可以被視為一顆詩的種子，萌生自詩人靈魂的深處。但它深藏在詩人胸中，無法直接幻化成語言從喉嚨發聲，必須把手指伸進去掏，透過「嘔吐」[2]的動作——透過詩人對存在的煩惱、痛苦、茫然、荒謬等感受的浸泡——才能逐漸蛻變成蝶，才能昇華成詩。這種蛻變的過程，在在暴露了洛夫的詩觀：詩是一種穿越生命本質與經驗的東西，經過與錘鍊與昇華，不是信手寫下的單純字句。

　　離開嘔吐物，你陸續讀到的〈壺之歌〉、〈西貢夜市〉、〈月問〉等 56 首詩，有的思路清晰可辨，有的卻難以捉摸。直到第 58 首壓卷之作〈巨石之變〉，你才清楚聽到洛夫蟄伏的靈體在嘹亮地伸展：

> 灼熱

---

[2]洛夫在本集詩作當中，先後用了五次「嘔吐」（頁 2、50、58、91、115），其中一次專指沙特的《嘔吐》，其餘四次都可以安置在存在主義裡，作不同程度的詮釋。

鐵器捶擊而生警句

在我金屬的體內

鏘然而鳴，無人辨識的高音

——頁 189

所謂「巨石之變」其實就是洛夫詩觀之變。這顆「巨石」感應到外界事物的撞擊，引發內在思維與情感的共振，一些令人動容的警句隨那激盪萌生。不過這些鏘然而鳴，千錘百鍊的意象並不是那麼淺顯易懂，總是淪爲無人能辨識的高音。雖然曲高和寡，洛夫仍然很自負地向你訴說內心的苦悶：

我之外

無人能促成水與火的婚媾

如此猶疑

當焦渴如一條草蛇從腳底下竄起

你是否聽到

我掌中沸騰的水聲

——頁 190～191

你豈能繼續靜坐如松，面對如此一位捨我其誰的漢子，除他之外就無人變得出這般驚奇的文字魔術！他能把矛盾和衝突的符號並置成句，能促成水與火的婚姻。他掌中沸騰的，豈止水聲？不妨再聽聽他對詩那股彷彿入魔的沉迷：

我是火成岩

我焚自己取樂

——頁 192

唯有嗜詩如魔者方能自焚取樂，自焚是火成岩的構成因素；讓詩逼近生命
的痛，再由痛來成就詩篇，成就一塊驚心動魄、堅硬無比的火成岩。一般
讀者視爲畏途的冷峻詩境——好比《石室之死亡》，簡直是讀者死亡之石
室，卻是洛夫焠煉語言的丹房，只有他自己懂得享受這種自焚之樂，入魔
之癮。於是在丹房的外圍，好些你早先讀過的剿魔之詩評，紛紛衛道而
起：

> 你們爭相批駁我
> 以一柄顫悸的鑿子
> 這不就結了
> 你們有千種專橫我有千種冷
> 果子會不會死於它的甘美？
> 花瓣兀自舒放，且作多種曖昧的微笑

——頁 193～194

在洛夫看來，剿魔的鑿子之所以顫悸，乃因爲他們自知所據之論斷站不足
腳；任憑他們再怎麼專橫，洛夫依舊橫眉冷對，他堅信果子絕對不會死於
它的甘美，堅信自己在詩歌語言上的實驗，能在詩史的洪流中屹立不搖。
爲了不浪費時間去做一些無謂的辯解，洛夫乾脆「於時間的喧囂中沉默如
一握緊的拳頭」（頁 118），讓真理在不辯中自明。

　　不過你還是在另一首〈詩人的墓誌銘〉裡，瞥見詩人如何用曖昧的微
笑，回應了鑿子的顫悸：

> 縱然，在鑿子與大理石的激辯中
> 你的名字
> 一個
> 一個的

粗大起來

——頁 174

正如詩人所料，經過「剿魔的詩評」和「詩魔的魔歌」二者的多年激辯，到頭來卻成就了「洛夫」的赫赫詩名。所有攻擊過他的、拙劣的詩評文字（鑿子），反而襯托出洛夫詩作的價值。這個成就不僅僅是自信與毅力使然，而是詩人走出石室之後的成功轉變，反過來支持當初種種實驗之必要。

　　經過上述許多訊息的摘錄與判讀，你理應領教了一位詩人擇善固執的個性，以及他面對紛紜的批評時，那高度自信的眼神。讀其詩如見其人。接著你在這座「墓誌銘」上面，讀到一些更深入的訊息：

在一堆零碎的語字中
安排宇宙
．．．．．．．．．．．．．．．．．．
你把歌唱
視為大地的詮釋
石頭因而赫然發聲
河川
沿著你的脈管暢行

——頁 171～172

洛夫在《魔歌・自序》裡曾說過：「詩人最大的企圖是要將語言降服，而使其化為一切事物和人類經驗的本身」（頁 04）。文學是一個由零碎文字構成的世界，文人用他的意念來構築心中的圖景；而詩，則是最刁難的語言組合，以唯有降服了語言，始能創造出一個由語字組合而成的小宇宙。「安排宇宙」，指的不僅僅是意象叢的安排，而是編排每一個符號在書寫中的輕重

及啓承位置。敘述主體對語言／事物的強烈主導意識在此表露無遺。可是後續五行卻流露出相反意圖——「與物同一」（頁 06）。

洛夫在序中再三強調把主體意識契入客體事物中的重要性，當他想寫一首關於河的詩，在意念上必須使自己變成一條河，整個心身隨之洶湧或靜流（頁 06）。河川在脈管中暢行，固然在暗示主客體的相融爲一；但「詮釋」是有對象的解讀，假設洛夫的詩是對大地的詮釋，那兩者之間就存在著距離。再讀下去，你又發現洛夫強烈的主體意識在在操控著萬物在書寫中的位置：

真實的事物在形式中隱伏

你用雕刀

說出

萬物的位置

——頁 172

「雕刀」讓主體多了一分匠氣，跟「說出萬物（隱伏）的位置」那種自然彰顯的感覺無法契合。他在〈裸奔〉一詩中，由外而內不斷卸去任何形式的包袱，他把「帽子留給父親」，「信件留給爐火」，「骨骼還給泥土」（頁 3～4）；之後「他開始溶入街衢／他開始混入灰塵」，「遂提升爲／可長可短可剛可柔／或雲或霧亦隱亦顯／似有似無抑虛抑實／之／赤裸」（頁 5～6）。這種赤裸像是「損之又損，以至於無爲」的自然之道，可洛夫這雙手始終無法「無爲而無不爲」，在潛意識裡它依舊緊推雕刀，在說明萬物。

在〈不被承認的秩序〉，你再度讀到洛夫潛意識裡的矛盾：

山鳥通過一幅畫而溶入自然的本身。我來了，說煙，鳥就有了第三隻翅膀

這是宇宙的手，統治天空的手

　　你站在一塊巨石上把頭髮借給風

　　雙目借給地平線

　　　　　　　　　　　　　　　　　　　　　　——頁 114

他已經說得很明白——「這是宇宙的手，統治天空的手」！鳥因爲他的一
念／一筆，而有了第三隻翅膀，他對文本中的宇宙／自然，有絕對的創造
權（和統治權），所以你（所有的讀者）只要很被動地站在巨石上，把雙目
借給地平線，看看詩魔如何雕刻自然，安排宇宙。

　　當你把視線鎖定遠方的「清苦十三峰」，必能看到詩人屹立在〈第一
峰〉，向大地宣示他的力量：「我的雙掌張開便隱聞雷聲／所有的河流／
都發源自我莽莽的額角」（頁 96）。你當然熟悉詩人掌裡的雷聲，那是創造力
忍不住爆發的源頭，所有的客體景觀都是被創造的符號。

　　最後，洛夫把他的〈掌〉向你伸來：「你猜／我掌中會生長些什麼／百
合，金雀花，黑色的迷迭香／或一隻吃自己長大的蛺蝶」（頁 125）？怔怔
看著這雙安排宇宙的掌，你說任何事物都是一種可能。「你再猜／我掌中隱
藏些什麼／無日月星辰／無今天明天」（頁 126）；既然任何事物都不可
能，你便選擇沉默，讓洛夫自己把答案道出：

　　只有血

　　要求釋放

　　　　　　　　　　　　　　　　　　　　　　——頁 126

你彷彿嗅到《石室之死亡》時期殘留的血腥。原來在洛夫一心邁向「與物
同一」的渾然境界之際，內心卻對「現代人的殘酷命運」還是耿耿於懷，
在他暢談「贊天地之化育，與天地參」（頁 03）和「真我」（頁 04）的同
時，你輕易的從字裡行間剔出「跟語言的搏鬥」、「將語言降服」、「把自身
割成碎片」等暴戾的字眼；你屈指一算，在 58 首詩裡居然讀到十餘次「抓

住」和「舉起」，不同程度的主宰性／主導性動作。這是「創作理念」跟「潛意識」之間隱伏的矛盾；也是自然無為的「樹」跟無所不為的「手」之間，有形的衝突。

　　或許洛夫也察覺到這一點，所以他在〈掌〉的結尾處：

　　我猶豫一下
　　我狠狠把雙手插入樹中

——頁 126

二、讀你額上動人的鱗片

　　洛夫在《魔歌·自序》裡說明了這本詩集最大的轉變：「詩人不但要走向內心，探入生命的底層，同時也須敞開心窗，使觸角探向外界的現實，而求得主體與客體的融合」[3]（頁 02）。關懷現實或書寫現實本來就是一件理所當然的事，但主客體的融合是極高的境界，不是一蹴而就的。這個轉變在詩集中，你可以找到三種不同面貌的成品：純粹的現實書寫、主體意識凌駕在客體之上，以及主體契入客體之中的家居田園之作。

　　洛夫曾在 1965 年 11 月到 1967 年 11 月間，被派到西貢去擔任軍事援越顧問團的英文祕書，返臺後陸續發表以戰爭為主題的「西貢詩抄」系列詩作；〈西貢夜市〉、〈自焚〉、〈越南來信〉、和〈高空的雁行〉都是其中的精選之作。

　　洛夫寫西貢某高僧的自焚，所用的筆調彷彿在旁觀某高僧的生活坐息，客觀且冷靜。他以非常乾淨俐落的語言，記述了這位高僧在自焚前的

---

[3] 洛夫在其詩選《雪崩·自序》裡，如此評價《魔歌》時期的詩作：「在這轉型期間的實際作品，似乎並不都能與新的觀念配合，而且隨實驗性以俱來的缺失，如語言的生澀與雕飾等，也在所難免，因此這些詩的成熟度顯然不如《因為風的緣故》中的作品，但其原創性則有過之而無不及。」見洛夫，《雪崩》，頁4。

舉止：

> 早課方畢
> 便獨自躲在雲房裡
> 數自己的舍利子
> 然後騎摩托車上街
> 在一座座長湖青苔的臉上
> 貼標語

——頁 32～33

就像是一則短短的紀錄片，沒有旁白或註釋，你必須自己去想像去感受——
——高僧如何在心中估量自己的舍利子（反省一生的修持與參悟，同時思索
自焚行為的警世意義），以及那毫不猶豫的後續動作。這已不是南傳小乘佛
法的表現，而是大乘佛法在亂世中的作為。詩人靜靜地替這熊熊焚燒的事
件收尾，不作任何正面的評價，把「他頭頂爆出（的）一朵晚香玉」和
「諸佛（的）粲然」（頁 33）留給圍觀的你去冥想。

另一首〈高空的雁行〉就寫得有點失控。詩人企圖以孩子的口吻來陳
述一場轟炸：

> 一二三四五
> 我們在練大字
> 六七八九十
> 我們在演算術
> 一架噴射機把天空吐得那麼髒
> 弟弟抓起一把雲來擦
>
> （高射砲彈開黑花

孩子們快回家）

——頁 40

一到五，六到十的數字，象徵一種在戰火中自我調適的生活秩序；當噴射機飛過天空的時候，越南的孩子們照舊在「練大字」、「演算術」、「排著隊」、「報著數」（頁 40）。洛夫為了刻畫他們早已習慣戰爭的心理，揉合了「麻木」與「童真」來下筆，所以在他們眼中噴射機帶來的不是死亡與恐懼，而是「把天空吐得那麼髒」，於是「弟弟抓起一把雲來擦」，不准敵人將他們的天空弄髒。不過，「髒」、「擦」、「花」、「家」一連四句都押韻的結果，營造出來的不是童趣，而是近似打油詩的油膩口感。全詩四段的形式相當一致，顯得有點僵化；其他三段的控訴焦點也失之模糊。雖然你不會喜歡這首詩，但它畢竟是洛夫將「觸角探向外界的現實」的努力成果之一。

洛夫亦曾表示：「作為一個詩人，我必須意識到：太陽的溫熱也就是我血液的溫熱，……我隨雲絮遨遊八方，海洋因我的激動而咆哮，我一揮手，群山奔走，我一歌唱，一株果樹在風中受孕」（頁 4）。這番宣言本是作為「與物同一」之用，不過只要再細讀兩遍，便能感覺到強勢的主體意識，在在駕馭著客體的存在價值與角色扮演。「清苦十三峰」是最明顯的例子，詩人「企圖以十三種風格來寫十三種關於山的貌與神」（頁 111），所以全詩充斥著「山、風、水、石、谷、鳥、樹、蟲」等大自然意象，可你讀到的大多是詩人的思維活動，自然事物皆依附在他的思維軌道上運行。

譬如〈第一峰〉，18 行當中出現了 15 個「我」，高度思想性的意象叢，加上宛如洛夫現身說法的山峰自述，讓你見山不是山，而是詩人，是那喜歡高談闊論的敘述主體。又譬如〈第六峰〉，提出一連串的詰問：

為何山不是山，水不是水
為何風沒有骨骼

> 為何樹的年輪
>
> 不反過來旋轉
>
> ──頁 102

這理應是第六峰的「自問」，可是縱觀全詩，簡直就是詩人把山峰端在（安排宇宙的）手裡，耍弄著「見山不是山」的老把戲。結果你再次見山不是山，只見詩人嬉笑地掬起一把問號。〈第十一峰〉更嚴重，「空，空，空」，全是對超現實主義的嘲諷。備受好評的〈第十二峰〉呢？

> 兩山之間
>
> 一條瀑布在滔滔地演講自殺的意義
>
> 千丈深潭
>
> 報以
>
> 轟然的掌聲
>
> 至於泡沫
>
> 大多是一些沉默的懷疑論者
>
> ──頁 108～109

演講的瀑布、鼓掌的潭、沉寂的泡沫──詩人的巧思妙喻成功契入山水之中，不是賦予，而是「誘發」了三個客體本身蘊含的角色與個性，三者彼此間又能構成某種互動關係。在這裡，你體悟到的理趣都渾然天成，主體的思維運作讓你渾然不覺。這是〈清苦十三峰〉當中，僅有的奇峰。

　　行筆至此，你勢必體認到：每當洛夫企圖遵循主客體合一的理念，刻意為之，那些大自然的客體事物，反而淪為意義鏈當中的一個符號。當詩人的「雕刀」退居幕後，萬物方能找到自己的位置，兀自發聲。

　　其實主客體成功融合的例子有好幾首，其中〈金龍禪寺〉曾經多次被

國內外的詩評家撰文評介。在寫這首詩的時候，洛夫收起了主詞，同時淡出了主體意識。你再也不必聽到詩人那滔滔不絕的牢騷、理念與宣言。這裡很寧靜，你的心神隨著晚鐘進入禪意充盈的閱讀位置，感受迷人的向晚氣圍：

晚鐘
是遊客下山的小路
羊齒植物
沿著白色的石階
一路嚼了下去

——頁 46

聽覺轉換成視覺，石階因為有了羊齒的咀嚼，得以在你的想像空間裡永續延伸。詩的後半段，那隻「驚起的灰蟬」（頁 47），誘導了好些詩評家將整首詩詮釋為「禪悟」的過程。你比較關心的是獨立在前後兩段之間的那句：「如果此處降雪」（頁 46），這是敘述主體唯一忍不住發聲之處，但洛夫的渴望很自然的轉變成你的渴望，替這個畫面覆上一層幻覺之雪。你不得不同意，那座始終沒有出現過的「金龍禪寺」，即是此詩全部感覺（禪意）的形上總和。在此，你所看到及感受到一切都源自洛夫，可你不會覺得是詩人在文本背後指使羊齒去咀嚼，指使灰蟬去點燈。主體的禪悟和客體的動靜相融為一，供你回味再三的是那「可解」，但「不必解」的意境。

　　值得你回味的，主客相融的短詩當然包括〈隨雨聲入山而不見雨〉和〈子夜讀信〉等數首。尤其後者，更是令你難忘。是「你的信像一尾魚游來」這句詩把你深深吸引，遂想起〈飲馬長城窟行〉這首漢樂府——「青青河畔草，綿綿思遠道；遠道不可思，宿昔夢見之。……客從遠方來，遺我雙鯉魚；呼兒烹鯉魚，中有尺素書……」。洛夫消化了你腦海中的古詩情境，以現代的場景出之：

　　　子夜的燈

　　　是一條未穿衣裳的

　　　小河

　　　你的信像一尾魚游來

　　　讀水的溫暖

　　　讀你額上動人的鱗片

　　　讀江河如讀一面鏡

　　　讀鏡中你的笑

　　　如讀泡沫

——頁 162～163

在〈飲〉詩中敘述者的思念，是沿著河水逆流到遠方；在〈子〉詩裡，洛夫把子夜的燈譬喻成河，「未穿衣裳的小河」即是真摯且未經修飾的思念。順著這條思念之河的流勢，你讀到一尾復活的典故——「你的信像一尾魚游來」；詩人讀著信中的訊息，腦海裡慢慢浮現戀人的久違的面容，河（信）中的生活倒影是那麼的真實，彷彿在眼前，卻又那麼的虛幻，像泡沫隨時湮滅。

　　洛夫將大自然意象契入生活之中，從河到魚，從鱗到鏡到泡沫，一切順理成章，像一條小河不經意的流過，其中有隱喻的魚有動人的倒影。你從容地讀著洛夫，洛夫從容地讀信……。

　　「從容」？你似乎另有所悟。就本詩集的閱讀經驗而言，很寫意的，信手拈來的「從容」，顯然是「物我合一」的成功因素之一。反之，急於表達某種理念和詩觀的詩篇，往往出現主體意識凌駕在客體之上的反效果。

　　不管怎樣，細讀詩魔額上動人的鱗片，你窺見翔龍、怒蟒和沉魚的光澤，窺見人間的煙火和空靈的水墨。你似乎有所悟，可又沒有太大的把握。不過你總算把這本原以為很魔的《魔歌》輕輕哼過一遍，稍稍領略了

詩魔體內難以辨識的高音。

小結：入魔無悔

　　洛夫在《魔歌‧自序》的結尾地方，說了一番很適合用來結束本文的「魔言」——「詩之入魔，自有一番特殊的境界與迷人之處」，如果「達到呼風喚雨，點石成金的效果，縱然身列魔榜，難成正果，也足以自豪了」（頁 013）。正因如此，洛夫的詩才值得一讀，一讀再讀。

引文書目

‧洛夫，《魔歌》，臺北：蓬萊出版社，1981 年再版

參考書目

‧洛夫，《詩的邊緣》，臺北：漢光出版社，1985 年

‧洛夫，《雪崩》，臺北：書林出版社，1994 年

‧費勇，《洛夫與中國現代詩》，臺北：東大書局，1994 年

‧潘文祥，《洛夫詩研究》，臺北：臺灣師範大學國文學系碩士論文，1997年

‧龍彼德，《一代詩魔洛夫》，臺北：小報出版社，1998 年

‧蕭蕭編，《詩魔的蛻變》，臺北：詩之華出版社，1991 年

　　　　　——原載陳義芝編《臺灣文學經典研討會論文集》，1999 年 1 月

　　　　　　　　　　　　——選自陳大為《亞細亞的象形思維》

　　　　　　　　　　　　臺北：萬卷樓圖書公司，2001 年 1 月

洛夫詩的偶發因素

◎鄭慧如*

一、前言

在眾多的洛夫研究中，「偶發因素」仍有後續研究的潛力。「偶發因素」是簡政珍在〈洛夫作品的意象世界〉提出的議題。[1]所謂「偶發因素」，指的是文學作品用以抗拒結構的各種文字調理方式。簡政珍認為，洛夫詩中偶發狀況的介入可分為作品內意象或文字的並質，及意象或文字和作品外突發性的情景並置兩類。「偶發因素」值得提出來當作洛夫詩研究的問題，是因為相對於許多將文字與意象並置，或將作品內的意象及文字與作品的突發生情景並置的詩，洛夫很能喚起讀者的創造力。他似乎沒有非得如何的情感模式，詩語中往往透著齊鳴的弦外之音。他缺乏算計得出來的形式結構或語言結構，以便讀者據之對號入座，彰顯詩人對語言藝術的勵精圖治。洛夫詩給人強烈的流浪感，是一個創作心靈在時空相乘之後永遠的自棄。不論軀體的遠隔或心志的背離，洛夫總是曲折其意，妥貼的意象出以一波數折的暗示，而在必要的時候也不喪失既直接、簡潔又出人意料的渾樸。尤其相較於被貼上「拼貼」標籤的詩作，洛夫詩的「偶發」往往緣於現實，在現實中埋下潛意識的伏流，先傘狀放射而後令讀者靈光一閃，造成因想像而來的喻示效果，於是對結構及義涵造成有機的跳脫。它

*逢甲大學中國文學系教授。

[1]參見簡政珍，〈洛夫作品的意象世界〉（1991 年）：「偶發性因素正是文學掙脫結構學駕駛的最有利的利器。作品本身有其次序或紋理，但這個紋理除其內在統籌的秩序外，有時還可涵蓋外在介入的偶發因素，而不是純粹放諸四海，歷盡歲月永不變的法則或結構。作者創造時，藝術性的考慮如何調和內在的紋理，和文字進展時對外的關係，是對作者極大的考驗。」

不像「拼貼」的刻意、率性，也不像「拼貼」難以爲繼的實驗特質；在隱隱約約、說與不說之中，更令人感受語言的魅力。

　　學界對洛夫詩藝的研究已達成穩定的共識，例如孤絕、雄渾、傷痛、狂暴、撕裂、禁錮感的詩風[2]；險峻的句法、爆破式的意象、富於歧義的詩行、虛實相生的驚奇感；以及前後期的對照：如語言由濃塞到疏淡、主客觀經驗的轉化由早期主觀感受向外的投射，演變爲客觀事物向內的引發，進而兼及兩者之長；觀物的角度從遣悲懷式的小我放大，轉爲以宇宙的大角度看待日常瑣事；[3]或者洛夫後期詩作的單純意象、絕句式的意趣、口語化的用字和散文化的句構等等（張漢良，1991 年）。這些公評表示洛夫詩的研究已臻成熟固定。雖然討論洛夫詩作的文章和學位論文從未間斷，基本上已是圍繞這些定評添枝加葉，增列詩例以壯大詩人的身影，於洛夫詩語言的特質很難再有令人驚喜的羅抉發明。

　　本文因此捻出「偶發因素」，就語言的角度整理洛夫詩藝的頭緒。「偶發因素」定義爲：在情景鋪陳或串接過程中，於線性和邏輯發展的結構之內，以隱約而自在的呈現方式，造成結構上的跨越，於突發中有間接暗示的輻射狀詩思。研究範疇包括《靈河》（1957 年）、《石室之死亡》（1965 年）、《外外集》（1967 年）、《魔歌》（1974 年）、《無岸之河》（1970 年）、《眾荷喧嘩》（1976 年）、《時間之傷》（1981 年）、《釀酒的石頭》（1983 年）、《月光房子》（1990 年）、《天使的涅槃》（1990 年）、《隱題詩》（1993 年）、《雪落無聲》（1996 年）、《形而上的遊戲》（1999 年）、《夢的圖解》（1993 年）、《因爲風的緣故》（1988 年）、《雪崩——洛夫詩選》（1993 年）、《洛夫小詩選》（1998 年）、《洛夫‧世紀詩選》（2000 年）、《洛夫詩

---

[2]參見葉維廉，〈洛夫論〉、簡政珍，〈洛夫作品的意象世界〉、余光中，〈用傷口唱歌的詩人〉、張漢良，〈論洛夫後期風格的演變〉，均見蕭蕭主編《詩魔的蛻變》（臺北：詩之華出版社，1991 年），頁 1～42。

[3]葉維廉並以「從平凡處見出奇」概括洛夫後期的詩風，談及後期詩作的三個主題：第一是禁錮感的變奏，第二是在企圖用詩的創造來克服及取代肉體之被禁錮而達至騰躍的過程中，同時作出美學的尋索，第三因長久的隔斷而引發對歷史與文化懷鄉的沉思。參見葉維廉，〈洛夫論〉（1991 年）。

鈔──手抄本》（2003 年）。

二、偶發因素的幾種變貌

　　出於敏於甄別的心靈，偶發因素是洛夫叩問真相、撙節語言、表現情之所鍾、避免說白說穿的方式。透過意象的趨勢或敘述的語勢，洛夫詩出於陰影所形構的各種義涵，有四個基調。第一，操使奇詭詩風，以斷然、大動作的手法展現猛烈而戲劇化的意象；第二，將意象接榫在眼前的現實，以矛盾語法或主客易位表現遠征或遙想的心境；第三，在既定的語境中轉題，表現言外之意；第四，現場的景象環接、延伸或想像不在場的景象，以視覺跳躍製造驚疑感和疊象美。

（一）以斷然或大動作的手法展現猛烈的意象

　　早在寫《外外集》的時代，洛夫就擅長把躍然紙上的血腥不安之氣勻開成為廣闊的感性，在放鬆的語勢中保留獨有的爆破感意象，令人感受他絕望後的狂笑。而組織意象的時候，每當氣氛凝聚到一個臨界點，洛夫常常凌空一躍，把原先貼戀著的意象和經營得很適切的情境蕩漾出去，在嘲諷與無奈中裡快意為詩。

　　像《石室之死亡》那樣個人風格強烈的作品，早已為洛夫建立獨樹一幟的代表性。濃烈的情緒常常獨霸了平面開展的主題[4]，但是過度揮霍或強調感覺、意象、歷史符號和地方元素，往往違背了原本可以更耐人尋味的嚴肅義涵，而這種筆法卻已經貫串洛夫歷年的作品，成為不二家的個人特質。「浮文弱質，縹緲附俗」從來不是洛夫詩的品質[5]，然而洛夫一向並不以浪漫自詡[6]，放蕩為詩從來也不是洛夫的好處，反而每當操使奇詭的詩風

---

[4]關於這一點，葉維廉（1991 年）也說，〈石室之死亡〉許多險峻的句法是沉鬱中帶有割鋒，但是有些時候，因為過度內在化，過度獨立或強調強烈而主觀感受的意象而使得句法變得離常異正。雖然洛夫講《石室之死亡》之後，已經有意要使這種句法溶入常與正之中，而同時具有相同的沉鬱和割鋒。

[5]劉勰《文心雕龍・體性》（1994 年：頁 197）：「輕靡者，浮文弱質，縹緲附俗者也。」

[6]洛夫創作論的根基是追求真我，而不是以追求詩藝為第一要務。他以〈蟹爪花〉的花開過程比喻詩和美的孕化，以「自身裂化而為萬物，歌唱樹乃成孕」看待創作，用「我一歌唱，一株果樹在

到一個限度，就給人率易平滑之感，而爆破式的意象到一個程度，給人的無聊、滑稽之感就遠在詩人的立意之上，這是洛夫詩的偶發因素中，下筆最猛也最不耐回味之處。〈曉之外〉、〈煙之外〉、〈海之外〉、〈泡沫之外〉都採這種寫法（1970:51～52、55～56、45～46）。例如〈曉之外〉的末節：

> 掀開窗簾，晨色湧進如酒
> 太陽向壁鐘猛撲而去
> 一口咬住我們家的六點半

> ——1970 年，頁 52

「晨色如酒」，極寫晨光醉人，「湧進」則寫光線刺激眼睛那片刻間的感受。就詩行的語脈而言，「猛撲」、「咬住」都能相應「湧進」的大量陽光，以及窗簾掀開那一角被光線吞噬的意象，不過「酒」的義涵卻無法在迷人（也令人惝恍）的晨曦與鮮亮（令人抖擻）的朝陽中達成內在的統一。「酒」是〈曉之外〉的偶發因素。去掉它，詩意顯得單薄；有它在又顯得矛盾。一個譬喻修辭固然同時能有許多層面，以「酒」這麼一個具體意象，詩人要它同時使人醉又叫人醒，於詩行中卻前無伏筆後無鋪陳，一方面不免浪費猛烈的筆意，一方面也營造令人沉思的意境。又如〈煙之外〉：

> 在濤聲中呼喚你的名字而你的名字
> 已在千帆之外
>
> 潮來潮去
> 左邊的鞋印才下午

風中受孕」比喻語言的神祕力量，均可看出詩人統合生命與藝術的動機。早在 1964 年，洛夫在《石室之死亡》的序裡就說：「寫詩即是對付這殘酷命運的一種報復手段。」《魔歌》的自序中，洛夫也清楚說明：「真我也許就是一個詩人終生孜孜矻矻，在意象的經營中，在跟語言的搏鬥中唯一追求的目標。在此一探索過程中，語言是詩人的敵人，也是詩人憑藉的武器，因為詩人最大的企圖是要將語言降服，而使其化為一切事物和人類經驗的本身。」

右邊的鞋印已黃昏了

六月原是一本很感傷的書

結局如此之淒美

——落日西沉

你依然凝視

那人眼中展示的一片純白

他跪向你向昨日向那朵美了整個下午的雲

海喲，為何在眾燈之中

獨點亮那一盞茫然

還能抓住什麼呢？

你那曾被稱為雪的眸子

現有人叫做

煙

——1970 年，頁 47～48

此詩的主要意象：煙，在意象興發的過程中本合思維邏輯的遞進，從濤聲之引發想念開始，空間漸行漸遠而景象越來越模糊，「千帆」、「海潮」、「鞋印」、「落日」、「眸子」，一遠一近次第推展，而整體逐漸湮遠，一如心血來潮中抓不住的感覺意象。末節稍顯唐突的「雪」並非無脈絡可尋——「那人眼中展示的一片純白」、「獨點亮那一盞茫然」隱約已召喚了「雪」的象徵義涵，但是當「雪」和「煙」並置來形容「眸子」，而「煙」又獨立成行做為嘎然停止的尾音，「煙」的意味就被特別強調。奇妙的是，本來在語境的映襯下，可能和「煙」一樣白、一樣茫然的「雪」，因為詩人說得不多，反而在與「煙」的今昔之比中清亮起來。

　　洛夫早年的詩情常誕生在淒厲的邊緣，這固然是禁錮的時代下，窒悶的心靈破繭而出的方式，有其時代語境。他的詩很多推衍現象世界和觀念

世界的交織，用以支撐翻騰的內心風暴。在一聲蓋過眾口的大我和眾口齊
發一聲的小我之間，詩行中的偶發因素是洛夫質疑時空、放逐自我、觀看
橫暴風勢的手段。像〈太陽手札〉的「從灰燼中摸出千種冷中千種白的那
隻手／舉起便成為一炸裂的太陽」（1970 年，頁 133），爆破式的意象經營
可以在歷史語脈中理解。余光中以「用傷口唱歌的詩人」比喻洛夫的這個
特質，可說是「在傷口撒鹽」的說法。「自殘」固然是早期洛夫作品的慣
技，其作用卻不是唱歌，只不過此技久之竟成洛夫的獨門功法，時空的煙
霧消散之後，洛夫仍用之不爽，真的「在傷口唱歌」，刻意張揚內在的痛感
而成敗筆。例如〈絕句十三帖・第七帖〉：「嫌空氣太髒／我把皮膚翻過來
穿／除了我／全世界的人都在喊痛」（1990 年，頁 185～186）。較諸 1970
年代之前作品中光影交映的偶發因素，這些誇張、單向而直接的敘述侵削
了自我質疑或自家商量的語氣，於是詩中的偶發因素由主體聲音的分化到
籠罩，不免予人在現實之上嬉戲的感覺。例如〈絕句十三帖・第十一帖〉：

> 我在尋找一雙結實的筷子
>
> 好把正在沉淪的地球挾起來
>
> ——1998 年，頁 149

這是缺乏厚實情感的疏離表達。筷子夾起地球的意象塑造並不罕見，討巧
而牽強的寫法，令人誤以為詩人是因為對現實缺乏把握，或者找不到滿意
的表現才出此下策。再如〈剁指〉：

> 以手指丈量一幅地圖
>
> 拇指
>
> 緊緊按住
>
> 吳興街舊居的陽臺
>
> 食指畏畏縮縮地

向前延伸

自基隆，經廣州

沿著粵漢鐵路

直奔洞庭湖萬頃的波濤

億萬次的丈量

億萬次的忐忑

索性剁掉食指

剁掉一根

又長出一根

剁掉一根

又長出一根

……

──1990 年，頁 130～131

以「剁指」塑造作品本身的驚奇效果，比喻不堪丈量的鄉愁。重複的剁指動作來自「以手指丈量地圖」那種有家歸不得的自恨，在敘述語境裡有其脈絡；但是此詩在「直奔洞庭湖萬頃的波濤」達到思鄉的最高點，第二節就全是罪與罰的裝飾句，也可以說是失控情緒的自殘。

　　因濃烈情緒下的奇詭或爆破意象，造成詩行的偶發因素，反映出洛夫的投射文學觀：文學是苦悶的轉換或翻譯。「自討苦吃」因而往往成為讀者詮釋洛夫詩的成見。

（二）以主客易位表現遠征或遙想的心境

　　洛夫習於將意象接榫在眼前的現實，以矛盾語法或主客異位表現遠征或遙想的心境。這種方式能輻輳形式感所包括的結構感和節奏感。例如〈出三峽記〉：

鑼聲，多年前就響過了

出川的船

載我緩緩駛向綢質的天空

起碇後霧開始虛構一些水的神話

秋，占領了瞿塘峽的第幾峰？

汽笛咻咻

十月的寒江

一把寒劍嘶嘶穿透蒼古的層巖

沿岸的楓葉以血掌印證

船頭是水雲的故鄉

船梢尾隨一群過龍門時割傷的魚

我在劍刃上行走

（以下略）

——1999 年，頁 27～32

此詩運用語言的歧義性豐富詩的內涵，在詩行表面的語彙和語義之外，達成多重指涉的效果。例如寒劍與船隻的呼應、船梢與劍刃的呼應、過龍門時割傷的魚和我的呼應。「船頭是水雲的故鄉／船梢尾隨一群過龍門時割傷的魚／我在劍刃上行走」，千年之澤不得已而斬於一世。

又如〈絕句十三帖・第十帖〉：

雨停了

電視裡一場大火燒死了幾個聖人

雨，忽然又下了起來

——1998 年，頁 147～148

此詩以突發性的場景與詩行中的意象互文，產生嘲諷。出以淡漠的語氣，

洛夫選擇螢光幕篩過的畫面，和現實生活中停停下下的雨天對話，給人世間形象盡成光影的感受。前後兩個「雨」均暗示詩人不絕的念想，而在義涵上，因「燒死幾個聖人」的話語介入而更饒多義性。

（三）既定語境中的轉題

語境中的轉題很可以看出洛夫對美感經驗的直覺，也比較能拔除自我，使自我與外物的關係更清楚而有條理。讀這類詩作得到的滿足，好比修道人遠行求法，歷盡艱難，終於見證了佛法，但是卻好像自己生來就認識，在高人點撥那一瞬間灌頂般地有一個明朗的焦點，能讓眼前的事物生發無限感應而擴大經驗。

洛夫的詩在既定的語境中轉題，表現言外之意，靠的是意象的並置或意象與敘述間的轉換。他常常從一個現實的空間感受或想像另一個合理的、並存的空間，為自己虛擬的視線設想新的平面，進而有效透過表象看見隱藏在原來語境中的義涵，顯露個人的情趣和個性，傳達對本質的洞察力（蘇珊・郎格，1991 年，頁 90～95）。轉題的語境有時以並置的意象展演情志或哲思，當作調控情緒的手段；有時運用連綿的意象或事件造成機鋒，簡潔、直接而堅定地呈現呼應轉折中的繁複義涵；有時則是現實意象的虛實轉換，把抽象的價值判斷語嵌在寫實的意象中，浸潤以感情，峰迴路轉而兼具哲思和現實指涉。〈布袋蓮的下午〉、〈絕句十三帖・第一帖〉、〈雨中獨行〉是以並置的意象表現哲思的例子。例如〈布袋蓮的下午〉：

下午。池水中
擁擠著一叢懷孕的布袋蓮
這個夏天很寂寞
要生，就生一池青蛙吧

唉，問題是
我們只是虛胖

——1998 年，頁 136

現實情景中，「布袋蓮」的形狀給人懷孕的聯想，所以有生育之比。同時，布袋蓮的沉默相對於青蛙的鼓譟、布袋蓮和青蛙形象的類似，兩者相反而相成的關係和詩人對自己或世界的諷刺環環相扣。青蛙鼓腹空鳴、布袋蓮其實不孕，呼應結句的「虛胖」。從「唉」開始，語境滲入敘事者「我們」的聲音，語勢突轉。「問題是」一語，把「布袋蓮」的涵攝回到自身的反省上。布袋蓮本來也是「虛胖」，而「我們」的「虛胖」卻連一池蛙噪都生不出來，如此，語言的「虛胖」與「懷孕的布袋蓮」所暗示的沉默而飽滿的語言狀態對照，「布袋蓮」就有間接暗示的意味。

又如〈絕句十三帖·第一帖〉：

　　玫瑰枯萎時才想起被捧著的日子
　　落葉則習慣在火中沉思

——1998 年，頁 144

「玫瑰」和「落葉」形成糾纏而有力的對照，「落葉在火中沉思」，寫的是淬煉中成長的生命。火中翻飛的落葉將成灰燼，而仍予人沉思之感，這是視覺映象鎔鑄的矛盾語。玫瑰萎地，落葉飛舞，兩個意象在運動中充滿壓力。翻騰的落葉因沉思而凝重，萎落的花朵卻有旋轉飛動之態，兩者迅疾流轉，意義廣闊而深入。此詩偏向從內在空間移往外在空間，並錘鍊已落實的事件輪廓當作詩語的脈絡。「枯萎的玫瑰」和「落葉」並置，兩個萎落的植物意象被賦予不同的教化功能。「玫瑰枯萎時才想起被捧著的日子」做爲引子，重要在於翻起的下一句：「落葉則習慣在火中沉思」，具體的、日常的事物觀察賦予抽象的、反省的高度，鮮明的現實指向裡蘊蓄警覺的敏感。

又如〈雨中獨行〉：

風風雨雨

適於獨行

而且手中無傘

不打傘自有不打傘的妙處

濕是我的濕

冷是我的冷

即使把自己縮成雨點那麼小

小

也是我的小

——1983 年，頁 85～86

「我的小」在句構上來自「我的濕」和「我的冷」，在意義上卻轉折自「即使把自己縮成雨點那麼小」的靈機一動。一直到「冷是我的冷」，詩行的語勢都自然親切宛如口語，但是從「我的濕」、「我的冷」開始，詩中人雨中獨行的風流瀟灑越放越開，「我的小」順勢而生，此詩的特殊性才真正顯現。走在蒼茫的風雨中，因為不打傘而和風雨融為一體，所以說「縮成雨點那麼小」。合理的走味，更因連續三個「小」而凸顯。被雨淋過的地面會有酸酸的、醉醺醺的感覺，庾肩吾的詩句：「濕風含酒氣」、邢子才：「霜氣有餘酸」，都用味道描寫自然景物，傳達聲色逸樂之感，洛夫〈雨中獨行〉的詩中人也有點悠悠晃晃的樣子。「小／也是我的小」，在化身為大自然的本意中拖曳出嘲弄的味道。

　　洛夫的詩在表現自然與人生高度的交織交融時，實物意象和感覺意象也是相生相成的。洛夫直接體驗現實、融入自然，而且很快聯想到屬性相似的另一個時空或屬性相悖的同一時空的現實，而使意象之間產生有機的作用，成為貫徹詩篇的情意姿態。〈飲罷〉、〈午後等車〉、〈七夕記事〉、〈夢醒無憑〉都是這樣的作品。例如〈夢醒無憑〉：

一隻產卵後的蟑螂

繞室亂飛

我被逼得從五樓的窗口跳下

地面上

留下了一灘月光

夢醒無憑

翻過身

又睡著了

——2000 年，頁 75

此詩第一節營造雞飛狗跳的感覺，但是因為「夢」，「我被逼得從五樓的窗口跳下」那種驟然的、張揚的視覺畫面也就有所遁逃，而最具張力的句子：「地面上／留下了一灘月光」也因為「夢」而合理化。整首詩是日常說話的語氣，首節暗藏玄機，既是現實的摹寫，語句之間也掩映多姿，例如「我」和「蟑螂」的互喻、「產卵」和「一灘月光」的影射、「我」和「一灘月光」的關係等等；不過第二節的「翻過身／又睡著了」才救活了此詩，把它從胡思亂想的邊緣拉回語言的現實。假設此詩只有第一節，那麼不過是無邊無際的狂想，沒有現實的憑依，這種想像顯得太輕率；假設一二節對調，此詩簡直就是囈語。因為第二節的「翻過身」，讀者感到詩人想傳遞的基本情意，所以「夢醒無憑」才會成為一種姿態。

　　這類轉換後的語境，洛夫常用「突然」、「忽然」等表示猝不及防的字眼，傳達一閃即逝而印象凝注的動作或鏡頭，而以並列的意象曲盡其表現。例如〈七夕記事〉：

在五樓陽臺上

與老妻

共看天空的雲來雲往

只見一顆星

正急切地向天河的水聲奔去

近了

近了

這時，猝不及防

一陣驟雨漫天而至

隔壁女學生房間的燈火

突然熄滅

　　　　　　　　　　　——1990 年，頁 22～23

又如〈午後等車〉：

一堆爛泥

一大疊報紙和稅單

一群嘰嘰喳喳的學童

一輛無人上下的靈車

一街蓋頭蓋臉的灰太陽

還有，一泡忍了七晝夜的尿

一些肢解了的夢

全部倒在攪拌機裡任其翻滾

倥傯倥傯倥傯

冷冷的鋼樁

從都市的腦袋中央狠狠捶下

紅白之物嘩然濺起

落在荒涼的人行道上

啊，木棉花又開了

——1990 年，頁 185～186

〈午後等車〉羅列一群表徵都市空間的意象：「爛泥」、「報紙」、「稅單」、「學童」、「靈車」、「灰太陽」、「忍了七晝夜的尿」、「肢解了的夢」，傳達都市忙碌、雜亂、灰敗、冷酷、自私的負面印象，直到「鋼樁搥下」、「紅白之物嘩然濺起」，都在原來的語境中進行，「紅白之物」有第一行的「一堆爛泥」當作伏筆，本來不做他想；一直到「木棉花又開了」，語境翻轉，原來「搥下」的是詩中人的視角。百無聊賴的眼睛隨著鋼樁搥下，因為木棉花而抬起。「啊」是由字音和意念結合成的心靈姿態，寫出驚喜。「木棉花」落在「荒涼的人行道上」，此意象在情理中，但是語境翻轉後，頓成意料之外。

像〈七夕記事〉的「突然」、〈午後等車〉的「啊」這類表達語境轉折的字眼，在洛夫更高妙的表現中，有時只順應外在的、現成的環境，而隱去和自己實感的情意一致的形式，不見得要造成顯然的語態就自然成姿。例如〈飲罷〉：

晚餐小飲數盞
之後便匆匆脫下長衫
扭開自來水龍頭嘩嘩洗腳
且撇著京腔
唱
浪淘盡千古風流人物

有人敲門
丈母娘拎來一尾活鯽魚

——1983 年，頁 61

「有人」故作玄虛，看似偶發，原來在情境的鋪陳中，是丈母娘來看女婿。門的這一端，丈母娘「拎」著一尾活蹦亂跳的鯽魚；門的那一端，醉眼迷濛的女婿扯開嗓子高歌。「有人敲門」可能隱去或省略了「突然」一詞，略去以後，「丈母娘拎來一尾活鯽魚」和「扭開水龍頭嘩嘩洗腳／且撇著京腔／唱／千古風流人物」的詩中人形成趣味橫生的對照。比起「突然有人敲門」的出乎意料、一過即逝，以及時間先後次序的暗示，「有人敲門」的效果更生動、深含情意，更能凝注為不可磨滅的映象。此詩模擬現實生活中的鏡頭以自嘲。輕微的戲謔中猶不乏溫婉的情味。而對照中，彷彿「淘盡千古風流人物」的是禮數周到的丈母娘，「活鯽魚」則是高唱「浪淘盡千古風流人物」的詩中人。「洗腳」、「撇京腔」是對命運不屑而無效的抗拒。「活鯽魚」是「浪淘盡千古風流人物」的反諷。千古風流人物不得已而被浪淘盡，不論如何風流均已作古；而今的風流人物「扭開水龍頭嘩嘩洗腳」，自己淘洗，似有自己了斷的孤傲與無奈。

　　至於藉現實意象的虛實轉換來變換語境，把抽象的判斷語鑲嵌在寫實的意象中，則如〈莫斯科紅場——蘇聯詩抄之一〉：

……（略）

一位遊客高舉雙手

大聲說：我占領了莫斯科紅場

照相機咔擦一聲

他立刻被囚進了黑房

　　　　　　　　　　　　——1999 年，頁 109～110

詩行從現實轉喻極權下的噤聲現象。自顯窺隱，詩意在「照相機咔擦一聲」的雙重指涉中達到高潮，並往下領導「被囚進黑房」的表面意義：沖洗照片的暗室和隱喻：政治犯被囚禁的黑牢。「高舉雙手」因而可以再倒看

回去，隱含敘事者對莫斯科紅場所代表的一切興高采烈的觀望。

又如〈馬雅可夫斯基銅像與鳥糞——蘇聯詩抄之三〉：

其一
仰望者
總想把自己也提升到
馬雅可夫斯基的銅像那麼高
而鳥糞
比銅像更高

其二
他一度把頭顱塞進煉鋼爐
說是
好詩不怕火燒
可是鳥糞的白
又如何與歷史的紅搭配？
鑄成銅像後
便苦惱得兩眼發綠

——1999 年，頁 112～113

此詩以現實做為詩意的張本，詩意在「而鳥糞／比銅像更高」和「鑄成銅像後／便苦惱得兩眼發綠」兩度翻轉，成為結構上的跳脫與義涵上的跨越。「鳥糞比銅像更高」可能是實景，也是常態，而在此卻令人有佛頭著糞的聯想。一如銅綠在銅像身上本是常態，然而因為「鑄成銅像後／便苦惱得兩眼發綠」兩句緊連著的語境，實景就格外多了暗示的意味；於是本指鳥糞顏色的「白」，似乎間接暗示了銅像內涵貧乏的「白」，而本指爐火的「紅」，也才順理成章搭上歷史的「血紅」。於是「鳥糞」諷刺一切自以為

是或自命不凡的威權、歷史，兼及自嘲。第一節以「鳥糞」諷刺銅像；第二節復以轉折詞「可是」連結了語言不確指而關係顯著的「鳥糞」和「好詩」，此時詩人以與「銅像」同位的敘事聲音介入，從「好詩不怕火燒」往前看，原來「一度把頭顱塞進煉鋼爐」的，既是「銅像」，也是自以爲是一首好詩的詩人。於是「銅像」接入「煉鋼爐」之實，轉嫁爲「詩」（銅像的喻指）與聲名（鳥糞與銅像）、「詩」與血腥（歷史的紅）。把具體和抽象、創作的痛楚和虛名的苦惱（鑄成銅像後／便苦惱得兩眼發綠）打成一片。

（四）以視覺跳躍製造驚疑感和疊象美

　　環接在場或不在場的景象，以視覺跳躍製造驚疑感和疊象美，〈西貢夜市〉（1988 年，頁 63～64）和〈金龍禪寺〉（1988 年，頁 76～77）就是顯例。[7]根據葉維廉的看法，洛夫通過〈西貢夜市〉一詩，從曲折的內心世界走出來之後，返臺住在內湖，還引發兩種不同風格的試探，而充滿中國絕句意趣的〈金龍禪寺〉就是其中一種（葉維廉，1997 年，頁 317～372）。葉維廉從新詩應當表現現代感的角度說，〈金龍禪寺〉像絕句主要在於轉折的方式和視覺跳躍的律動，認爲該詩自成一節的奇問：「如果此處降雪」是洛夫「語盡思不窮」的策略，就像電影的分歧鏡頭，幫助時間飛躍之後，再回到已經變化了的原景。「晚鐘暮雪」是閃逝的記憶，差強相似暮雪的是灰蟬之灰色。論者多以爲，像〈金龍禪寺〉、〈有鳥飛過〉、〈隨雨聲入山而不見雨〉這類詩作，可以看作洛夫用自己的風格回到傳統詩中的新生表現（陳義芝，1974 年，頁 240）。中國古典詩話所謂的「和諧忘機」，常指的是在飛躍的時間中壓縮景物，虛實相繼、刪蕪就簡、從容承接的方式。[8]至於〈西貢夜市〉，也是用幾近白描的語言，在「把手風琴拉成／一條那麼動人的無人巷子」略做轉折，其他詩行都是意象或情境的羅列，並以之構成氣氛，反射出未經說明的社會狀況。葉維廉詮釋〈西貢夜市〉，就認爲在西

---

[7]兩詩經學者多次討論與選集選入，爲新詩研究者熟知，故不具引。

[8]例如〈詩法家藪〉：「絕句之法，要婉曲迴環，刪蕪就簡，句絕而意不絕，……有實接，有虛接，承接之間，開與合相關，反與正相依，順與逆相應，一呼一吸，宮商自諧。」

賣凸出「黑人」、「安南妹」、「高麗棒子」、「打完仗回來逛窯子的士兵」、
「嚼口香糖的漢子」、「鐵絲網」、「開會的和尚」，是洛夫有意從選擇的事物
中隱喻非比尋常的越南狀況，引出具體的政治迴響（葉維廉，1997 年，頁
317～372）。

　　用景象羅列和視覺跳動寫出來的詩，其宛轉變化固然在轉換的景象，
卻並非難以感受的曲解。而且這類作品通常平直敘起，讓羅列的意象自然
放射氛圍，構成情境。同一時空或不同時通的意象，或者以相類，或者以
相對的特質並列，都能塑造意在言外的偶發效果。例如〈疊景〉：

　　一隻寒鴉

　　從皚皚白雪的屋頂

　　似有若無地

　　飛

　　了

　　過

　　來

　　我的窗口

　　驟然黑了一下

　　電視裡閃出一把鋒利的劍

　　在我粗礪的額角

　　擊出一星火花

　　窗口

　　又亮了起來

　　　　　　　　　　　　　　　　　　　　——1999 年，頁 122～123

此詩利用同一時空相類的並置意象：「寒鴉」和「利劍」、「白雪」和隱然的
「白髮」，形成視覺想像中的對照，藉以自嘲。「窗口／又亮了起來」是連

接室內與室外兩組意象的媒介，意謂「電視裡閃出一把鋒利的劍」的同時，本來停在窗口，讓窗口「黑了一下」的「寒鴉」也飛走了，恍惚中卻好像「利劍」「擊出一星火花」，讓窗口又亮起來。如此一來，在效果上，寒鴉的「黑」相對於劍刃的「白」，屋頂偶見的「白」（皚皚白雪）相對於額角的語言空白，就有頭髮因劍鋒掃過而相映成灰的傷逝之感。有時將不同時空的意象並置，如〈絕句十三帖・第九帖〉：

> 擦槍擦了四十年的老班長
>
> 於今坐在搖椅上
>
> 輕輕地刮著滿身的鐵鏽

——1998 年，頁 147

此詩的主語是「老班長」，而因第一句「擦槍」的動作，「刮著滿身的鐵鏽」在語意上應指向陪伴「老班長」40 年的槍枝，在更深的義涵上，也指向「老班長」自己。「擦」的磨甲利兵的「輕刮」的疼惜不忍表現出時不我予之感。槍枝的鐵鏽和時間的鏽蝕感互文。「老班長刮著身上的鐵鏽」比喻抹除皮屑的日常動作，「坐在搖椅上」透顯百無聊賴。而因為詩中人風光一時的職位是「班長」，所以一開頭就製造「擦槍」這個軍人的慣常動作。讀到底才了解，「擦槍」或許是假動作，用意在召喚「滿身鐵鏽」，是一種布線的方法。

又如〈冰墜子〉：

> 屋簷下的冰墜子
>
> 化水後仍不甘心就此掉下
>
> 懸在窗口　停格
>
> 且被特寫放大
>
> 為一幅涕淚縱橫的臉

在半空猶豫了很久

然後才

咚的一聲

掉進我久旱的枯井

——1998 年，頁 140

「冰墜子」在現下的時空，「涕淚縱橫的臉」在過去的時空，「在窗口特寫
放大」是連接兩者的媒介，詩境由此展現偶發的、輻射的義涵，「久旱的枯
井」因而可能指的是屋外實有的井，也可以指象徵性的、波瀾不興的心
境。此詩主客異位，由小到大，物我雙寫。顯附而清晰的視覺想像將思想
映象化，詩行跳動著幻景和圖象的脈搏，彷彿一顆小小的冰墜子被賦予全
世界的色相。「猶豫」、「不甘心」寫冰墜子欲墜不墜的樣子；「涕淚縱橫」
形容化水後冰墜子剔透的、網絡的水痕，也寫水痕中隱現、也幾乎融於淚
痕中的臉孔。「咚的一聲」把聲音擴大，極寫磨透於忍耐的時間感。

　　和〈絕句十三帖・第九帖〉中「擦槍的老班長」一樣，〈冰墜子〉中
「屋簷下化水後的冰墜子」引領了帶著新氣象的意象，通過新氣象所展現
的新幅度，全詩的境界才得以屹然建立。〈冰墜子〉的詩中人不見得特定，
但是因為「屋簷」，所取以表現的主觀位置很清楚，「涕淚縱橫的臉」循著
語脈，指向至親；〈絕句十三帖・第九帖〉從「擦槍」的緊湊動作和「坐在
搖椅上」的悠閒寂寥對比之下，已經預示底下在延展這兩者關係的時候，
會促成轉變成震盪的複雜情緒。這兩首詩都有一致的、貫穿的意脈，不同
時空的意象故不只是詩境轉折的工具而已，但是直到「咚的一聲」，剪接的
意象才有強烈而完整的表現。

　　洛夫透過視覺意象的羅列，往往表現出圓覺的思想和感受，又能避免
掉落傳統解詩時動輒寓言褒貶的圈套。晚年的詩化開不可開交的陰鬱病
態，呈現公共性的心理興味，其意象不乏人生今世的氣息，並出以俗世的
辛酸和歡暢，幾乎是他晚年好詩的主調。例如〈井邊物語〉：

被一根長繩輕輕吊起的寒意

深不盈尺

而胯下咚咚之聲

似乎響自隔世的心跳

那位飲馬的漢子剛剛過去

繩子突然斷了

水桶砸了，月光碎了

井的曖昧身世

繡花鞋說了一半

青苔說了另一半

——1990 年，頁 181～182

洛夫在第一句和第二句壓縮景致，展現奇思，抓住讀者的注意力。「長繩」是空間，「寒意」是空間化的時間，「胯下咚咚之聲」據前一句的句意，可能指汲水時桶子碰到井壁的聲響；根據下一句，則可能意味著未曾說白的井中人的心跳。「飲馬的漢子」令人聯想起「飲馬長城窟，水寒傷馬骨」所蘊含的戰爭意象，由此興發諸如閨怨、苦守、死亡、孤寂等古詩常見的要素；但是洛夫並不在此停留，詩行立刻轉入「繩子突然斷了」。「繩子突然斷了」是連結陰陽的媒介，也召喚深藏在井中的故事。此詩的偶發因素從「繩子突然斷了」以下，以「水桶砸了，月光碎了」的音義關聯，用全稱觀點寫出敘事者對於清冷荒涼的月夜中，一個不知情的外來客經過井邊的畫面。「月光碎了」，是因「水桶砸了」，桶子裡的井水翻落，映在水桶中或井面上的月光亦如覆水難收的意思，於是幻設出聊齋般的情境。繩子應聲而斷，令人狐疑汲水的到底是不是真有其「人」，或是一縷幽魂。因著「繩子突然斷了」、「水桶砸了」，井邊的「繡花鞋」有了著落，「青苔」也才有提示的作用。緣於「井的曖昧身世」一句，「青苔」應指的是井中的青苔，「繡花鞋」則指向墜井的鞋的主人。所以回過頭來讀第一句，長繩果然

「吊起寒意」。

三、結論

在洛夫的詩裡，偶發因素每一出現，往往負起鞏固詩型、決定節奏、完全完成氣氛的任務。尤其偶發因素是分布在隱約的線索中，從傘狀的、輻射的詩思裡構設情境，更迥異於所謂「拼貼」式的作品。

就洛夫詩的偶發因素，可以看出幾個現象：

第一，洛夫習於在詩的結尾出以否定形式，收攝錯落散置在詩行中的隱喻，例如〈布袋蓮〉、〈馬雅可夫斯基銅像與鳥糞——蘇聯詩抄之三〉。詩末急轉直下的語氣往往可以從繽紛的萬象中反求諸己。

第二，洛夫習於運用轉題所導致的奇峰突起，在既有的語境中經營奇想。這個特質有兩種完全不同的效果：當洛夫傷情之極故做淡漠時，詩行往往比較耐得住咀嚼，就中散發出的節制之美，也較易令人感受無心無肝背後的哀毀逾恆；而當洛夫有意以大動作收束，做戲劇化的展現時，卻往往犧牲了詩行中迂迴照應的多重義涵，顯得斷然而淺露。但是像〈井邊物語〉的收束：「井的曖昧身世／繡花鞋說了一半／青苔說了另一半」，空白引發想像，在質地柔軟的意象外加入時間的韌性，彷彿看不見的纖維組成活生生的過去，頗有人間久別不成悲之感。

第三，洛夫習於以視覺跳躍的律動感壓縮景物，轉化古典詩語，使呈現代感。異於早年急浪排空般的猛烈意象，晚年的洛夫比較偏向在止水般的平靜表象裡嵌入無限風波。為了符合內心現實，時而以語言中的偶發因素模擬內心世界的視覺意象和思路流動，藉虛象呈現實相，而使得詩行具有多重暗示的疊象美。例如〈疊景〉。

第四，洛夫習於虛實雙寫，以精約的單一敘事聲音表現多層次的義涵。例如〈莫斯科紅場——蘇聯詩抄之一〉。洛夫用虛實相濟的手法調節語言的速度，可以拯救詩行過於滑溜。

第五，洛夫習於將意象接榫在眼前的現實，以矛盾語法或主客異位表

現遠征或遙想的心境。這種方式能輻輳形式感所包括的結構感和節奏感，有時撫平詩行——例如〈絕句十三帖·第十帖〉：「雨停了／電視裡一場大火燒死了幾個聖人」、〈出三峽記〉：「起碇後霧開始虛構一些水的神話」，有時撐緊詩句——例如〈絕句十三帖·第十帖〉：「雨，忽然又下了起來」、〈出三峽記〉：「我在劍刃上行走」。

　　洛夫較早期的詩作從小我看大世界，後來的觀物角度改為就大世界的大視角看日常瑣事，更後來，洛夫在詩行中不斷換位，有時從此處看過去（例如〈出三峽記〉：「出川的船／載我緩緩駛向絹質的天空」），有時從彼方看過來（例如〈出三峽記〉：「沿岸的楓葉以血掌映證／船頭是水雲的故鄉／船梢尾隨一群過龍門時割傷的魚／我在劍刃上行走」），距離與視線因此消解，造就並時性的疊景效果，而暗含哲思，言之所不能論、意之所不能察者，也因而混融其中，遙契《莊子·秋水》對距離問題的看法。[9]羅蘭·巴特說，文即織物，而從文字的紡織到印染，其中的加工是對詩人很大的考驗。所謂「染」，用在文字裡，相當於用詞是否到位。洛夫早年所謂「超現實主義的詩風」引起爭議，關鍵不在是不是晦澀，而是他在印證「文變染乎世情」的實驗過程中，常常升高自己的體溫以衡量時代的氣溫，遂難免執於一端，不是周遭的溫度高了，就是自己的色彩染了，或是干擾的光線強了，過猶不及，石破天驚之後少了回味，讀者因而徘徊於極冷與極熱的兩端。尤其面對家國社會的各種苦難，洛夫在詩中的反應總是甩脫軀體的沉重，再馬上俐落、義無反顧地投入時代的沉重，彼時洛夫詩作以其特殊手法給予讀者的特殊感受，不免令人以為，對於洛夫來說，生活永遠在文字之外。大約自《魔歌》以降，洛夫詩的溫度開始回暖，即使自嘲或反諷，文字肌理中透著半筋半肉的嚼勁，雖然偶爾再現早年險峻的句法或爆破性的專利意象，他的「超現實」對現實已不過分扭曲折磨，反

---

[9]《莊子·秋水》：「夫自細視大者不盡，自大視細者不明。夫精，小之微也；垺，大之殷也。故異便。此勢之有也。夫精粗者，期於有形者也。無形者，數之所不能分也。不可圍者，數之所不能窮也。可以言論者，物之粗也；可以意致者，物之精也。言之所不能論、意之所不能察者，不期精粗焉」。

而頻頻回首召喚現實，與現實對話。

　　就語言的偶發因素而言，洛夫蛻變的痕跡主要表現在兩方面，一個是轉化古典詩語，化盤空硬語爲軟語商量，詩行中透著齊鳴的弦外之音。他的文字清明確切，始終保持精悍的語氣，把現代中文的各種可能，經由意象和意象、意象和敘述、句子和句子之間的緊張關係，納入同一個語言空間，從而滅盡針線機而終歸渾化。第二個蛻變的痕跡是善於以事件爲纖維，將奇詭的想像伴以強烈的視覺畫面，詩人的種種體悟於是在相仿而不犯重的現實改寫中重燃詩意的火種。洛夫並沒有刻意用橫暴的姿態去切割、扭曲中文語詞和文法，而是在既有的語言規律中營造特殊的個人風格。後期的洛夫把握對語言的織染原則，該暈染的不用工筆（例如〈冰墜子〉：「一幅涕淚縱橫的臉」），該分明的絕不勻開（例如〈井邊物語〉：「月光碎了」），所有彌雲縫月的奇特手段都不違背事物的本質，各種語言偶發因素的際會是在世象的常態中祭出奇招，所以他的詩曲折成趣，讓讀者領教了細節中穿花拂柳的暈眩。

參考書目

・洛夫，《靈河》，臺北：創世紀詩刊社，1957 年

・洛夫，《石室之死亡》，臺北：創世紀詩刊社，1965 年

・洛夫，《外外集》。臺北：創世紀詩刊社，1967 年

・洛夫，《無岸之河》。臺北：大林出版社，1970 年

・洛夫，《魔歌》，臺北：中外文學月刊社，1974 年

・洛夫，《眾荷喧嘩》，新竹：楓城出版社，1976 年

・洛夫，《時間之傷》，臺北：時報文化出版公司，1981 年

・洛夫，《釀酒的石頭》，臺北：九歌出版社，1983 年

・洛夫，《因爲風的緣故》，臺北：九歌出版社，1988 年

・洛夫，《天使的涅槃》，臺北：尚書文化出版社，1990 年

- 洛夫，《月光房子》，臺北：九歌出版社，1990 年
- 洛夫，《雪崩──洛夫詩選》，臺北：書林出版公司，1993 年。
- 洛夫，《夢的圖解》，臺北：書林出版公司，1993 年
- 洛夫，《隱題詩》，臺北：爾雅出版社，1993 年
- 洛夫，《洛夫小詩選》，臺北：小報文化出版公司，1998 年
- 洛夫，《形而上的遊戲》，臺北：駱駝出版社，1999 年
- 洛夫，《雪落無聲》，臺北：爾雅出版社，1999 年
- 洛夫《洛夫‧世紀詩選》，臺北：爾雅出版社，2000 年
- 洛夫，《洛夫詩鈔──手抄本》，臺北：未來書城，2003 年
- 張漢良，〈論洛夫後期風格的演變〉，蕭蕭主編，《詩魔的蛻變》，臺北：詩之華出版社，1991 年，頁 109～142
- 陳義芝，〈聽那一片洶湧而來的鐘聲──叩訪洛夫詩境的泉源〉，洛夫，《魔歌》臺北：中外文學月刊社，1974 年，頁 240
- 葉維廉，〈洛夫論〉，蕭蕭主編，《詩魔的蛻變》，臺北：詩之華出版社，1991 年，頁 1～60
- 葉維廉，〈洛夫論〉，洛夫，《因為風的緣故》，臺北：九歌出版社，1997 年，頁 317～372
- 蕭蕭主編，《詩魔的蛻變》，臺北：詩之華出版社，1991 年
- 簡政珍，〈洛夫作品的意象世界〉，蕭蕭主編，《詩魔的蛻變》，臺北：詩之華出版社，1991 年，頁 61～98
- 蘇珊‧郎格著；劉大基譯，《情感與形式》，臺北：商鼎出版社，1991 年

──選自《當代詩學》，第 2 期，2006 年 9 月

輯五◎
研究評論資料目錄

作家、作品評論專書與學位論文

專書

1. 侯吉諒主編　　洛夫《石室之死亡》及相關重要評論　臺北　漢光文化公司　1988 年 6 月　261 頁

本書從各種不同甚至對立的評論角度，讓讀者易從中吸收讀詩的方法，以及創作時的基本規則。全書共收錄 9 篇文章：1.李英豪〈論洛夫《石室之死亡》〉；2.林亨泰〈大乘的寫法〉；3.崔焰焜〈論《石室之死亡》詩的思想〉；4.顏元叔〈細讀洛夫的兩首詩（摘錄）〉；5.周鼎〈現代詩解惑〉；6.張漢良〈論洛夫近期風格的演變（摘錄）〉；7.張默〈從〈靈河〉到〈魔歌〉（摘錄）〉；8.張春榮〈洛夫詩中的色調：黑與白〉；9.洛夫〈關於《石室之死亡》——跋〉。正文後附錄簡政珍〈洛夫作品的意象世界〉及〈洛夫年譜〉。

2. 蕭　蕭編　　詩魔的蛻變——洛夫詩作評論集　臺北　詩之華出版社　1991 年 4 月　521 頁

本書對洛夫的形上思維，美學信念，生命情態，意象鑄造，語言風格的蛻變，以及西洋與中國的融會，現代與傳統的辯證等，都有深刻而多層的剖析和評述。全書共 24 篇，分 2 輯：1.綜論 12 篇：葉維廉〈洛夫論〉、簡政珍〈洛夫作品的意象世界〉、余光中〈用傷口唱歌的詩人〉、張漢良〈論洛夫後期風格的演變〉、李元洛〈中西詩美的聯姻〉、任洪淵〈洛夫的詩與現代創世紀的悲劇〉、李瑞騰〈試探洛夫詩中的「古典詩」〉、王灝〈變貌——洛夫詩情初探〉、張春榮〈洛夫詩中的色調：黑與白〉、楊光治〈奇異、鮮活、準確——淺論洛夫的詩歌語言〉、龍彼德〈大風起於深潭——論洛夫的詩歌藝術〉、劉登翰〈洛夫詩歌藝術初探〉；2.專論 12 篇：蕭蕭〈那麼寂靜的鼓聲——《靈河》時期的洛夫〉、李英豪〈論《石室之死亡》〉、崔焰焜〈論《石室之死亡》詩的思想〉、許悔之〈石室內的賦格——初探《石室之死亡》兼論洛夫的黑色時期〉、蕭蕭〈商略黃昏雨——初論《無岸之河》〉、掌杉〈綜論洛夫的《長恨歌》〉、劉菲〈洛夫的《長恨歌》與幾首古詩的比較〉、張春榮〈姜夔《念奴嬌》與洛夫《眾荷喧嘩》的比較〉、張默〈我那黃銅色的皮膚——略談洛夫的《時間之傷》〉、李元洛〈想的也妙，寫的也妙——讀洛夫的《與李賀共飲》〉、翁光宇〈《舞者》小評〉、潘亞暾〈探求者的足跡——洛夫詩集《愛的辯證》賞析〉。正文後附錄〈洛夫著譯書目及作品評論索引〉、〈洛夫年譜〉及〈本書作者小傳〉。

3. 費 勇 洛夫與中國現代詩 臺北 東大圖書公司 1994 年 6 月 312 頁

本書展現當代詩人洛夫的心路歷程和詩意，從語言、意象、悲劇意識、莊與禪、歷史題材，闡述洛夫詩歌的美學和歷史價值。全書共 5 章：1.洛夫詩歌的語言；2.洛夫詩歌的意象；3.洛夫詩歌的悲劇意識；4.洛夫詩歌中的莊與禪；5.洛夫詩歌與歷史題材。正文後附錄〈洛夫詩論選〉、〈洛夫年譜〉、〈洛夫著譯書目及作品評論索引〉。

4. 龍彼德 洛夫評傳 南京 南京大學出版社 1995 年 5 月 394 頁

本書旨在概述洛夫對中國式的現代詩之提倡與追求，綜論洛夫的全部作品，探討中國式的現代詩這一理論命題，希望對中國乃至世界的詩歌發展有所助益。本書前後有引言及結語，正文共 11 章：1.孤絕的形成及突破；2.那麼溫婉的歌聲；3.一項空前的實驗《石室之死亡》；4.在探索的途程中；5.《魔歌》——蛻變的新風貌；6.時間之傷；7.故國之旅；8.新血之果；9.洛夫的詩論；10.洛夫的詩外世界；11.洛夫詩的張力系統。正文後附錄〈洛夫年譜〉及〈洛夫著譯書目〉。

5. 龍彼德 一代詩魔洛夫 臺北 小報文化出版社 1998 年 9 月 437 頁

本書著重探討洛夫詩作中對人類命運、本性及人文精神的探索。全書共 5 篇：1.「大風起於深澤」：洛夫的人生道路；2.「因為風的緣故」：洛夫的詩風蛻變；3.「走向大陸，飛向世界」：洛夫的詩人之旅；4.「在一堆零碎的語字中安排宇宙」：洛夫的詩藝術；5.「再一次從地平線上躍起」：洛夫的最新衝刺。

6. 張 默主編 大河的雄辯：洛夫詩作評論集‧第二部 臺北 創世紀詩雜誌 社 2008 年 10 月 604 頁

本書收錄洛夫各時期詩作之評論文章共 32 篇，正文前有張默〈每片草葉都是你一條血管（代序）——洛夫詩生活探微〉。全書共 4 部分：1.綜論：陳祖君〈從「石室之死亡」到「天涯美學」——洛夫論〉、龍彼德〈沉潛與超越——洛夫新論〉、沈奇〈現代詩的美學史——重讀洛夫〉、章亞昕〈「石室」中的創造者：洛夫論〉、張健〈洛夫情詩九式〉、鄭慧如〈洛夫詩的偶發因素〉、少君〈漂泊的詩路——論洛夫的詩〉、陶保璽〈無韻體：在洛夫的『魔杖』下——兼論詩歌內在節奏的成因〉、李建東〈將超越化為永恆——洛夫詩歌中的時間意識〉、向憶秋〈洛夫：「身份」的漂浮與追問〉、歐陽白〈洛夫詩歌思想性淺解〉；2.專論：沈奇〈詩魔之禪——讀《洛夫禪詩》〉、沈志方〈論隱題詩〉、劉荒田〈使我哭泣的詩〉、陳仲義〈內外宇宙，玩轉於股掌間——讀洛夫〈邊界望鄉〉〉、沈奇〈孤絕之美——讀洛夫〈詩的葬禮〉〉；3.學術研討會論文：陳大為〈在語字中安排宇宙——讀洛夫《魔歌》〉、田崇雪〈木石前盟‧骨骼意象‧天涯美學：論洛夫詩歌的精神硬

度〉、蕭蕭〈放逸型的現代主義：洛夫詩中新陳代謝的象徵意涵〉、白靈〈遮蔽與承載──洛夫詩中的哭和笑〉、鄭振偉〈洛夫詩的眼睛〉、葉瑞蓮〈悲苦與反叛：殘酷生命途上的洛夫鞋蹤〉、溫羽貝〈神聖之糞：洛夫詩歌的排泄研究〉、史言〈論洛夫詩的疾病意象與疾病隱喻〉；4.《漂木》研究：簡政珍〈意象「離心」的向心力──論洛夫的長詩《漂木》〉、葉櫓〈《漂木》論〉、徐望雲〈漂木的旅程，人類的思路──洛夫長詩《漂木》賞析〉、曾貴芬〈在上帝的漠然中自我救拔──論洛夫長詩《漂木》中的宗教情懷〉、白靈〈回歸與出離──洛夫《漂木》的時空意涵〉、沈奇，孫金燕〈生命儀式的向晚仰瞻──洛夫長詩《漂木》散論〉、鄧艮〈《漂木》：「失聲天涯的歌」〉、莊曉明〈〈致時間〉解讀〉。

7. 方　明主編　　大河的對話──詩魔洛夫訪談錄　臺北　蘭臺出版社　2010年4月　415頁

本書為洛夫訪談專輯，收錄各家雜誌與個人專訪文章，正文前有〈洛夫小傳〉。全書共收訪談 13 篇：北京《詩探索》編輯部〈洛夫訪談錄〉、陳銘華〈因為「雨」的緣故〉、《創世紀》編輯部〈詩的跨世紀對話：從現代到古典，從本土到世界〉、朱立立〈關於中國現代詩的對話與潛對話〉、《揚子江》編輯部〈洛夫答《揚子江》詩刊問〉、羈魂〈且聽詩魔絮絮道來〉、蔡素芬〈漂泊的天涯美學〉、王偉明〈煮三分禪意釀酒〉、李岱松〈抱著夢幻飛行的宇宙遊客〉、左乙萱〈詩人專訪──神性的聲音〉、沈奇〈從「大中國詩觀」到「天涯美學」〉、陳祖君〈仍在路上行走的詩人〉、吳玉華〈我與「詩魔」洛夫面對面〉、胡亮〈臺灣詩‧「修正超現實主義」‧時病〉、鄧艮〈悠揚歸夢惟燈見，濩落生涯獨酒知〉、紫鵑〈詩歌的魔術師〉、白楊〈生命空間與詩的美學之思〉。正文後附錄李翠瑛〈語言的匯流──洛夫詩觀、詩作分期與東西方詩質之融合重整與創新〉。

8. 龍彼德　　洛夫傳奇：詩魔的詩與生活　臺北　蘭臺出版社　2010年10月399頁

本書以洛夫的人生追求、價值取向為主線，記述了他一生的詩性天空。正文前有楊樹清〈出版小引──一代詩魔洛夫〉。全書共 19 篇：〈引言〉、〈故鄉的雪〉、〈流浪的淚〉、〈「《創世紀》詩刊出版了，張默速回。」〉、〈一個至美的完成〉、〈一個空前的實驗〉、〈洛夫的婚姻與家庭〉、〈「詩魔」號稱的由來〉、〈望遠鏡中擴大數十倍的鄉愁〉、〈「買傘的目的是為了丟掉。」〉、〈尋找精神的家園〉、〈飄飄何所似，天地一沙鷗〉、〈和新世紀一起騰飛〉、〈書法家、電腦盲與「大悲咒」〉、〈招牌詩、父子情與師生誼〉、〈孤獨之花，豐碩之果〉、〈年事愈高，詩質愈純〉、〈洛夫的意義〉、〈後記〉。正文後附錄〈洛夫與中國

現代詩〉、龍彼得，楊樹清〈洛夫創作年譜〉、龍彼得，楊樹清〈洛夫著譯書目〉。

9. 龍彼德　　洛夫傳奇：詩魔的詩與生活　深圳　海天出版社　2012 年 11 月　281 頁

本書為簡體字版。全書內容、章節目次與繁體版相同。

10. 周友德　　詩魔的天空：我與洛夫的交往　深圳　海天出版社　2011 年 10 月　235 頁

本書以時間為經，事件為緯，除記錄作者與洛夫的交往外，更側寫洛夫在中國參與文藝活動時所展現出的文人風範。全書共 11 部分：1.那是千里停舟的碼頭；2.雁回衡陽，因為風的緣故；3.落馬洲對面的重逢；4.古老的書法表現前衛的詩歌；5.《漂木》，漂上了大陸；6.《漂木》，來到了《離騷》的故鄉；7.詩魔洛夫揚州談詩，詩友感受詩歌之美；8.洛夫國際詩歌節，向詩歌和詩人致敬的節日；9.真誠、平淡又詩意地交往；10.詩魔的魅力和人緣；11.耄耋之年洛夫的三大心事。正文前有黃永玉〈在鳳凰歡迎洛夫（代序）〉，正文後有〈後記〉。

學位論文

11. 陳瑞芳　　臺灣現代詩的文學社會學考察：洛夫、羅門作品中的美學意識形態初探（1954—1972）　東吳大學社會學研究所　碩士論文　何金蘭教授指導　1986 年　135 頁

本論文論述臺灣現代詩的發展，以洛夫和羅門為論述對象。全文共 5 章：1.問題與方法；2.詩的定位；3.創作的主體、主體與外在世界的對立；4.主、客對立之逾越；5.結論。

12. 湯玉琦　　詩人的自我與外在世界：論洛夫、余光中、簡政珍的詩語言　清華大學文學研究所　碩士論文　鄭恆雄教授指導　1994 年　122 頁

本論文以海德格於《存有與時間一書》，有關"Being-in-the-world"（生於世界的存有）為立論基礎，探討 3 位詩人於詩作中，追尋自身真誠存有時，所展現的詩語言的特色。全文共 5 章：1.導言；2.專論洛夫——自我在石室隔絕世界中的獨白；3.專論余光中——思鄉世界的放逐者；4.專論簡政珍——詩人自我投入世界的悲壯意識；5.結論。

13. 潘文祥　　洛夫詩研究　臺灣師範大學國文學系　碩士論文　楊昌年教授指導　1997 年 7 月　289 頁

本論文針對洛夫詩作及其詩學理論為研究範圍，藉由透過對洛夫作品的全盤考察，觀察其詩作風格之演變。全文共 7 章：1.緒論；2.作家論；3.詩學論；4.主題論；5.風格演變論；6.藝術論；7.結論。正文後附錄〈洛夫詩作評論索引〉、〈洛夫年譜〉。

14. 林孟萱　　洛夫詩的用字及句式特色　清華大學語言學研究所　碩士論文　曹逢甫教授指導　1999 年　174 頁

本論文運用雅克慎的對等原理，研究洛夫詩篇用字及句式特色的對等聯繫，闡發其語意及語法功能；而透過洛德曼詩篇結構的理論架構，進一步幫助我們瞭解洛夫詩篇中「形式」和「語意」彼此滲透或互相關照的聯繫。全文共 5 章：1.緒論；2.洛夫詩的研究方法；3.洛夫詩的用字特色；4.洛夫詩的句式特色；5.結論。

15. 劉正忠　　軍旅詩人的異端性格──以五、六十年代的洛夫、商禽、瘂弦為主　臺灣大學中國文學系　碩士論文　柯慶明教授指導　2000 年　276 頁

本論文為探究以洛夫、商禽、瘂弦為主的軍旅詩作及詩人的異端性格。全文共 6 章：1.緒論；2.軍旅詩人的受難意識；3.軍旅詩人的疏離心態；4.軍旅詩人與前衛運動；5.軍旅詩人的語言策略；6.結論。

16. 向憶秋　　焦慮及反抗──洛夫詩新解　廣西師範大學中國現當代文學　碩士論文　雷銳教授指導　2002 年　28 頁

本論文就洛夫詩集《石室之死亡》、《漂木》以及其生活歷程，探究洛夫詩作中如何面對生命存在的焦慮感。全文共 4 章：1.洛夫：臺灣現代詩之魔；2.曖昧而虛浮的自我定位：洛夫詩歌的身分焦慮；3.化解生命焦慮的進一步嘗試：洛夫詩歌的禪宗意識；4.焦慮的歷史和歷史的焦慮：洛夫詩歌的意義闡述。

17. 曾貴芬　　悲劇的主體價值體驗──洛夫《漂木》詮釋　彰化師範大學國文學系　碩士論文　蔣美華教授指導　2002 年　235 頁

本論文為論述洛夫長詩《漂木》的悲劇意識。全文共 9 章：1.緒論；2.以「悲劇的主體價值體驗」詮釋洛夫《漂木》長詩；3.蕭索的人生道路；4.蒼白的生之荒涼；5.與落日同放悲聲；6.泅過血淚的民族商音；7.在上帝的漠然中自我救拔；8.主客融合追求真我的藝術呈現；9.結論。

18. 余欣娟　　一九六〇年代臺灣超現實詩──以洛夫、瘂弦、商禽為主　東海大
學中國文學系　碩士論文　彭錦堂教授指導　2003 年　171 頁

本論文為論述超現實詩，以洛夫、瘂弦、商禽為主。全文共 6 章：1.序論；2.臺灣
超現實詩崛起於文壇的背景；3.臺灣超現實詩移植與修正的過程；4.臺灣超現實詩
的母題、形式與經驗；5.臺灣超現實詩的現實性；6.結論。

19. 張蓓蓓　　漂泊之旅中的焦慮與超越──洛夫詩論　山東大學中國現當代文學
研究所　碩士論文　耿建華教授指導　2004 年 5 月　62 頁

本論文討論洛夫詩歌的意象經營，在回溯中國古典詩歌的意象概念和西方意象主義
的精神實質的基礎上，分析洛夫在作品中刻意經營意象；運用意象的排列和意象的
轉換所帶來的詩意效果，解讀詩人對意象的表達方式和深層的詩歌境界。全文共 3
章：1.生命的焦慮；2.找尋「真我」的禪思；3.意象的營造。

20. 王嘉玲　　洛夫詩藝研究　高雄師範大學國文學系國文教學碩士班　碩士論文
江聰平教授指導　2004 年　339 頁

本論文從「意象」、「構句」、「謀篇」3 方面入手，探討洛夫晚近 10 年（西元
1990—2000 年）3 本詩集：《隱題詩》、《雪落無聲》、《漂木》的藝術成就。全
文共 12 章：1.緒論；2.詩人傳略；3.創作背景；4.創作分期；5.《隱題詩》析論；6.
《雪落無聲》析論；7.《漂木》析論；8.洛夫詩論；9.洛夫詩的意象塑造；10.洛夫
詩的構句技巧；11.洛夫詩的謀篇藝術；12.結論。正文後附錄〈續洛夫年譜（2000
—2003 年）〉。

21. 施洪玲　　生命諦視‧宇宙境界與詩學理想──洛夫「天涯美學」論綱　山東
大學中國現當代文學　碩士論文　孫基林教授指導　2006 年　53
頁

本論文探究洛夫詩作中悲劇意識與宇宙境界，以了解其詩作中的天涯美學。全文共
3 章：1.悲劇意識：個人悲劇與民族悲劇的展現；2.宇宙境界：時空永恆與天人合
一；3.詩藝探索：以無涯逐無涯。

22. 張期達　　不相稱的美學──以洛夫、簡政珍、陳克華詩語言為例　中興大學
中國文學系　碩士論文　簡政珍教授指導　2007 年 7 月　162 頁

本論文針對詩人簡政珍《臺灣現代詩美學》提到的「不相稱」為研究對象，並分析
洛夫、簡政珍與陳克華詩語言的不相稱美感。主要根據簡政珍劃分的美學效果，包
括「不合邏輯的因果」、「非常理的組合」、「對既定反應的諧擬」與「表象的荒

謬」等，進行延伸討論。全文共 6 章：1.緒論；2.何謂「不相稱」；3.洛夫詩的不相稱；4.簡政珍詩的不相稱；5.陳克華詩的不相稱；6.結論。

23. 彭巧華　　洛夫詩中身體書寫之探討　花蓮教育大學中國語文學系　碩士論文　林明珠教授指導　2008 年　217 頁

本論文旨在研究洛夫詩中身體書寫之特色，藉由對身體書寫的各個層面訂定主題，探討其意涵與表現。全文共 6 章：1.身體與自覺——洛夫詩中身體器官意象之書寫；2.身體與距離——空間位置的表現類型；3.身體與漂流——洛夫詩中流動身體經驗之書寫；4.身體與回歸——洛夫詩中對女性身體之書寫；5.身體與社會；6.結論。

24. 曾　珊　　邊界與回歸　暨南大學文藝學研究所　碩士論文　費勇教授指導　2010 年 5 月　44 頁

本論文以鄭愁予〈邊界酒店〉、洛夫〈邊界望鄉〉及林幸謙〈邊界〉爲主要解讀文本，聯繫三位詩人的其他詩作以及他們的人生經歷，剖析「邊界」書寫這一地理概念表層之下所深藏的文化現象。進而溯及古代，考察鄭愁予、洛夫、林幸謙這些海外華文文學作家的「邊界」意識寫作與屈原等古代放逐詩人在創作上的一脈相承，並探討其時代差異性。全文共 3 章：1.「邊界」緣起之想像；2.邊界意識的內涵；3.邊界與回歸。

25. 劉志宏　　一九五〇、六〇臺灣軍旅詩歌的空間書寫——以洛夫、瘂弦、商禽爲考察對象　佛光大學文學系　博士論文　陳鵬翔教授指導　2010 年　232 頁

本論文選取洛夫、商禽、瘂弦爲研究對象，扣緊著「空間」來尋索他們在這方面的特色與成就，以彰顯其有別於詩史的觀照而忽略了文本空間獨特的美學與研究面向之形成，以擺脫以往爲歷史框架所建構的各種論述。全文共 6 章：1.緒論；2.白／灰地帶：五、六〇年代三位詩人的空間與想像鳥瞰；3.洛夫的錯位創作與空間的關係；4.瘂弦詩歌技巧與地方韻律的形式；5.商禽的散文式變形寓言與殼巢意象；6.結論。

26. 閔秋英　　臺灣放逐詩歌與詩學 1895—1987 年　彰化師範大學國文學系　博士論文　吳彩娥教授指導　2010 年　398 頁

本論文將研究時間界定在西元 1895—1987 年，並以丘逢甲、石中英、洛夫、簡政珍四位臺灣詩人爲代表，探討不同世代詩人的放逐書寫，得出在不同世代的影響

下，臺灣放逐詩學分別有著「獨善與兼善的自我掙扎」、「移民與遺民的歷史糾葛」、「文化祖國錯置的傷失」、「知識份子的迷惘失落」、「探問生命存有的質疑辯證」等放逐內蘊。全文共 8 章：1.緒論；2.中西放逐書寫的內涵與特質；3.臺灣放逐詩歌與詩學歷史淵源；4.割離的母國──國家與民族的錯置；5.夢斷的桃源──烽火與寥落的故國；6.流離的政府──跨越與錯失的時空；7.放逐的年代──時空與存有的辯證；8.結論。

27. 張會榮　　論洛夫詩歌對精神家園的尋找　華中科技大學中國現當代文學研究
　　　　　　所　碩士論文　王書婷教授指導　2011 年 12 月　41 頁

本論文透過對洛夫的詩歌創作，探討其尋找精神家園的征程。全文共 3 章：1.緒論；2.「心靈原鄉」的尋找；3.精神超越的尋找。

28. 潘　潔　　魔與禪：洛夫詩思研究　南京師範大學中國語言文學暨文藝學研究
　　　　　　所　碩士論文　潘大春教授指導　2012 年 3 月　54 頁

本論文選取「魔」與「禪」作爲洛夫詩歌研究切入點，從洛夫的詩風嬗變呈現出其對現代詩發展的可貴探索，亦從洛夫的心路歷程中揭示出歷史捉弄下一代漂泊者的痛楚與自救。全文共 3 章：1.穿越黑暗的甬道；2.禪:通往詩意的棲居；3.魔禪互證。

29. 鄭淑蓉　　「詩是逼近死亡的沉默」──論洛夫詩歌中的死亡想像　福建師範
　　　　　　大學中國現當代文學研究所　碩士論文　朱立立教授指導　2012 年
　　　　　　5 月　66 頁

本論文以「死亡想像」爲視角，探究洛夫死亡書寫的歷史語境、美學實踐與哲學淵源，呈現洛夫死亡想像的獨特風格，總結其價值與意義。全文共 3 章：1.特定歷史語境下的死亡想像；2.洛夫死亡想像的美學實踐；3.洛夫死亡想像的哲學闡釋。正文後附錄〈洛夫訪談錄〉。

30. 陳姿穎　　洛夫詩詞彙風格研究──以顏色詞爲例　彰化師範大學國文學系
　　　　　　碩士論文　張慧美教授指導　2012 年　251 頁

本論文從語言風格學中的詞彙風格角度出發，針對洛夫的 521 首詩重新解構，將洛夫顏色詞的描寫對象依序分爲身體器官、天文景觀、花草植物、鳥獸動物、山川水色、其他物象，探究洛夫在詩中運用多樣的顏色詞，爲洛夫研究開拓另一風貌。全文共 5 章；1.緒論；2.洛夫其人其詩與語言風格學的研究意義；3.洛夫詩中顏色詞的描寫對象；4.洛夫詩顏色詞的使用及其語法功能探討；5.結論。

作家生平資料篇目

自述

31. 洛　夫　詩人之鏡——《石室之死亡》自序　創世紀　第 21 期　1964 年 12 月　頁 2—11

32. 洛　夫　詩人之鏡（自序）　石室之死亡　臺北　創世紀詩社　1965 年 1 月　頁 1—32

33. 洛　夫　自序　詩人之鏡　高雄　大業書店　1969 年 5 月　頁 1—6

34. 洛　夫　詩人之鏡　詩魔之歌——洛夫詩作分類選　廣州　花城出版社　1990 年 2 月　頁 122—148

35. 洛　夫　詩人之鏡——《石室之死亡》自序　洛夫自選集　臺北　黎明文化公司　1981 年 3 月　頁 217—246

36. 洛　夫　抓住動力創造震撼　現代詩人書簡集　臺中　普天出版社　1969 年 12 月　頁 190—193

37. 洛　夫　洛夫手札　從深淵出發　臺中　普天出版社　1972 年 1 月　頁 1—14

38. 洛　夫　與顏元叔談詩的結構與批評並自釋〈手術臺上的男子〉　中外文學　第 1 卷第 4 期　1972 年 9 月　頁 40—52

39. 洛　夫　與顏元叔談詩的結構與批評——並自釋〈手術臺上的男子〉　洛夫詩論選集　臺北　開源出版公司　1977 年 1 月　頁 261—278

40. 洛　夫　與顏元叔談詩的結構與批評並自釋〈手術臺上的男子〉　洛夫詩論選集　臺南　金川出版社　1978 年 8 月　頁 263—278

41. 洛　夫　與顏元叔談詩的結構與批評並自釋〈手術臺上的男子〉　詩的探險　臺北　黎明文化公司　1979 年 6 月　頁 261—278

42. 洛　夫　《魔歌》——我的詩觀與詩法（1—3）　中華日報　1974 年 12 月 6—8 日　9 版

43. 洛　夫　自序　魔歌　臺北　中外文學月刊社　1974 年 12 月　頁 1—13

44. 洛　夫　　我的詩觀與詩法——《魔歌》詩集自序　洛夫詩論選集　臺北　開源出版公司　1977 年 1 月　頁 153—164

45. 洛　夫　　我的詩觀與詩法　洛夫詩論選集　臺南　金川出版社　1978 年 8 月　頁 153—164

46. 洛　夫　　我的詩觀與詩法——《魔歌》詩集自序　詩的探險　臺北　黎明文化公司　1979 年 6 月　頁 153—164

47. 洛　夫　　我的詩觀與詩法——《魔歌》自序　洛夫自選集　臺北　黎明文化公司　1981 年 3 月　頁 247—259

48. 洛　夫　　自序　魔歌　臺北　蓬萊出版社　1981 年 6 月　頁 1—13

49. 洛　夫　　我的詩觀與詩法　詩魔之歌——洛夫詩作分類選　廣州　花城出版社　1990 年 2 月　頁 149—156

50. 洛　夫　　自序（原序）　魔歌　臺北　探索文化公司　1999 年 11 月　頁 138—150

51. 洛　夫　　自序〔《魔歌》原序〕　洛夫詩歌全集 1　臺北　普音文化公司　2009 年 4 月　頁 200—215

52. 洛　夫　　我的詩觀與詩法——《魔歌》詩集自序　大河的潛流　南京　江蘇文藝出版社　2010 年 12 月　頁 227—235

53. 洛　夫　　第三次過癮——《魔歌》詩集出版朗誦會前言　幼獅文藝　第 252 期　1974 年 12 月　頁 62—64

54. 洛　夫　　《眾荷喧嘩》詩集自序　中外文學　第 4 卷第 11 期　1976 年 4 月　頁 119—123

55. 洛　夫　　自序　眾荷喧嘩　新竹　楓城出版社　1976 年 5 月　頁 7—10

56. 洛　夫　　《眾荷喧嘩》詩集自序　洛夫詩論選集　臺北　開源出版公司　1977 年 1 月　頁 165—168

57. 洛　夫　　《眾荷喧嘩》詩集自序　洛夫詩論選集　臺南　金川出版社　1978 年 8 月　頁 165—168

58. 洛　夫　　《眾荷喧嘩》詩集自序　詩的探險　臺北　黎明文化公司　1979 年

6 月　頁 165—168

59. 洛　夫　洛夫詩觀　八十年代詩選　臺北　濂美出版社　1976 年 6 月　頁
214

60. 洛　夫　後記　外外集　臺北　創世紀詩社　1967 年 8 月　頁 92—96

61. 洛　夫　自序　洛夫詩論選集[1]　臺北　開源出版公司　1977 年 1 月　頁 1—
15

62. 洛　夫　《洛夫詩論選集》自序　中外文學　第 5 卷 10 期　1977 年 3 月
頁 34—45

63. 洛　夫　自序　洛夫詩論選集　臺北　金川出版社　1978 年 8 月　頁 1—15

64. 洛　夫　自序　詩的探險　臺北　黎明文化公司　1979 年 6 月　頁 5—19

65. 洛　夫　〈根〉——後記　創世紀　第 47 期　1978 年 5 月　頁 42

66. 洛　夫　答羈魂先生十三問　詩風月刊　第 83 期　1979 年 4 月　頁 25—37

67. 洛　夫　再版前記　詩的探險　臺北　黎明文化公司　1979 年 6 月　頁 1—
3

68. 洛　夫　關於「我的第一首詩」　文藝月刊　第 122 期　1979 年 8 月　頁
57—65

69. 洛　夫　關於「我的第一首詩」　孤寂中的迴響　臺北　東大圖書公司
1981 年 7 月　頁 39—48

70. 洛　夫　閑話散文（代序）　一朵午荷　臺北　九歌出版社　1979 年 8 月
頁 3—11

71. 洛　夫　閑話散文（代序）　一朵午荷　上海　上海文藝出版社　1990 年
10 月　頁 1—7

72. 洛　夫　處女詩集再版記　一朵午荷　臺北　九歌出版社　1979 年 8 月　頁
171—175

73. 洛　夫　時間的震撼　一朵午荷　臺北　九歌出版社　1979 年 8 月　頁 177
—181

---

[1]本書後易名爲《詩的探險》。

74. 洛　夫　　從《靈河》到《眾荷喧嘩》　一朵午荷　臺北　九歌出版社　1979
年 8 月　頁 183—187

75. 洛　夫　　自序　無岸之河　臺北　大林出版社　1979 年 10 月　頁 1—7

76. 洛　夫　　自序　無岸之河　臺北　水牛出版社　1986 年 10 月　頁 1—7

77. 洛　夫　　再版後記　魔歌　臺北　蓬萊出版社　1981 年 6 月　頁 269—270

78. 洛　夫　　自序　時間之傷　臺北　時報文化出版公司　1981 年 6 月　頁 1—
4

79. 洛　夫　　〈漢城之楓——漢城詩鈔之一〉——後記　時間之傷　臺北　時報
文化出版公司　1981 年 6 月　頁 4

80. 洛　夫　　〈漢城之楓——漢城詩鈔之一〉——後記　洛夫詩歌全集 2　臺北
普音文化公司　2009 年 4 月　頁 29

81. 洛　夫　　〈雪祭韓龍雲——漢城詩鈔之二〉後記　時間之傷　臺北　時報文
化出版公司　1981 年 6 月　頁 9

82. 洛　夫　　〈雪祭韓龍雲——漢城詩鈔之二〉後記　洛夫詩歌全集 2　臺北
普音文化公司　2009 年 4 月　頁 35

83. 洛　夫　　〈晨遊祕苑——漢城詩鈔之四〉後記　時間之傷　臺北　時報文化
出版公司　1981 年 6 月　頁 17

84. 洛　夫　　〈晨遊祕苑——漢城詩鈔之四〉後記　洛夫詩歌全集 2　臺北　普
音文化公司　2009 年 4 月　頁 41

85. 洛　夫　　〈半夜閣夜飲——漢城詩鈔之八〉後記　時間之傷　臺北　時報文
化出版公司　1981 年 6 月　頁 29

86. 洛　夫　　〈半夜閣夜飲——漢城詩鈔之八〉後記　洛夫詩歌全集 2　臺北
普音文化公司　2009 年 4 月　頁 51

87. 洛　夫　　〈雪地鞦韆——漢城詩鈔之九〉後記　時間之傷　臺北　時報文化
出版公司　1981 年 6 月　頁 34

88. 洛　夫　　〈雪地鞦韆——漢城詩鈔之九〉後記　洛夫詩歌全集 2　臺北　普
音文化公司　2009 年 4 月　頁 56

89. 洛　　夫　　〈聽徐廷柱酒後頌詩——漢城詩鈔之十〉後記　時間之傷　臺北
　　　　　　　時報文化出版公司　1981 年 6 月　頁 37

90. 洛　　夫　　〈聽徐廷柱酒後頌詩——漢城詩鈔之十〉後記　洛夫詩歌全集 2
　　　　　　　臺北　普音文化公司　2009 年 4 月　頁 60

91. 洛　　夫　　〈不歸橋——漢城詩鈔之十二〉後記　時間之傷　臺北　時報文化
　　　　　　　出版公司　1981 年 6 月　頁 43—44

92. 洛　　夫　　〈不歸橋——漢城詩鈔之十二〉後記　洛夫詩歌全集 2　臺北　普
　　　　　　　音文化公司　2009 年 4 月　頁 66

93. 洛　　夫　　〈一株腰斬的白楊——漢城詩鈔之十三〉後記　時間之傷　臺北
　　　　　　　時報文化出版公司　1981 年 6 月　頁 47

94. 洛　　夫　　〈一株腰斬的白楊——漢城詩鈔之十三〉後記　洛夫詩歌全集 2
　　　　　　　臺北　普音文化公司　2009 年 4 月　頁 69

95. 洛　　夫　　〈如果山那邊降雪——漢城詩鈔之十四〉後記　時間之傷　臺北
　　　　　　　時報文化出版公司　1981 年 6 月　頁 51

96. 洛　　夫　　〈如果山那邊降雪——漢城詩鈔之十四〉後記　洛夫詩歌全集 2
　　　　　　　臺北　普音文化公司　2009 年 4 月　頁 72

97. 洛　　夫　　〈截指記（戲贈周夢蝶）〉後記　時間之傷　臺北　時報文化出版
　　　　　　　公司　1981 年 6 月　頁 79

98. 洛　　夫　　〈截指記（戲贈周夢蝶）〉後記　洛夫詩歌全集 2　臺北　普音文
　　　　　　　化公司　2009 年 4 月　頁 103

99. 洛　　夫　　〈夜飲溪頭公園〉後記　時間之傷　臺北　時報文化出版公司
　　　　　　　1981 年 6 月　頁 146

100. 洛　　夫　　〈夜飲溪頭公園〉後記　洛夫詩歌全集 2　臺北　普音文化公司
　　　　　　　2009 年 4 月　頁 161

101. 洛　　夫　　〈邊界望鄉——贈余光中〉後記　時間之傷　臺北　時報文化出
　　　　　　　版公司　1981 年 6 月　頁 160

102. 洛　　夫　　〈邊界望鄉〉後記　洛夫詩歌全集 2　臺北　普音文化公司　2009

年 4 月　頁 174

103. 洛　夫　〈致蕭乾先生〉後記　時間之傷　臺北　時報文化出版公司
1981 年 6 月　頁 171

104. 洛　夫　〈致蕭乾先生〉後記　洛夫詩歌全集 2　臺北　普音文化公司
2009 年 4 月　頁 185

105. 洛　夫　自序　孤寂中的迴響　臺北　東大圖書公司　1981 年 7 月　頁 1
—2

106. 洛　夫　寫在水上的詩——碧潭夜遊記趣　孤寂中的迴響　臺北　東大圖
書公司　1981 年 7 月　頁 75—81

107. 洛　夫　寫在水上的詩——碧潭夜遊記趣　洛夫隨筆　臺北　九歌出版社
1985 年 11 月　頁 71—72

108. 洛　夫　我辦詩歌朗誦會的經驗　孤寂中的迴響　臺北　東大圖書公司
1981 年 7 月　頁 82—90

109. 洛　夫　鹹鹹的旅程——第二屆鹽分地帶文藝營談詩記　孤寂中的迴響
臺北　東大圖書公司　1981 年 7 月　頁 105—114

110. 洛　夫　現代詩二十問　孤寂中的迴響　臺北　東大圖書公司　1981 年 7
月　頁 136—194

111. 洛　夫　詩壇春秋三十年——詩壇雜憶與省思——創世紀與超現實主義
中外文學　第 10 卷第 12 期　1982 年 5 月　頁 16—21

112. 洛　夫　詩壇春秋三十年　詩的邊緣　臺北　漢光文化公司　1986 年 8 月
頁 5—39

113. 洛　夫　詩壇春秋三十年　大河的潛流　南京　江蘇文藝出版社　2010 年
12 月　頁 197—225

114. 洛　夫　後記　釀酒的石頭　臺北　九歌出版社　1983 年 10 月　頁 165—
169

115. 洛　夫　一首辯證的詩——談〈愛的辯證〉之創作過程　詩人季刊　第 18
期　1984 年 8 月　頁 19—24

116. 洛　夫　一首辯證的詩——談〈愛的辯證〉之創作過程　詩的邊緣　臺北
　　　　漢光文化公司　1986 年 8 月　頁 40—48

117. 洛　夫　序[2]　創世紀詩選　臺北　爾雅出版社　1984 年 9 月　頁 1—6

118. 洛　夫　且領風騷三十年——《創世紀詩選》序言　詩的邊緣　臺北　漢
　　　　光文化公司　1986 年 8 月　頁 77—83

119. 洛　夫　〈因為風的緣故〉　聯合文學　第 12 期　1985 年 10 月　頁 103

120. 洛　夫　覆某讀者（代序）　洛夫隨筆　臺北　九歌出版社　1985 年 11 月
　　　　頁 3—5

121. 洛　夫　似水十年　洛夫隨筆　臺北　九歌出版社　1985 年 11 月　頁 71
　　　　—72

122. 洛　夫　看創世紀閃光之劍　洛夫隨筆　臺北　九歌出版社　1985 年 11 月
　　　　頁 169—176

123. 洛　夫　我與西洋文學　詩的邊緣　臺北　漢光文化公司　1986 年 8 月
　　　　頁 53—58

124. 洛　夫　現代詩論劍餘話——敬答新加坡讀者　詩的邊緣　臺北　漢光文
　　　　化公司　1986 年 8 月　頁 59—71

125. 洛　夫　〈白色墓園——訪菲律賓美軍公墓〉後記　創世紀　第 70 期
　　　　1987 年 4 月　頁 35

126. 洛　夫　談詩小札十則　創世紀　第 72 期　1987 年 12 月　頁 12—13

127. 洛　夫　火鳥的詩讀——關於《石室之死亡》　文星　第 118 期　1988 年
　　　　4 月　頁 151—157

128. 洛　夫　關於《石室之死亡》——跋　洛夫《石室之死亡》及相關重要評
　　　　論　臺北　漢光文化公司　1988 年 6 月　頁 192—203

129. 洛　夫　廿八寒暑，鰜鰈情深　文訊雜誌　第 42 期　1989 年 4 月　頁 80
　　　　—81

130. 洛　夫　廿八寒暑，鰜鰈情深　結婚照　臺北　文訊雜誌社　1991 年 5 月

---

[2]本文後改篇名為〈且領風騷三十年——《創世紀詩選》序言〉。

頁 113—120

131. 洛　夫　　長城秋風裡　四十年來家國　臺北　文訊雜誌社　1989 年 4 月
　　　　　　　頁 61—68

132. 洛　夫　　《創世紀》詩刊出版了，張默速回　聯合文學　第 62 期　1989 年
　　　　　　　12 月　頁 66—67

133. 洛　夫　　抒情，是現實生活的感性──《月光房子》的自我突破　九歌雜
　　　　　　　誌　第 109 期　1990 年 3 月　2 版

134. 洛　夫　　自序　月光房子　臺北　九歌出版社　1990 年 3 月　頁 1—9

135. 洛　夫　　〈黃河即興〉後記　月光房子　臺北　九歌出版社　1990 年 3 月
　　　　　　　頁 35—36

136. 洛　夫　　〈黃河即興〉後記　洛夫詩歌全集 3　臺北　普音文化公司　2009
　　　　　　　年 4 月　頁 51

137. 洛　夫　　〈白色墓園〉後記　月光房子　臺北　九歌出版社　1990 年 3 月
　　　　　　　頁 148

138. 洛　夫　　〈白色墓園〉後記　洛夫詩歌全集 3　臺北　普音文化公司　2009
　　　　　　　年 4 月　頁 162

139. 洛　夫　　〈寄鞋〉後記　月光房子　臺北　九歌出版社　1990 年 3 月　頁
　　　　　　　161

140. 洛　夫　　〈寄鞋〉後記　洛夫詩歌全集 3　臺北　普音文化公司　2009 年 4
　　　　　　　月　頁 176

141. 洛　夫　　〈天葬〉後記　月光房子　臺北　九歌出版社　1990 年 3 月　頁
　　　　　　　166

142. 洛　夫　　〈天葬〉後記　洛夫詩歌全集 3　臺北　普音文化公司　2009 年 4
　　　　　　　月　頁 181

143. 洛　夫　　〈碧瑤夜飲〉後記　月光房子　臺北　九歌出版社　1990 年 3 月
　　　　　　　頁 177

144. 洛　夫　　〈碧瑤夜飲〉後記　洛夫詩歌全集 3　臺北　普音文化公司　2009

年 4 月　頁 191

145. 洛　夫　自序　天使的涅槃　臺北　尚書文化出版社　1990 年 4 月　頁 4
　　　　　—7

146. 洛　夫　詩人談詩的創作　文心　第 18 期　1990 年 5 月　頁 36—41

147. 洛　夫　槍、筆以及打字機　如銀河傾瀉而下的感覺　臺北　石頭出版公
　　　　　司　1990 年 8 月　頁 210—212

148. 洛　夫　生命中可以承受之輕　攀登生命的高峰　臺北　業強出版社
　　　　　1990 年 12 月　頁 65—67

149. 洛　夫　蚱蜢歲月　中央日報　1991 年 11 月 18 日　16 版

150. 洛　夫　蚱蜢歲月　繁華猶記來時路　臺北　中央日報社　1992 年 5 月
　　　　　頁 82—88

151. 洛　夫　蚱蜢歲月　落葉在火中沉思　臺北　爾雅出版社　1998 年 6 月
　　　　　頁 117—125

152. 洛　夫　隱題詩形構的探索（自序）　隱題詩　臺北　爾雅出版社　1993
　　　　　年 3 月　頁 1—18

153. 洛　夫　隱題詩形構的探索　洛夫詩歌全集 3　臺北　普音文化公司　2009
　　　　　年 4 月　頁 326—339

154. 洛　夫　〈瘂弦以泥水摻合舊夢，在南陽蓋一座新屋〉後記　隱題詩　臺
　　　　　北　爾雅出版社　1993 年 3 月　頁 102

155. 洛　夫　〈瘂弦以泥水摻合舊夢，在南陽蓋一座新屋〉後記　洛夫詩歌全
　　　　　集 3　臺北　普音文化公司　2009 年 4 月　頁 392

156. 洛　夫　詩的傳承與創新（代自序）　我的獸　北京　中國文聯出版社
　　　　　1993 年 5 月　頁 1—8

157. 洛　夫　詩的傳承與創新（代序）　洛夫精品　北京　人民文學出版社
　　　　　1999 年 9 月　頁 1—6

158. 洛　夫　前記　夢的圖解　臺北　書林出版公司　1993 年 8 月　頁 1—2

159. 洛　夫　超現實主義的詩與禪　江西社會科學　1993 年第 10 期　1993 年

10 月　頁 70—72

160. 洛　夫　超現實主義的詩與禪　走向新世紀：第六屆世界文學國際研討會
論文集　北京　人民文學出版社　1994 年 11 月　頁 150—155

161. 洛　夫　自序　雪崩——洛夫詩選　臺北　書林出版公司　1994 年 1 月
頁 1—5

162. 洛　夫　洛夫詩創作觀　中華新詩選　臺北　文史哲出版社　1996 年 3 月
頁 267

163. 洛　夫　火中的落葉（代序）[3]　落葉在火中沉思　臺北　爾雅出版社
1998 年 6 月　頁 1—2

164. 洛　夫　《落葉在火中沉思》　爾雅人　第 107 期　1998 年 8 月　2，3 版

165. 洛　夫　火中的落葉　洛夫小品選　臺北　小報文化出版社　1998 年 11 月
頁 90—91

166. 洛　夫　醉裡得真如　落葉在火中沉思　臺北　爾雅出版社　1998 年 6 月
頁 81—93

167. 洛　夫　共傘　落葉在火中沉思　臺北　爾雅出版社　1998 年 6 月　頁
141—143

168. 洛　夫　共傘　洛夫小品選　臺北　小報文化出版社　1998 年 11 月　頁
116—117

169. 洛　夫　共傘　雪樓小品　臺北　三民書局　2006 年 8 月　頁 46—47

170. 洛　夫　詩・書法・篆刻三種美的結合　落葉在火中沉思　臺北　爾雅出
版社　1998 年 6 月　頁 161—167

171. 洛　夫　自序——獨立蒼茫　洛夫小品選　臺北　小報文化出版社　1998
年 11 月　〔4〕頁

172. 洛　夫　自序——獨立蒼茫　雪樓小品　臺北　三民書局　2006 年 8 月
頁 1—3

173. 洛　夫　水墨微笑　洛夫小品選　臺北　小報文化出版社　1998 年 11 月

---

[3]本文後改篇名為〈落葉在火中沉思〉。

頁 14—15

174. 洛　夫　南瓜之死　洛夫小品選　臺北　小報文化出版社　1998 年 11 月
頁 16—17

175. 洛　夫　窗的美學　洛夫小品選　臺北　小報文化出版社　1998 年 11 月
頁 40—41

176. 洛　夫　我的一首打油詩　洛夫小品選　臺北　小報文化出版社　1998 年
11 月　頁 80—81

177. 洛　夫　我的一首打油詩　雪樓小品　臺北　三民書局　2006 年 8 月　頁
96—97

178. 洛　夫　小詩之辨　洛夫小品選　臺北　小報文化出版社　1998 年 11 月
頁 120—123

179. 洛　夫　小詩之辨（代序）　洛夫小詩選　臺北　小報文化出版社　1998
年 11 月　〔4〕頁

180. 洛　夫　如是晚境（代序）　聯合報　1999 年 6 月 23 日　37 版

181. 洛　夫　如是晚境（代序）　雪落無聲　臺北　爾雅出版社　1999 年 6 月
頁 1—6

182. 洛　夫　〈聖地牙哥之旅〉——後記　雪落無聲　臺北　爾雅出版社
1999 年 6 月　頁 55

183. 洛　夫　〈聖地牙哥之旅〉——後記　洛夫詩歌全集 3　臺北　普音文化公
司　2009 年 4 月　頁 481

184. 洛　夫　〈四月的行版〉——後記　雪落無聲　臺北　爾雅出版社　1999
年 6 月　頁 66—67

185. 洛　夫　〈四月的行版〉——後記　洛夫詩歌全集 3　臺北　普音文化公司
2009 年 4 月　頁 491

186. 洛　夫　〈大冰河〉——後記　雪落無聲　臺北　爾雅出版社　1999 年 6
月　頁 159—160

187. 洛　夫　〈大冰河〉——後記　洛夫詩歌全集 3　臺北　普音文化公司

2009 年 4 月　頁 576—577

188. 洛　夫　〈窗下〉的故事——我的情詩，我們的心情　自由時報　1999 年
9 月 12 日　39 版

189. 洛　夫　自序（新版）　魔歌　臺北　探索文化公司　1999 年 11 月　頁 1
—5

190. 洛　夫　《魔歌》新版自序　創世紀　第 121 期　1999 年 12 月　頁 118—
120

191. 洛　夫　洛夫詩話　爾雅詩選　臺北　爾雅出版社　2000 年 4 月　頁 139

192. 洛　夫　洛夫詩觀　洛夫·世紀詩選　臺北　爾雅出版社　2000 年 5 月
頁 5—6

193. 洛　夫　洛夫詩觀　他們怎麼玩詩？：創世紀五十周年精選　臺北　二魚
文化公司　2004 年 10 月　頁 19

194. 洛　夫　《漂木》創作記事　漂木　臺北　聯合文學出版社　2001 年 8 月
頁 248—271

195. 洛　夫　《漂木》創作記事　漂木　北京　國際文化出版公司　2006 年 9
月　頁 237—256

196. 洛　夫　我的大陸出書經驗　文訊雜誌　第 197 期　2002 年 3 月　頁 37—
39

197. 洛　夫　詩人近況　九十一年詩選　臺北　臺灣詩學季刊雜誌社　2003 年
4 月　頁 274—275

198. 洛　夫　自序　洛夫詩鈔　臺北　未來書城公司　2003 年 8 月　頁 6—8

199. 洛　夫　詩人近況　2003 臺灣詩選　臺北　二魚文化公司　2004 年 6 月
頁 304—305

200. 洛　夫　遠走天涯　文訊雜誌　第 226 期　2004 年 8 月　頁 109

201. 洛　夫　詩人近況　2004 臺灣詩選　臺北　二魚文化公司　2005 年 3 月
頁 264—265

202. 洛　夫　資深詩人創作自剖——解讀一首敘事詩〈蒼蠅〉　創世紀　第 142

期　2005 年 3 月　頁 26—30

203. 洛　夫　　解讀一首敘事詩——〈蒼蠅〉　背向大海　臺北　爾雅出版社
　　　　　　　2007 年 7 月　頁 151—162

204. 洛　夫　　前言——含十五首朗誦詩的釋意　因為風的緣故　臺北　聯經出
　　　　　　　版公司　2005 年 8 月　頁 25—33

205. 洛　夫　　雪樓小品（九題）　臺港文學選刊　第 227 期　2005 年 10 月　頁
　　　　　　　37—42

206. 洛　夫　　詩人近況　2005 臺灣詩選　臺北　二魚文化公司　2006 年 2 月
　　　　　　　頁 247

207. 洛　夫　　一首禪詩　雪樓小品　臺北　三民書局　2006 年 8 月　頁 101—
　　　　　　　105

208. 洛　夫　　後記　雨想說的　廣州　花城出版社　2006 年 10 月　頁 145—
　　　　　　　149

209. 洛　夫　　洛夫　當我們青春年少——作家影像故事展展覽專輯　臺南　國
　　　　　　　家臺灣文學館　2007 年 2 月　頁 30—31

210. 洛　夫　　《背向大海》[4]　爾雅人　第 152、153 期合刊　2007 年 7 月　1 版

211. 洛　夫　　自序　背向大海　臺北　爾雅出版社　2007 年 7 月　頁 1—5

212. 洛　夫　　〈我那顆千禧年的頭顱〉後記　背向大海　臺北　爾雅出版社
　　　　　　　2007 年 7 月　頁 12—13

213. 洛　夫　　〈我那顆千禧年的頭顱〉後記　洛夫詩歌全集 4　臺北　普音文化
　　　　　　　公司　2009 年 4 月　頁 445

214. 洛　夫　　〈大悲咒〉後記　背向大海　臺北　爾雅出版社　2007 年 7 月
　　　　　　　頁 36

215. 洛　夫　　〈大悲咒〉後記　洛夫詩歌全集 4　臺北　普音文化公司　2009
　　　　　　　年 4 月　頁 470

216. 洛　夫　　〈與詩人李岱松、莊曉明逛夫子廟（秦淮河詩抄之四）〉後記

---

[4]本文為《背向大海》一書序文。

背向大海　臺北　爾雅出版社　2007 年 7 月　頁 83—87

217. 洛　夫　〈與詩人李岱松、莊曉明逛夫子廟（秦淮河詩抄之四）〉後記

洛夫詩歌全集 4　臺北　普音文化公司　2009 年 4 月　頁 509

218. 洛　夫　鏡中之象的背後——《洛夫詩歌全集》自序　創世紀　第 156 期

2008 年 9 月　頁 23—28

219. 洛　夫　鏡中之象的背後——《洛夫詩歌全集》自序　洛夫詩歌全集（全 4

冊）　臺北　普音文化公司　2009 年 4 月　頁 14—26，14—26，

22—34，12—24

220. 洛　夫　鏡中之象的背後——自序　洛夫詩選　北京　九州出版社　2012

年 9 月　頁 1—7

221. 洛　夫　鏡中之象的背後　洛夫詩全集（上）　南京　江蘇文藝出版社

2013 年 9 月　頁 5—13

222. 洛　夫　〈墨荷無聲——懷大千居士〉後記　洛夫詩歌全集 2　臺北　普音

文化公司　2009 年 4 月　頁 391

223. 洛　夫　〈武士刀小誌〉後記　洛夫詩歌全集 2　臺北　普音文化公司

2009 年 4 月　頁 423

224. 洛　夫　〈吉首夜市〉後記　洛夫詩歌全集 3　臺北　普音文化公司　2009

年 4 月　頁 262—263

225. 洛　夫　〈寄遠戍，東引島的莫凡〉後記　洛夫詩歌全集 3　臺北　普音文

化公司　2009 年 4 月　頁 293

226. 洛　夫　禪詩的現代美學意義　香港文學　第 294 期　2009 年 6 月　頁 62

—67

227. 洛　夫　時間可惡，拔去我數莖白髮　創世紀　第 160 期　2009 年 9 月

頁 63—70

228. 洛　夫　〈雷鳴在遠方〉作者自述　2009 臺灣詩選　臺北　二魚文化事業

公司　2010 年 5 月　頁 107

229. 洛　夫　〈風箏的童話〉作者自述　2010 臺灣詩選　臺北　二魚文化事業

公司　2011 年 2 月　頁 59

230. 洛　　夫　代序：禪詩的現代美學意義　禪魔共舞：洛夫禪詩・超現實精品
選　臺北　釀出版　2011 年 10 月　頁 1—18

231. 洛　　夫　〈錯愕〉作者自述　2011 臺灣詩選　臺北　二魚文化事業公司
2012 年 2 月　頁 71

232. 洛　　夫　《如此歲月》自序　如此歲月：洛夫詩選（一九八八—二〇一
二）　臺北　九歌出版社　2013 年 6 月　頁 14—23

233. 洛　　夫　洛夫致古遠清　臺灣文壇的「實況轉播」：一位大陸學者眼中的
臺灣文壇　臺北　秀威資訊科技公司　2013 年 7 月　頁 185—186

234. 洛　　夫　自序　洛夫詩全集（上）　南京　江蘇文藝出版社　2013 年 9 月
頁 1—4

235. 洛　　夫　〈悼念紀弦〉後記　文訊雜誌　第 335 期　2013 年 9 月　頁 55

236. 洛　　夫　〈悼念紀弦〉後記　狼之獨步──紀弦追思紀念會暨文學展特刊
臺北　文訊雜誌社　2013 年 9 月　頁 68

他述

237. 〔彭邦楨，墨人編〕　　洛夫簡介　中國詩選　高雄　大業書店　1957 年 1
月　頁 55

238. 張　　默　現代詩人透視──關於洛夫　青溪　第 68 期　1973 年 2 月　頁
97—104

239. 崔焔焜　詩人之鏡　作品與作家　臺北　水芙蓉出版社　1974 年 6 月　頁
30—31

240. 張　　默　洛夫小傳　中國當代十大詩人選集　臺北　源成文化圖書供應社
1977 年 7 月　頁 158

241. 章士豪　詩人洛夫如是說　南一中青年　第 110 期　1978 年 1 月　頁 74—
80

242. 蕭　　蕭　洛夫寫詩緣起　青年戰士報　1978 年 5 月 1 日　11 版

243. 封德屏　洛夫喧嘩　他是誰？　臺北　號角出版社　1979 年 2 月　頁 39—

42

244. 羅　禾　　洛夫　幼獅文藝　第 308 期　1979 年 8 月　頁 175

245. 彩　羽　　詩魔——洛夫　民眾日報　1980 年 3 月 23 日　12 版

246. 蕭　蕭　　不變的巨石——洛夫　民眾日報　1980 年 3 月 23 日　12 版

247. 蕭　蕭　　不變的巨石——洛夫　創世紀　第 51 期　1980 年 3 月　頁 59—62

248. 蕭　蕭　　不變的巨石：談洛夫　自由青年　第 77 卷第 3 期　1987 年 3 月　頁 58—61

249. 蕭　蕭　　不變的巨石——談洛夫　愛的辯證——洛夫選集　香港　文藝風出版社　1988 年 9 月　頁 159—168

250. 蕭　蕭　　洛夫——不變的巨石　現代詩縱橫觀　臺北　文史哲出版社　1991 年 6 月　頁 129—139

251. 楊子澗　　一顆爆裂的靈魂——洛夫　中學白話詩選　臺北　故鄉出版社　1980 年 4 月　頁 138—139

252. 蕭　蕭　　洛夫　現代詩入門　臺北　故鄉出版社　1982 年 2 月　頁 89—90

253. 趙慕媛　　詩情的活火山——「重量級」詩人洛夫　星洲日報　1983 年 1 月 14 日　16 版

254. 本　社　　詩壇祕辛——集體裸泳　創世紀　第 60 期　1983 年 1 月　頁 27

255. 陸　雨　　未完成的巴黎鐵塔之約——洛夫、張默、瘂弦／紀念塔前蒙難誌　創世紀　第 61 期　1983 年 5 月　頁 43

256.〔王晉民，鄺白曼編〕　　洛夫　臺灣與海外華人作家小傳　福州　福建人民出版社　1983 年 9 月　頁 169—170

257. 沈花末　　洛夫簡介　1985 臺灣詩選　臺北　前衛出版社　1986 年 3 月　頁 193—194

258. 張國立　　詩壇的礦工——洛夫　中華日報　1986 年 7 月 16 日　11 版

259. 嚴　棟　　寫詩恰似釀酒——洛夫　自立晚報　1986 年 11 月 8 日　10 版

260. 劉龍勳　　洛夫　中國新詩賞析 3　臺北　長安出版社　1987 年 2 月　頁 43

—44

261.〔九歌雜誌〕　　書緣・書香〔洛夫部分〕　九歌雜誌　第 75 期　1987 年 5
　　　　　　　　月　4 版

262. 黃秋芳　　文學的第一個春天——「作家的第一本書」綜合採訪〔洛夫部
　　　　　　　分〕　文訊雜誌　第 30 期　1987 年 6 月　頁 11

263. 丹　扉　　青春尚有痕——永遠的鐵三角——張默・洛夫・瘂弦　文訊雜誌
　　　　　　　第 34 期　1988 年 2 月　頁 36—37

264. 王　泯　　不退休的詩人——洛夫　中央日報　1988 年 7 月 17 日　28 版

265. 王　泯　　不退休的詩人　九歌雜誌　第 90 期　1988 年 8 月　2 版

266.〔九歌雜誌〕　　書緣・書香——洛夫從此君王不早朝　九歌雜誌　第 89 期
　　　　　　　1988 年 7 月　4 版

267.〔九歌雜誌〕　　書緣・書香〔洛夫部分〕　九歌雜誌　第 93 期　1988 年
　　　　　　　11 月　4 版

268.〔九歌雜誌〕　　書緣・書香〔洛夫部分〕　九歌雜誌　第 109 期　1990 年
　　　　　　　3 月　4 版

269. 陳瓊芳　　枕邊的詩人——給洛夫打分數　聯合報　1990 年 5 月 27 日　29
　　　　　　　版

270.〔九歌雜誌〕　　書緣書香〔洛夫部分〕　九歌雜誌　第 114 期　1990 年 8
　　　　　　　月　4 版

271.〔九歌雜誌〕　　書緣書香〔洛夫部分〕　九歌雜誌　第 118 期　1990 年 12
　　　　　　　月　4 版

272. 王燕玲　　洛夫要當懷抱大中國的詩人　文訊雜誌　第 67 期　1991 年 5 月
　　　　　　　頁 105

273. 陳瓊芳　　洛夫 VS・陳瓊芳——詩人洛夫的側影　方格子外的甜蜜戰爭　臺
　　　　　　　北　海風出版社　1991 年 11 月　頁 90—100

274. 瘂　弦　　現代詩人與酒——飲者點將錄〔洛夫部分〕　國文天地　第 81 期
　　　　　　　1992 年 2 月　頁 41—42

275. 成明進　海外華文詩人評介——斷不了的一條絲在中間〔洛夫部分〕　淮風季刊　1992 年第 2 期　1992 年夏　頁 42—43

276. 朱　蕊　寂寞高手：洛夫描述　臺港文學選刊　1993 年第 11 期　1993 年 11 月　頁 22—23

277. 陳瓊芳　洛夫的情書寫得和他的詩一樣精采　中央日報　1994 年 6 月 13 日 16 版

278. 陳紹偉　寄臺灣詩人洛夫　陳紹偉自選集　廣州　廣州出版社　1995 年 11 月　頁 98—101

279. 〔九歌雜誌〕　書緣‧書香〔洛夫部分〕　九歌雜誌　第 194 期　1997 年 5 月　4 版

280. 王育梅　詩人的妻子說　臺灣新生報　1997 年 6 月 22 日　14 版

281. 麥　穗　再接再厲——序《當代名詩人選 3》〔洛夫部分〕　當代名詩人選 3　臺北　絲路出版社　1997 年 9 月　頁 4—5

282. 志　學　洛夫在大陸與海外開書法個展　聯合報　1997 年 3 月 18 日　41 版

283. 龍彼德　洛夫之症　龍彼德散文選　北京　新華出版社　1998 年 1 月　頁 145—146

284. 墨　氏　洛夫紐約展書法　聯合報　1998 年 6 月 2 日　37 版

285. 龍彼德　引言　一代詩魔洛夫　臺北　小報文化出版社　1998 年 9 月 〔5〕頁

286. 龍彼德　後記　一代詩魔洛夫　臺北　小報文化出版社　1998 年 9 月　頁 434—437

287. 林上玉　詩心詩思詩生活，洛夫露面顯魔力　民生報　1998 年 11 月 29 日 19 版

288. 王廣滇　詩人洛夫二度流放的心境　洛夫小品選　臺北　小報文化出版社 1998 年 11 月　頁 181—183

289. 王廣滇　洛夫、敖普安聯譜「詩魔之歌」　洛夫小品選　臺北　小報文化

出版社　1998 年 11 月　頁 188—190

290. 王廣漢　詩人洛夫紐約展出書法美　洛夫小品選　臺北　小報文化出版社　1998 年 11 月　頁 191—193

291. 王　勇　從詩人到書法家　洛夫小品選　臺北　小報文化出版社　1998 年 11 月　頁 196—202

292. 刺　桐　一九九九作家的成績單——洛夫詩、書兩得意　中央日報　1999 年 1 月 1 日　22 版

293. 陳建任　南華邀洛夫駐校演講　民生報　1999 年 1 月 4 日　19 版

294. 龍彼德　一代詩魔洛夫的人生道路篇（1—4）　大海洋詩雜誌　第 58—61 期　1999 年 1，7，12 月，2000 年 3 月　頁 111—114，134—137，159—160，93—96

295. 陳維信　洛夫／「詩魔」優游於「詩書」　聯合報　1999 年 2 月 12 日　37 版

296. 陳維信　洛夫特寫——「詩魔」優游於「詩書」　臺灣文學經典研討會論文集　臺北　行政院文建會，聯經出版公司　1999 年 6 月　頁 219

297. 〔臺港文學選刊〕　白髮詩魔洛夫——返臺辦書法展　臺港文學選刊　1999 年第 2 期　1999 年 2 月　頁 42

298. 賴素鈴　以書法寫詩‧「詩魔」更添魔力；洛夫致力融合兩者‧別闢境界　民生報　1999 年 11 月 15 日　4 版

299. 〔編輯部〕　洛夫小傳　魔歌　臺北　探索文化公司　1999 年 11 月　頁 232—233

300. 〔姜耕玉選編〕　洛夫　20 世紀漢語詩選（三）　上海　上海教育出版社　1999 年 12 月　頁 129

301. 〔編輯部〕　洛夫小傳　洛夫‧世紀詩選　臺北　爾雅出版社　2000 年 5 月　頁 1

302. 馬　森　老馬超前　自由時報　2001 年 4 月 16 日　35 版

303. 譚五昌　　臺灣詩壇三巨柱〔羅門、洛夫、余光中〕　藍星詩學　第 10 期
　　　　2001 年 6 月　頁 147—148

304. 李坤建　　詩魔洛夫展書藝，靈動禪意凝筆端　民生報　2001 年 10 月 10 日
　　　　A10 版

305. 〔焦　桐主編〕　詩人近況　九十年詩選　臺北　臺灣詩學季刊雜誌社
　　　　2002 年 5 月　頁 233

306. 趙遐秋，呂正惠　　新分離主義引爆的文壇統獨大論戰〔洛夫部分〕　臺灣
　　　　新文學思潮史綱　臺北　人間出版社　2002 年 6 月　頁 377—502

307. 〔蕭蕭，白靈主編〕　洛夫簡介　臺灣現代文學教程：新詩讀本　臺北
　　　　二魚文化公司　2002 年 8 月　頁 146—147

308. 向　明　　詩人的綽號〔洛夫部分〕　走在詩國邊緣　臺北　爾雅出版社
　　　　2002 年 11 月　頁 47—48

309. 陳長華　　禪詩書藝展，洛夫越洋發聲　聯合報　2003 年 5 月 10 日　B6 版

310. 劉潔妃　　禪詩書藝展，十餘人聚一堂，朗誦洛夫詩作，盼用文學來治療
　　　　SARS　人間福報　2003 年 5 月 12 日　8 版

311. 〔編輯部〕　洛夫小傳　洛夫詩鈔　臺北　未來書城公司　2003 年 8 月
　　　　頁 188—189

312. 沙　穗　　關於洛夫　臍帶的兩端　屏東　屏東縣文化局　2004 年 10 月　頁
　　　　135—138

313. 蘇　林　　《創世紀》出刊了！趕快去買　吾土吾民：「臺灣文學地圖」報
　　　　導與「故鄉的文學記憶」徵文合集　臺南　國家臺灣文學館
　　　　2004 年 12 月　頁 51—63

314. 〔吳東晟，陳昱成，王浩翔編〕　洛夫　織錦入春闈：現代詩精選讀本
　　　　臺中　京城文化公司　2005 年 8 月　頁 51

315. 〔蕭　蕭主編〕　詩人簡介　優游意象世界　臺北　聯合文學出版社
　　　　2006 年 6 月　頁 44

316. 馬一川，廖一鳴　　跨海文壇多盛舉，詩人興會更無前——記「2006 海峽詩

會——海峽西岸現代詩巡禮」〔洛夫部分〕　臺港文學選刊　第
235 期　2006 年 6 月　頁 78

317.〔編輯部〕　　洛夫　高雄文學小百科　高雄　高雄市文化局　2006 年 7 月
頁 59

318. 朱雙一　詩人洛夫在廈門　文訊雜誌　第 249 期　2006 年 7 月　頁 137—
138

319. 孫燕華　洛夫詩歌申城遇知音　文訊雜誌　第 254 期　2006 年 12 月　頁
127

320. 劉真福　詩人印象記——天涯詩人洛夫　中學語文教學　2007 年第 1 期
2007 年 1 月　頁 79—80

321. 余欣娟　認識洛夫　風櫃上的演奏會——讀新詩遊臺灣（自然篇）　臺北
幼獅文化公司　2007 年 6 月　頁 26—27

322. 許俊雅　淡水河流域的文化與文學——淡水河流域的文化——文學中淡水
文本的構成類型的作家群——洛夫（一九二八年—）　續修臺北
縣志‧藝文志第三篇‧文學（上）　臺北　臺北縣政府　2008 年
3 月　頁 27

323.〔鹽分地帶文學〕　　前輩作家寫真簿——洛夫：好冷，孤獨而空虛——如
一尾產卵後的魚　鹽分地帶文學　第 16 期　2008 年 6 月　頁 14

324.〔封德屏主編〕　　洛夫　2007 臺灣作家作品目錄　臺南　國立臺灣文學館
2008 年 7 月　頁 574

325.〔編輯部〕　　洛夫小傳　洛夫詩歌全集（全 4 冊）　臺北　普音文化公司
2009 年 4 月　頁 3—4

326. 曾敏之　洛夫港臺行　明報月刊　第 521 期　2009 年 5 月　頁 68—69

327.〔丁旭輝編〕　　洛夫小傳　洛夫集　臺南　國立臺灣文學館　2009 年 7 月
頁 7

328. 張　默　詩人洛夫小傳　湖南文獻季刊　第 149 期　2010 年 1 月　頁 58

329. 方　明　金秋送爽，桂花絮香——「洛夫國際詩歌節」側記　乾坤詩刊

第 53 期　2010 年 1 月　頁 129—130

330.〔方　明主編〕　洛夫小傳　大河的對話——詩魔洛夫訪談錄　臺北　蘭臺出版社　2010 年 4 月　頁 8—9

331. 方　明　洛夫印象　香港文學　第 308 期　2010 年 8 月　頁 9

332. 辛　鬱　因為風的緣故——速寫洛夫　文訊雜誌　第 298 期　2010 年 8 月　頁 36—39

333. 辛　鬱　因為風的緣故——速寫洛夫　我們這一伙人　臺北　文訊雜誌社　2012 年 7 月　頁 51—58

334. 楊樹清　出版小引——一代詩魔洛夫　洛夫傳奇：詩魔的詩與生活　臺北　蘭臺出版社　2010 年 10 月　頁 4—頁 7

335. 楊樹清　出版小引——一代詩魔洛夫　洛夫傳奇：詩魔的詩與生活　深圳　海天出版社　2012 年 11 月　頁 1—4

336. 陳宛茜　牽手一甲子故事說不完・來看老作家的結婚照〔洛夫部分〕　聯合報　2010 年 11 月 21 日　A14 版

337. 林欣誼　老作家展結婚照・牽老伴走紅毯〔洛夫部分〕　中國時報　2010 年 11 月 21 日　A18 版

338. 魏綵羿主編　洛夫　2010 世界詩選　臺北　普音文化公司　2010 年 12 月　頁 54—59

339. 李佳靜　那些詩人們〔洛夫部分〕　人間福報　2011 年 5 月 25 日　15 版

340. 陳宛茜　詩魔到詩僧——洛夫禪意融於詩　聯合報　2011 年 10 月 16 日　A9 版

341. 李怡芸　詩人海嘯：北島、洛夫是真詩人　旺報　2012 年 8 月 20 日　A22 版

342. 郭　楓　歷史形勢劇變・臺灣新詩異化——《臺灣當代新詩史論》緒論〔洛夫部分〕　新地文學　第 21 期　2012 年 9 月　頁 48—49

343. 潘郁琦　因為風的緣故——記詩人洛夫休士頓談詩的欣賞與創作　猶有葵花　臺北　遠景出版公司　2012 年 11 月　頁 58—65

344. 俁　俁　　洛夫：因為風的緣故（隨筆）　紅豆　2012 年第 5 期　2012 年
　　　　　　頁 105—106

345. 封德屏　　洛夫揮灑筆墨傳心意　文訊雜誌　第 333 期　2013 年 7 月　頁
　　　　　　139

346. 姚嘉為　　與南加有約，洛夫暢談詩歌之美　文訊雜誌　第 335 期　2013 年
　　　　　　9 月　頁 184

347. 〔編輯部〕　　詩人洛夫說寫出漂亮的句子不等於是好詩　語文教學與研究
　　　　　　2013 年第 36 期　2013 年　頁 3

訪談、對談

348. 洛　夫等[5]　　詩與哲學——詩人與哲學家談話錄　創世紀　第 29 期　1969
　　　　　　年 1 月　頁 21—31

349. 杜離，夏萬洲　　詩人之鏡，詩人之境　幼獅文藝　第 197 期　1970 年 5 月
　　　　　　頁 110—116

350. 杜離，夏萬洲　　詩人之鏡，詩人之境——洛夫訪問記　從真摯出發　臺中
　　　　　　普天出版社　1971 年 3 月　頁 135—168

351. 夏萬洲　　夜訪洛夫，煮茶論詩　幼獅文藝　第 197 期　1970 年 5 月　頁
　　　　　　119—132

352. 洛　夫等[6]　　中國現代詩的檢討　中華文藝　第 52 期　1975 年 6 月　頁 38
　　　　　　—52

353. 洛夫，舒暢　　陋巷風波　中華文藝　第 80 期　1977 年 10 月　頁 117—122

354. 洛　夫等[7]　　八方風雲會中州——現代詩座談會　中華文藝　第 80 期　1977
　　　　　　年 10 月　頁 123—133

355. 楊亭，陳義芝　　魔歌詩人——洛夫先生專訪　中華文藝　第 83 期　1978 年
　　　　　　1 月　頁 72—87

---

[5]與會者：成中英、許逖、大荒、秦松、洛夫、周鼎、趙天儀。
[6]主持人：司馬中原；與會者：葉維廉、洛夫、商禽、張漢良、陳慧樺、江義雄、程文姍、李莉
莉；紀錄：陳蕪。
[7]主持人：李仙生；與會者：洪醒夫、丁零、趙天儀、周伯乃、陳義芝、張默、管管、楊昌年、洛
夫、羅門、蔡源煌、林煥彰、李魁賢；紀錄：楊亭。

356. 楊　亭　　魔歌詩人——洛夫先生專訪　作家的成長　臺北　華欣文化事業中心　1978 年 7 月　頁 228—244

357. 洛　夫等[8]　　《中華文藝》、《明道文藝》、《新文藝》「文藝與心理建設」座談會　明道文藝　第 39 期　1979 年 6 月　頁 90—91

358. 陳義芝　　聽那一片洶湧而來的鐘聲——叩訪洛夫詩境的泉源　書評書目　第 94 期　1981 年 2 月　頁 117—128

359. 陳義芝　　聽那一片洶湧而來的鐘聲——叩訪洛夫詩境的泉源　魔歌　臺北　蓬萊出版社　1981 年 6 月　頁 239—265

360. 游勝冠　　指揮意象的魔手——詩人洛夫訪問記　東吳大學中文系刊　第 10 期　1984 年 8 月　頁 99—108

361. 洛　夫等[9]　　古典文學現代化　文訊雜誌　第 17 期　1985 年 4 月　頁 15—53

362. 楊錦郁　　訪詩人洛夫談寫作——亙古的歷史，是他的跑道　幼獅文藝　第 390 期　1986 年 6 月　頁 136—143

363. 楊錦郁　　亙古的歷史是他的跑道——訪詩人洛夫　嚴肅的遊戲：當代文藝訪談錄　臺北　三民書局　1994 年 2 月　頁 3—12

364. Tseng Yung-li　　Most Quoted Poet——A tovle of life, war and the inner man, with the Roc's　Free China Review　第 36 卷第 11 期　1986 年 11 月　頁 57—60

365. 洛　夫等[10]　　「當代文學問題討論會」之一——討論：洛夫・蔡源煌・鄭明娳・白靈・孟樊　文訊雜誌　第 28 期　1987 年 2 月　頁 132—158

366. 洛　夫等[11]　　臺灣作家那裡去？　臺灣文藝　第 106 期　1987 年 7 月　頁 7

---

[8]主持人：程石泉；與會者：羅蘭、洛夫、魯稚子、小野、吳東權、邵幼軒、陳克環、汪廣平、劉德義、程國強、陳憲仁、張秀亞、王璞、尹雪曼。

[9]與會者：王熙元、于大成、沈謙、李瑞騰、洛夫、黃慶萱、張夢機、曾永義、閻振瀛、蔡英俊、顏崑陽、龔鵬程；紀錄：簡恩定；攝影：焦桐。

[10]與會者：洛夫、白靈、蔡源煌、鄭明娳、李正治、孟樊；紀錄：楊錦郁。

[11]與會者：洛夫、李昂、郭楓、向陽、李敏勇；紀錄：葛欣。

—9

367. 洛夫，張夢機　　回歸傳統，擁抱未來　文學世界　第 2 期　1988 年 4 月
　　　　頁 242—251

368. 洛夫，張夢機　　回歸傳統，擁抱現代——詩人對話　文藝報　1988 年 8 月
　　　　20 日　7 版

369. 〔聯合文學〕　　因爲風的緣故——午後書房訪洛夫　聯合文學　第 50 期
　　　　1988 年 12 月　頁 130—133

370. 洛　夫等[12]　　77 年度 9 本文學好書　聯合文學　第 57 期　1989 年 7 月　頁
　　　　19—20

371. 洛　夫等[13]　　並存與競爭——兩岸文學座談會　文訊雜誌　第 96 期　1993
　　　　年 10 月　頁 73—79

372. 〔臺灣詩學季刊〕　　語言的破壞與重建——尹玲 V·S 洛夫　臺灣詩學季刊
　　　　第 10 期　1995 年 3 月　頁 26—35

373. 丁　果　　絢爛後面的孤獨——訪詩人洛夫　洛夫小品選　臺北　小報文化
　　　　出版社　1998 年 11 月　頁 177—180

374. 丁　果　　絢爛後面的孤獨——訪詩人洛夫　臺港文學選刊　第 227 期
　　　　2005 年 10 月　頁 43

375. 董成瑜　　洛夫——詩魔至今仍爲詩琢磨　中國時報　1999 年 1 月 28 日　43
　　　　版

376. 洛夫，李瑞騰；艾農記錄　　從現代到古典，從本土到世界——洛夫 V·S 李
　　　　瑞騰　創世紀　第 118 期　1999 年 3 月　頁 42—57

377. 洛夫，李瑞騰；艾農記錄　　詩的跨世紀對話：從現代到古典，從本土到世
　　　　界——洛夫 V.S 李瑞騰　大河的對話——詩魔洛夫訪談錄　臺北
　　　　蘭臺出版社　2010 年 4 月　頁 68—98

---

[12]主持人：馬森；與會者：黃碧端、瘂弦、張漢良、金恆杰、洛夫、林亨泰、蔡源煌、方瑜；紀
　錄：陳維信。
[13]與會者：李瑞騰、夏鐵肩、洛夫、向陽、陳信元、向明、蕭蕭、白靈、李元洛；紀錄：林麗如；
　攝影：封德屏。

378. 于　盼　　我是一隻想飛的煙囪——專訪詩人洛夫　文訊雜誌　第 165 期
　　　　　　　　1999 年 7 月　頁 65—68

379. 朱立立　　關於中國現代詩的對話與潛對話——秋日訪洛夫　華僑大學學報
　　　　　　　　1999 年第 4 期　1999 年 12 月　頁 75—80

380. 朱立立　　關於中國現代詩的對話與潛對話　大河的對話——詩魔洛夫訪談
　　　　　　　　錄　臺北　蘭臺出版社　2010 年 4 月　頁 99—113

381. 李　晃　　聽洛夫深圳談詩　世界華文文學論壇　第 31 期　2000 年 6 月　頁
　　　　　　　　25—27

382. 蔡素芬　　漂泊的，天涯美學——洛夫訪談（上、下）　自由時報　2001 年
　　　　　　　　1 月 1—2 日　35 版

383. 蔡素芬　　漂泊的，天涯美學——洛夫訪談　漂木　臺北　聯合文學出版社
　　　　　　　　2001 年 8 月　頁 282—289

384. 蔡素芬　　漂泊的，天涯美學——洛夫訪談　創世紀　第 128 期　2001 年 9
　　　　　　　　月　頁 38—41

385. 蔡素芬　　漂泊的，天涯美學——洛夫訪談　漂木　北京　國際文化出版公
　　　　　　　　司　2006 年 9 月　頁 230—236

386. 蔡素芬　　漂泊的，天涯美學——洛夫訪談　洛夫詩歌全集 4　臺北　普音文
　　　　　　　　化公司　2009 年 4 月　頁 629—637

387. 蔡素芬　　漂泊的天涯美學　大河的對話——詩魔洛夫訪談錄　臺北　蘭臺
　　　　　　　　出版社　2010 年 4 月　頁 145—151

388. 詩探索編輯部　　洛夫訪談錄　詩探索　2002 年第 1 期　2002 年 6 月　頁
　　　　　　　　268—292

389. 詩探索編輯部　　洛夫訪談錄　大河的對話——詩魔洛夫訪談錄　臺北　蘭
　　　　　　　　臺出版社　2010 年 4 月　頁 10—45

390. 陳文芬專訪　　洛夫專業寫詩，藝術寫字　中國時報　2002 年 12 月 29 日
　　　　　　　　14 版

391. 左乙萱　　神性的聲音——二○○三年溫哥華洛夫訪談　創世紀　第 138 期

2004 年 3 月　頁 155—160

392. 左乙萱　詩人專訪——神性的聲音　大河的對話——詩魔洛夫訪談錄　臺
北　蘭臺出版社　2010 年 4 月　頁 210—219

393. 王偉明　煮三分禪意釀酒——訪洛夫　詩網路　第 15 期　2004 年 6 月　頁
4—6

394. 王偉明　煮三分禪意釀酒——訪洛夫　詩裡詩外　香港　瑋業出版社
2006 年 8 月　頁 125—150

395. 王偉明　煮三分禪意釀酒　大河的對話——詩魔洛夫訪談錄　臺北　蘭臺
出版社　2010 年 4 月　頁 152—170

396. 陳祖君　仍在路上行走的詩人——洛夫訪談錄[14]　文訊雜誌　第 235 期
2005 年 5 月　頁 122—133

397. 陳祖君　詩人洛夫訪談錄　雨想說的　廣州　花城出版社　2006 年 10 月
頁 151—169

398. 陳祖君　仍在路上行走的詩人　大河的對話——詩魔洛夫訪談錄　臺北
蘭臺出版社　2010 年 4 月　頁 238—256

399. 劉郁青專訪　「詩的星期五」傳奇，洛夫返臺詩書雙藝展，愛書人相招呼
喚知音　民生報　2005 年 11 月 23 日　A11 版

400. 小　林　詩人的孤寂與回歸——洛夫出席香港作聯文學座談　香港作家
2007 年第 1 期　2007 年 1 月　頁 30

401. 李森，洛夫　詩歌對談　邊疆文學　2008 年第 8 期　2008 年 8 月　頁 65—
72

402. 紫　鵑　詩歌的魔術師——專訪前輩詩人洛夫先生　乾坤詩刊　第 49 期
2009 年 1 月　頁 6—21

403. 紫　鵑　詩歌的魔術師　大河的對話——詩魔洛夫訪談錄　臺北　蘭臺出
版社　2010 年 4 月　頁 305—321

404. 沈　奇　從「大中國詩觀」到「天涯美學」——與洛夫對話錄　誰永遠居

---

[14] 本文後改篇名為〈詩人洛夫訪談錄〉。

住在詩歌的體內　臺北　唐山出版社　2009 年 8 月　頁 261—274

405. 沈　奇　從「大中國詩觀」到「天涯美學」　大河的對話——詩魔洛夫訪
　　　　　談錄　臺北　蘭臺出版社　2010 年 4 月　頁 220—237

406. 白　楊　生命空間與詩的美學之思——「詩魔」洛夫訪談錄　臺港文學：
　　　　　文化生態與寫作範式考察　長春　吉林大學出版社　2009 年 9 月
　　　　　頁 140—152

407. 白　楊　生命空間與詩的美學之思　大河的對話——詩魔洛夫訪談錄　臺
　　　　　北　蘭臺出版社　2010 年 4 月　頁 322—336

408. 揚子江編輯部　洛夫答《揚子江》詩刊問　大河的對話——詩魔洛夫訪談
　　　　　錄　臺北　蘭臺出版社　2010 年 4 月　頁 114—121

409. 羈　魂　且聽詩魔絮絮道來　大河的對話——詩魔洛夫訪談錄　臺北　蘭
　　　　　臺出版社　2010 年 4 月　頁 122—144

410. 李岱松　抱著夢幻飛行的宇宙遊客　大河的對話——詩魔洛夫訪談錄　臺
　　　　　北　蘭臺出版社　2010 年 4 月　頁 171—209

411. 吳玉華　我與「詩魔」洛夫面對面　大河的對話——詩魔洛夫訪談錄　臺
　　　　　北　蘭臺出版社　2010 年 4 月　頁 257—264

412. 胡　亮　臺灣詩・「修正超現實主義」・時病　大河的對話——詩魔洛夫
　　　　　訪談錄　臺北　蘭臺出版社　2010 年 4 月　頁 265—284

413. 胡　亮　洛夫訪談：臺灣詩，「修正超現實主義」，時病　詩歌月刊
　　　　　2011 年第 5 期　2011 年　頁 21—26

414. 鄧　艮　悠揚歸夢惟燈見，濩落生涯獨酒知[15]　大河的對話——詩魔洛夫訪
　　　　　談錄　臺北　蘭臺出版社　2010 年 4 月　頁 285—304

415. 鄧　艮　流散體驗與詩歌寫作——海外華文詩人洛夫訪談　理論與創作
　　　　　2010 年第 2 期　2010 年　頁 51—57

416. 陳銘華　因為「雨」的緣故　大河的對話——詩魔洛夫訪談錄　臺北　蘭
　　　　　臺出版社　2010 年 4 月　頁 46—67

---

[15]本文後改篇名為〈流散體驗與詩歌寫作——海外華文詩人洛夫訪談〉。

417. 洛夫，張晶　　詩人洛夫訪談錄　香港文學　第 308 期　2010 年 8 月　頁 10
　　　—19

418. 鄭淑蓉　　洛夫訪談錄　「詩是逼近死亡的沉默」——論洛夫詩歌中的死亡
　　　想像　福建師範大學中國現當代文學研究所　碩士論文　朱立立
　　　教授指導　2012 年 5 月　頁 53—54

419. 馬鈴薯兄弟　　與大河的對話——詩人洛夫訪談錄　揚子江評論　2012 年第
　　　4 期　2012 年　頁 18—32，2

420. 章繼光　　走向大海——洛夫雪樓訪談錄　香港文學　第 345 期　2013 年 9
　　　月　頁 80—83

年表

421. 〔田　原主編〕　　年譜　洛夫自選集　臺北　黎明文化公司　1981 年 3 月
　　　頁 1—9

422. 〔非　馬〕　　洛夫年譜　愛的辯證——洛夫選集　香港　文藝風出版社
　　　1988 年 9 月　頁 170—181

423. 洛　夫　　洛夫年譜　天使的涅槃　臺北　尚書文化出版社　1990 年 4 月
　　　頁 205—221

424. 洛　夫　　洛夫年譜（摘錄）　隱題詩　臺北　爾雅出版社　1993 年 3 月
　　　頁 171—184

425. 〔杜國清主編〕　　著作目錄　我的獸　北京　中國文聯出版社　1993 年 5
　　　月　頁 171—172

426. 費　勇　　洛夫年譜　洛夫與中國現代詩　臺北　東大圖書公司　1994 年 6
　　　月　頁 269—289

427. 龍彼德　　洛夫年譜　洛夫評傳　南京　南京大學出版社　1995 年 5 月　頁
　　　361—380

428. 潘文祥　　洛夫年譜　洛夫詩研究　臺灣師範大學國文學系　碩士論文　楊
　　　昌年教授指導　1997 年 7 月　頁 278—289

429. 龍彼德　　洛夫年譜　一代詩魔洛夫　臺北　小報文化出版社　1998 年 11 月

頁 389—422

430. 王嘉玲　　續洛夫年譜（2000—2003 年）　　洛夫詩藝研究　高雄師範大學國
　　　　文學系國文教學碩士班　碩士論文　江聰平教授指導　2004 年
　　　　頁 337—339

431.〔編輯部〕　　洛夫創作年譜　洛夫詩歌全集（全 4 冊）　　臺北　普音文化
　　　　公司　2009 年 4 月　頁 485—518，481—514，621—654，645—
　　　　678

432.〔丁旭輝編〕　　洛夫寫作生平簡表　洛夫集　臺南　國立臺灣文學館
　　　　2009 年 7 月　頁 137—140

433.〔香港文學〕　　洛夫著作年表　香港文學　第 308 期　2010 年 8 月　頁 34

434. 龍彼德，楊樹清　　洛夫創作年譜　洛夫傳奇：詩魔的詩與生活　臺北　蘭
　　　　臺出版社　2010 年 10 月　頁 348—391

435. 龍彼德，楊樹清　　洛夫年譜　洛夫傳奇：詩魔的詩與生活　深圳　海天出
　　　　版社　2012 年 11 月　頁 248—275

436. 洛　夫　　洛夫創作年譜　如此歲月：洛夫詩選（一九八八—二〇一二）
　　　　臺北　九歌出版社　2013 年 6 月　頁 259—285

437.〔于奎潮主編〕　　洛夫創作年譜　洛夫詩全集（下）　　南京　江蘇文藝出
　　　　版社　2013 年 9 月　頁 602—627

其他

438. 管　管　　「先知」的詩集（致洛夫）　現代詩人書簡集　臺中　普天出版
　　　　社　1969 年 12 月　頁 120

439. 陳憲仁　　洛夫返國舉辦書法展、出版新書　文訊雜誌　第 159 期　1999 年
　　　　1 月　頁 55—56

440. 諸羅生　　詩人洛夫到南華　文訊雜誌　第 160 期　1999 年 2 月　頁 62

441.〔民生報〕　　2001 年度詩選昨頒獎，宋澤萊、洛夫戴桂冠　民生報　2002
　　　　年 5 月 6 日　A6 版

442. 陳文芬　　宋澤萊、洛夫獲年度詩獎　中國時報　2002 年 5 月 13 日　39 版

443. 〔人間福報〕　　文藝獎章得主揭曉〔洛夫為文學詩歌類得獎人〕　　人間福
　　　　報　2003 年 5 月 4 日　2 版

444. 〔民生報〕　　文藝獎章今天頒贈〔洛夫獲文學詩歌類文藝獎章〕　民生報
　　　2003 年 5 月 4 日　A6 版

445. 郭士榛　　中國文協獎章揭曉，洛夫、李奇茂等獲得榮譽獎，今天頒發　中
　　　央日報　2003 年 5 月 4 日　14 版

446. 陳文芬　　文藝獎章揭曉，洛夫等獲獎　中國時報　2003 年 5 月 4 日　B4 版

447. 杜秀卿　　洛夫禪詩書藝展　文訊雜誌　第 213 期　2003 年 7 月　頁 165

448. 向　明　　洛夫獲「詩壇天王」稱號　中央日報　2005 年 11 月 4 日　17 版

作品評論篇目

綜論

449. 張　默　　洛夫的氣質與詩風　創世紀　第 9 期　1957 年 6 月　頁 18—21

450. 瘂　弦　　洛夫小評[16]　六十年代詩選　高雄　大業書店　1961 年 1 月　頁
　　　94

451. 瘂　弦　　一種可驚的存在——洛夫小評　創世紀　第 132 期　2002 年 9 月
　　　頁 17

452. 瘂　弦　　閃爍的星群——揚名國際詩壇的洛夫　新文藝　第 99 期　1964 年
　　　6 月　頁 35

453. 〔張默，洛夫，瘂弦主編〕　　洛夫小評——灰燼中摸出千種冷的　七十年
　　　代詩選　高雄　大業書局　1967 年 9 月　頁 126—127

454. 〔　笠　〕　　笠下影——洛夫　笠　第 28 期　1968 年 12 月　頁 35—37

455. 金　劍　　洛夫與現代詩　青年戰士報　1969 年 8 月 3 日　7 版

456. 施友忠　　《中國現代詩選》導言〔洛夫部分〕　雪之臉　臺北　仙人掌出
　　　版社　1970 年 1 月　頁 16—17

457. 蕭曼麗　　洛夫詩作與詩觀之剖視　大學生　第 54 期　1970 年 1 月　頁 38

---

[16]本文後改篇名為〈一種可驚的存在——洛夫小評〉。

—40

458. 周伯乃　從靈河到湄公河的洛夫　自由青年　第 45 卷第 4 期　1971 年 4 月 1 日　頁 126—135

459. 張漢良　論洛夫後期風格的演變[17]　中外文學　第 2 卷第 5 期　1973 年 10 月　頁 62—91

460. 張漢良　論洛夫後期風格的演變　魔歌　臺北　中外文學月刊社　1974 年 12 月　頁 197—238

461. 張漢良　論洛夫後期風格的演變　中國現代作家論　臺北　聯經出版公司 1979 年 7 月　頁 145—180

462. 張漢良　論洛夫近期風格的演變　現代詩導讀（批評篇）　臺北　故鄉出版社　1979 年 11 月　頁 133—170

463. 張漢良　論洛夫近期風格的演變　現代詩論衡　臺北　幼獅文化公司 1981 年 2 月　頁 177—212

464. 張漢良　論洛夫後期風格的演變　魔歌　臺北　蓬萊出版社　1981 年 6 月 頁 197—236

465. 張漢良　論洛夫後期風格的演變　詩魔的蛻變——洛夫詩作評論集　臺北 詩之華出版社　1991 年 4 月　頁 109—142

466. 書評書目資料室　洛夫　書評書目　第 8 期　1973 年 11 月　頁 32—33

467. 黃榮村　論文學工作者應有的素養〔洛夫部分〕　龍族詩刊　第 13 期 1974 年 12 月　頁 53—65

468. 金　劍　論洛夫的詩　中華文藝　第 48 期　1975 年 2 月　頁 113—116

469. 張　默　從洛夫的《靈河》到《魔歌》（上、下）　中華日報　1975 年 11 月 26—27 日　11 版

470. 張　默　從《靈河》到《魔歌》　無塵的鏡子　臺北　東大圖書公司 1981 年 9 月　頁 105—114

---

[17]本文探討《石室之死亡》以後，洛夫寫作風格與題材的演變。

471. 旅　人　中國新詩論史[18]　笠　第 74 期　1976 年 8 月　頁 39—44

472. 旅　人　光大移植說的洛夫　中國新詩論史　臺中　臺中縣立文化中心
　　　1991 年 12 月　頁 139—150

473. 林　南　廣闊繁富與細緻——試談洛夫詩的語言　中華文藝　第 68 期
　　　1976 年 10 月　頁 128—137

474. 王　灝　變貌——洛夫詩情初探　詩脈季刊　第 2 期　1976 年 10 月　頁
　　　32—41

475. 王　灝　變貌——洛夫詩情的初探　詩魔的蛻變——洛夫詩作評論集　臺
　　　北　詩之華出版社　1991 年 4 月　頁 219—240

476. 王　灝　變貌——洛夫詩情初探　探索集　南投　南投縣文化局　2002 年
　　　11 月　頁 97—124

477. 王　灝　一種異數的存在——洛夫詩情再探[19]　中華文藝　第 71 期　1977
　　　年 1 月　頁 121—147

478. 王　灝　一種異數的存在——洛夫詩情再探　中國現代文學評論集　臺北
　　　中華文藝月刊社　1977 年 2 月　頁 118—144

479. 王　灝　一種異數的存在——洛夫詩情再探　探索集　南投　南投縣文化
　　　局　2002 年 11 月　頁 125—159

480. 陳芳明　七位詩人素描——洛夫　詩和現實　臺北　洪範書店　1977 年 2
　　　月　頁 184—186

481. 楊昌年　現代名家名作抽象析介——洛夫　新詩品賞　臺北　牧童出版社
　　　1978 年 9 月　頁 292—306

482. 余光中　用傷口唱歌的詩人——從〈午夜削梨〉看洛夫詩風之變[20]　中華日
　　　報　1978 年 10 月 18 日　11 版

483. 余光中　用傷口唱歌的詩人——從〈午夜削梨〉看洛夫詩風之變　分水嶺

---

[18]本文後改篇名為〈光大移植說的洛夫〉。
[19]本文藉由《洛夫自選集》與《魔歌》，以探討其詩作中的詩情。
[20]本文以〈午夜削梨〉為出發，綜論洛夫詩風的轉變，認為洛夫作品得力於超現實主義的感性聯
　　想，擅長使用自虐手法的「苦肉記」，賦予象徵性極強的戲劇化動作，而近期的作品已較為含蓄
　　且更富韻味。

上　臺北　純文學出版社　1982 年 4 月　頁 13—24

484. 余光中　用傷口唱歌的詩人——從〈午夜削梨〉看洛夫詩風之變　詩魔的蛻變——洛夫詩作評論集　臺北　詩之華出版社　1991 年 4 月　頁 99—108

485. 余光中　用傷口唱歌的詩人——從〈午夜削梨〉看洛夫詩風之變　余光中選集（第三卷）文學評論集　合肥　安徽教育出版社　1999 年 2 月　頁 215—224

486. 余光中　用傷口唱歌的詩人——從〈午夜削梨〉看洛夫詩風之變　余光中談詩歌　南昌　江西高校出版社　2003 年 10 月　頁 193—201

487. 余光中　用傷口唱歌的詩人——從〈午夜削梨〉看洛夫詩風之變　余光中集（第七卷）　天津　百花文藝出版社　2004 年 1 月　頁 186—194

488. 余光中　用傷口唱歌的詩人——從〈午夜削梨〉看洛夫詩風之變　余光中跨世紀散文　臺北　九歌出版社　2008 年 10 月　頁 264—274

489. 余光中　用傷口唱歌的詩人——從〈午夜削梨〉看洛夫詩風之變　分水嶺上　臺北　九歌出版社　2009 年 6 月　頁 23—34

490. 古繼堂　洛夫　臺灣新詩發展史　臺北　文史哲出版社　1979 年 7 月　頁 284—295

491. 朱星鶴　洛夫的散文　國魂　第 410 期　1980 年 1 月　頁 68—69

492. 任洪淵　洛夫的詩與現代創世紀的悲劇[21]　天使的涅槃　臺北　尚書文化出版社　1980 年 4 月　頁 173—204

493. 任洪淵　洛夫的詩與現代創世紀的悲劇　詩魔之歌——洛夫詩作分類選　廣州　花城出版社　1990 年 2 月　頁 159—185

494. 任洪淵　天地創造——洛夫的詩與現代創世紀的悲劇　聯合文學　第 70 期　1990 年 8 月　頁 164—180

---

[21]本文探討洛夫詩及其呈現文化意義。全文共 5 小節：1.創世紀：神／人／獸・石／血／雪；2.東方智慧：天／人，時／空；3.漢語：語言的自由／文化的重負；4.中國人生命的險區：今天的歷史／歷史的今天；5.又聽到他寧靜下的喧囂。

495. 任洪淵　　洛夫的詩與現代創世紀的悲劇　詩魔的蛻變——洛夫詩作評論集
　　　　　　　　臺北　詩之華出版社　1991 年 4 月　頁 167—194

496. 任洪淵　　（代序）洛夫的詩與現代創世紀的悲劇　洛夫詩選　北京　中國
　　　　　　　　友誼出版公司　1993 年 3 月　頁 1—24

497. 任洪淵　　洛夫的詩與現代創世紀的悲劇　洛夫詩歌全集 3　臺北　普音文化
　　　　　　　　公司　2009 年 4 月　頁 578—613

498. 任洪淵　　洛夫的詩與現代創世紀的悲劇　洛夫詩全集（下）　南京　江蘇
　　　　　　　　文藝出版社　2013 年 9 月　頁 555—579

499. 羅　青　　詩壇風雲三十年——三十年來新詩的回顧〔洛夫部分〕　臺灣日
　　　　　　　　報　1980 年 6 月 29 日　12 版

500. 菩　提　　淺談洛夫的詩　中華文藝　第 109 期　1980 年 9 月　頁 26—34

501. 季野，張拓蕪　　從雪與荷中昇起——季野與張拓蕪談洛夫散文　文壇　第
　　　　　　　　254 期　1981 年 8 月　頁 128—138

502. 季野，張拓蕪　　從雪與荷中升起——季野與張拓蕪談洛夫散文　洛夫隨筆
　　　　　　　　臺北　九歌出版社　1985 年 11 月　頁 219—240

503. 郭成義　　臺灣現代詩的本土意識〔洛夫部分〕　臺灣文藝　第 76 期　1982
　　　　　　　　年 5 月　頁 33—35

504. 蕭　蕭　　詩人與詩風——洛夫　臺灣日報　1982 年 6 月 24 日　8 版

505. 蕭　蕭　　詩人與詩風——洛夫　現代詩縱橫觀　臺北　文史哲出版社
　　　　　　　　1991 年 6 月　頁 72

506. 李敏勇　　洛夫的語言問題　陽光小集　第 9 期　1982 年 6 月　頁 14—16

507. 李敏勇　　洛夫的語言問題　笠　第 110 期　1982 年 8 月　頁 6—7

508. 桓夫〔陳千武〕　　「桓夫來函」：詩必用語言來思考　陽光小集　第 9 期
　　　　　　　　1982 年 6 月　頁 35

509. 陳千武　　詩必用語言來思考　陳千武全集・陳千武詩思隨筆集　臺中　臺
　　　　　　　　中市文化局　2003 年 8 月　頁 202—203

510. 苦　苓　　誰是大詩人——青年詩人心目中的十大詩人[22]　陽光小集　第
　　　　　　　　10 期　1982 年 10 月　頁 89

511. 苦　苓　　誰是大詩人？青年詩人心目中的十大詩人　書中書　臺北　希代
　　　　　　　　書版公司　1986 年 9 月　頁 209

512. 亞　菁　　「眾荷喧嘩」的變調——《一朵午荷》[23]　現代文學評論　臺北
　　　　　　　　東大圖書公司　1983 年 2 月　頁 48—51

513. 陳千武　　光復前後臺灣新詩的演變〔洛夫部分〕　笠　第 130 期　1985 年
　　　　　　　　12 月　頁 8—26

514. 林貞羊　　詩與文的組合　中華日報　1986 年 1 月 8 日　11 版

515. 高　準　　《詩潮》與〈詩壇風雲〉（一九七八）——洛夫與余光中在說些
　　　　　　　　什麼？　文學與社會——一九七二——一九八一　臺北　文史哲出
　　　　　　　　版社　1986 年 10 月　頁 261—272

516. 高　準　　《詩潮》與詩壇風雲（一九七八）——洛夫與余光中在說些什
　　　　　　　　麼？　異議的聲音：文學與政治社會評論　臺北　問津堂書局
　　　　　　　　2007 年 8 月　頁 290—295

517. 高　準　　《詩潮》與詩壇風雲——洛夫與余光中在說些什麼？　余光中評
　　　　　　　　說五十年　北京　文化藝術出版社　2008 年 5 月　頁 143—145

518. 簡政珍　　洛夫作品的意象世界[24]　中外文學　第 16 卷第 1 期　1987 年 6 月
　　　　　　　　頁 8—41

519. 簡政珍　　洛夫作品的意象世界　七十六年文學批評選　臺北　爾雅出版社
　　　　　　　　1988 年 3 月　頁 15—72

520. 簡政珍　　洛夫作品的意象世界　詩魔的蛻變——洛夫詩作評論集　臺北
　　　　　　　　詩之華出版社　1991 年 4 月　頁 61—98

521. 簡政珍　　洛夫作品的意象世界　詩的瞬間狂喜　臺北　時報文化出版公司

---

[22]本文為「陽光小集」所舉辦「青年詩人心目中的十大詩人」的票選活動紀錄。十位詩人分別為：
　余光中、白萩、楊牧、鄭愁予、洛夫、瘂弦、周夢蝶、商禽、羅門、羊令野，並略述十人作品風
　格及技巧。
[23]本文綜論洛夫文學觀。
[24]本文探討洛夫作品中文字呈現的空間形象，以呈現其意象世界。

1991 年 9 月　頁 221—273

522. 簡政珍　　洛夫作品的意象世界　詩心與詩學　臺北　書林出版公司　1999
　　　　　　　年 12 月　頁 252—305

523. 簡政珍　　洛夫作品的意象世界　洛夫詩選　北京　九州出版社　2012 年 9
　　　　　　　月　頁 217—243

524. 簡政珍　　洛夫作品的意象世界　洛夫詩全集（上）　南京　江蘇文藝出版
　　　　　　　社　2013 年 9 月　頁 598—630

525.〔張　錯編〕　　洛夫詩選——洛夫（1928—）　千曲之島　臺北　爾雅出
　　　　　　　版社　1987 年 7 月　頁 55—56

526. 李元洛　　江濤海浪楚人詩——論臺灣詩人洛夫的詩歌創作　芙蓉　1987 年
　　　　　　　第 5 期　1987 年 9 月　頁 230

527. 李元洛　　論臺灣詩人洛夫的語言藝術　文學世界　第 1 期　1987 年 12 月
　　　　　　　頁 178—181

528. 宋田水　　要死不活的臺灣文學——透視臺灣作家的良心——洛夫、瘂弦
　　　　　　　臺灣新文化　第 14 期　1987 年 11 月　頁 42

529. 馬德俊　　洛夫的詩　現代臺灣文學史　瀋陽　遼寧大學出版社　1987 年 12
　　　　　　　月　頁 542—548

530. 悠　悠　　洛夫詩觀漫筆　臺聲　第 10 期　1988 年 1 月　頁 31—32

531. 林　真（港）　　苦的、硬的、用血寫的詩——讀臺灣詩人洛夫的詩　詩刊
　　　　　　　第 3 期　1988 年 3 月　頁 60

532. 鄭明娳　　中國新詩概說〔洛夫部分〕　當代文學氣象　臺北　光復書局
　　　　　　　1988 年 4 月　頁 175

533. 楊曉萍　　曲筆清心論女人——試探洛夫對女性題材的開拓　長沙水電師院
　　　　　　　社會科學學報　第 4 期　1988 年 4 月　頁 66—72

534. 余　禺　　臺灣現代詩的兩極對位〔洛夫部分〕　臺灣研究集刊　1988 年第
　　　　　　　2 期　1988 年 5 月　頁 47—54

535. 葉維廉　洛夫論[25]　因爲風的緣故　臺北　九歌出版社　1988 年 6 月　頁 317—372

536. 葉維廉　洛夫論　文學世界　第 3 期　1988 年 7 月　頁 220—258

537. 葉維廉　洛夫論（上、下）　中外文學　第 17 卷第 8—9 期　1989 年 1—2 月　頁 4—29，92—132

538. 葉維廉　洛夫論　中華現代文學大系（臺灣 1970—1989）評論卷（貳）　臺北　九歌出版社　1989 年 5 月　頁 1179—1219

539. 葉維廉　洛夫論　詩魔的蛻變——洛夫詩作評論集　臺北　詩之華出版社　1991 年 4 月　頁 1—60

540. 葉維廉　洛夫論　因爲風的緣故　臺北　九歌出版社　2008 年 1 月　頁 317—372

541. 葉維廉　洛夫論　洛夫詩歌全集 1　臺北　普音文化公司　2009 年 4 月　頁 401—477

542. 葉維廉　洛夫論　洛夫詩全集（上）　南京　江蘇文藝出版社　2013 年 9 月　頁 547—597

543. 王志健　新詩的再出發——洛夫　文學四論（上）　臺北　文史哲出版社　1988 年 7 月　頁 287—289

544. 李元洛　短兵寸鐵的鋒芒——讀臺灣詩人洛夫的抒情小詩　湖南文學　第 7 期　1988 年 7 月　頁 66

545. 奚　密　從《靈河》到《無岸之河》——洛夫早期風格論　現代詩　第 12 期　1988 年 7 月　頁 20—25

546. 奚　密　從《靈河》到《無岸之河》——洛夫早期風格論　現當代詩文錄　臺北　聯合文學出版社　1998 年 11 月　頁 180—196

547. 奚　密　從《靈河》到《無岸之河》——洛夫早期風格論　中華現代文學大系（貳）・臺灣一九八九—二〇〇三評論卷（二）　臺北　九

---

[25]本文綜論洛夫作品，全文共 7 小節：1.「我是一隻想飛的煙囱」：禁錮與騰躍；2.「孤絕」的理路與政治社會的參與；3.石室之外：蛻變的跡線；4.「禁錮」的變奏；5.時間之傷；6.美學的尋索；7.平凡處見出奇。

歌出版社　2003 年 10 月　頁 753—768

548. 任洪淵　對西方現代主義與東方古典詩學的雙重超越〔洛夫部分〕　創世
紀　第 73、74 期合刊　1988 年 8 月　頁 169—171

549. 非　馬　序　愛的辯證——洛夫選集　香港　文藝風出版社　1988 年 9 月
頁 1

550.〔非　馬〕　洛夫小傳　愛的辯證——洛夫選集　香港　文藝風出版社
1988 年 9 月　頁 169

551.〔聯合文學〕　評論家評洛夫　聯合文學　第 50 期　1988 年 12 月　頁
120—121

552. 李瑞騰　洛夫詩中的「古典詩」（節錄）　聯合文學　第 50 期　1988 年
12 月　頁 122—129

553. 李瑞騰　試探洛夫詩中的「古典詩」　七十七年文學批評選　臺北　爾雅
出版社　1989 年 3 月　頁 89—125

554. 李瑞騰　試探洛夫詩中的「古典詩」　詩魔的蛻變——洛夫詩作評論集
臺北　詩之華出版社　1991 年 4 月　頁 195—218

555. 李瑞騰　試探洛夫詩中的「古典詩」　文學的出路　臺北　九歌出版社
1994 年 9 月　頁 206—238

556. 犁　青　關於探親詩和洛夫：節選自〈臺灣詩人回鄉探親漫記〉　詩林
第 1 期　1989 年 3 月　頁 68—70

557. 李元洛　中西詩美的聯姻——臺灣詩人洛夫詩創作片論　當代文壇　1989
年第 6 期　1989 年 6 月　頁 53—56

558. 李元洛　中西詩美的聯姻——臺灣詩人洛夫詩創作片論　臺灣香港暨海外
華文文學論文選（四）　福州　海峽文藝出版社　1990 年 9 月
頁 231—243

559. 李元洛　中西詩美的聯姻——洛夫詩創作片論　詩魔的蛻變——洛夫詩作
評論集　臺北　詩之華出版社　1991 年 4 月　頁 143—166

560. 公仲，汪義生　五十年代後期及六十年代臺灣文學——洛夫　臺灣新文學

史初編　南昌　江西人民出版社　1989 年 8 月　頁 125—127

561. 楊光治　奇異、鮮活、準確——淺論臺灣詩人洛夫的詩歌語言　當代文壇
　　　報　第 8、9 期合刊　1989 年 9 月　頁 84—87

562. 楊光治　奇異・鮮活・準確——淺論洛夫的詩歌語言（1—2）　臺灣日報
　　　1989 年 11 月 17—18 日　15 版

563. 楊光治　奇異・鮮活・準確——淺論洛夫的詩歌語言　詩魔之歌——洛夫
　　　詩作分類選　廣州　花城出版社　1990 年 2 月　頁 186—195

564. 楊光治　奇異、鮮活、準確——淺論洛夫的詩歌語言　詩魔的蛻變——洛
　　　夫詩作評論集　臺北　詩之華出版社　1991 年 4 月　頁 261—272

565. 王志堅　洛夫詩風格再審視——座談會紀實　新陸現代詩誌　第 7 期
　　　1990 年 5 月　頁 78—85

566. 潘亞暾　洛夫返鄉詩的中國情懷　新陸現代詩誌　第 7 期　1990 年 5 月
　　　頁 86—87

567. 劉湛秋　洛夫返鄉詩印象　新陸現代詩誌　第 7 期　1990 年 5 月　頁 87

568. 龍彼德　大風起於深澤——論洛夫的詩歌藝術[26]　詩魔的蛻變——洛夫詩作
　　　評論集　臺北　詩之華出版社　1991 年 4 月　頁 273—292

569. 龍彼德　大風起於深澤——論洛夫的詩歌藝術　中央日報　1991 年 5 月 11
　　　日　16 版

570. 龍彼德　大風起於深澤——論洛夫的詩歌藝術　臺灣文學觀察雜誌　第 4
　　　期　1991 年 11 月　頁 120—139

571. 龍彼德　大風起於深澤——論洛夫的詩歌藝術（導讀）　形而上的遊戲
　　　臺北　駱駝出版社　1999 年 9 月　頁 5—34

572. 龍彼德　奇妙新美的張力系統——論洛夫的詩歌藝術　中國式現代詩　北
　　　京　中國文聯出版社　2000 年 6 月　頁 73—100

573. 劉登翰　洛夫詩歌的藝術初探　詩魔的蛻變——洛夫詩作評論集　臺北
　　　詩之華出版社　1991 年 4 月　頁 293—300

---

[26]本文後改篇名爲〈奇妙新美的張力系統——論洛夫的詩歌藝術〉。

574. 劉登翰　洛夫詩歌藝術初探　我的獸　北京　中國文聯出版社　1993 年 5
月　頁 162—170

575. 朱雙一　現代主義詩歌運動的第二次高潮——洛夫　臺灣新文學概觀
（下）　廈門　鷺江出版社　1991 年 6 月　頁 131—134

576. 徐　學　幽默散文〔洛夫部分〕　臺灣新文學概觀（下）　廈門　鷺江出
版社　1991 年 6 月　頁 221—222

577. 楊昌年　洛夫　現代詩的創作與欣賞　臺北　文史哲出版社　1991 年 9 月
頁 299—316

578. 葉石濤　五〇年代的臺灣文學〔洛夫部分〕　臺灣文學史綱　高雄　文學
界雜誌社　1991 年 9 月　頁 105

579. 葉石濤　五〇年代的臺灣文學——理想主義的挫折與頹廢——作家與作品
〔洛夫部分〕　葉石濤全集・評論卷五　臺南，高雄　國立臺灣
文學館，高雄市文化局　2008 年 4 月　頁 118

580. 劉登翰　臺灣詩人論札——洛夫論、瘂弦論　創世紀　第 85、86 期合刊
1991 年 10 月　頁 78—84

581. 編輯部　作者小傳　葬我於雪　北京　中國友誼出版公司　1992 年 2 月
頁 1—2

582. 盧斯飛　小中見大的「生活」詩——洛夫抒情短詩欣賞　閱讀與寫作
1992 年第 6 期　1992 年 6 月　頁 6—7

583. 劉岳兵　詩魔的禪悟——片論洛夫詩路歷程中超現實主義與禪學的匯通
當代文學研究資料與信息　1992 年第 6 期　1992 年 6 月　頁 43—
47

584. 劉岳兵　詩魔的禪悟・禪學的匯通——試論洛夫詩路歷程中超現實主義
幼獅文藝　第 470 期　1993 年 2 月　頁 48—55

585. 黎活仁　宇宙樹的落葉——洛夫詩樹、火等意象的研究　臺灣文學觀察雜
誌　第 5 期　1992 年 7 月　頁 55—63

586. 沈　奇　再度超越——評洛夫「隱題詩」兼論現代漢詩之形式問題　創世

　　　　　　紀　第 89 期　1992 年 7 月　頁 113—117

587. 沈　奇　　再度超越——評洛夫「隱題詩」兼論現代漢詩之形式問題　隱題
　　　　　　詩　臺北　爾雅出版社　1993 年 3 月　頁 153—169

588. 沈　奇　　再度超越——評論洛夫「隱題詩」兼論現代漢詩之形式問題　臺
　　　　　　灣詩人散論　臺北　爾雅出版社　1996 年 11 月　頁 2—19

589. 費　勇　　洛夫詩中的莊與禪精神[27]　理論與創作　1992 年第 6 期　1992 年
　　　　　　12 月　頁 34—38，73

590. 費　勇　　洛夫詩中的莊與禪　中外文學　第 21 卷第 8 期　1993 年 1 月　頁
　　　　　　115—142

591. 季振邦　　三詩人印象記〔洛夫部分〕　臺灣新聞報　1993 年 1 月 6 日　13
　　　　　　版

592. 金漢，馮雲青，李新宇　　洛夫　新編中國當代文學發展史　杭州　杭州大
　　　　　　學出版社　1993 年 1 月　頁 698

593. 劉登翰　　洛夫、瘂弦與《創世紀》詩人群　臺灣文學史（下）　福建　海
　　　　　　峽文藝出版社　1993 年 1 月　頁 172—176

594. 徐　學　　文學批評（下）——葉維廉等的詩學理論〔洛夫部分〕　臺灣文
　　　　　　學史（下）　福州　海峽文藝出版社　1993 年 1 月　頁 881—883

595. 李豐楙　　中國純粹性詩學與現代詩學、詩作的關係——以七十年代葉維
　　　　　　廉、洛夫、瘂弦爲主的考察[28]　現代詩學研討會　彰化　彰化師範
　　　　　　大學國文學系，臺中縣立文化中心主辦　1993 年 5 月 15 日　頁
　　　　　　33—65

596. 李豐楙　　中國純粹性詩學與現代詩學、詩作的關係——以七十年代葉維
　　　　　　廉、洛夫、瘂弦爲主的考察　臺灣詩學季刊　第 3 期　1993 年 6
　　　　　　月　頁 33—66

---

[27]本文探討洛夫詩作所呈現禪趣。

[28]本文探討葉維廉、洛夫、瘂弦詩作爲論，以了解傳統詩論中關於純粹的大旨，及詩人詩論與傳統
詩論間的關係，兼及考察其間的引述、演變，以及解釋的不同處。全文共 5 小節：1.傳統「純粹
性」的特質；2.葉維廉「純粹性」理論的運用；3.洛夫對於「純粹性」的運用與轉變；4.「純粹
性」理論的實驗；5.結語。

597. 李豐楙　中國純粹性詩學與現代詩學、詩作的關係——以七十年代葉維
　　　　廉、洛夫、瘂弦爲主的考察　人文風景的鐫刻者：葉維廉作品評
　　　　論集　臺北　文史哲出版社　1997 年 11 月　頁 435—469

598. 古繼堂　臺灣詩人筆下的新詩理論批評——追求「現代」和「超現實」詩
　　　　人的詩歌理論批評〔洛夫部分〕　臺灣新文學理論批評史　瀋陽
　　　　春風文藝出版社　1993 年 6 月　頁 399—404

599. 古繼堂　追求「現代」和「超現實」詩人的詩歌理論批評——詩論主觀色
　　　　彩極強的——洛夫　臺灣新文學理論批評史　臺北　秀威資訊科
　　　　技公司　2009 年 3 月　頁 396—400

600. 王志健　摘星的與提燈的——洛夫　中國新詩淵藪（中）　臺北　正中書
　　　　局　1993 年 7 月　頁 1820—1831

601. 徐　學　臺灣當代散文中的意象與寓言〔洛夫部分〕　臺灣研究集刊
　　　　1993 年第 3 期　1993 年 8 月　頁 92—97

602. 盧斯飛　論洛夫的創作歷程　語文學刊　1993 第 4 期　1993 年 8 月　頁 29
　　　　—32

603. 龍彼德　洛夫詩的結構張力　創作評譚　第 1 期　1994 年 1 月　頁 45—50

604. 龍彼德　語言的魔術師——洛夫詩論之一　山花　1994 年第 3 期　1994 年
　　　　3 月　頁 67—70

605. 龍彼德　語言的魔術師——洛夫詩論之一　世紀之交的世界華文文學——
　　　　第八屆世界華文文學國際研討會論文選　南京　臺港與海外華文
　　　　文學評論與研究編輯部　1996 年 9 月　頁 82—87

606. 陳金國　回歸與反叛——余光中、洛夫詩歌創作的相互疏異　臺港文學選
　　　　刊　1994 年第 5 期　1994 年 5 月　頁 71—73

607. 陳金國　回歸與反叛——余光中、洛夫詩歌創作的相互疏異　藍星詩學
　　　　第 8 期　2000 年 12 月　頁 148—154

608. 黎活仁　洛夫在八十年代末期遊歷大江南北後的作品　中華文學的現在和
　　　　未來——兩岸暨港澳文學交流研討會論文集　香港　鑪峰學會

　　　　　　1994 年 6 月　頁 182—191

609. 古遠清　洛夫的超現實主義詩論　臺灣當代文學理論批評史　武漢　武漢
　　　　　　出版社　1994 年 8 月　頁 218—228

610. 古遠清　洛夫的超現實主義詩論　臺灣當代新詩史　臺北　文津出版社
　　　　　　2008 年 1 月　頁 320—327

611. 俞兆平　臺灣八十年代詩學理論〔洛夫部分〕　走向新世紀——第六屆世
　　　　　　界華文文學國際研討會論文集　北京　人民文學出版社　1994 年
　　　　　　11 月　頁 165—167

612. 徐　學　當代臺灣散文的生命體驗〔洛夫部分〕　臺灣研究集刊　1995 年
　　　　　　第 1 期　1995 年 2 月　頁 52

613. 龍彼德　洛夫的精神世界　長沙水電師院社會科學學報　第 2 期　1995 年
　　　　　　2 月　頁 75—78

614. 杜十三　錯把嘔血看成桃花開——論洛夫的詩藝術　創世紀　第 102 期
　　　　　　1995 年 3 月　頁 81—87

615. 游　喚　從題目學論洛夫「隱題詩」　創世紀　第 102 期　1995 年 3 月
　　　　　　頁 88—93

616. 洪　凌　現代主義的壯美與終結——從洛夫的詩作探究臺灣現代詩的現代
　　　　　　主義　創世紀　第 102 期　1995 年 3 月　頁 94—99

617. 劉　強　大入大出，大即大離——論洛夫詩的「當代性」　創世紀　第 102
　　　　　　期　1995 年 3 月　頁 108—120

618. 劉　強　大入大出，大即大離——論洛夫詩的「當代性」　當代作家評論
　　　　　　1995 年第 4 期　1995 年 8 月　頁 114—122

619. 邱　婷　把洛夫放在顯微鏡下　民生報　1995 年 4 月 16 日　第 15 版

620. 蕭　蕭　洛夫（1928—）　聯合文學　第 128 期　1995 年 6 月　頁 74—75

621. 方　忠　詩人氣質壯夫胸襟——洛夫散文[29]　臺港散文四十家　鄭州　中原
　　　　　　農民出版社　1995 年 9 月　頁 262—266

---

[29]本文後改篇名為〈洛夫散文論〉。

622. 方　忠　　詩人氣質壯夫胸襟——論洛夫的散文創作　臺港與海外華文文學
　　　　　　　評論和研究　1995 年第 4 期　1995 年 12 月　頁 39—42

623. 方　忠　　洛夫散文論　臺灣散文縱橫論　南京　江蘇教育出版社　2008 年
　　　　　　　12 月　頁 83—89

624. 溫　古　　試談洛夫詩中的風景處理　盲人膝上　蘇州　金陵出版社　1995
　　　　　　　年 10 月　頁 102—104

625. 雲　淡　　試論「通幽詩」的詩學特徵〔洛夫部分〕　創世紀　第 105 期
　　　　　　　1995 年 12 月　頁 101

626. 蔣述卓　　論洛夫中、後期詩歌的禪意走向及其實驗意義　現代中文文學評
　　　　　　　論　第 4 期　1995 年 12 月　頁 13—38

627. 張　默　　每片草葉都是你一條血管——洛夫的詩生活探微　聯合文學　第
　　　　　　　137 期　1996 年 3 月　頁 100—106

628. 張　默　　每片草葉都是你一條血管——洛夫的詩生活　夢從樺樹上跌下
　　　　　　　來：詩壇鉤沉筆記　臺北　爾雅出版社　1998 年 6 月　頁 1—18

629. 張　默　　每片草葉都是你的一條血管（代序）——洛夫詩生活探微　大河
　　　　　　　的雄辯：洛夫詩作評論集‧第二部　臺北　創世紀詩雜誌社
　　　　　　　2008 年 10 月　頁 1—10

630. 劉登翰，朱雙一　　肉體禁錮的靈魂奔沖——洛夫論　彼岸的繆斯——臺灣
　　　　　　　詩歌論　南昌　百花洲文藝出版社　1996 年 12 月　頁 194—201

631. 向　明　　典故入詩‧更耐尋思〔洛夫部分〕　新詩五十問　臺北　爾雅出
　　　　　　　版社　1997 年 2 月　頁 149

632. 楊少偉　　論洛夫詩歌中的時間意識　河南教育學院學報　1997 年第 2 期
　　　　　　　1997 年 2 月　頁 34—62

633. 向　明　　第 46 問——剛性詩與柔性詩〔洛夫部分〕　新詩五十問　臺北
　　　　　　　爾雅出版社　1997 年 2 月　頁 184

634. 鄭慧敏　　聽絕句互撞時的叮噹——試探洛夫詩中的古今交融　臺灣師範大
　　　　　　　學國文研究所 85 學年度資優生論文發表會　臺北　臺灣師範大學

國文研究所　1997 年 5 月 17 日

635. 李潤霞　從超越的飛翔到回歸的停泊──透視洛夫詩歌的思想內涵　臺港
　　　與海外華文文學評論和研究　1997 年第 3 期　1997 年 9 月　頁 59
　　　─62

636. 許世旭　中國現代詩的回歸傳統論〔洛夫部分〕　中國現代文學理論季刊
　　　第 7 期　1997 年 9 月　頁 361─362，369

637. 章亞昕　指非指／洛夫的感悟（上、下）[30]　臺灣新聞報　1997 年 11 月 8
　　　─9 日　13 版

638. 章亞昕　感悟與創造──論洛夫的詩歌藝術　文學評論　1998 年第 6 期
　　　1998 年 12 月　頁 71─76

639. 章亞昕　感悟與創造：洛夫的詩歌藝術論　情繫伊甸園：創世紀詩人論
　　　臺北　文史哲出版社　2004 年 10 月　頁 95─106

640. 李　平，蕭亞光　試論洛夫的超現實主義主張　理論教育　第 1 期　1998
　　　年 2 月　頁 34─36

641.〔吳開晉，耿建華主編〕　三本一條　三千年詩話　南昌　江西高校出版
　　　社　1998 年 6 月　頁 300─301

642. 簡政珍　《創世紀》詩刊八、九○年代詩風的改變〔洛夫部分〕　創世紀
　　　第 116 期　1998 年 9 月　頁 109─111

643. 舒　蘭　五○年代詩人詩作──洛夫　中國新詩史話（三）　臺北　渤海
　　　堂文化公司　1998 年 10 月　頁 363─368

644. 陳慧心　詩人・軍人──洛夫二度流放　洛夫小品選　臺北　小報文化出
　　　版社　1998 年 11 月　頁 172─176

645. 王廣滇　洛夫的「血墨詩情」　洛夫小品選　臺北　小報文化出版社
　　　1998 年 11 月　頁 184─187

646. 阿　濃　洛夫詩書　洛夫小品選　臺北　小報文化出版社　1998 年 11 月
　　　頁 194─195

[30] 本文後改篇名為〈感悟與創造：洛夫的詩歌藝術論〉。

647. 姜耕玉　　臺灣現代詩的「母語情節」〔洛夫部分〕　創世紀　第 117 期
　　　　　　　1998 年 12 月　頁 102—108

648. 潘麗珠　　洛夫　臺灣現代詩教學研究　臺北　五南圖書出版公司　1999 年
　　　　　　　3 月　頁 132—133

649. 蔡振念　　洛夫詩中的二元結構[31]　第四屆現代詩學研討會　彰化　彰化師範
　　　　　　　大學國文系主辦　1999 年 5 月 29 日

650. 蔡振念　　洛夫詩中的二元結構　臺灣現代詩經緯　臺北　聯合文學出版社
　　　　　　　2001 年 6 月　頁 185—238

651. 陳祖君　　「鐵屋」裡的吶喊到「石室之死亡」的宣告——論洛夫詩與廿世
　　　　　　　紀中國文學史　創世紀　第 111 期　1997 年 6 月　頁 102—116

652. 方　忠　　百年臺灣文學發展論——現代意識與民族詩風〔洛夫部分〕　百
　　　　　　　年中華文學史論：1898—1999　上海　華東師範大學出版社
　　　　　　　1999 年 9 月　頁 48

653. 編輯部　　洛夫小傳　洛夫精品　北京　人民文學出版社　1999 年 9 月　頁
　　　　　　　319—320

654. 〔馬　森主編〕　　作者簡介　形而上的遊戲　臺北　駱駝出版社　1999 年
　　　　　　　9 月　頁 147—148

655. 劉小新　　洛夫詩中的思致和情趣　鎮江師專學報　1999 年第 3 期　1999 年
　　　　　　　9 月　頁 33—36

656. 林淇瀁〔向陽〕　　長廊與地圖：臺灣新詩風潮的溯源與鳥瞰——在分水嶺
　　　　　　　上：鄉土派和現代派兩條路線的分枝〔洛夫部分〕　中外文學
　　　　　　　第 28 卷第 1 期　1999 年 6 月　頁 86

657. 張秉政　　洛夫詩歌的傳統現代性轉換簡說　淮北煤師院學報　2000 年第 1
　　　　　　　期　2000 年 2 月　頁 11—12

658. 禤展圖　　沉重的家國鄉愁——洛夫詩歌略論　華南師範大學學報　2000 年

---

[31]本文從結構主義探討洛夫詩中二元對立的現象。全文共 4 小節：1.前言；2.結構主義的二元對
　立；3.結構主義與洛夫詩中的二元對立；4.結論。

第 4 期　2000 年 8 月　頁 43—47，54

659. 方　　忠　　洛夫、瘂弦　二十世紀中國文學史（下）　臺北　文史哲出版社
　　　　　　　　2000 年 9 月　頁 937—939

660. 朱文華　　洛夫——現代派的「詩魔」　臺港澳文學教程　上海　漢語大辭
　　　　　　　　典出版社　2000 年 10 月　頁 78—81

661. 向憶秋，廖鋒　　超現實主義的詩與禪——論洛夫的詩歌創作　桂林市教育
　　　　　　　　學院學報　2000 年第 4 期　2000 年 12 月　頁 36—39

662. 劉正忠　　軍旅詩人的疏離心態——以五六十年代的洛夫、商禽、瘂弦為主[32]
　　　　　　　　臺灣文學學報　第 2 期　2001 年 2 月　頁 113—156

663. 杜忠誥　　剛健含婀娜——我看洛夫的書法（上、中、下）　聯合報　2001
　　　　　　　　年 10 月 21—23 日　37 版

664. 林貞吟　　詩魔洛夫的詩思與詩藝　中央日報　2001 年 10 月 31 日　18 版

665. 向憶秋　　洛夫詩歌的辯證色彩　廣西民族學院學報　2001 年第 1 期　2001
　　　　　　　　年 12 月　頁 206—208，220

666. 陳芳明　　現代主義文學的擴張與深化：「藍星」與「創世紀」詩社〔洛夫
　　　　　　　　部分〕　聯合文學　第 207 期　2002 年 1 月　頁 147—149

667. 陳芳明　　現代主義文學的擴張與深化——現代主義路線的確立〔洛夫部
　　　　　　　　分〕　臺灣新文學史　臺北　聯經出版社　2011 年 10 月　頁 357
　　　　　　　　—360

668. 古繼堂　　臺灣的創世紀詩社——洛夫　簡明臺灣文學史　北京　時事出版
　　　　　　　　社　2002 年 6 月　頁 307—309

669. 龍彼德　　洛夫與中國現代詩[33]　詩探索　2002 年第 1 期　2002 年 6 月　頁
　　　　　　　　249—267

---

[32]本文以「疏離」傾向為核心，重構軍旅詩人與現實社會互動的狀況，及其精神的歸趨。全文共 3
小節：1.戰鬥與反戰鬥：考察官方文藝政策的干擾，並分析軍旅詩人如何由依附到疏離，甚至抗
逆的歷程；2.寧為異鄉人：探討作為外來族群的軍旅詩人，以怎樣的眼光看待當下的時空環境；
3.詩人角色的定位：審視軍旅詩人如何在「被排拒」的想像下，把自己從世界區隔出來，突出於
現代詩運動的潮流。
[33]本文探討洛夫對中國現代詩的吸收、轉化，甚而影響的種種可能。

670. 龍彼得　　洛夫與中國現代詩　洛夫傳奇：詩魔的詩與生活　臺北　蘭臺出版社　2010 年 10 月　頁 316—346

671. 龍彼得　　洛夫與中國現代詩　洛夫傳奇：詩魔的詩與生活　深圳　海天出版社　2012 年 11 月　頁 225—247

672. 米羅・卡索　　詩的另類思考（上）〔洛夫部分〕　臺灣日報　2002 年 8 月 28 日　25 版

673. 丁旭輝　　晶瑩圓轉見禪理——論洛夫的小詩　左岸詩話　臺北　爾雅出版社　2002 年 11 月　頁 151—159

674. 李建東　　將超越化成永恆——洛夫詩歌中的時間意識　華文文學　2002 年第 5 期　2002 年　頁 38—41，30

675. 李建東　　將超越化為永恆——洛夫詩歌中的時間意識　大河的雄辯：洛夫詩作評論集・第二部　臺北　創世紀詩雜誌社　2008 年 10 月　頁 184—190

676. 黎湘萍　　假象原理的內在邏輯：本體論的科學論證〔洛夫部分〕　文學臺灣——臺灣知識者的文化敘事與理論想像　北京　人民文學出版社　2003 年 3 月　頁 365—366

677. 梁如雲　　洛夫寫禪　洛夫禪詩　臺北　天使學園網路公司　2003 年 5 月　頁 225—229

678. 吳開晉　　洛夫詩中的禪道意蘊　洛夫禪詩　臺北　天使學園網路公司　2003 年 5 月　頁 230—238

679. 吳開晉　　洛夫詩中的禪道意蘊　山東大學學報　2003 年第 6 期　2003 年 11 月 25 日　頁 78—80

680. 陳建民　　四種長詩的可能：從洛夫、簡政珍、陳克華、林燿德的長詩創作探索起[34]　文與哲　第 2 期　2003 年 6 月　頁 223—251

---

[34]本文從六個面向探索中文現代長詩的可能拓展，並比較洛夫、簡政珍、陳克華、林燿德之作品，以區別長詩的不同類型。全文共 6 小節：1.意象的稠密度；2.現實的虛實指涉；3.意象的環扣；4.文類的跨越；5.詩的說話者；6.互植的文本。

681. 沈志方　　論隱題詩（上、下）[35]　創世紀　第135—136期　2003年6，9
　　　　　　　　月　頁102—113，110—123

682. 沈志方　　論隱題詩　大河的雄辯：洛夫詩作評論集‧第二部　臺北　創世
　　　　　　　　紀詩雜誌社　2008年10月　頁206—248

683. 少　君　　漂泊的詩路——論洛夫的詩　創世紀　第135期　2003年6月
　　　　　　　　頁127—135

684. 少　君　　漂泊的詩路——論洛夫的詩　大河的雄辯：洛夫詩作評論集‧第
　　　　　　　　二部　臺北　創世紀詩雜誌社　2008年10月　頁139—151

685. 陶保璽　　無韻體：在洛夫的「魔杖」下——兼論詩歌內在節奏的成因[36]　臺
　　　　　　　　灣新詩十家論　臺北　二魚文化公司　2003年8月　頁15—49

686. 陶保璽　　無韻體：在洛夫的「魔杖」下——兼論詩歌內在節奏的成因　大
　　　　　　　　河的雄辯：洛夫詩作評論集‧第二部　臺北　創世紀詩雜誌社
　　　　　　　　2008年10月　頁152—183

687. 趙小琪　　洛夫現代詩的中西視野融合　西南師範大學學報　第29卷第5期
　　　　　　　　2003年9月　頁149—152

688. 蔡振念　　洛夫詩中的文本互涉[37]　臺灣前行代詩家論——第六屆現代詩學研
　　　　　　　　討會論文集　臺北　萬卷樓圖書公司　2003年11月　頁185—
　　　　　　　　222

689. 王　駿　　從《石室之死亡》到《漂木》——洛夫詩歌藝術特色比較分析
　　　　　　　　世界華文文學論壇　2003年第4期　2003年12月　頁14—18

690. 朱雙一　　臺灣新世代和舊世代詩論之比較〔洛夫部分〕　兩岸現代詩學國
　　　　　　　　際學術研討會　臺北　佛光人文社會學院文學研究所，當代詩學

---

[35]本文探討洛夫隱題詩及其背後指涉意涵。全文共5章：1.隱題‧隱頭‧嵌字‧顯題；2.洛夫與隱
題詩；3.隱題詩與現代詩教學；4.隱題詩創作時的困境與超越——以三組詩作爲考察對象；5.結
論——隱題詩風潮的檢視。

[36]本文探討洛夫詩作，及其詩歌內在小節奏。全文共3小節：1.無韻詩的發展輪廓及詩歌內在小節
奏的成因；2.洛夫對內在律的把握及傑出的藝術成就；3.洛夫同樣是運用外在律進行創作的大手
筆。

[37]本文以法國學者克里斯特瓦文本互涉理論，探討洛夫詩中對古今文本的挪用。全文共3小節：1.
前言；2.洛夫詩文本互涉；3.結論。

研究中心主辦　2003 年 12 月 6—7 日　頁 7

691. 郭　楓　臺灣 70 年代新詩潮初探——新詩論戰的烽火及其影響——洛夫與
　　　　　　　余光中　美麗島文學評論續集　臺北　臺北縣文化局　2003 年 12
　　　　　　　月　頁 192—198

692. 陳仲義　投射：全方位的籠蓋占有，感應交通　現代詩技藝透析　臺北
　　　　　　　文史哲出版社　2003 年 12 月　頁 1—7

693. 陳仲義　轉化：臨界點的飄移置換　現代詩技藝透析　臺北　文史哲出版
　　　　　　　社　2003 年 12 月　頁 8—15

694. 陳仲義　畸聯：畸形的搭配、嵌鑲、組合　現代詩技藝透析　臺北　文史
　　　　　　　哲出版社　2003 年 12 月　頁 16—21

695. 陳仲義　隱喻：表達之外的深度指向　現代詩技藝透析　臺北　文史哲出
　　　　　　　版社　2003 年 12 月　頁 22—28

696. 陳仲義　張力：「內聚合」與「外擴張」的衝突統一〔洛夫部分〕　現代
　　　　　　　詩技藝透析　臺北　文史哲出版社　2003 年 12 月　頁 238—241

697. 蕭　蕭　創世紀：超現實主義的化合性美學——以瘂弦、張默、洛夫爲例[38]
　　　　　　　臺灣新詩美學　臺北　爾雅出版社　2004 年 2 月　頁 380—409

698. 蕭　蕭　創世紀的超現實主義的化合性美學——以瘂弦、張默、洛夫爲例
　　　　　　　創世紀　第 138 期　2004 年 3 月　頁 127—141

699. 李詩信　洛夫的詩路歷程對現代漢詩的啓示　茂名學院學報　第 14 卷第 2
　　　　　　　期　2004 年 5 月　頁 14—18

700. 陳美美　現代主義文學作品——現代詩：洛夫與「創世紀詩社」　臺灣現
　　　　　　　代主義文學的萌芽與再起　佛光人文社會學院文學研究所　碩士
　　　　　　　論文　馬森教授指導　2004 年 6 月　頁 80—85

701. 陳祖君　「詩魔」的蛻變：東方禪思與「天涯美學」　香港文學　第 237

---

[38] 本文以瘂弦、張默以及洛夫的詩作，探討詩人在動盪年代中，以超現實主義表達自身對於社會的
意見與抗議。全文共 8 小節：1.前言：現實與超現實的辨證；2.自動書寫的魔力空間；3.任意連
結的異想世界；4.故意誤接的新穎禪意；5.夢境巡禮與意識潛航；6.矛盾共構與歧義雙關；7.黑色
幽默的立體舞台；8.魔力化的美學世界。

期　2004 年 9 月　頁 53—61

702. 方　忠　洛夫的詩　二十世紀臺灣文學史論　南昌　百花洲文藝出版社
　　　　　　2004 年 10 月　頁 91—92

703. 郭　楓　從比較視角論笠詩社的特立風格——詩論比較：站在兩極論述的
　　　　　　刀鋒上〔洛夫部分〕　笠詩社四十週年國際學術研討會論文集
　　　　　　臺南　國家臺灣文學館籌備處　2004 年 11 月　頁 101—103

704. 向　明　想像力的飛昇[39]　和你輕鬆談詩：向明新詩話　臺北　新藝文出版
　　　　　　社　2004 年 12 月　頁 144—146

705. 呂正惠　一九五〇年代的現代詩運動〔洛夫部分〕　臺灣新文學發展重大
　　　　　　事件論文集　臺南　國家臺灣文學館　2004 年 12 月　頁 103—
　　　　　　104

706. 古添洪　臺灣現代詩的「外來影響」面向——歐美現代詩潮的接受／挪用
　　　　　　／與本土化〔洛夫部分〕　不廢中西萬古流：中西抒情詩類及影
　　　　　　響研究　臺北　臺灣學生書局　2005 年 4 月　頁 302—304

707. 李詩信　訴不盡的海外遊子愁緒——評洛夫、施雨、周若鵬的鄉愁詩歌
　　　　　　茂名學院學報　第 15 卷第 2 期　2005 年 4 月　頁 40—43

708. 陳信安　六〇年代余光中與洛夫論戰析評[40]　世新中文研究集刊　第 1 期
　　　　　　2005 年 6 月　頁 145—159

709. 古遠清　極為前衛的現代派作家——洛夫　分裂的臺灣文學　臺北　海峽
　　　　　　學術出版社　2005 年 7 月　頁 78

710. 左其福　英雄現時與古典情懷——洛夫詩歌的現代性解讀　名作欣賞
　　　　　　2005 年第 16 期　2005 年 8 月　頁 52—56

711.〔顏艾琳主編〕　洛夫小傳　因為風的緣故　臺北　聯經出版公司　2005
　　　　　　年 8 月　頁 2

---

[39]本文綜談洛夫的隱題詩。

[40]本文以讀者反應理論，探討六〇年代現代詩論戰洛夫與余光中〈天狼星〉之辯。全文共 6 小節：
1.前言：一個史的問題；2.論戰；3.論戰的形成：雙方傳播的企圖；4.論戰的自我與他者：一種對
話的方式；6.結論：論戰的影響。

712. 顏艾琳　　後記：在時間流，之上　因爲風的緣故　臺北　聯經出版公司
　　　　　　　2005 年 8 月　頁 93—95

713. 方忠，于小桂　論臺灣當代文學中的佛教文化精神〔洛夫部分〕　第二屆
　　　　　　　兩岸現代文學發展與思潮學術研討會論文集　臺北　中華發展基
　　　　　　　金管理委員會主辦；佛光人文社會學院文學系承辦　2005 年 10 月
　　　　　　　28—29 日　頁 239—240

714. 蔣美華　　簡政珍與當代詩人長詩書寫的參差對照[41]　彰化師大文學院學報
　　　　　　　第 4 期　2005 年 11 月　頁 190—225

715. 黃萬華　　臺灣文學——詩歌（下）〔洛夫部分〕　中國現當代文學‧第 1
　　　　　　　卷（五四—1960 年代）　濟南　山東文藝出版社　2006 年 3 月
　　　　　　　頁 443—448

716. 羅振亞　　臺灣現代詩人抽樣透析——紀弦、鄭愁予、余光中、洛夫、瘂弦
　　　　　　　臺灣研究集刊　2006 年第 1 期　2006 年 3 月　頁 93—94

717. 徐海蛟　　在古典與現代之間言說——洛夫詩歌藝術簡述　文學港　2006 年
　　　　　　　第 4 期　2006 年 4 月　頁 192—194

718. 劉正忠　　主知‧超現實‧現代派運動〔洛夫部分〕　20 世紀臺灣文學專題
　　　　　　　1：文學思潮與論戰　臺北　萬卷樓圖書公司　2006 年 9 月　頁
　　　　　　　193—220

719. 鄭慧如　　洛夫詩的偶發因素[42]　當代詩學　第 2 期　2006 年 9 月　頁 11—
　　　　　　　30

720. 鄭慧如　　洛夫詩的偶發因素　大河的雄辯：洛夫詩作評論集‧第二部　臺
　　　　　　　北　創世紀詩雜誌社　2008 年 10 月　頁 115—138

721. 郭　楓　　論洛夫詩的情思和語言　新世紀中國新詩國際學術研討會論文集

---

[41]本文論述簡政珍與林燿德、陳克華、葉維廉、楊牧、洛夫的詩藝對照，以襯顯簡政珍的長詩鮮明
　獨特的風格。全文共 6 小節：1.林燿德、簡政珍「眼神」詩藝的參差對照；2.陳克華、簡政珍的
　「腫瘤樹／毒汁」詩藝的參差對照；3.葉維廉、簡政珍「空無／虛空」詩藝的參差對照；4.楊
　牧、簡政珍「死亡」詩藝的參差對照；5.洛夫、簡政珍「時間」詩藝的參差對照；6.小結。
[42]本文提出「偶發因素」探討洛夫詩作，以呈現其詩作因「偶發因素」所展現的五種面貌。全文共
　3 小節：1.前言；2.偶發因素的幾種面貌；3.結論。

北京　北京大學，首都師範大學主辦　2006 年 10 月 15 日　頁
160—161

722. 郭　楓　洛夫現象：因爲風的緣故　鹽分地帶文學　第 6 期　2006 年 10 月
頁 163—178

723. 古遠清　簡論湖南籍的四位臺灣詩人——詩魔洛夫　理論與創作　2007 年
第 3 期　2007 年 5 月　頁 64—66

724. 田崇雪　木石前盟・骨骼意象・天涯美學：論洛夫詩歌的精神硬度　徐州
師範大學學報　第 33 卷第 3 期　2007 年 5 月　頁 58—64

725. 田崇雪　木石前盟・骨骼意象・天涯美學：論洛夫詩歌的精神硬度　大河
的雄辯：洛夫詩作評論集・第二部　臺北　創世紀詩雜誌社
2008 年 10 月　頁 272—292

726. 張　健　洛夫情詩九式[43]　創世紀　第 151 期　2007 年 6 月　頁 182—191

727. 張　健　洛夫情詩九式　大河的雄辯：洛夫詩作評論集・第二部　臺北
創世紀詩雜誌社　2008 年 10 月　頁 100—114

728. 張　健　洛夫情詩九式　情與韻：兩岸線代詩集錦　臺北　秀威資訊科技
公司　2011 年 9 月　頁 51—75

729. 陳政彥　論戰史第一階段：現代詩場域的建立——天狼星論戰〔洛夫部
分〕　戰後臺灣現代詩論戰史研究　中央大學中國文學系　博士
論文　李瑞騰教授指導　2007 年 6 月　頁 91—102

730. 陳政彥　現代詩運動成熟期（1959—1964）——洛夫與余光中的「天狼星
論戰」　跨越時代的青春之歌——五、六〇年代臺灣現代詩運動
臺南　國立臺灣文學館　2012 年 10 月　頁 139—146

731. 李家欣　各創作類型之表現：現代詩創作的搖籃之一——洛夫　夏濟安與
《文學雜誌》研究　中央大學中國文學系　碩士論文　李瑞騰教
授指導　2007 年 7 月　頁 66—67

---

[43]本文將洛夫的情詩分爲 9 式：1.自然式；2.惆悵式；3.史詩式；4.即興式；5.無題式；6.辯證式；7.身體式；8.水吟式；9.代言式。

732. 蕭　蕭　　放逸型的現代主義——洛夫詩中新陳代謝的象徵意涵[44]　現代新詩
　　　　　　　　美學　臺北　爾雅出版社　2007 年 7 月　頁 217—253

733. 蕭　蕭　　放逸型的現代主義：洛夫詩中新陳代謝的象徵意涵　大河的雄
　　　　　　　　辯：洛夫詩作評論集・第二部　臺北　創世紀詩雜誌社　2008 年
　　　　　　　　10 月　頁 293—315

734. 陳芳明　　秋葉赴約而來　聯合文學　第 275 期　2007 年 9 月　頁 10—15

735. 陳芳明　　秋葉赴約而來　昨夜雪深幾許　臺北　印刻文學生活雜誌出版公
　　　　　　　　司　2008 年 9 月　頁 220—232

736. 解崑樺　　現代主義風潮下的伏流：六〇年代臺灣詩壇對中國古典傳統的重
　　　　　　　　估與表現——四、六〇年代洛夫、余光中對中國古典傳統的吸收
　　　　　　　　與表現　青春構詩：七〇年代新興詩社與一九五〇年世代詩人的
　　　　　　　　詩學建構策略　苗栗　苗栗縣文化局　2007 年 10 月　頁 612—
　　　　　　　　620，634—635

737. 黎小冰　　禪宗思維方式與洛夫禪詩創作　湖北經濟學院學報　第 4 卷第 10
　　　　　　　　期　2007 年 10 月　頁 144—146

738. 張期達　　不相稱的美學——以洛夫、簡政珍、陳克華詩為例[45]　臺灣詩學學
　　　　　　　　刊　第 10 期　2007 年 11 月　頁 7—52

739. 白　靈　　遮蔽與承載——洛夫詩中的哭和笑[46]　臺灣詩學學刊　第 10 期
　　　　　　　　2007 年 11 月　頁 351—392

740. 白　靈　　遮蔽與承載——洛夫詩中的哭和笑　大河的雄辯：洛夫詩作評論
　　　　　　　　集・第二部　臺北　創世紀詩雜誌社　2008 年 10 月　頁 316—

---

[44]本文探討洛夫詩作中對於身體的書寫、隱喻以及放逸的態度，以呈現詩人面對動盪不安的時代回
應。全文共 5 小節：1.前言：放逸、時代的遺誤；2.洛夫以身體作為表現平台：放逸的起步；3.
洛夫以射精作為宣洩管道：放逸的極致；4.洛夫以謝作為紓解場域：放逸的正途；5.結語：縱情
與縱欲的交織。

[45]本文透過簡政珍「不相稱」的後現代詩美學觀點，探討洛夫、簡政珍、陳克華詩作之美學。全文
共 4 小節：1.前言；2.「不相稱」的美學基礎；3.「不相稱」的分類及美學效果；4.結語。

[46]本文透過洛夫詩出現過的「笑」與「哭」之型態，觀察他擺盪在「遮蔽」與「承載」兩端所呈現
的詭奇詩風。全文共 5 小節：1.引言；2.笑、哭和洛夫的人生屋頂；3.石室、雙重遮蔽、洛夫變
形的哭與笑；4.遮蔽、承載和洛夫多元面向的哭與笑；5.結語。

354

741. 白　靈　遮蔽與承載——洛夫詩中的哭和笑　桂冠與荊棘——白靈詩論集
　　　　　　北京　作家出版社　2008 年 11 月　頁 142—181

742. 尹耀飛　傳統詩美的現代變奏——洛夫新古典詩透析　世界華文文學論壇
　　　　　　2007 年第 4 期　2007 年 12 月　頁 34—38

743. 古遠清　引火燒身的洛夫　臺灣當代新詩史　臺北　文津出版社　2008 年
　　　　　　1 月　頁 63—70

744. 古遠清　「詩魔」洛夫　臺灣當代新詩史　臺北　文津出版社　2008 年 1
　　　　　　月　頁 148—154

745. 彭瑞金　戰後高雄市文學的融合、衝突與蛻變——國民政府遷臺後的高雄
　　　　　　新移民作家〔洛夫部分〕　高雄市文學史——現代篇　高雄　高
　　　　　　雄市立圖書館　2008 年 5 月　頁 137

746. 魏　雲　中國新詩的古典追求——以余光中、洛夫之詩藝探索為中心　雲
　　　　　　南大學學報　第 7 卷第 3 期　2008 年 5 月　頁 73—84

747. 孟　樊　洛夫超現實主義論　臺灣詩學學刊　第 11 期　2008 年 6 月　頁 7
　　　　　　—34

748. 曾萍萍　太陽兀自照耀著：《文學季刊》內容分析——讓戰爭在雙人床外
　　　　　　進行：現代詩及其他文類表現〔洛夫部分〕　「文季」文學集團
　　　　　　研究——以系列刊物為觀察對象　中央大學中國文學系　博士論
　　　　　　文　李瑞騰教授指導　2008 年 7 月　頁 122

749. 朱雙一　臺灣文學中的中國南方各區域文化色彩——謝冰瑩與湖湘文化
　　　　　　〔洛夫部分〕　臺灣文學與中華地域文化　廈門　鷺江出版社
　　　　　　2008 年 9 月　頁 283

750. 趙小琪　洛夫對超現實主義的認同與修正　鹽城師範學院學報　第 28 卷第
　　　　　　5 期　2008 年 10 月　頁 25—30

751. 陳祖君　從「石室之死亡」到「天涯美學」——洛夫論[47]　大河的雄辯：洛

---

[47]本文打通「隔斷」狀態（包括時空的分隔），探討洛夫的詩作。全文共 3 小節：1.關於「二十世

夫詩作評論集・第二部　臺北　創世紀詩雜誌社　2008 年 10 月　頁 13—46

752. 龍彼德　沉潛與超越——洛夫新論[48]　大河的雄辯：洛夫詩作評論集・第二部　臺北　創世紀詩雜誌社　2008 年 10 月　頁 47—69

753. 章亞昕　「石室」中的創造者：洛夫論[49]　大河的雄辯：洛夫詩作評論集・第二部　臺北　創世紀詩雜誌社　2008 年 10 月　頁 79—99

754. 歐陽白　洛夫詩歌思想性淺解　大河的雄辯：洛夫詩作評論集・第二部　臺北　創世紀詩雜誌社　2008 年 10 月　頁 194—198

755. 鄭振偉　洛夫詩的眼睛[50]　大河的雄辯：洛夫詩作評論集・第二部　臺北　創世紀詩雜誌社　2008 年 10 月　頁 355—375

756. 葉瑞蓮　悲苦與反叛：殘酷生命途上的洛夫鞋蹤[51]　大河的雄辯：洛夫詩作評論集・第二部　臺北　創世紀詩雜誌社　2008 年 10 月　頁 376—395

757. 溫羽貝　神聖之糞：洛夫詩歌的排泄研究[52]　大河的雄辯：洛夫詩作評論集・第二部　臺北　創世紀詩雜誌社　2008 年 10 月　頁 396—415

758. 史　言　論洛夫詩的疾病意象與疾病隱喻[53]　大河的雄辯：洛夫詩作評論集・第二部　臺北　創世紀詩雜誌社　2008 年 10 月　頁 416—

紀中國文學史」；2.從「鐵屋」裡的吶喊到「石室之死亡」的宣告；3.「詩魔」的蛻變：東方禪思與「天涯美學」。

[48]本文探討洛夫各時期詩的特色，及其追求中國詩學與西方詩學的融會，以衍生出新的中國現代詩或現代化中國詩。

[49]本文探討洛夫詩的創造性。

[50]本為從洛夫早期作品與超現實主義關係，探討洛夫詩歌特色。全文共 7 小節：1.引言；2.眼睛和外界的聯繫；3.突破形軀；4.內心的世界；5.眼睛和慾望；6.鏡子的作用；7.小結。

[51]本文透過洛夫詩歌中「鞋」的書寫，以呈現詩人對於現代社會的控訴。全文共 6 小節：1.引言；2.身體、衣飾、自我；3.身體、衣飾、語言；4.命運的播弄；5.對命運的回應；6.總結。

[52]本文分析洛夫詩中有關排泄的字詞與意象，再由「異質學」的角度，以探討排泄在其作品中所代表的意義。全文共 5 小節：1.引言；2.糞為何物：關於排泄的字詞與意象分析；3.排泄：同質耶？ 異質耶？；4.從異質到分解到虛無：廣義排泄，死亡與性；5.總結。

[53]本文以疾病意象與隱喻為研究主體，配合西方文學疾病理論，探討洛夫詩歌中所反映出的身體與想像的辨證關係。全文共 4 小節：1.引言；2.洛夫詩的疾病意象；3.洛夫詩的疾病隱喻；4.總結。

444

759. 孔令環　　杜甫對洛夫詩歌創作的影響　四川文理學院學報　第 18 卷第 6 期
　　　　　　　2008 年 11 月　頁 50—51

760. 沈　玲　　洛夫詩歌的隱喻語義認知模式研究　新學術　2008 年第 2 期
　　　　　　　2008 年　頁 121—127

761. 查　干　　感悟大宇宙之蒼茫詩意——洛夫詩的當代意義　詩潮　2009 年第
　　　　　　　1 期　2009 年 1 月　頁 72—73

762. 李翠瑛　　洛夫詩中「雪的意象」之意義及其情感表現[54]　臺北教育大學語文
　　　　　　　集刊　第 15 期　2009 年 1 月　頁 167—206

763. 李翠瑛　　修辭、意象與情感之表達——以洛夫詩中「雪」的意象為例　香
　　　　　　　港文學　第 308 期　2010 年 8 月　頁 20—25

764. 毛　伊　　因為洛夫的緣故　創世紀　第 158 期　2009 年 3 月　頁 62—63

765. 陳雪惠　　在眾荷喧嘩中拈花微笑——論洛夫詩中的禪[55]　第十六屆高雄師範
　　　　　　　大學國文系所友暨第三屆研究生學術研討會　高雄　高雄師範大
　　　　　　　學國文系主辦　2009 年 5 月 9 日

766. 陳雪惠　　在眾荷喧嘩中拈花微笑——論洛夫詩中的禪　高雄師範大學國文
　　　　　　　學系第十六屆所友暨第三屆研究生學術討論會論文集　高雄　高
　　　　　　　雄師範大學國文學系　2009 年 5 月　頁 159—190

767. 石廷宇　　未能遺忘的「創傷」世紀——（1956—1959）洛夫在創世紀詩社
　　　　　　　時期的詩與詩論　第三屆臺大、清大臺灣文學研究所研究生學術
　　　　　　　交流會　臺北　臺灣大學臺灣文學研究所主辦　2009 年 5 月 23 日

768. 劉正忠　　臺灣軍旅詩人作品的連鎖式閱讀〔洛夫部分〕　中文創意教學示
　　　　　　　例　臺北　里仁書局　2009 年 6 月　頁 219—237

769.〔丁旭輝編〕　解說　洛夫集　臺南　國立臺灣文學館　2009 年 7 月　頁

---

[54]本文從洛夫詩中大量出現的「雪」的意象，分析「雪」的意象在詩人過去的回憶、現在到未來。
　全文共 4 小節：1.前言：雪落無聲；2.雪與洛夫——雪的意象在洛夫生命歷程中的意義；3.雪的
　舞蹈——洛夫詩中雪的意涵與情感表達；4.結論：質變與創新。

[55]本文剖析洛夫詩中的禪意，讓讀者更容易進入其中的禪思天地。全文共 4 小節：1.前言；2.現代
　詩人和禪；3.洛夫詩中的禪；4.結語。

119 —136

770. 白　楊　　政治文化語境中的個體經驗表達——20 世紀 50 年代洛夫詩歌的寫作意識　臺港文學：文化生態與寫作範式考察　長春　吉林大學出版社　2009 年 9 月　頁 117—126

771. 白　楊　　政治文化語境中的個體經驗表達——20 世紀 50 年代洛夫詩歌的寫作意識　學術交流　2010 年第 10 期　2010 年 10 月　頁 172—175

772. 劉士傑　　蘊涵著魔化力量的詩的語言——漫論洛夫詩的語言藝術　信陽師範學院學報　第 29 卷第 5 期　2009 年 9 月　頁 112—115

773. 葉櫓，董迎春　　詩禪互動的審美效應——論洛夫的禪詩　華文文學　2009 年第 5 期　2009 年 10 月　頁 54—61

774. 葉　櫓　　詩禪互動的審美效應——論洛夫的禪詩　南京理工大學學報　第 23 卷第 2 期　2010 年 4 月　頁 46—52

775. 葉　櫓　　詩禪互動的審美效應——論洛夫的禪詩　詩探索　2010 年第 5 期　2010 年　頁 67—77

776. 葉　櫓　　詩禪互動的審美效應——論洛夫的禪詩　禪魔共舞：洛夫禪詩・超現實精品選　臺北　釀出版　2011 年 10 月　頁 307—328

777. 禤展圖　　洛夫論中國現代詩　佛山科學技術學院學報　第 27 卷第 6 期　2009 年 11 月　頁 42—45

778. 李翠瑛　　古今的流轉——論洛夫詩中典故的意象之轉換與再造　歐亞文化語境中的現當代漢語詩學學術研討會　臺北　中研院文哲所主辦　2009 年 12 月 17—18 日

779. 佘愛春　　臺灣現代主義詩歌的西化和民族化——以紀弦、余光中、洛夫為中心　華文文學　2009 年第 6 期　2009 年 12 月　頁 56—61

780. 李立平　　論洛夫的文化鄉愁與文化身份　懷化學院學報　第 29 卷第 3 期　2010 年 3 月　頁 79—81

781. 李翠瑛　　語言的匯流——洛夫詩觀、詩作分期與東西方詩質之融合重整與

　　　　　　　創新[56]　大河的對話——詩魔洛夫訪談錄　臺北　蘭臺出版社
　　　　　　　2010 年 4 月　頁 337—415

782. 王光明　冷戰時代兩地呼應的現代主義詩潮〔洛夫部分〕　香港文學　第
　　　　　　　305 期　2010 年 5 月　頁 36

783. 譚五昌　臺灣詩壇三巨柱〔洛夫部分〕　我的詩國（下）　臺北　文史哲
　　　　　　　出版社　2010 年 6 月　頁 912

784. 陳祖君　從「邊界望鄉」到「背向大海」：身體流放與地方錯置　香港文
　　　　　　　學　第 308 期　2010 年 8 月　頁 26—33

785. 馬衛華　三足鼎立的現代派詩社〔洛夫部分〕　20 世紀臺灣文學史略　北
　　　　　　　京　民族出版社　2010 年 10 月　頁 158—159

786. 陳芳明　現代詩藝的追求與成熟——詩的高速現代化〔洛夫部分〕　臺灣
　　　　　　　新文學史　臺北　聯經出版社　2011 年 10 月　頁 423—427

787. 龍彼德　引言　洛夫傳奇：詩魔的詩與生活　臺北　蘭臺出版社　2010 年
　　　　　　　10 月　頁 10—17

788. 龍彼德　引言　洛夫傳奇：詩魔的詩與生活　深圳　海天出版社　2012 年
　　　　　　　11 月　頁 1—6

789. 龍彼德　後記　洛夫傳奇：詩魔的詩與生活　臺北　蘭臺出版社　2010 年
　　　　　　　10 月　頁 310—314

790. 龍彼德　後記　洛夫傳奇：詩魔的詩與生活　深圳　海天出版社　2012 年
　　　　　　　11 月　頁 221—224

791. 陳智德　冷戰局勢下的臺、港現代詩運動：商禽、洛夫、瘂弦、白萩與戴
　　　　　　　天、馬覺、崑南、蔡炎培[57]　跨國的殖民記憶與冷戰經驗：臺灣文

---

[56]本文探討洛夫後期詩作如何融入古典情韻與超現實手法，及其之後所呈現創作技巧與風貌。全文
　　共 5 小節：1.前言；2.洛夫詩觀的流向——超現實主義與古典；3.天涯美學——洛夫詩歌風貌分
　　期；4.《魔歌》之後——開啟語言藝術之轉向與創作技巧之鎔鑄；5.結論——永續創作之道路與
　　大師的達成。

[57]本文探討在冷戰時代背景下，詩人商禽、洛夫、瘂弦、白萩與戴天、馬覺、崑南、蔡炎培如何以
　　現代主義策略回應時代，以創造出新的詩歌語言與理念。全文共小節：1.引論；2.「禁錮」和
　　「孤絕」；3.抗衡的聲音；4.語言的創建；5.結論。

學的比較文學研究國際學術研討會　新竹　清華大學臺灣文學研究所主辦　2010 年 11 月 19—20

| 792. | 陳智德 | 冷戰局勢下的臺、港現代詩運動：以商禽、洛夫、瘂弦、白萩與戴天、馬覺、崑南、蔡炎培為例　跨國的殖民記憶與冷戰經驗：臺灣文學的比較文學研究　新竹　清華大學臺灣文學研究所 2011 年 5 月　頁 409—434 |

793. 龍彼德　洛夫的意義　詩探索　2010 年第 5 期　2010 年　頁 56—66

794. 趙衛民　五十年代：西方與中國——洛夫的視象戲劇化　新詩啟蒙　臺北里仁書局　2011 年 2 月　頁 216—223

795. 程光煒　漢語新文學中的洛夫詩歌　華文文學　2011 年第 2 期　2011 年 4 月　頁 39—41

796. 荒　林　性別、鄉愁與洛夫詩歌的男性氣質美　華文文學　2011 年第 2 期 2011 年 4 月　頁 42—45

797. 張志國　洛夫詩歌在中國大陸的引介與傳播　華文文學　2011 年第 2 期 2011 年 4 月　頁 46—51

798. 陳政彥　風景，在唇上燃燒——試論洛夫詩中「火」意象表現的愛情、親情與詩情[58]　第二十屆詩學會議——現代情詩研討會　彰化　彰化師範大學國文系主辦　2011 年 5 月 20 日

799. 陳政彥　洛夫詩中的火　臺灣現代詩的現象學批評：理論與實踐　臺北萬卷樓圖書公司　2011 年 12 月　頁 81—102

800. 陳政彥　洛夫詩中「火」意象研究　國文學誌　第 23 期　2011 年 12 月 頁 127—148

801. 吳懷慈　詩人洛夫生平與詩作　錢南章《洛夫四首歌曲》之研究　實踐大學音樂學系　碩士論文　康美鳳，何康婷教授指導　2011 年 5 月 頁 26—35

---

[58]本文從火有傳遞情感與物質轉化為理念二種永恆，來分析洛夫詩中火的意象。全文共 4 小節：1.前言；2.火意象的傳遞情感功能；3.火意象蘊含詩之創造、寄託永恆功能；4.結語，後改篇名為〈洛夫詩中「火」意象研究〉。

802. 黃昱升　現代詩的晦澀與明朗——洛夫、余光中塑造的「李賀」[59]　語文瞭
望　第 1 期　2011 年 5 月　頁 95—118

803. 董正宇　洛夫與湖湘文化　南華大學學報　第 12 卷第 3 期　2011 年 6 月
頁 11—15

804. 陳義芝編　洛夫　Contemporary Taiwanese Literature and Art Series——
Poetry（當代臺灣文學藝術系列——詩歌卷）　臺北　中華民國筆
會　2011 年 7 月　頁 16

805. 陳仲義　論洛夫詩歌的藝術型構　臺灣研究集刊　2011 年第 4 期　2011 年
8 月　頁 78—85

806. 鄭智仁　現代詩人的返鄉之路——論七〇年代臺灣新詩的鄉愁空間演繹
〔洛夫部分〕　第八屆全國臺灣文學研究生學術論文研討會論文
集　臺南　國立臺灣文學館　2011 年 9 月　頁 263—293

807. 曾進豐　石室與天涯之間——談洛夫詩領域的流放美學　國文新天地　第
24 期　2011 年 10 月　頁 4—12

808. 蔡明諺　自我與外物：論洛夫的詩語言　國文新天地　第 24 期　2011 年
10 月　頁 13—26

809. 何　偉　不同軌跡的生命主體的穿越——余光中詩歌與洛夫詩歌之比較
重慶科技學院學報　2011 年第 22 期　2011 年　頁 110—111，121

810. 張志忠　鏡中之像‧像外之旨——洛夫詩作中的鏡像研究　中國現代文學
研究叢刊　2011 年第 2 期　2011 年　頁 78—93

811. 傅天虹　另尋天涯：漢語新詩的「漂木」——論洛夫的「天涯」美學　海
南師範大學學報　第 24 卷第 1 期　2011 年　頁 78—81

812. 謝冬冰　臺灣現代詩〔洛夫部分〕　多元文化與臺灣當代文學　北京　文
化藝術出版社　2011 年 12 月　頁 205—207

813. 王貝貝　悲劇生命體驗的「執」與「釋」——評洛夫的現代詩創作　蘭州

---

[59]本文從洛夫與余光中的「天狼星論戰」中對唐朝詩人李賀的認知來重新觀察兩者的詩論。全文共
5 小節：1.前言；2.李賀形象流變；3.余光中塑造的李賀形象；4.洛夫塑造的李賀形象；5.結語。

　　　　　　　　教育學院學報　第 28 卷第 2 期　2012 年 4 月　頁 31—32

814. 丁威仁　　典律的生成（上）——論「十大詩人票選」〔洛夫部分〕　戰後
　　　　　　　臺灣現代詩的演變與特質（1949—2010）　臺北　秀威資訊科技
　　　　　　　公司　2012 年 5 月　頁 253—263

815. 方環海，沈玲　　文本與身體的隱喻——洛夫詩歌論[60]　詩意的視界　上海
　　　　　　　學林出版社　2012 年 5 月　頁 29—47

816. 柴高潔　　永遠出發，永無抵達——洛夫詩路歷程考察　世界華文文學論壇
　　　　　　　2012 年第 2 期　2012 年 6 月　頁 40—44

817. 陶忘機著；蔡永琪譯　　通往離鄉背井之心——洛夫的詩歌漂泊[61]　異地繁花
　　　　　　　——海外臺灣文論選譯（下）　臺北　臺灣大學出版中心　2012
　　　　　　　年 8 月　頁 75—105

818. 丁旭輝　　新左岸詩話〔洛夫部分〕　臺灣詩學吹鼓吹論壇　第 15 期　2012
　　　　　　　年 9 月　頁 7

819. 陳政彥　　陳政彥詩話十則——洛夫　臺灣詩學吹鼓吹論壇　第 15 期　2012
　　　　　　　年 9 月　頁 113

820. 章繼光　　洛夫與中國古典詩學　中國韻文學刊　第 26 卷第 4 期　2012 年
　　　　　　　10 月　頁 102—106

821. 陳政彥　　現代詩運動成熟期（1959—1964）——詩人群像——洛夫　跨越
　　　　　　　時代的青春之歌——五、六〇年代臺灣現代詩運動　臺南　國立
　　　　　　　臺灣文學館　2012 年 10 月　頁 151—154

822. 王伊薇　　由「飲」意象解讀洛夫「新古典詩」　牡丹江師範學院學報
　　　　　　　2012 年第 3 期　2012 年　頁 50—53

823. 郭海軍，徐虹　　在中西詩美的相融互滲中萃取詩的靈性——淺論洛夫詩歌
　　　　　　　對漢語新詩的獨特貢獻　東北師大學報　2012 年第 5 期　2012 年
　　　　　　　頁 144—147

---

[60]本文從身體表達觀念出發，觀照詩人作品中涉及人體外皮系統的詞語結構。全文共 5 小節：1.引
　言；2.詩學隱喻的認知模式；3.隱喻語義認知觀；4.隱喻語義認知模式；5.結語。
[61]本文透過耙梳洛夫詩作的風格變化，探尋其中漂泊不定的主要因素。

824. 鄭智仁　戰後臺灣詩人的樂園書寫——古典的召喚，棲居的詩學：洛夫的文化歸宿　戰後臺灣新詩樂園書寫研究　東華大學中國語文學系博士論文　賴芳伶，蔣淑貞教授指導　2012 年　頁 183—219

825. 董正宇，黃慧　巨石之變——洛夫詩中「石」類意象探析　懷化學院學報第 32 卷第 1 期　2013 年 1 月　頁 60—63

826. 鍾明全　淺析現代禪詩的義式型態與書寫——以洛夫的禪詩為例　第七屆全國研究生文學符號學術研討會　嘉義　南華大學文學系主辦2013 年 5 月 25 日

分論

◆ 單行本作

論述

《詩人之鏡》

827. 陳芳明　鏡中鏡　鏡子和影子——現代詩評論　臺北　志文出版社　1974 年 3 月　頁 161—191

828. 陳芳明　鏡中鏡　大地　第 2 期　1982 年 3 月　頁 39—55

《洛夫詩論》

829. 王　原　我讀《洛夫詩論》　中華日報　1977 年 3 月 14 日　5 版

830. 〔出版家〕　《洛夫詩論選集》　出版家　第 56 期　1977 年 4 月　頁 76

詩

《靈河》

831. 蕭　蕭　那麼寂靜的鼓聲——《靈河》時期的洛夫　大地文學　第 1 期1978 年 10 月　頁 348—369

832. 蕭　蕭　那麼寂靜的鼓聲——《靈河》時期的洛夫　燈下燈　臺北　東大圖書公司　1980 年 4 月　頁 95—118

833. 蕭　蕭　那麼寂寞的鼓聲——《靈河》時期的洛夫　詩魔的蛻變——洛夫詩作評論集　臺北　詩之華出版社　1991 年 4 月　頁 301—322

834. 陳姿穎　洛夫現代詩重疊詞研究——以《靈河》為例　桃園農工學報　第 7

期　2012 年 4 月　頁 198—223

《石室之死亡》

835. 李英豪　論《石室之死亡》　石室之死亡　臺北　創世紀詩社　1965 年 1 月　頁 97—114

836. 李英豪　論洛夫《石室之死亡》　批評的視覺　臺北　文星書店　1966 年 1 月　頁 147—163

837. 李英豪　論洛夫《石室之死亡》　洛夫《石室之死亡》及相關重要評論 臺北　漢光文化公司　1988 年 6 月　頁 72—91

838. 李英豪　論洛夫《石室之死亡》　詩魔的蛻變——洛夫詩作評論集　臺北 詩之華出版社　1991 年 4 月　頁 323—336

839. 葛賢寧，上官予　近幾年來的新詩壇〔《石室之死亡》部分〕　五十年來 的中國詩歌　臺北　正中書局　1965 年 3 月　頁 229

840. 柳文哲〔趙天儀〕　詩壇散步——《石室之死亡》　笠　第 6 期　1965 年 4 月　頁 51—53

841. 趙天儀　洛夫《石室之死亡》　裸體的國王　臺北　香草山出版社　1976 年 6 月　頁 117—122

842. 金　劍　《石室之死亡》以及《朱夜小說選》　新文藝　第 114 期　1965 年 9 月　頁 17—20

843. 崔焰焜〔金劍〕　《石室之死亡》以及《朱夜小說選》　作品與作家　臺 北　水芙蓉出版社　1974 年 6 月　頁 65—72

844. 林亨泰　大乘的寫法——論《石室之死亡》　現代詩的基本精神：論真摯 性　臺北　笠詩刊社　1968 年 1 月　頁 45—67

845. 林亨泰　大乘的寫法　洛夫《石室之死亡》及相關重要評論　臺北　漢光 文化公司　1988 年 6 月　頁 92—103

846. 崔焰焜　論《石室之死亡》詩的思想　新文藝　第 147 期　1968 年 6 月 頁 54—60

847. 崔焰焜　論《石室之死亡》詩的思想　現代文藝評論集　臺中　光啓出版

社 1969 年 7 月 頁 91—101

848. 崔焰焜 論《石室之死亡》詩的思想 洛夫《石室之死亡》及相關重要評
論 臺北 漢光文化公司 1988 年 6 月 頁 104—115

849. 崔焰焜 論《石室之死亡》詩的思想 詩魔的蛻變——洛夫詩作評論集
臺北 詩之華出版社 1991 年 4 月 頁 337—346

850. 大 荒 談《石室之死亡》：致洛夫·五十四年一月二十七日 現代詩人
書簡集 臺中 普天出版社 1969 年 12 月 頁 47—49

851. 彭鏡禧 淺談洛夫詩集《石室之死亡》的主題與表現 臺大青年 1971 年
第 4 期 1971 年 12 月 頁 91—95

852. 張 默 單一與豐繁——談現代詩的意象（上、下）〔《石室之死亡》部
分〕 臺灣時報 1978 年 11 月 29—30 日 12 版

853. 張 默 單一與豐繁——談現代詩的意象〔《石室之死亡》部分〕 無塵
的鏡子 臺北 東大圖書公司 1981 年 9 月 頁 55—57

854. 蕭 蕭 現代詩導讀——《石室之死亡》 臺灣新聞報 1980 年 2 月 27 日
12 版

855. 李瑞騰 說鏡——現代詩中一個原型意象的試探〔《石室之死亡》部分〕
詩的詮釋 臺北 時報文化出版公司 1982 年 6 月 頁 153—157

856. 李瑞騰 說鏡——現代詩中一個原型意象的試探〔《石室之死亡》部分〕
中華現代文學大系（臺灣 1970—1989）評論卷（貳） 臺北 九
歌出版社 1989 年 5 月 頁 1056—1058

857. 李瑞騰 說鏡——現代詩中一個原型意象的試探〔《石室之死亡》部分〕
新詩學 臺北 駱駝出版社 1997 年 3 月 頁 88—91

858. 蕭 蕭 詩集與詩運（上）——洛夫《石室之死亡》 中央日報 1982 年
7 月 16 日 10 版

859. 蕭 蕭 詩集與詩運——洛夫《石室之死亡》 現代詩縱橫觀 臺北 文
史哲出版社 1991 年 6 月 頁 88—89

860. 林亨泰 現實觀的探求〔《石室之死亡》部分〕 創世紀 第 65 期 1984

　　　　　　　年 10 月　頁 211—212

861. 林亨泰　　現實觀的探求〔《石室之死亡》部分〕　林亨泰全集・文學論述
　　　　　　　卷 1　彰化　彰化縣立文化中心　1998 年 9 月　頁 213—218

862. 岩　　上　論詩想動向的秩序〔《石室之死亡》部分〕　孤岩的存在　臺中
　　　　　　　熱點文化出版公司　1984 年 12 月　頁 81—84

863. 許悔之　　石室內的賦格——初探《石室之死亡》兼論洛夫的「黑色時期」[62]
　　　　　　　文訊雜誌　第 25 期　1986 年 8 月　頁 151—169

864. 許悔之　　石室內的賦格——初探《石室之死亡》兼論洛夫的黑色時期　詩
　　　　　　　魔的蛻變——洛夫詩作評論集　臺北　詩之華出版社　1991 年 4
　　　　　　　月　頁 347—374

865. 劉龍勳　　《石室之死亡》評析　中國新詩賞析 3　臺北　長安出版社　1987
　　　　　　　年 2 月　頁 45—49

866. 張漢良　　論洛夫近期風格的演變（摘錄）[63]　洛夫《石室之死亡》及相關重
　　　　　　　要評論　臺北　漢光文化公司　1988 年 6 月　頁 148—161

867. 張　　默　從《靈河》到《魔歌》（摘錄）[64]　洛夫《石室之死亡》及相關重
　　　　　　　要評論　臺北　漢光文化公司　1988 年 6 月　頁 162—169

868. 陶忘機（John Balcom）　　Introduction　Death of stone cell　Monterey
　　　　　　　Taoran Press　1993 年 10 月　〔4〕頁

869. 龍彼德　　一項空前的實驗：《石室之死亡》　中國文化研究　1995 年夏季
　　　　　　　刊　1995 年 5 月　頁 94—100

870. 〔游喚，徐華中，張鴻聲編〕　　《石室之死亡》賞析　現代詩精讀　臺北
　　　　　　　五南圖書出版公司　1998 年 9 月　頁 135—137

871. 劉紅林　　現代化轉型：新的文學傾向的追求——彼岸的鑒照〔《石室之死
　　　　　　　亡》部分〕　百年中華文學史論：1898—2021　上海　華東師範

---

[62]本文主要由《石室之死亡》出發，旁及其他詩作，來討論洛夫在「黑暗時期」所呈現的生命感受
　　和形式。全文共 5 小節：1.前言；2.討論《石》集的詩想和形式；3.由存在主義出發；4.試探洛夫
　　詩中意義不凡的「獸」；5.嘗試建立一個可能趨近《石》詩的模式。
[63]本文摘錄原文中評論《石室之死亡》部分。
[64]本文摘錄原文中評論《石室之死亡》部分。

大學出版社　1999 年 9 月　頁 217

872. 丁旭輝　　艱澀外衣下的清晰意象——論水蔭萍、洛夫的超現實詩與北島的
　　　　　　　朦朧詩[65]　笠　第 233 期　2003 年 2 月　頁 83—130

873. 〔方群，孟樊，須文蔚主編〕　　一九六〇年代臺灣新詩概論〔《石室之死
　　　　　　　亡》部分〕　現代新詩讀本　臺北　揚智文化公司　2004 年 8 月
　　　　　　　頁 108—109

874. 翁文嫻　　臺灣現代詩在白話結構上的貢獻〔《石室之死亡》部分〕　創世
　　　　　　　紀　第 140、141 期合刊　2004 年 10 月　頁 104—105

875. 郭　楓　　從比較視角論笠詩社的特立風格——詩作比較：光影虛實間的藝
　　　　　　　術新定位〔《石室之死亡》部分〕　笠詩社四十週年國際學術研
　　　　　　　討會論文集　臺南　國家臺灣文學館籌備處　2004 年 11 月　頁
　　　　　　　95—97

876. 楊樹清　　武陽坑道的繆思：洛夫與《石室之死亡》　金門文藝　第 10 期
　　　　　　　2006 年 1 月　頁 118—121

877. 向　明　　續三：有時祇是詩的裝飾品　詩中天地寬　臺北　臺灣商務印書
　　　　　　　館　2006 年 3 月　頁 248—252

878. 曾貴海　　殖民戒嚴體制下的詩樂園〔《石室之死亡》部分〕　戰後臺灣反
　　　　　　　殖民與後殖民詩學　臺北　前衛出版社　2006 年 6 月　頁 61—62

879. 莫　傑　　尋書啓事　創世紀　第 158 期　2009 年 3 月　頁 65

880. 楊樹清　　重現詩碉堡——洛夫與《石室之死亡》的戰地年代　金門日報
　　　　　　　2011 年 1 月 7 日　6 版

881. 董正宇，樊水閘　　洛夫《石室之死亡》新探—兼論中國現代詩的「晦澀」
　　　　　　　傾向　湖南科技學院學報　第 33 卷第 1 期　2012 年 1 月　頁 39
　　　　　　　—43

882. 鄭淑蓉，朱立立　　由生死意象窺探洛夫詩歌的生命意識——以長詩《石室

---

[65]本文以水蔭萍日據時期作品、洛夫的《石室之死亡》及北島朦朧時期之詩作探討其三人在艱澀難
懂的詩語言外衣下所隱藏的三個共同意象。全文共 5 小節：1.前言；2.生存困境下自覺的語言策
略；3.心靈城堡的迷霧與路標；4.語言的革命與詩路的開拓；5.結語。

之死亡》爲例　魯東大學學報　第 29 卷第 2 期　2012 年 3 月　頁
42—46

《無岸之河》

883. 劉益州　洛夫《無岸之河》的時間設計[66]　文學人　第 21 期　2010 年 8 月
頁 87—99

《魔歌》

884. 林　綠　評《魔歌》　中外文學　第 3 卷第 8 期　1975 年 1 月　頁 225—
233

885. 林　綠　評《魔歌》　林綠自選集　臺北　黎明文化公司　1975 年 12 月
頁 235—240

886. 林　綠　評《魔歌》　中國文學批評年選　臺北　巨人出版社　1976 年 8
月　頁 438—446

887. 林　綠　評《魔歌》　文學評論集　臺北　國家出版社　1977 年 8 月　頁
45—56

888. 李秀玲　由詩集《魔歌》看洛夫的特徵　新潮　第 31 期　1976 年 1 月　頁
81—83

889. 喻麗清　《魔歌》讀後　書評書目　第 46 期　1977 年 2 月　頁 57—60

890. 李瑞騰　喜見《魔歌》再版　詩的詮釋　臺北　時報文化出版公司　1982
年 6 月　頁 335—340

891. 陳大爲　在語字中安排宇宙──論洛夫《魔歌》　臺灣文學經典研討會
臺北　行政院文建會主辦　1999 年 3 月 19—21 日

892. 陳大爲　在語字中安排宇宙──論洛夫《魔歌》　臺灣文學經典研討會論
文集　臺北　行政院文建會，聯經出版公司　1999 年 6 月　頁
201—216

---

[66]本文從時間順序觀察《無岸之河》中的作品，見證洛夫在現實客觀時間的流變下的設計巧思。全
文共 7 小節：1.研究目的及方法；2.時間的感受與觀照設計的幾種模式；3.「菓園」輯中的時間
設計；4.「太陽手札」輯中的時間設計；5.「灰燼之外」輯中的時間設計；6.「無岸之河」輯中
的時間設計；7.結語。

893. 陳大爲　　在語字中安排宇宙——論洛夫《魔歌》　創世紀　第 119 期
　　　　　　　1999 年 6 月　頁 14—21

894. 陳大爲　　在語字中安排宇宙——讀洛夫的《魔歌》　亞細亞的象形詩維
　　　　　　　臺北　萬卷樓圖書公司　2001 年 1 月　頁 31—46

895. 陳大爲　　在語字中安排宇宙——論洛夫《魔歌》　大河的雄辯：洛夫詩作
　　　　　　　評論集·第二部　臺北　創世紀詩雜誌社　2008 年 10 月　頁 259
　　　　　　　—271

896. 江中明　　洛夫名詩作《魔歌》，將以書法形式再版　聯合報　1999 年 10 月
　　　　　　　19 日　14 版

897. 宇文正　　洛夫古典書法寫《魔歌》　聯合報　1999 年 11 月 12 日　37 版

898. 江中明　　洛夫詩作書藝冶於一爐·《魔歌》中的卅四首作品以行草書體寫
　　　　　　　成　聯合報　1999 年 11 月 15 日　14 版

899. 楊佳嫻　　弄筆如舞魔棒——《魔歌》　文訊雜誌　第 221 期　2004 年 3 月
　　　　　　　頁 64

900. 陳學祈導讀；葉衽榤校訂　　平凡中見珍奇——洛夫《魔歌》　明道文藝
　　　　　　　第 405 期　2009 年 12 月　頁 49—54

901. 應鳳凰，傅月庵　　洛夫——《魔歌》　冊頁流轉——臺灣文學書入門 108
　　　　　　　臺北　印刻文學生活雜誌出版公司　2011 年 3 月　頁 52—53

《眾荷喧嘩》

902. 羊令野　　洛夫抒情詩選集《眾荷喧嘩》之後　青年戰士報　1976 年 6 月 14
　　　　　　　日　8 版

903. 羊令野　　《眾荷喧嘩》之後——洛夫抒情詩選集　千手千眼集　臺北　大
　　　　　　　林出版社　〔無出版年月〕　頁 1—5

904. 劉　菲　　讀《眾荷喧嘩》　青年戰士報　1976 年 6 月 14 日　8 版

905. 劉　菲　　讀《眾荷喧嘩》　評詩論藝　臺北　詩藝文出版社　1999 年 3 月
　　　　　　　頁 122—124

《時間之傷》

906. 張　默　我那黃銅色的皮膚——略談洛夫的《時間之傷》　臺灣新聞報
　　　1981 年 7 月 13 日　12 版

907. 張　默　我那黃銅色的皮膚——略談洛夫的《時間之傷》　無塵的鏡子
　　　臺北　東大圖書公司　1981 年 9 月　頁 179—186

908. 張　默　我那黃銅色的皮膚——略談洛夫的《時間之傷》　詩魔的蛻變—
　　　—洛夫詩作評論集　臺北　詩之華出版社　1991 年 4 月　頁 459
　　　—464

909. 張　堃　現代詩的見證——淺談現代詩和洛夫詩集《時間之傷》（1—2）
　　　臺灣日報　1981 年 9 月 14—15 日　8 版

910. 蕭　蕭　吐盡《時間之傷》的淤血　現代詩縱橫觀　臺北　文史哲出版社
　　　1991 年 6 月　頁 141—145

911. 金　劍　評洛夫的《時間之傷》詩集　美學與文學新論　臺北　臺灣商務
　　　印書館　2003 年 10 月　頁 239—246

《釀酒的石頭》

912. 應鳳凰　楓林小橋‧孤燈明滅〔《釀酒的石頭》部分〕　文訊雜誌　第 4
　　　期　1983 年 10 月　頁 187

913. 落　蒂　試評《釀酒的石頭》　腳印　第 13 期　1984 年 4 月　頁 4—12

914. 落　蒂　試評《釀酒的石頭》　中華文藝　第 160 期　1984 年 6 月　頁 90
　　　—97

《因爲風的緣故》

915. 葉維廉　戲謔與嚴肅的結合——《因爲風的緣故》平凡處見出奇　九歌雜
　　　誌　第 89 期　1988 年 7 月　2 版

916. 趙衛民　風的漩渦：評洛夫《因爲風的緣故》　聯合文學　第 50 期　1988
　　　年 12 月　頁 190—191

917. 文藝作品調查研究小組　《因爲風的緣故》　書林采風　臺北　國家文藝
　　　基金管理委員會　1992 年 6 月　頁 29—30

918. 趙衛民　洛夫的視象戲劇化　新詩啓蒙　臺北　業強出版社　2003 年 2 月

頁 155—163

919. 趙衛民　洛夫的視象戲劇化——從洛夫詩選《因爲風的緣故》談起　因爲風的緣故　臺北　九歌出版社　2008 年 1 月　頁 373—378

920. 徐開塵　《因爲風的緣故》，洛夫有聲詩集，朗讀給你聽　民生報　2005 年 8 月 27 日　A14 版

《愛的辯證》

921. 潘亞暾　探求者的足跡——洛夫詩集《愛的辯證》的賞析　詩魔的蛻變——洛夫詩作評論集　臺北　詩之華出版社　1991 年 4 月　頁 479—484

《詩魔之歌》

922. 熊國華　「詩魔」的藝術魅力——論洛夫的《詩魔之歌》　廣東教育學院學報　1993 年第 1 期　1993 年 2 月　頁 72—79

923. 熊國華　「詩魔」的藝術魅力——論洛夫的《詩魔之歌》　創世紀　第 93 期　1993 年 4 月　頁 86—93

924. 熊國華　「詩魔」洛夫　臺港文學選刊　1993 年第 11 期　1993 年 11 月　頁 20—21

925. 熊國華　詩魔的藝術魅力——論洛夫的《詩魔之歌》　創世紀四十年評論選：一九五四——一九九四·臺灣　臺北　創世紀詩雜誌社　1994 年 9 月　頁 233—248

《月光房子》

926. 費　勇　圓融自然，晶瑩透剔——評洛夫詩集《月光房子》　創世紀　第 83 期　1991 年 4 月　頁 128—129

927. 費　勇　圓融自然·晶瑩剔透——寫大千世界的《月光房子》　九歌雜誌　第 122 期　1991 年 4 月　2 版

《洛夫小詩選》

928. 小報文化公司　關於洛夫和《洛夫小詩選》　洛夫小詩選　臺北　小報文化出版社　1998 年 11 月　〔3〕頁

929. 夏　　墨　　《洛夫小詩選》　中央日報　1998 年 12 月 30 日　22 版

《雪落無聲》

930. 張　　默　　語言的舞者——《雪落無聲》　聯合報　1999 年 7 月 19 日　48
版

931. 張　　默　　語言的舞者——簡評洛夫詩集《雪落無聲》　臺灣現代詩筆記
臺北　三民書局　2004 年 1 月　頁 233—235

932. 沈　　奇　　蕭散詩意靜勝狂——讀洛夫詩集《雪落無聲》　臺港文學選刊
2000 年第 2 期　2000 年 2 月　45—47

933. 沈　　奇　　蕭散詩意靜勝狂——讀洛夫詩集《雪落無聲》　創世紀　第 122
期　2000 年 3 月　頁 106—111

934. 沈　　奇　　蕭散詩意靜勝狂——讀洛夫詩集《雪落無聲》　拒絕與再造：兩
岸現代漢詩論評　臺北　三民書局　2001 年 2 月　頁 169—178

935. 沈　　奇　　蕭散詩意靜勝狂——評洛夫詩集《雪落無聲》　沈奇詩學論集—
—臺灣詩人論評　北京　中國社會科學出版社　2005 年 8 月　頁
30—35

《洛夫·世紀詩選》

936. 沈　　奇　　現代詩的美學史——重讀洛夫[67]　洛夫·世紀詩選　臺北　爾雅出
版社　2000 年 5 月　頁 7—20

937. 沈　　奇　　重讀洛夫——《洛夫·世紀詩選》序　沈奇詩學論集——臺灣詩
人論評　北京　中國社會科學出版社　2005 年 8 月　頁 20—29

938. 沈　　奇　　現代詩的美學史——研讀洛夫　因為風的緣故　臺北　聯經出版
公司　2005 年 8 月　頁 10—24

939. 沈　　奇　　現代詩的美學史（代序）　雨想說的　廣州　花城出版社　2006
年 10 月　頁 1—11

940. 沈　　奇　　現代詩的美學史——重讀洛夫　大河的雄辯：洛夫詩作評論集·
第二部　臺北　創世紀詩雜誌社　2008 年 10 月　頁 70—78

---

[67]本文後改篇名為〈重讀洛夫——《洛夫·世紀詩選》序〉。

941. 沈　奇　　重讀洛夫——《洛夫・世紀詩選》序　誰永遠居住在詩歌的體內
　　　　　　　——兩岸詩論　臺北　唐山出版社　2009 年 8 月　頁 129—136

942. 吳　當　　在前衛與傳統之間——讀《洛夫・世紀詩選》　明道文藝　第 298
　　　　　　　期　2001 年 1 月　頁 54—59

943. 吳　當　　在前衛與傳統之間——《洛夫・世紀詩選》　兩棵詩樹　臺北
　　　　　　　爾雅出版社　2001 年 12 月　頁 13—21

944. 落　蒂　　爆裂的石榴——從《世紀詩選》看洛夫的藝術成就　兩棵詩樹
　　　　　　　臺北　爾雅出版社　2001 年 12 月　頁 9—15

《漂木》

945. 簡政珍　　在空境的蒼穹眺望永恆的向度——簡評《漂木》[68]　自由時報
　　　　　　　2001 年 1 月 2 日　35 版

946. 簡政珍　　在空境的蒼穹眺望永恆的向度——論洛夫的長詩《漂木》　漂木
　　　　　　　臺北　聯合文學出版社　2001 年 8 月　頁 6—19

947. 簡政珍　　意象「離心」的向心力——論洛夫的長詩《漂木》　一九八〇年
　　　　　　　以來臺灣當代文學學術研討會　高雄　中山大學中國文學系，高
　　　　　　　雄縣文化局　2001 年 9 月 29 日

948. 簡政珍　　在空境的蒼穹眺望永恆的向度——簡評《漂木》　創世紀　第 128
　　　　　　　期　2001 年 9 月　頁 42—43

949. 簡政珍　　在空境的蒼穹眺望永恆的向度——《漂木》　中央日報　2002 年
　　　　　　　1 月 7 日　19 版

950. 簡政珍　　意象「離心」的向心力——論洛夫的長詩《漂木》　漂木　北京
　　　　　　　國際文化出版公司　2006 年 9 月　頁 1—14

951. 簡政珍　　意象「離心」的向心力——論洛夫的長詩《漂木》　大河的雄
　　　　　　　辯：洛夫詩作評論集・第二部　臺北　創世紀詩雜誌社　2008 年
　　　　　　　10 月　頁 447—457

952. 簡政珍　　在空境的蒼穹眺望永恆的向度——論洛夫的長詩《漂木》　洛夫

---

[68] 本文後改篇名為〈意象「離心」的向心力——論洛夫的長詩《漂木》〉。

　　　　　　　詩歌全集 2　臺北　普音文化公司　2009 年 4 月　頁 162—176

953. 龍彼德　　飆升在新高度上的輝煌——喜讀洛夫的長詩《漂木》——《漂
　　　　　　　木》詩評一　自由時報　2001 年 4 月 1 日　35 版

954. 龍彼德　　飆升在新高度上的輝煌——喜讀洛夫的長詩《漂木》　漂木　臺
　　　　　　　北　聯合文學出版社　2001 年 8 月　頁 272—281

955. 龍彼德　　飆升在新高度上的輝煌——喜讀洛夫的長詩《漂木》　創世紀
　　　　　　　第 128 期　2001 年 9 月　頁 44—48

956. 龍彼德　　飆升在新高度上的輝煌——喜讀洛夫的長詩《漂木》　漂木　北
　　　　　　　京　國際文化出版公司　2006 年 9 月　頁 221—229

957. 白　靈　　虛擬實境與達觀詩學——讀洛夫《漂木》有感——《漂木》詩評
　　　　　　　二　自由時報　2001 年 4 月 2 日　35 版

958. 徐望雲　　漂木的旅程，人類的思維——洛夫長詩《漂木》賞析——《漂
　　　　　　　木》詩評三　自由時報　2001 年 4 月 3 日　39 版

959. 徐望雲　　漂木的旅程，人類的思路——洛夫長詩《漂木》賞析　大河的雄
　　　　　　　辯：洛夫詩作評論集・第二部　臺北　創世紀詩雜誌社　2008 年
　　　　　　　10 月　頁 477—483

960. 趙慧琳　　長詩集《漂木》問世，展現生存困境，洛夫實現思索的天涯美學
　　　　　　　聯合報　2001 年 8 月 15 日　14 版

961. 趙靜瑜　　洛夫《漂木》新書發表　自由時報　2001 年 8 月 15 日　40 版

962. 賴素鈴　　洛夫《漂木》長詩三千兩百多行出版，詩生涯半世紀里程碑，詩
　　　　　　　友自嘆弗如　民生報　2001 年 8 月 15 日　A9 版

963. 江世芳　　《漂木》三千行，洛夫健筆寫長詩　中國時報　2001 年 8 月 16 日
　　　　　　　21 版

964. 陳宛蓉　　洛夫長詩集《漂木》出版　文訊雜誌　第 192 期　2001 年 10 月
　　　　　　　頁 81

965. 向　明　　《漂木》的啓示　走在詩國邊緣　臺北　爾雅出版社　2002 年 11
　　　　　　　月　頁 123—128

966. 葉　櫓　　論《漂木》　臺灣詩學學刊　第 1 期　2003 年 5 月　頁 201—219

967. 葉　櫓　　《漂木》論　漂木　北京　國際文化出版公司　2006 年 9 月　頁 196—220

968. 葉　櫓　　《漂木》論　大河的雄辯：洛夫詩作評論集・第二部　臺北　創世紀詩雜誌社　2008 年 10 月　頁 458—476

969. 曾貴芬　　生命意識的覺醒——洛夫長詩《漂木》的剖析（上、下）　華文文學　2004 年第 2—3 期　2004 年　頁 54—58，41—46

970. 向憶秋　　生命的無常和宿命的無奈——洛夫《漂木》論　漳州師範學院學報　2004 年第 2 期　2004 年 6 月　頁 78—83

971. 陶忘機（John Balcom）　　Introduction　Driftwood: a poem　Brookline, MA　Zephyr Press　2007 年 5 月　〔7〕頁

972. 呂怡菁　　以時間、空間、語義的游離鋪陳文化飄泊之感——洛夫《漂木》尋找「心靈原鄉」的形式結構[69]　花大中文學報　第 2 期　2007 年 12 月　頁 217—252

973. 葉　櫓　　《漂木》：神秘的時間之旅　揚子江評論　2007 年第 3 期　2007 年　頁 82—87

974. 葉　櫓　　《漂木》的結構與意象　創世紀　第 153 期　2007 年 12 月　頁 66—75

975. 葉　櫓　　《漂木》的結構與意象　洛夫詩歌全集 4　臺北　普音文化公司　2009 年 4 月　頁 606—628

976. 葉　櫓　　《漂木》的結構與意象　洛夫詩全集（下）　南京　江蘇文藝出版社　2013 年 9 月　頁 580—595

977. 沈奇，孫金燕　　生命儀式的向晚仰瞻——洛夫長詩《漂木》散論　江漢大學學報　第 27 卷第 2 期　2008 年 4 月　頁 22—26

978. 沈奇，孫金燕　　生命儀式的向晚仰瞻——洛夫長詩《漂木》散論　大河的雄辯：洛夫詩作評論集・第二部　臺北　創世紀詩雜誌社　2008

---

[69]本文旨在說明《漂木》詩集在主題與表現形式上的獨到之處。

年 10 月　頁 540—554

979. 曾貴芬　在上帝的漠然中自我救拔——論洛夫長詩《漂木》中的宗教情懷　大河的雄辯：洛夫詩作評論集・第二部　臺北　創世紀詩雜誌社　2008 年 10 月　頁 484—511

980. 白　靈　回歸與出離——洛夫《漂木》的時空意涵[70]　大河的雄辯：洛夫詩作評論集・第二部　臺北　創世紀詩雜誌社　2008 年 10 月　頁 512—539

981. 白　靈　回歸與出離——洛夫《漂木》的時空意涵　桂冠與荊棘——白靈詩論集　北京　作家出版社　2008 年 11 月　頁 182—209

982. 向憶秋　洛夫：「身份」的漂浮與追問　大河的雄辯：洛夫詩作評論集・第二部　臺北　創世紀詩雜誌社　2008 年 10 月　頁 191—193

983. 鄒　凡　《漂木》：「失聲天涯的歌」　大河的雄辯：洛夫詩作評論集・第二部　臺北　創世紀詩雜誌社　2008 年 10 月　頁 555—579

984. 沈　奇　生命儀式的向晚仰瞻——洛夫長詩《漂木》散論　誰永遠居住在詩歌的體內——兩岸詩論　臺北　唐山出版社　2009 年 8 月　頁 142—152

985. 鄒　凡　《漂木》：悠揚歸夢與瀲落生涯糾結的絕響　全國博士生學術論壇：海外華文文學與詩學　廣州　中國教育部學位管理與研究生教育司，國務院學位委員會辦公室主辦　2010 年 3 月 7—11 日

986. 鄒　凡　《漂木》：悠揚歸夢與瀲落生涯的糾結體驗　暨南學報　2010 年第 3 期　2010 年 5 月　頁 76—81

987. 鄒　凡　《漂木》：悠揚歸夢與瀲落生涯糾結的絕響　華文文學　2010 年第 4 期　2010 年 8 月　頁 80—90

《洛夫禪詩》

988. 沈　奇　詩魔之禪——讀《洛夫禪詩》　洛夫禪詩　臺北　天使學園網路

---

[70] 本文以時空觀和混沌詩學的論點，討論詩中意象。全文共 5 小節：1.引言；2.《漂木》的臺灣意象和時空性格；3.《漂木》時空結構與洛夫的變形方式；4.混沌詩學與天涯美學；5.結語。

公司　2003 年 5 月　頁 35—40

989. 沈　奇　「詩魔」之「禪」——評《洛夫禪詩》集　華文文學　2004 年第 4 期　2004 年　頁 54—56

990. 沈　奇　詩魔之禪——評《洛夫禪詩》　沈奇詩學論集——臺灣詩人論評　北京　中國社會科學出版社　2005 年 8 月　頁 36—41

991. 沈　奇　詩魔之禪——讀《洛夫禪詩》　大河的雄辯：洛夫詩作評論集 · 第二部　臺北　創世紀詩雜誌社　2008 年 10 月　頁 201—205

992. 沈　奇　詩魔之禪——讀《洛夫禪詩》集　誰永遠居住在詩歌的體內——兩岸詩論　臺北　唐山出版社　2009 年 8 月　頁 137—141

993. 沈　奇　詩魔之禪　禪魔共舞：洛夫禪詩 · 超現實精品選　臺北　釀出版　2011 年 10 月　頁 301—306

994. 落　蒂　詩魔的禪詩——讀《洛夫禪詩》　人間福報　2003 年 8 月 21 日　11 版

995. 落　蒂　詩魔的禪詩——讀《洛夫禪詩》　文學人　第 3 期　2003 年 11 月　頁 91—92

996. 簡政珍　結構與空隙——臺灣現代詩美學初探〔《洛夫禪詩》部分〕　海峽兩岸現當代文學論集　臺北　臺灣學生書局　2004 年 2 月　頁 51—52

997. 董迎春　現代禪詩：當代詩寫與突圍之可能——以《洛夫禪詩》做例的考察　華文文學　2013 年第 4 期　2013 年 8 月　頁 106—113

《背向大海》

998. 須文蔚　開拓詩作的新疆界　中國時報　2007 年 8 月 4 日　E2 版

999. Keren Ann　《背向大海》　自由時報　2007 年 8 月 8 日　E5 版

1000. 顏艾琳　即知是詩是禪　聯合報　2007 年 8 月 12 日　E5 版

《禪魔共舞：洛夫禪詩 · 超現實精品選》

1001. 李翠瑛　禪亦頑童——向你的窗前探首　聯合報　2011 年 10 月 15 日　D3 版

1002. 向　明　　由詩而魔・由魔而禪——讀洛夫新詩集《禪魔共舞》　人間福報
　　　　　　　　2011 年 12 月 18 日　B4—5 版

散文
《一朵午荷》

1003. 棐　涵　　推介《一朵午荷》　中華日報　1971 年 4 月 6 日　5 版

1004. 亞　菁　　評介《一朵午荷》　中華日報　1979 年 8 月 20 日　9 版

1005. 孫　遲　　洛夫《一朵午荷》淺讀札記　中華文藝　第 105 期　1979 年 11
　　　　　　　　月　頁 196—200

1006. 苓　芷　　洛夫的心靈獨語——讀《一朵午荷》後記　書評書目　第 82 期
　　　　　　　　1980 年 2 月　頁 115—116

1007. 林　平　　我讀《一朵午荷》　愛書人　第 135 期　1980 年 3 月 1 日　3 版

1008. 冷　雲　　《一朵午荷》　中央日報　1980 年 3 月 26 日　11 版

1009. 向　陽　　眾荷不再喧嘩——讀洛夫散文集《一朵午荷》（上、下）　中華
　　　　　　　　日報　1980 年 4 月 10—11 日　10 版

1010. 楊昌年　　風裡芙蕖自有姿——淺析洛夫散文集《一朵午荷》　幼獅文藝
　　　　　　　　第 316 期　1980 年 4 月　頁 109—131

1011. 楊昌年　　風裡芙蕖自有姿——淺析洛夫散文集《一朵午荷》　風裡芙蕖自
　　　　　　　　有姿：楊昌年評論選集　臺北　文史哲出版社　2008 年 3 月　頁
　　　　　　　　184—210

1012. 金　劍　　論洛夫散文的境界　中華文藝　第 126 期　1981 年 8 月　頁 134
　　　　　　　　—137

1013. 金　劍　　論洛夫散文的境界　美學與文學新論　臺北　臺灣商務印書館
　　　　　　　　2003 年 10 月　頁 265—268

1014. 林永昌　　詩人的語言——我讀《一朵午荷》　中華日報　1982 年 11 月 5
　　　　　　　　日　10 版

1015. 鄭志敏　　詩人的心靈世界——談洛夫的《一朵午荷》　中華日報　1983 年
　　　　　　　　10 月 4 日　2 版

1016. 張　默　　共飲一杯香醇的美酒——《一朵午荷》淺讀札記　九歌雜誌　第
　　　　　　　　　　61 期　1986 年 3 月　3 版

《洛夫隨筆》

1017. 朱星鶴　　詩餘之外：簡介《洛夫隨筆》　文訊雜誌　第 21 期　1985 年 12
　　　　　　　　　　月　頁 227—231

1018. 朱星鶴　　詩餘之外——《洛夫隨筆》醇厚有致　九歌雜誌　第 66 期
　　　　　　　　　　1986 年 8 月　3 版

1019. 陳信元　　七十四年十月—十一月文學出版〔《洛夫隨筆》部分〕　文訊雜
　　　　　　　　　　誌　第 21 期　1985 年 12 月　頁 283

1020. 方　溯　　幽默雋永・精闢入微——《洛夫隨筆》有詩的意境　九歌雜誌
　　　　　　　　　　第 88 期　1988 年 6 月　3 版

《落葉在火中沉思》

1021. 楊　明　　《落葉在火中沉思》　中央日報　1998 年 7 月 24 日　22 版

1022. 張春榮　　每片落葉都是詩人的臉——洛夫《落葉在火中沉思》　文訊雜誌
　　　　　　　　　　第 159 期　1999 年 1 月　頁 25—26

1023. 張春榮　　每片落葉都是詩人的臉——洛夫《落葉在火中沉思》　現代散文
　　　　　　　　　　廣角鏡　臺北　爾雅出版社　2001 年 5 月　頁 202—205

《洛夫小品選》

1024. 小報文化公司　　關於洛夫和《洛夫小品選》　洛夫小品選　臺北　小報文
　　　　　　　　　　化出版社　1998 年 11 月　〔3〕頁

《雪樓小品》

1025. 無心草　　《雪樓小品》　自由時報　2006 年 8 月 9 日　E7 版

全集

《洛夫詩歌全集》

1026. 陳宛茜　　詩魔出全集——四大詩冊，歌詠洛夫人生　聯合報　2009 年 4 月
　　　　　　　　　　11 日　A10 版

◆多部作品

《靈河》、《石室之死亡》、《外外集》、《無岸之河》、《魔歌》

1027. 張春榮　　洛夫詩中的色調・黑與白[71]　中華文藝　第 76 期　1977 年 6 月
　　　　　　　　頁 238—257

1028. 張春榮　　洛夫詩中的色調：黑與白　詩學析論　臺北　東大圖書公司
　　　　　　　　1987 年 11 月　頁 205—229

1029. 張春榮　　洛夫詩中的色調・黑與白　洛夫《石室之死亡》及相關重要評論
　　　　　　　　臺北　漢光文化公司　1988 年 6 月　頁 170—191

1030. 張春榮　　洛夫詩中的色調：黑與白　詩魔的蛻變——洛夫詩作評論集　臺
　　　　　　　　北　詩之華出版社　1991 年 4 月　頁 241—260

《石室之死亡》、〈長恨歌〉

1031. 林亨泰　　中國現代詩風格與理論之演變〔《石室之死亡》、〈長恨歌〉部
　　　　　　　　分〕　林亨泰全集・文學論述卷 1　彰化　彰化縣立文化中心
　　　　　　　　1998 年 9 月　頁 191—202

《石室之死亡》、〈長恨歌〉、〈邊界望鄉——贈余光中〉

1032. 王光明　　冷戰時代的內心風景——論六十一—七十年代的臺灣現代詩〔《石
　　　　　　　　室之死亡》、〈長恨歌〉、〈邊界望鄉——贈余光中〉部分〕
　　　　　　　　文學世紀　第 32—33 期　2003 年 11—12 月　頁 58—59，45—
　　　　　　　　46，48

《石室之死亡》、《漂木》、〈非政治性的圖騰〉、〈天使的涅盤〉

1033. 簡政珍　　長詩的發展——長詩的美學〔《石室之死亡》、《漂木》、〈非
　　　　　　　　政治性的圖騰〉、〈天使的涅盤〉部分〕　臺灣現代詩美學　臺
　　　　　　　　北　揚智出版社　2004 年 7 月　頁 333—343，350—352

《石室之死亡》、《魔歌》

1034. 劉正忠　　洛夫前期詩的體液書寫——以《石室之死亡》與《魔歌》爲焦點

---

[71]本文從洛夫的《靈河》、《石室之死亡》、《外外集》、《無岸之河》、《魔歌》5 本詩集中特出的色
　調、意象，來討論洛夫對於存在情境的探索和詩人自身的覺識與體認。

[72] 臺大中文學報　第 31 期　2009 年 12 月　頁 311—359

《石室之死亡》、《漂木》

1035. 向憶秋　洛夫詩歌的死亡焦慮與身分焦慮——《石室之死亡》和《漂木》
解讀　「網路世紀‧故里情懷」2012 漳州詩歌節學術研討會　漳
州　福建漳州師範學院，明道大學中國文學系，臺灣詩學季刊社
主辦　2012 年 5 月 14 日

單篇作品

1036. 劉厚予　兩點質疑——讀〈論詩的本質〉有感　中央日報　1965 年 1 月
16 日　6 版

1037. 陳芳明　洛夫的〈灰燼之外〉　笠　第 25 期　1968 年 6 月　頁 14—15

1038. 吳　當　灰燼與光芒——賞析洛夫〈灰燼之外〉　拜訪新詩　臺北　爾雅
出版社　2001 年 2 月　頁 35—39

1039. 行　者　讀洛夫〈清明〉一詩　青年戰士報　1968 年 8 月 1 日　7 版

1040. 何金蘭　洛夫〈清明〉詩析論——高德曼結構主義方法之應用　中國現代
文學與教學國際研討會　臺北　中國文化大學中文系文藝創作組
主辦　1993 年 6 月 5—6 日

1041. 何金蘭　洛夫〈清明〉詩析論——高德曼結構主義詩歌分析方法之應用
臺灣詩學季刊　第 5 期　1993 年 12 月　頁 104—112

1042. 何金蘭　洛夫〈清明〉詩析論——高德曼結構主義方法之應用　中國現代
文學與教學國際研討會論文選集　臺北　國立編譯館　1997 年 4
月　頁 181—193

1043. 尹　玲　虛／實探索詩話〔〈清明〉部分〕　臺灣詩學吹鼓吹論壇　第 15
期　2012 年 9 月　頁 24

1044. 李英豪　塑造自我，超越自我——致洛夫〔〈雪崩〉〕　現代詩人書簡集
臺中　普天出版社　1969 年 12 月　頁 340—341

---

[72]本文以洛夫前期作品《石室之死亡》與《魔歌》兩部詩集，闡釋體液符碼如何扮演，自我、文本
與世界交涉的重要媒介。全文共 4 小節：1.前言；2.石室內的身體：阻塞與流出；3.魔怪主體之
歌：轉化與漫衍；4.結語。

1045. 張　默　〈雪崩〉論　幼獅文藝　第 216 期　1971 年 12 月　頁 226

1046. 張　默　試論洛夫的〈雪崩〉　飛騰的象徵　臺北　水芙蓉出版社　1976 年 9 月　頁 181—199

1047. 余光中　再見，虛無！〔〈天狼星論〉〕　掌上雨　臺北　大林出版社　1970 年 3 月　頁 151—164

1048. 余光中　再見，虛無！〔〈天狼星論〉〕　掌上雨　臺北　時報文化出版公司　1981 年 8 月　頁 165—178

1049. 蕭　蕭　商略黃昏雨——初評〈無岸之河〉　花之聲　臺北　仙人掌出版社　1970 年 5 月　頁 138—156

1050. 蕭　蕭　商略黃昏雨——初論〈無岸之河〉　從變調出發　臺中　普天出版社　1972 年 1 月　頁 136—154

1051. 蕭　蕭　商略黃昏雨——初論〈無岸之河〉　鏡中鏡　臺北　幼獅文化公司　1977 年 4 月　頁 13—28

1052. 蕭　蕭　商略黃昏雨——初論〈無岸之河〉　詩魔的蛻變——洛夫詩作評論集　臺北　詩之華出版社　1991 年 4 月　頁 375—390

1053. 蕭　蕭　箭徑·酸風·射眼——再論〈無岸之河〉　文藝月刊　第 13 期　1970 年 7 月　頁 125—133

1054. 蕭　蕭　箭徑·酸風·射眼——再論〈無岸之河〉　鏡中鏡　臺北　幼獅文化公司　1977 年 4 月　頁 29—50

1055. 蕭　蕭　雪落無聲——三論洛夫〈無岸之河〉　青溪　第 37 期　1970 年 7 月　頁 140—151

1056. 蕭　蕭　雪甚卻無聲——三論〈無岸之河〉　鏡中鏡　臺北　幼獅文化公司　1977 年 4 月　頁 51—64

1057. 蕭　蕭　細讀洛夫的一首詩〈無岸之河〉　現代詩學　臺北　東大圖書公司　1987 年 4 月　頁 351

1058. 大　荒　論〈月問〉　大學雜誌　第 33 期　1970 年 9 月　頁 43—46

1059. 黃榮村　評洛夫的〈白色之釀〉　龍族詩刊　第 5 期　1972 年 2 月　頁

54—55

1060. 杜國清　　評〈中國現代文學大系・詩集・序〉　笠　第 51 期　1972 年 10
　　　　　　　　月　頁 67—75

1061. 周　鼎　　現代詩解惑——另釋洛夫〈太陽手札〉　創世紀　第 31 期
　　　　　　　　1972 年 12 月　頁 93—100

1062. 周　鼎　　現代詩解惑——另釋洛夫〈太陽手札〉　洛夫《石室之死亡》及
　　　　　　　　相關重要評論　臺北　漢光文化公司　1988 年 6 月　頁 132—
　　　　　　　　147

1063. 高　準　　論中國新詩的風格發展與前途方向（中）〔〈石室之死亡（之五
　　　　　　　　十八）〉部分〕　大學雜誌　第 60 期　1972 年 12 月　頁 74—
　　　　　　　　75

1064. 高　準　　論中國現代詩的流變與前途方向——鋌而走險、病態發展的超現
　　　　　　　　實虛無〔〈石室之死亡（之五十八）〉部分〕　文學與社會——
　　　　　　　　一九七二——一九八一　臺北　文史哲出版社　1986 年 10 月　頁
　　　　　　　　85—87

1065. 蕭　蕭　　〈初生之黑——「石室之死亡」三節〉導讀　現代詩導讀（導讀
　　　　　　　　篇一）　臺北　故鄉出版社　1979 年 11 月　頁 104—107

1066. 張　健　　自由中國時期〔〈石室之死亡（之一）〉部分〕　中國現代詩
　　　　　　　　臺北　五南圖書出版公司　1984 年 1 月　頁 95—96

1067. 徐望雲　　詩的動作與表現〔〈石室之死亡（之一）〉部分〕　創世紀　第
　　　　　　　　65 期　1984 年 10 月　頁 225

1068. 周伯乃　　詩的語言〔〈石室之死亡（之八）〉部分〕　現代詩的欣賞
　　　　　　　　（一）　臺北　三民書局　1985 年 2 月　頁 25—28

1069. 葉維廉　　雙重的錯位：臺灣五六十年代的詩思〔〈石室之死亡（之一）部
　　　　　　　　分〕　創世紀　第 140、141 期合刊　2004 年 10 月　頁 60

1070. 古遠清　　當代臺灣新詩小史四之二〔〈石室之死亡（之一）〉部分〕　葡
　　　　　　　　萄園　第 174 期　2007 年 5 月　頁 42

1071. 林德俊　詩人與詩的死法〔〈石室之死亡（之一）〉部分〕　幼獅文藝　第 696 期　2011 年 12 月　頁 27

1072. 李　弦　洛夫〈長恨歌〉論　大地　第 7 期　1973 年 12 月　頁 47—54

1073. 彩　羽　論洛夫的〈長恨歌〉　大地　第 8 期　1974 年 3 月　頁 29—35

1074. 掌　杉　綜論洛夫的〈長恨歌〉　詩人季刊　第 2 期　1975 年 2 月　頁 6—14

1075. 掌　杉　綜論洛夫的〈長恨歌〉　詩魔的蛻變——洛夫詩作評論集　臺北　詩之華出版社　1991 年 4 月　頁 391—412

1076. 劉　菲　洛夫的〈長恨歌〉與幾首古詩的比較　創世紀　第 40 期　1975 年 4 月　頁 78—89

1077. 劉　菲　洛夫的〈長恨歌〉與幾首古詩的比較　長耳朵的窗　臺北　創世紀詩社　1980 年 12 月　頁 37—69

1078. 劉　菲　洛夫的〈長恨歌〉與幾首古詩的比較　詩心詩鏡　臺北　傳燈出版社　1989 年 6 月　頁 30—72

1079. 劉　菲　洛夫的〈長恨歌〉與幾首古詩的比較　詩魔的蛻變——洛夫詩作評論集　臺北　詩之華出版社　1991 年 4 月　頁 413—442

1080. 鄭明娳　現代詩中古典素材的運用〔〈長恨歌〉部分〕　當代文學氣象　臺北　光復書局　1988 年 4 月　頁 197

1081. 戴　達　古蝶在現代風中扇舞——品讀洛夫的〈長恨歌〉兼與白居易同題詩比較賞析　名作欣賞　1990 年第 2 期　1990 年 3 月　頁 21—22

1082. 王世傑　〈長恨歌〉賞析　世界華人詩歌鑑賞大辭典　太原　書海出版社　1993 年 3 月　頁 136—142

1083. 余欣娟　洛夫〈長恨歌〉的隱喻世界　第 6 屆青年文學會議　臺北　文訊雜誌社主辦　2002 年 11 月 8—9 日

1084. 余欣娟　洛夫〈長恨歌〉的隱喻世界　文訊雜誌　第 206 期　2002 年 12 月　頁 38

1085. 許俊雅　新詩教學——談新詩的標點符號與分行〔〈長恨歌〉部分〕　我心中的歌：現代文學星空　臺北　文史哲出版社　2006 年 6 月　頁 389—390

1086. 陳芳明　愛慾即真理〔〈長恨歌〉部分〕　聯合文學　第 286 期　2008 年 8 月　頁 17—18

1087. 銀　髮　現代詩初探——評洛夫的〈曉之外〉　創世紀　第 37 期　1974 年 7 月　頁 98—103

1088. 涂靜怡　從洛夫先生的〈魚語〉談起[73]　秋水詩刊　第 3 期　1974 年 7 月　頁 7—8

1089. 涂靜怡　〈魚語〉　怡園詩話　臺北　文泉出版社　1982 年 1 月　頁 21—25

1090. 蕭　蕭　〈魚語〉　現代詩入門　臺北　故鄉出版社　1982 年 2 月　頁 243—246

1091. 蕭　蕭　兩首動物類的詩〔〈魚語〉部分〕　漢廣詩刊　第 1 卷第 1 期　1982 年 3 月　頁 53—56

1092. 落　蒂　驚濤萬丈中的腳步聲——析洛夫〈魚語〉　詩的播種者　臺北　爾雅出版社　2003 年 2 月　頁 22—27

1093. 林　綠　詩的欣賞〔〈手術臺上的男子〉部分〕　隱藏的景　臺北　華欣文化事業中心　1974 年 9 月　頁 129—130

1094. 蕭　蕭　略論現代詩的小說企圖〔〈手術臺上的男子〉部分〕　鏡中鏡　臺北　幼獅文化公司　1977 年 4 月　頁 7—12

1095. 張　默　從繁複到清明——六十年代的新詩〔〈手術臺上的男子〉部分〕　文訊雜誌　第 13 期　1984 年 8 月　頁 102—103

1096. 許茂昌　試析洛夫的〈裸奔〉　詩人季刊　第 1 期　1974 年 11 月　頁 36—37

1097. 張漢良　〈裸奔〉導讀　現代詩導讀（導讀篇一）　臺北　故鄉出版社

---

[73]本文後改篇名為〈〈魚語〉〉。

1979 年 11 月　頁 113—115

1098. 莊雅州　從〈煙之外〉談起　鵝湖　第 3 期　1975 年 9 月　頁 53—55

1099. 張春榮　比較三首現代離別情詩——徐志摩〈偶然〉、鄭愁予〈錯誤〉、
洛夫〈煙之外〉　詩學析論　臺北　東大圖書公司　1987 年 11
月　頁 190—204

1100. 秦　嶽　詩的欣賞〔〈煙之外〉部分〕　雲天萬里情　臺中　臺中市立文
化中心　1994 年 6 月 31 日　頁 58—60

1101. 葉　櫓　洛夫〈煙之外〉　大海洋詩刊　第 84 期　2012 年 1 月　頁 17

1102. 周清嘯　捋虎鬚——論洛夫：〈詩的境界〉　龍族詩刊　第 15 期　1975
年 10 月　頁 62—68

1103. 趙嘉威　朝孤寂出發——試析譯幾首新詩〔〈邏輯之外〉部分〕　師鐸
第 4 期　1976 年 1 月　頁 65—66

1104. 辛　鬱　洛夫的〈獨飲十五行〉　青年戰士報　1976 年 5 月 31 日　8 版

1105. 張　翔　〈獨飲十五行〉作品賞析　星光燦爛的文學花園：現代文學知識
精華：散文・詩歌　臺北　雅書堂文化公司　2005 年 2 月　頁
493—496

1106. 黎　亮　談詩的色彩與音響〔〈隨雨聲入山而不見雨〉部分〕　臺灣新聞
報　1976 年 11 月 3 日　12 版

1107. 陳建宏　洛夫〈隨雨聲入山而不見雨〉　跨國界詩想：世華新詩評析　臺
北　唐山出版社　2003 年 12 月　頁 49—53

1108. 管　點　評洛夫的〈和你和我和蠟燭〉　詩人季刊　第 5 期　1977 年 5 月
頁 10—12

1109. 焦　桐　身體爭霸戰——試論情色詩的話語策略〔〈和你和我和蠟燭〉
部分〕　臺灣當代情色文學論：蕾絲與鞭子的交歡　臺北　時
報文化出版公司　1997 年 3 月　頁 219—220

1110. 焦　桐　身體爭霸戰——試論情色詩的話語策略〔〈和你和我和蠟燭〉
部分〕　20 世紀臺灣文學專題 2：創作類型與主題　臺北　萬

卷樓圖書公司　2006 年 9 月　頁 38

1111. 陳義芝　〈和你和我和蠟燭〉賞讀　爲了測量愛　臺北　聯合文學出版社
2006 年 6 月　頁 50

1112. 李瑞騰　釋洛夫的〈巨石之變〉　中華文藝　第 78 期　1977 年 8 月　頁
32—41

1113. 李瑞騰　釋洛夫的〈巨石之變〉　詩的詮釋　臺北　時報文化出版公司
1982 年 6 月　頁 67—78

1114. 李瑞騰　釋洛夫的〈巨石之變〉　新詩學　臺北　駱駝出版社　1997 年 3
月　頁 177—187

1115. 蕭　蕭　略論現代詩人自我生命的鑑照與顯影〔〈巨石之變〉部分〕　臺
灣詩學季刊　第 1 期　1992 年 12 月　頁 77—78

1116. 蕭　蕭　略論現代詩人自我生命的鑑照與顯影〔〈巨石之變〉部分〕　評
論十家 1　臺北　爾雅出版社　1993 年 12 月　頁 199—200

1117. 張　默　淺談現代詩的欣賞〔〈子夜讀信〉部分〕　文藝月刊　第 99 期
1977 年 9 月　頁 73—74

1118. 張　默　淺談現代詩的欣賞〔〈子夜讀信〉部分〕　無塵的鏡子　臺北
東大圖書公司　1981 年 9 月　頁 13—15

1119. 吳　當　〈子夜讀信〉賞析　國語日報　1994 年 2 月 18 日　8 版

1120. 李翠瑛　從譬喻中發展詩意——論洛夫〈子夜讀信〉一詩　細讀新詩的掌
紋　臺北　萬卷樓圖書公司　2006 年 3 月　頁 97—102

1121. 張春榮　姜夔〈念奴嬌〉和洛夫〈衆荷喧嘩〉的比較——兼談兩人詩論
文風　第 32 期　1978 年 1 月　頁 106—111

1122. 張春榮　姜夔〈念奴嬌〉與洛夫〈衆荷喧嘩〉的比較　幼獅文藝　第 294
期　1978 年 6 月　頁 194—207

1123. 張春榮　姜夔〈念奴嬌〉和洛夫〈衆荷喧嘩〉的比較　詩學析論　臺北
東大圖書公司　1987 年 11 月　頁 145—162

1124. 張春榮　姜夔〈念奴嬌〉與洛夫〈衆荷喧嘩〉的比較　詩魔的蛻變——洛

夫詩作評論集　臺北　詩之華出版社　1991 年 4 月　頁 443—
458

1125. 馮雨平　〈眾荷喧嘩〉賞析　世界華人詩歌鑑賞大辭典　太原　書海出版
社　1993 年 3 月　頁 144—146

1126. 余欣娟　〈眾荷喧嘩〉隨詩去旅行　風櫃上的演奏會——讀新詩遊臺灣
（自然篇）　臺北　幼獅文化公司　2007 年 6 月　頁 27—29

1127. 林繼生　試釋洛夫的〈魚〉　文風　第 33 期　1978 年 6 月　頁 60—62

1128. 羅　青　洛夫的〈午後印象〉　大華晚報　1979 年 2 月 11 日　7 版

1129. 羅　青　洛夫的〈午後印象〉　詩的照明彈　臺北　爾雅出版社　1994 年
8 月　頁 49—60

1130. 劉健君　讀——〈波撼岳陽城〉　中央日報　1979 年 11 月 26 日　10 版

1131. 張漢良　〈沙包刑場〉導讀　現代詩導讀（導讀篇一）　臺北　故鄉出版
社　1979 年 11 月　頁 99—101

1132. 張漢良　新詩導讀——〈沙包刑場〉　中華文藝　第 106 期　1979 年 12
月　頁 182—184

1133. 張　默　洛夫／〈沙包刑場〉　小詩選讀　臺北　爾雅出版社　1987 年 5
月　頁 35—39

1134. 仇小屏　談幾種章法在新詩裡的運用〔〈沙包刑場〉部分〕　國文天地
第 181 期　2000 年 6 月　頁 86—87

1135. 唐　捐　〈沙包刑場〉評析　臺灣現代文學教程：當代文學讀本　臺北
二魚文化公司　2002 年 8 月　頁 25—26

1136. 文曉村　〈石榴樹〉評析　寫給青少年的新詩評析一百首（上）　臺北
布穀出版社　1980 年 4 月　頁 96

1137. 文曉村　〈石榴樹〉評析　新詩評析一百首（上）　臺北　黎明文化公司
1981 年 3 月　頁 110—111

1138. 金　劍　評介洛夫的〈我在長城上〉　新文藝　第 290 期　1980 年 5 月
頁 43—47

1139. 落　蒂　　洛夫〈午夜削梨〉賞析　青青草原　雲林　青草地雜誌社　1981
　　　　　　　　年4月　頁53—54

1140. 落　蒂　　〈午夜削梨〉　中學新詩選讀　雲林　青草地雜誌社　1982年2
　　　　　　　　月　頁51—54

1141. 李瑞騰　　耐心・細心・同情心〔〈午夜削梨〉部分〕　新詩學　臺北　駱
　　　　　　　　駝出版社　1997年3月　頁36—39

1142. 余光中　　余光中說洛夫〈午夜削梨〉的超現實手法　名作欣賞　2005年第
　　　　　　　　21期　2005年11月　頁1

1143. 向　陽　　春與秋其代序——對洛夫先生〈詩壇春秋三十年〉一文的幾點意
　　　　　　　　見　臺灣日報　1982年6月25日　8版

1144. 向　陽　　春與秋其代序——對洛夫先生〈詩壇春秋三十年〉一文的幾點意
　　　　　　　　見　陽光小集　第9期　1982年6月　頁7—10

1145. 司馬運　　既無史識，又欠史實〔〈詩壇春秋三十年〉〕　陽光小集　第9
　　　　　　　　期　1982年6月　頁11

1146. 羅　門　　《藍星》是這個樣子嗎？〔〈詩壇春秋三十年〉〕　陽光小集
　　　　　　　　第9期　1982年6月　頁12—13

1147. 文曉村　　魔鬼與暗箭〔〈詩壇春秋三十年〉〕　陽光小集　第9期　1982
　　　　　　　　年6月　頁17—20

1148. 文曉村　　魔筆與暗箭——讀〈詩壇春秋三十年〉有感　葡萄園詩論　臺北
　　　　　　　　詩藝文出版社　1997年11月　頁114—118

1149. 涂靜怡　　可笑的〈詩壇春秋三十年〉　陽光小集　第9期　1982年6月
　　　　　　　　頁20—22

1150. 喬　林　　談「中國現代詩發展史」〔〈詩壇春秋三十年〉〕　陽光小集
　　　　　　　　第9期　1982年6月　頁22—24

1151. 張騰蛟　　詩壇風雲〔〈詩壇春秋三十年〉〕　秋水詩刊　第35期　1982
　　　　　　　　年6月　頁4—5

1152. 麥　穗　　讀〈詩壇春秋三十年〉有感　秋水詩刊　第35期　1982年6月

頁 8—10

1153. 郭成義　貓與老虎魚和雪——對洛夫〈詩壇春秋三十年〉文中的一點反響
　　　笠　第 110 期　1982 年 8 月　頁 8—11

1154. 郭成義　貓和老虎魚和雪——對洛夫〈詩壇春秋三十年〉文中的一點反響
　　　詩人的作業　臺北　秀威資訊科技公司　2011 年 12 月　頁 203
　　　—210

1155. 錦　連等[74]　「笠的語言問題」〔〈詩壇春秋三十年〉〕　笠　第 110 期
　　　1982 年 8 月　頁 11—15

1156. 李瑞騰　唇與吻之間——《當代詩人情詩選》的考察〔〈唇〉部分〕　詩
　　　的詮釋　臺北　時報文化出版公司　1982 年 6 月　頁 181—182

1157. 向明，蕭蕭　向明、蕭蕭評〈血的再版〉　創世紀　第 58 期　1982 年 6
　　　月　頁 5—6

1158. 沙　穗　臍帶的兩端——談洛夫的〈血的再版〉　創世紀　第 69 期
　　　1986 年 12 月　頁 67—73

1159. 沙　穗　臍帶的兩端——談洛夫的〈血的再版〉　臍帶的兩端　屏東　屏
　　　東縣文化局　2004 年 10 月　頁 139—152

1160. 向　明　臺灣詩中的月亮〔〈血的再版〉〕　文學報　1988 年 8 月 25 日
　　　3 版

1161. 簡文志　洛夫〈血的再版〉探析　中國現代文學理論季刊　第 16 期
　　　1999 年 12 月　頁 511—526

1162. 曾琮琇　從扮裝到變裝〔〈血的再版〉部分〕　嬉遊記：八〇年代以降臺
　　　灣「遊戲」詩論　成功大學中國文學系　碩士論文　陳昌明教授
　　　指導　2006 年 7 月　頁 112—113

1163. 曾琮琇　從扮裝到變裝〔〈血的再版〉部分〕　臺灣當代遊戲詩論　臺北
　　　爾雅出版社　2009 年 1 月　頁 113—114

1164. 苦　苓　鄉關何處——看一九八三年現代詩中的鄉愁〔〈雨天訪友〉部

---

[74]與會者：錦連、李魁賢、白萩、杜榮琛、陳千武；紀錄：何麗玲。

分〕　1983 臺灣詩選　臺北　前衛出版社　1984 年 4 月　頁 147
—148

1165. 蕭　蕭　　水來我在水中等妳〔〈愛的辯證〉〕　感人的詩　臺北　希代書
版公司　1984 年 12 月　頁 243—247

1166. 蕭　蕭　　〈愛的辯證〉鑑賞與寫作指導　中學生現代詩手冊　臺北　翰林
出版公司　1999 年 9 月　頁 121—126

1167. 仇小屏　　洛夫〈愛的辯證（一題二式）〉賞析　放歌星輝下——中學生新
詩閱讀指引　臺北　三民書局　2002 年 8 月　頁 82—89

1168. 張　默　　洛夫〈愛的辯證〉賞析　小詩選讀　臺北　爾雅出版社　2002 年
8 月　頁 82—83

1169. 向　明　　重頭歌韻響琤琮——《七十三年詩選》導言〔〈蟋蟀之歌〉部
分〕　文訊雜誌　第 16 期　1985 年 2 月　頁 203

1170. 向　明　　重頭歌韻響琤琮——《七十三年詩選》導言〔〈蟋蟀之歌〉部
分〕　七十三年詩選　臺北　爾雅出版社　1985 年 3 月　頁 8

1171. 蕭　蕭　　〈雨中過辛亥隧道〉編者按語　七十二年詩選　臺北　爾雅出版
社　1985 年 6 月　頁 70—71

1172. 簡政珍　　八〇年代詩美學——詩和現實的辯證——時間和自我〔〈雨中過
辛亥隧道〉部分〕　臺灣現代詩史論：臺灣現代詩史研討會實錄
臺北　文訊雜誌社　1996 年 3 月　頁 482—483

1173. 翁光宇　　洛夫〈舞者〉　臺灣新詩　廣州　花城出版社　1985 年 8 月　頁
82—88

1174. 翁光宇　　〈舞者〉小評　詩魔的蛻變——洛夫詩作評論集　臺北　詩之華
出版社　1991 年 4 月　頁 475—478

1175. 方　忠　　〈舞者〉賞析　古今中外朦朧詩鑑賞辭典　鄭州　中州古籍出版
社　1990 年 11 月　頁 480—481

1176. 古遠清，章亞昕　　怎樣讀現代詩〔〈舞者〉部分〕　幼獅文藝　第 460 期
1992 年 4 月　頁 42—46

1177. 沈花末　〈形而上的遊戲〉小評　1985 臺灣詩選　臺北　前衛出版社
　　　1986 年 3 月　頁 195—200

1178. 李元洛　一闋動人的鄉愁變奏曲——讀洛夫〈邊界望鄉〉　名作欣賞
　　　1986 年第 5 期　1986 年 9 月　頁 15

1179. 李元洛　一闋動人的鄉愁變奏曲——讀洛夫〈邊界望鄉〉　創世紀　第 72
　　　期　1987 年 12 月　頁 136—145

1180. 李　檳　界牌邊一朵咯血的杜鵑——讀洛夫詩〈邊界望鄉〉　臺港與海外
　　　華文文學評論和研究　1996 年第 2 期　1996 年 6 月　頁 73—74

1181. 林　玲　香港已歸共，邊界猶望鄉〔〈邊界望鄉——贈余光中〉〕　中華
　　　日報　1997 年 8 月 21 日　16 版

1182. 〔吳開晉，耿建華主編〕　　相思始覺海非深〔〈邊界望鄉——贈余光中〉
　　　部分〕　三千年詩話　南昌　江西高校出版社　1998 年 6 月　頁
　　　308—309

1183. 簡政珍　詩與現實——早期臺灣現代詩的現實觀照——七〇年代〔〈邊界
　　　望鄉——贈余光中〉部分〕　臺灣現代詩美學　臺北　揚智出版
　　　社　2004 年 7 月　頁 100—102

1184. 施筱雲　譬喻和轉化——談「你不妨搖曳著一頭的蓬草，不妨縱容你滿腮
　　　的苔蘚」的修辭〔〈邊界望鄉——贈余光中〉部分〕　國文天地
　　　第 254 期　2006 年 7 月　頁 87

1185. 陳仲義　啟夕秀於未振——重讀臺灣名詩人名作——內外宇宙，玩轉於股
　　　掌間——讀洛夫〈望鄉〉　世界華文文學論壇　2008 年第 1 期
　　　2008 年 3 月　頁 20—21

1186. 陳仲義　啟夕秀於未振——重讀臺灣名詩人名作——內外宇宙，玩轉於股
　　　掌間——讀洛夫〈邊界望鄉〉　香港文學　第 279 期　2008 年 3
　　　月　頁 80—82

1187. 陳仲義　內外宇宙，玩轉於股掌間——讀洛夫〈邊界望鄉〉　大河的雄
　　　辯：洛夫詩作評論集‧第二部　臺北　創世紀詩雜誌社　2008 年

10 月　頁 251—254

1188. 董正宇，劉春林　　鄉愁的兩種表達式——余光中〈鄉愁〉與洛夫〈邊界望
鄉〉比較　湖南工業大學學報　第 17 卷第 3 期　2012 年 6 月
頁 139—145

1189. 宋尙詩　中國古典詩意的現代轉換——以余光中〔〈五陵少年〉〕、洛夫
〔〈邊界望鄉〉〕和鄭愁予〔〈殘堡〉〕的幾首詩爲例　名作欣
賞　2013 年第 9 期　2013 年　頁 87—90

1190. 林明德　〈金龍禪寺〉評析　中國新詩賞析 3　臺北　長安出版社　1987
年 2 月　頁 77—81

1191. 李　勇　對稱與畸變——洛夫〈金龍禪寺〉解讀　中國文學新思維（下）
嘉義　南華大學　2000 年 7 月　頁 678—687

1192. 林翠華　古今禪思——比較王維〈過香積寺〉與洛夫〈金龍禪寺〉　國文
天地　第 230 期　2004 年 7 月　頁 60—63

1193. 劉三變　反常合道爲趣——淺談洛夫的〈金龍禪寺〉及其他　乾坤詩刊
第 35 期　2005 年 7 月　頁 71—75

1194. 李翠瑛　雲、月與燈之悟——洛夫〈金龍禪寺〉一詩的修辭及意象　細讀
新詩的掌紋　臺北　萬卷樓圖書公司　2006 年 3 月　頁 87—96

1195. 須文蔚　〈金龍禪寺〉作品賞析　閱讀文學地景‧新詩卷　臺北　行政院
文建會　2008 年 4 月　頁 36

1196. 楊　子　府城之星‧舊城之月——啼時驚妾夢〔〈寄鞋〉〕　聯合報
1987 年 3 月 30 日　8 版

1197. 楊　子　啼時驚妾夢〔〈寄鞋〉〕　桃花源　臺北　九歌出版社　1988 年
9 月　頁 22—24

1198. 張拓蕪　讀鞋〔〈寄鞋〉〕　聯合報　1987 年 4 月 20 日　8 版

1199. 向　明　間關千里寄詩思〔〈寄鞋〉〕　客子光陰詩卷裡　臺北　耀文圖
書公司　1993 年 5 月　頁 90

1200. 向　明　間關千里寄詩思〔〈寄鞋〉〕　和你輕鬆談詩：向明新詩話　臺

　　　　　　　北　詩藝文出版社　2004 年 12 月　頁 90—92

1201. 李標晶　　洛夫的〈寄鞋〉　20 世紀中國文學通史　上海　東方出版中心
　　　　　　　2003 年 9 月　頁 572—573

1202. 林秀蓉　　洛夫〈寄鞋〉評析　文學與人生：文學心靈的生命地圖　臺北
　　　　　　　三民書局　2005 年 8 月　頁 256—257

1203.〔沈花末主編〕　　〈近乎悲哀的體溫〉賞析　鏡頭中的新詩　臺北　漢光
　　　　　　　文化公司　1987 年 7 月　頁 29

1204. 周　粲　　洛夫的〈剔牙〉　藍星詩刊　第 12 期　1987 年 7 月　頁 98—
　　　　　　　100

1205. 陳幸蕙　　小詩悅讀（二）——〈剔牙〉迷你賞析　明道文藝　第 336 期
　　　　　　　2004 年 3 月　頁 34—35

1206. 李元洛　　想得妙，寫得也妙——讀洛夫〈與李賀共飲〉　創世紀　第 71
　　　　　　　期　1987 年 8 月　頁 100—105

1207. 李元洛　　想得妙，寫得也妙——讀洛夫的〈與李賀共飲〉　詩魔的蛻變—
　　　　　　　—洛夫詩作評論集　臺北　詩之華出版社　1991 年 4 月　頁 465
　　　　　　　—474

1208. 胡中山　　〈與李賀共飲〉賞析　古今中外朦朧詩鑑賞辭典　鄭州　中州古
　　　　　　　籍出版社　1990 年 11 月　頁 481—484

1209. 襲韻蘅　　現代詩與現代畫〔〈與李賀共飲〉部分〕　國文天地　第 115 期
　　　　　　　1994 年 12 月　頁 68

1210. 柳　青　　女媧煉石補天處・石破天驚逗秋雨——洛夫〈與李賀共飲〉欣賞
　　　　　　　中學語文　2011 年第 2 期　2011 年　頁 9—10

1211. 張　健　　評詩兩首〔〈秋來〉部分〕　中央日報　1987 年 9 月 18 日　10
　　　　　　　版

1212. 張　健　　評詩兩首〔〈秋來〉部分〕　文學的長廊　臺北　幼獅文化公司
　　　　　　　1990 年 8 月　頁 110—111

1213. 李元洛　隔海的心——讀臺灣詩人洛夫的〈水祭〉[75]　湖南文學　第 9 期　1987 年 9 月　頁 32—34

1214. 盧斯飛　一瓣心香祭詩魂——洛夫〈水祭〉賞析　語文學刊　1992 年第 2 期　1992 年 4 月　頁 47—49

1215. 張　默　〈白色墓園〉編者按語　七十六年詩選　臺北　爾雅出版社　1988 年 3 月　頁 69

1216. 蔣　匡　〈白色墓園〉賞析　世界華人詩歌鑑賞大辭典　太原　書海出版社　1993 年 3 月　頁 133—136

1217. 吳　當　戰爭的悲歌——試析〈白色墓園〉　新詩的智慧　臺北　爾雅出版社　1997 年 2 月　頁 167—173

1218. 和　權　還鄉的狂喜——試論洛夫的〈車上讀杜甫〉　論析現代詩　香港　銀河出版社　1988 年 11 月　頁 146—158

1219. 和　權　還鄉的狂喜——試論洛夫的〈車上讀杜甫〉　華文現代詩鑑賞　臺北　新銳文創　2012 年 10 月　頁 252—268

1220. 李元洛　中國詩歌傳統的創造性轉化——臺灣與海外新詩一面觀〔〈車上讀杜甫〉部分〕　臺灣香港澳門暨海外華文文學論文選　福州　海峽文藝出版社　1993 年 3 月　頁 74—75

1221. 陳允元　命名、記憶與詮釋——戰後臺灣現代詩的「街道命名」書寫——符旨的追尋與失落〔〈車上讀杜甫〉部分〕　臺灣詩學學刊　第 7 期　2006 年 5 月　頁 61—64

1222. 施國英　〈一朵午荷〉　中國現代散文欣賞辭典　上海　漢語大詞典出版社　1990 年 1 月　頁 676—682

1223. 曹明海　一首陰沉冷峻的生命悲愴曲——讀洛夫散文〈詮釋〉　名作欣賞　1990 年第 3 期　1990 年 5 月　頁 49—51

1224. 簡政珍　詩和蒙太奇〔〈三張犁靶場〉〕　詩的瞬間狂喜　臺北　時報文化出版公司　1991 年 9 月　頁 61—63

---

[75] 本文後改篇名為〈〈水祭〉賞析〉。

1225. 李　　志　　〈鞋聲〉賞析　臺灣散文鑑賞辭典　太原　北岳文藝出版社　
1991 年 12 月　頁 543—544

1226. 湯玉琦　　〈吉首夜市〉——賞析洛夫詩作的意境　明道文藝　第 191 期　
1992 年 2 月　頁 145—151

1227. 湯玉琦　　〈吉首夜市〉——賞析洛夫詩作的意境　創世紀　第 88 期　
1992 年 4 月　頁 100—103

1228. 林煥彰　　現代詩的解說〔〈霧之外〉〕　詩・評介和解說　宜蘭　宜蘭縣
立文化中心　1992 年 6 月　頁 93—95

1229. 阮美慧　　現代主義的推移與本土派文學勢力的茁壯——本土詩學的醞釀
〔〈霧之外〉部分〕　臺灣精神的回歸：六、七〇年代臺灣現代
詩風的轉折　成功大學中國文學系　博士論文　呂興昌教授指導
2002 年 6 月　頁 154—155

1230. 程光偉　　詩歌的語言空地：讀洛夫的〈窗下〉　寫作　1993 年第 2 期　
1993 年 2 月　頁 28—36

1231. 李紹華　　〈窗下〉的意象解讀　名作欣賞　1999 年第 4 期　1999 年 7 月　
頁 17—19

1232. 高　　巍　　〈死亡的修辭學〉賞析　世界華人詩歌鑑賞大辭典　太原　書海
出版社　1993 年 3 月　頁 131—133

1233. 傅漫漫　　〈靈河〉賞析　世界華人詩歌鑑賞大辭典　太原　書海出版社　
1993 年 3 月　頁 142—144

1234. 周瑟瑟　　〈月亮・一把雪亮的刀子〉賞析　世界華人詩歌鑑賞大辭典　太
原　書海出版社　1993 年 3 月　頁 146—147

1235. 周志文　　〈因為風的緣故〉　我喜愛的一首詩（一）　高雄　河畔出版社　
1993 年 5 月　頁 231—233

1236. 洪淑苓　　新娘與老妻——男詩人筆下的妻子〔〈因為風的緣故〉部分〕　
現代詩新版圖　臺北　秀威資訊科技公司　2004 年 9 月　頁 169
—170

1237. 鄭明娳　　洛夫〈井邊物語〉　活水詩粹　臺北　活水文化雙周報社　1993
　　　　　　　　年 10 月　頁 16—17

1238. 瘂　弦　　〈絕句十三帖〉編者按語　八十二年詩選　臺北　現代詩季刊社
　　　　　　　　1994 年 6 月　頁 63—64

1239. 林燿德　　論洛夫〈杜甫草堂〉中的「時間」與「空間」　創世紀　第 102
　　　　　　　　期　1995 年 3 月　頁 100—107

1240. 杜十三　　〈杜甫草堂〉小評　八十三年詩選　臺北　現代詩季刊社　1995
　　　　　　　　年 5 月　頁 133

1241. 溫　古　　怎樣讀洛夫的〈清苦十三峰〉　盲人膝上　蘇州　金陵出版社
　　　　　　　　1995 年 10 月　頁 105—106

1242. 黃　梁　　新詩點評——〈蟹爪花〉　國文天地　第 138 期　1996 年 11 月
　　　　　　　　頁 73—74

1243. 吳　當　　戰爭的回憶——試析洛夫〈時間之傷〉　新詩的智慧　臺北　爾
　　　　　　　　雅出版社　1997 年 2 月　頁 151—159

1244. 魚　川　　魚川讀詩〔〈初雪〉〕　中央日報　1997 年 4 月 28 日　18 版

1245. 魚　川　　洛夫的〈初雪〉　魚川讀詩　臺北　三民書局　1998 年 1 月　頁
　　　　　　　　117—126

1246. 蕭　蕭　　〈初雪〉編者按語　八十九年詩選　臺北　臺灣詩學季刊雜誌社
　　　　　　　　2001 年 4 月　頁 151

1247. 丁旭輝　　標點符號在現代詩中的意義與節奏功能[76]〔〈初雪〉部分〕　國
　　　　　　　　文天地　第 197 期　2001 年 10 月　頁 75—76

1248. 丁旭輝　　現代詩中的標點符號〔〈初雪〉部分〕　淺出深入話新詩　臺北
　　　　　　　　爾雅出版社　2006 年 9 月　頁 202—203

1249. 辛　鬱　　〈大鴉〉小評　八十五年詩選　臺北　現代詩季刊社　1997 年 6
　　　　　　　　月　頁 104

1250. 潘麗珠　　洛夫的〈日落象山〉　現代詩學　臺北　五南圖書出版公司

---

[76]本文後改篇名為〈現代詩中的標點符號〉。

1997 年 9 月　頁 7—9

1251. 蕭　蕭　〈後院偶見〉賞析　八十六年詩選　臺北　現代詩季刊社　1998 年 5 月　頁 35

1252. 張　默　〈白色的喧囂〉賞析　八十七年詩選　臺北　創世紀詩雜誌社 1999 年 6 月　頁 4—5

1253. 潘麗珠　微笑的禪意——析洛夫〈水墨微笑〉　臺灣詩學季刊　第 27 期 1999 年 6 月　頁 36—38

1254. 潘麗珠　微笑的禪意——析洛夫〈水墨微笑〉　洛夫禪詩　臺北　天使學園網路公司　2003 年 5 月　頁 214—218

1255. 唐　捐　生命境界的渲染與留白——導讀洛夫的〈水墨微笑〉　幼獅文藝 第 605 期　2004 年 5 月　頁 82—84

1256. 張　默　綻放瞬間料峭之美（編序）〔〈水墨微笑〉部分〕　小詩・牀頭書　臺北　爾雅出版社　2007 年 3 月　頁 15—16

1257. 瘂　弦　〈白色墓園——訪菲律賓美軍公墓〉　天下詩選 1：1923—1999 臺灣　臺北　天下遠見出版公司　1999 年 9 月　頁 25—30

1258. 吳　當　美麗熱情的生命——試析洛夫〈石榴說〉　中央日報　1999 年 11 月 3 日　25 版

1259. 吳　當　美麗熱情的生命——賞析洛夫〈石榴說〉　拜訪新詩　臺北　爾雅出版社　2001 年 2 月　頁 31—34

1260. 辛　鬱　〈行過漁人碼頭〉賞析　八十八年詩選　臺北　創世紀詩雜誌社 2000 年 3 月　頁 76

1261. 陳幸蕙　小詩悅讀（六家）——洛夫〈行過漁人碼頭一〉迷你賞析　明道文藝　第 369 期　2006 年 12 月　頁 40

1262. 吳　當　一生癡狂總為詩——欣賞洛夫〈戒詩〉　中央日報　2000 年 8 月 17 日　20 版

1263. 吳　當　一生癡狂總為詩——賞析洛夫〈戒詩〉　拜訪新詩　臺北　爾雅出版社　2001 年 2 月　頁 9—13

1264. 向　明　藏頭隱題・暗傳驚喜〔〈給瓊芳〉部分〕　臺灣新聞報　2000 年 8 月 27 日　B7 版

1265. 向　明　藏頭隱題・暗傳驚喜〔〈給瓊芳〉部分〕　詩來詩往　臺北　三 民書局　2003 年 6 月　頁 82—83

1266. 鍾怡雯　故土與古土——論臺灣返「鄉」散文〔〈長城秋風裡〉部分〕 解嚴以來臺灣文學國際學術研討會論文集　臺北　萬卷樓圖書公 司　2000 年 9 月　頁 496—497

1267. 吳　當　希望的種子——賞析洛夫〈釀酒的石頭〉　拜訪新詩　臺北　爾 雅出版社　2001 年 2 月　頁 63—66

1268. 陳巍仁　臺灣現代散文詩藝術論〔〈蟹〉〕　臺灣現代散文詩新論　臺北 萬卷樓圖書公司　2001 年 11 月　頁 191—194

1269. 王　泉　品讀「海」味人生——洛夫〈海〉賞析　中國海洋文學大系：二 十世紀海洋詩精品賞析選集　臺北　詩藝文出版社　2002 年 4 月 頁 215—216

1270. 焦　桐　〈漂木〉編者案語　九十年詩選　臺北　臺灣詩學季刊雜誌社 2002 年 5 月　頁 8

1271. 張曉陽　我喜歡——說說我心目中的好詩　葡萄園　第 193 期　2012 年 2 月　頁 11—12

1272. 陳俐如　洛夫〈寄遠戍東引的莫凡〉特色試析　笠　第 230 期　2002 年 8 月　頁 93—104

1273. 白　靈　〈銅像之崩〉編者案語　九十一年詩選　臺北　臺灣詩學季刊雜 誌社　2003 年 4 月　頁 122—123

1274. 陳仲義　空白：佈局章法中的「活眼」〔〈古剎〉部分〕　現代詩技藝透 析　臺北　文史哲出版社　2003 年 12 月　頁 215—216

1275.〔孟　樊編〕　紀遊詩〔〈登黃鶴樓〉部分〕　旅行文學讀本　臺北　揚 智文化公司　2004 年 3 月　頁 142

1276.〔向　陽主編〕　〈無聲〉賞析　2003 臺灣詩選　臺北　二魚文化公司

2004 年 6 月　頁 126

1277. 簡政珍　臺灣現代詩美學的發展——秩序的成長〔〈華西街某巷〉部分〕　臺灣現代詩美學　臺北　揚智出版社　2004 年 7 月　頁 26—27

1278. 〔辛　鬱主編〕　關於〈庭院裡〉　他們怎麼玩詩？：創世紀五十周年精選　臺北　二魚文化公司　2004 年 10 月　頁 20

1279. 陳千武　臺灣現代詩暗喻的內涵——二〇〇四臺日現代詩研討會演講稿——詩意象表現的差異〔〈廣場〉部分〕　文學臺灣　第 53 期　2005 年 1 月　頁 281—282

1280. 焦　桐　〈蒼蠅〉賞析　臺灣詩選 2004　臺北　二魚文化公司　2005 年 3 月　頁 90

1281. 余看魚　讀洛夫的〈蒼蠅〉　聯合報　2005 年 6 月 2 日　E7 版

1282. 陳信安　洛夫〈金閣寺遇雨〉　多元的交響：世華散文評析　臺北　唐山出版社　2005 年 6 月　頁 37—42

1283. 沈　奇　王者之鷹——洛夫〈危崖上蹲著一只與天地精神往來的鷹〉點評　沈奇詩學論集——臺灣詩人論評　北京　中國社會科學出版社　2005 年 8 月　頁 42—45

1284. 沈　奇　王者之鷹——讀洛夫〈危崖上蹲有一隻與天地精神往來的鷹〉　誰永遠居住在詩歌的體內——兩岸詩論　臺北　唐山出版社　2009 年 8 月　頁 207—209

1285. 沈　奇　剎那見終古——洛夫〈未寄〉點評　沈奇詩學論集——臺灣詩人論評　北京　中國社會科學出版社　2005 年 8 月　頁 46—48

1286. 沈　奇　剎那見終古——洛夫〈未寄〉點評　誰永遠居住在詩歌的體內——兩岸詩論　臺北　唐山出版社　2009 年 8 月　頁 210—212

1287. 沈　奇　孤絕之美——讀洛夫小詩〈詩的葬禮〉　沈奇詩學論集——臺灣詩人論評　北京　中國社會科學出版社　2005 年 8 月　頁 49—51

1288. 沈　奇　孤絕之美——讀洛夫〈詩的葬禮〉　大河的雄辯：洛夫詩作評論

集・第二部　臺北　創世紀詩雜誌社　2008 年 10 月　頁 255—
256

1289. 沈　奇　　孤絕之美——讀洛夫〈詩的葬禮〉　誰永遠居住在詩歌的體內—
　　　　　　　—兩岸詩論　臺北　唐山出版社　2009 年 8 月　頁 213—215

1290. 蕭　蕭　　〈登峨嵋尋李白不遇〉賞析　2005 臺灣詩選　臺北　二魚文化公
　　　　　　　司　2006 年 2 月　頁 114

1291. 〔蕭　蕭主編〕　詩作賞析〈李白傳奇〉　優游意象世界　臺北　聯合文
　　　　　　　學出版社　2006 年 6 月　頁 45

1292. 林菁菁　　〈豐年祭的午後〉隨詩去旅遊　走入歷史的身影——讀新詩遊臺
　　　　　　　灣（人文篇）　臺北　幼獅文化公司　2007 年 6 月　頁 128—
　　　　　　　130

1293. 陳芳明　　孤獨是一匹獸〔〈我的獸〉部分〕　聯合文學　第 279 期　2008
　　　　　　　年 1 月　頁 12—13

1294. 曲筱鷗　　洛夫〈湖南大雪——贈長沙李元洛〉解讀　山東文學　2008 年第
　　　　　　　3 期　2008 年 3 月　頁 60

1295. 賴芳伶　　與遼闊繽紛的世界詩壇比肩——當代臺灣新詩——五、六○年
　　　　　　　代，新詩的現代化與內外在探索〔〈西貢夜市〉部分〕　文學
　　　　　　　臺灣——11 位新銳臺灣文學研究者帶你認識臺灣文學　臺南　國
　　　　　　　立臺灣文學館　2008 年 9 月　頁 237—238

1296. 劉荒田　　使我哭泣的詩〔〈狼尾草的詩〉〕　大河的雄辯：洛夫詩作評論
　　　　　　　集・第二部　臺北　創世紀詩雜誌社　2008 年 10 月　頁 249—
　　　　　　　250

1297. 莊曉明　　〈致時間〉解讀　大河的雄辯：洛夫詩作評論集・第二部　臺北
　　　　　　　創世紀詩雜誌社　2008 年 10 月　頁 580—604

1298. 落　蒂　　一粒鹽在波濤中尋找成為鹹前的苦澀——讀洛夫長詩〈背向大
　　　　　　　海〉　乾坤詩刊　第 49 期　2009 年 1 月　頁 122—126

1299. 孫金燕　　洛夫的〈背向大海〉與現代禪詩寫作　詩探索　2009 年第 1 期

2009 年　頁 146—152

1300. 陳素英　海鏡鐘聲——洛夫〈背向大海〉的特質　創世紀　第 174 期
2013 年 3 月　頁 25—29

1301. 孫金燕　「如何・再短一點」——評洛夫的詩〈曇花〉兼談小詩　華文
文學　2010 年第 1 期　2010 年 2 月　頁 68—72

1302. 隱　地　世界原本都是赤裸的〔〈赤裸〉〕　人人都有困境——讀一首詩
吧！　臺北　爾雅出版社　2010 年 9 月　頁 94—97

1303. 史業環　洛夫〈暮色〉意象的密碼　新詩　2011 年第 4 期　2011 年　頁
100—101

1304. 喻大翔　洛夫詩作敘事美學一窺——細讀洛夫早期敘事小詩〈冬天的日
記〉　中國現代文學研究叢刊　2011 年第 5 期　2011 年　頁 164
—170

1305. 落　蒂　一雙手伸向茫茫的夜色——談洛夫的詩作〈植物園小坐〉　大家
來讀詩——臺灣新詩品賞　臺北　文史哲出版社　2012 年 2 月
頁 154—156

1306. 落　蒂　走進亮藍的天空——談洛夫的詩〈桃園國際機場〉　大家來讀詩
——臺灣新詩品賞　臺北　文史哲出版社　2012 年 2 月　頁 228
—230

1307. 丁威仁　「現代詩」詩學的啓航點——新民族詩型的提出〔〈建立新民族
詩型之芻議〉部分〕　戰後臺灣現代詩的演變與特質（1949—
2010）　臺北　秀威資訊科技公司　2012 年 5 月　頁 38—40

1308. 劉正偉　洛夫〈湯姆之歌〉評析　乾坤詩刊　第 65 期　2013 年 1 月　頁
122—123

多篇作品

1309. 顏元叔　細讀洛夫的兩首詩〔〈太陽手札〉、〈手術臺上的男子〉〕　中
外文學　第 1 卷第 1 期　1972 年 6 月　頁 118—134

1310. 顏元叔　細讀洛夫的兩首詩〔〈太陽手札〉、〈手術臺上的男子〉〕　文

學經驗　臺北　志文出版社　1972 年 7 月　頁 123—146

1311. 顏元叔　　細讀洛夫的兩首詩〔〈太陽手札〉、〈手術臺上的男子〉〕　談
　　　　　　　民族文學　臺北　臺灣學生書局　1973 年 6 月　頁 207—233

1312. 顏元叔　　細讀洛夫的兩首詩〔〈太陽手札〉、〈手術臺上的男子〉〕　顏
　　　　　　　元叔自選集　臺北　黎明文化公司　1975 年 12 月　頁 149—176

1313. 顏元叔　　細讀洛夫的兩首詩（摘錄）〔〈太陽手札〉、〈手術臺上的男
　　　　　　　子〉〕　洛夫《石室之死亡》及相關重要評論　臺北　漢光文化
　　　　　　　公司　1988 年 6 月　頁 116—131

1314. 陳寧貴　　剖析洛夫的三首歌〔〈裸奔〉、〈有鳥飛過〉、〈獨飲十五
　　　　　　　行〉〕　主流詩刊　第 11 期　1975 年 3 月　頁 24—30

1315. 楊子澗　　〈獨飲十五行〉、〈床前明月光〉解說　中學白話詩選　臺北
　　　　　　　故鄉出版社　1980 年 4 月　頁 140—147

1316. 蕭　蕭等[77]　我們的血在霧起時尚未凝結——洛夫詩作座談實錄〔〈夜飲
　　　　　　　溪頭公園〉、〈邊界望鄉——贈余光中〉、〈與李賀共飲〉〕
　　　　　　　中外文學　第 9 卷第 8 期　1981 年 1 月　頁 86—105

1317. 蕭　蕭等　我們的血在霧起時尚未凝結——鑑賞洛夫作品〔〈夜飲溪頭公
　　　　　　　園〉、〈邊界望鄉——贈余光中〉、〈與李賀共飲〉〕　現代詩
　　　　　　　縱橫觀　臺北　文史哲出版社　1991 年 6 月　頁 391—418

1318. 流沙河　　舉螯的蟹〔〈巨石之變〉、〈沙包刑場〉、〈湯姆之歌〉、〈水
　　　　　　　仙之歌〉、〈石室之死亡〉〕　臺灣詩人十二家　重慶　重慶出
　　　　　　　版社　1983 年 8 月　頁 78—83

1319. 紀璧華　　〈石室之死亡〉、〈隨雨聲入山而不見雨〉、〈床前明月光〉、
　　　　　　　〈子夜讀信〉　臺灣抒情詩賞析　香港　南粵出版社　1983 年 9
　　　　　　　月　頁 26—32

1320. 李魁賢　　〈雨中過辛亥隧道〉、〈清明四行〉賞析　當代臺灣詩人選一九
　　　　　　　八三卷　臺北　金文圖書公司　1984 年 5 月　頁 39

---

[77]與會者：張默、瘂弦、辛鬱、余光中、劉菲、李瑞騰、菩提、蕭蕭、洛夫。

1321. 蕭　蕭　　〈葬我於雪〉等七首——賞析〔〈葬我於雪〉、〈戒詩〉、〈不雨〉、〈七夕記事〉、〈懷施友忠先生〉、〈觀仇英蘭亭圖〉、〈詩人之逝〉〕　聯合文學　第 1 期　1984 年 11 月　頁 150

1322. 向　明　　〈煤礦驚變〉、〈觀仇英蘭亭圖〉、〈蟋蟀之歌〉編者按語　七十三年詩選　臺北　爾雅出版社　1985 年 3 月　頁 99—100

1323. 李瑞騰　　〈剔牙〉等四首編者按語〔〈剔牙〉、〈挖耳〉、〈刮鬍〉、〈洗臉〉〕　七十四年詩選　臺北　爾雅出版社　1986 年 4 月　頁 64—65

1324. 劉龍勳　　〈煙之外〉、〈清明〉、〈長恨歌〉、〈有鳥飛過〉評析　中國新詩賞析 3　臺北　長安出版社　1987 年 2 月　頁 51—76，83—85

1325. 李元洛　　〈與李賀共飲〉、〈邊界望鄉——贈余光中〉、〈水祭〉、〈蟋蟀之歌〉賞析　中國新詩鑑賞大辭典　南京　江蘇文藝出版社　1988 年 12 月　頁 1016—1030

1326. 任洪淵　　〈死亡修辭學〉、〈煙之外〉、〈長恨歌〉、〈邊界望鄉〉、〈湖南大雪——贈長沙李元洛〉賞析　中外現代抒情名詩鑑賞辭典　北京　學苑出版社　1989 年 8 月　頁 681—688

1327. 曉　愉　　〈風雨之夕〉、〈石榴樹〉、〈釀酒的石頭〉賞析　愛情新詩鑑賞辭典　西安　陝西師範大學出版社　1990 年 3 月　頁 843—848

1328.〔徐榮街，徐瑞岳主編〕　　洛夫〈舞者〉、〈與李賀共飲〉　古今中外朦朧詩鑑賞辭典　鄭州　中州古籍出版社　1990 年 11 月　頁 480—484

1329. 古遠清　　洛夫詩三首賞析〔〈金龍禪寺〉、〈午夜削梨〉、〈邊界望鄉——贈余光中〉〕　華文文學　1990 年第 2 期　1990 年　頁 12—14

1330. 向　明　　蘇聯之旅（雜詩三首）——編者按語〔〈莫斯科紅場偶拾〉、

〈列寧墓前〉、〈馬雅可夫斯基銅像與鳥糞〉〕　七十九年詩選　臺北　爾雅出版社　1991 年 2 月　頁 140—141

1331. 古遠清　〈沙包刑場〉、〈金龍禪寺〉、〈午夜削梨〉、〈邊界望鄉〉賞析　臺港現代詩賞析　鄭州　河南人民出版社　1991 年 3 月　頁 51—58

1332. 向　明　向古人借火──淺談洛夫的幾首用典詩〔〈長恨歌〉、〈愛的辯證〉、〈車上讀杜甫〉〕　文訊雜誌　第 70 期　1991 年 8 月　頁 103—106

1333. 向　明　向古人借火──淺談洛夫的幾首用典詩〔〈長恨歌〉、〈愛的辯證〉、〈車上讀杜甫〉〕　詩中天地寬　臺北　臺灣商務印書館　2006 年 3 月　頁 148—158

1334. 古遠清　〈煙之外〉、〈有鳥飛過〉　海峽兩岸朦朧詩品賞　武漢　長江文藝出版社　1991 年 11 月　頁 212—216

1335. 〔陶本一，王宇鴻主編〕　洛夫詩選[78]　臺灣新詩鑑賞辭典　太原　北岳文藝出版社　1991 年 12 月　頁 235—286

1336. 陳義芝　五十年代名家詩選注──洛夫詩選〔〈隨雨聲入山而不見雨〉、〈金龍禪寺〉、〈有鳥飛過〉、〈因為風的緣故〉〕　不盡長江滾滾來：中國新詩選注　臺北　幼獅文化公司　1993 年 6 月　頁 167—178

1337. 梅　新　〈故鄉雲水地，歸夢不宜秋──贈李商隱〉、〈我以千頁的空白面對你們百年的驚愕〉編者按語　八十一年詩選　臺北　現代詩季刊社　1993 年 6 月　頁 100

1338. 〔司徒杰編選〕　〈窗下〉、〈問〉、〈子夜讀信〉、〈眾荷喧嘩〉、〈靈河〉　臺港抒情短詩精品鑑賞　河南　河南人民出版社　1993 年 7 月　頁 158—165

---

[78]本文賞析〈窗下〉、〈有鳥飛過〉、〈金龍禪寺〉、〈獨飲十五行〉、〈枯魚之肆〉、〈因為風的緣故〉、〈淚巾〉、〈植物園小坐〉、〈愛的辯證〉、〈長恨歌〉、〈與李賀共飲〉、〈邊界望鄉──贈余光中〉、〈死亡的修辭學〉、〈煙之外〉14 首詩作。

1339. 蕭　蕭　《創世紀》風格與理論之演變——「新民族詩型」與「大中國詩觀」之檢討〔〈歌者——我的畫像〉、〈我的歌〉部分〕　創世紀　第 100 期　1994 年 10 月　頁 43

1340. 蕭　蕭　現代詩的情色美學與性愛描寫〔〈你的雪我的血〉、〈和你和我和蠟燭〉部分〕　臺灣詩學季刊　第 9 期　1994 年 12 月　頁 16—17

1341. 蕭　蕭　現代詩的情色美學與性愛描寫〔〈你的雪我的血〉、〈和你和我和蠟燭〉部分〕　雲端之美‧人間之真　臺北　駱駝出版社　1997 年 3 月　頁 227—229

1342. 蕭　蕭　現代詩的情色美學與性愛描寫〔〈你的雪我的血〉、〈和你和我和蠟燭〉部分〕　臺灣文學二十年集 1978—1998：評論二十家　臺北　九歌出版社　1998 年 3 月　頁 61—63

1343. 〔張默，蕭蕭編〕　〈子夜讀信〉、〈雨中過辛亥隧道〉、〈金龍禪寺〉、〈午夜削梨〉、〈邊界望鄉〉鑑評　新詩三百首（一九一七—一九九五）（上）　臺北　九歌出版社　1995 年 9 月　頁 357—370

1344. 吳潛誠　九十年代臺灣詩（人）的國際視野〔〈莫斯科紅場偶拾〉、〈列寧墓前〉、〈馬雅可夫斯基銅像與鳥糞〉部分〕　臺灣現代詩史論：臺灣現代詩史研討會實錄　臺北　文訊雜誌社　1996 年 3 月　頁 510—511

1345. 陳建民　九〇年代詩美學——語言與心境〔〈隱題詩〉、〈太陽除了釀酒必須再做點什麼〉、〈拈花一笑〉、〈欲飛之掌〉部分〕　臺灣現代詩史論：臺灣現代詩史研討會實錄　臺北　文訊雜誌社　1996 年 3 月　頁 533—540

1346. 向　明　騷詩二首小評〔〈狷狷而去〉、〈豬事二三〉〕　八十四年詩選　臺北　現代詩季刊社　1996 年 5 月　頁 22—23

1347. 李漢偉　臺灣新詩的懷鄉之情〔〈邊界望鄉——贈余光中〉、〈寄鞋〉部

分〕　臺灣新詩的三種關懷　臺北　駱駝出版社　1997 年 10 月　頁 127—130

1348. 李桂芳　冥界的深淵：論戰後臺灣現代主義詩潮的變異符號（上）〔〈大地之血〉、〈石室之死亡（之十八）〉部分〕　藍星詩學　第 3 期　1999 年 9 月　頁 155—156，174—175

1349. 游佩娟　試論洛夫詩中的禪意——以〈有鳥飛過〉、〈隨雨聲入山而不見雨〉兩首詩為例　臺灣詩學季刊　第 28 期　1999 年 9 月　頁 46—48

1350. 游佩娟　試論洛夫詩中的禪意——以〈有鳥飛過〉、〈隨雨聲入山而不見雨〉兩首詩為例　洛夫禪詩　臺北　天使學園網路公司　2003 年 5 月　頁 219—224

1351.〔文鵬，姜凌主編〕　〈子夜讀信〉、〈隨雨聲入山而不見雨〉、〈邊界望鄉——贈余光中〉、〈舞者〉、〈金龍禪寺〉、〈眾荷喧嘩〉簡析　中國現代名詩三百首　北京　北京出版社　2000 年 1 月　頁 508—517

1352. 劉滌凡　從語言學看現代詩神思的效用〔〈石室之死亡（之九）〉、〈沙包刑場〉部分〕　國文天地　第 186 期　2000 年 11 月　頁 34，39

1353. 沈　奇　洛夫詩二首點評〔〈危崖上蹲著一只與天地精神往來的鷹〉、〈未寄〉〕　詩探索　2002 年第 1 期　2002 年 6 月　頁 293—298

1354.〔仇小屏主編〕　欣賞新詩的幾個角度〔〈邊界望鄉——贈余光中〉、〈長恨歌〉部分〕　放歌星輝下——中學生新詩閱讀指引　臺北　三民書局　2002 年 8 月　頁 26—27，33—34

1355. 蕭　蕭　酒所盪開的現代詩潮浪（下）〔〈獨飲十五行〉、〈三日飲酒〉、〈飲我以花雕〉部分〕　臺灣日報　2002 年 11 月 5 日　25 版

1356. 蕭　蕭　　酒在現代詩中的文化意義——酒，為現代詩人蕩開現代詩潮浪
〔〈獨飲十五行〉、〈三日飲酒〉、〈飲我以花雕〉部分〕　臺
灣詩學季刊　第 40 期　2002 年 12 月　頁 102，104

1357. 陳幸蕙　　小詩悅讀（一）——〈雨想說的〉、〈你是我惟一的愛——給瓊
芳〉迷你詩籤　明道文藝　第 335 期　2004 年 2 月　頁 49—50

1358. 向　陽　　〈煙之外〉、〈有鳥飛過〉、〈因為風的緣故〉賞析　臺灣現代
文選・新詩卷　臺北　三民書局　2005 年 6 月　頁 62—64

1359. 〔吳東晟，陳昱成，王浩翔編〕　　〈因為風的緣故〉、〈故鄉雲水地，歸
夢不宜秋——贈李商隱〉導讀賞析　織錦入春闈：現代詩精選讀
本　臺中　京城文化公司　2005 年 8 月　頁 52—57

1360. 洪淑苓　　現代詩中「家國」經驗的轉變——以一九八七年以後的「返鄉
詩」及相關作品為例〔〈邊界望鄉——贈余光中〉、〈蟋蟀之
歌〉、〈杜甫草堂〉部分〕　創世紀　第 146 期　2006 年 3 月
頁 166，180—181

1361. 陳義芝　　1980 年代詩學的新生狀態〔〈剔牙〉、〈掃黑行動〉部分〕　臺
灣現代主義詩學流變　臺北　九歌出版社　2006 年 3 月　頁 152
—153

1362. 曾琮琇　　遊戲，不只是遊戲〔〈長恨歌〉、〈秋末懷維廉〉、〈憶葉珊〉
部分〕　嬉遊記：八○年代以降臺灣「遊戲」詩論　成功大學中
國文學系　碩士論文　陳昌明教授指導　2006 年 7 月　頁 148，
190

1363. 曾琮琇　　遊戲，不只是遊戲〔〈長恨歌〉、〈秋末懷維廉〉、〈憶葉珊〉
部分〕　臺灣當代遊戲詩論　臺北　爾雅出版社　2009 年 1 月
頁 162—163，219

1364. 陳幸蕙　　〈蛇店〉、〈剔牙〉、〈給瓊芳〉、〈行過漁人碼頭一〉向星輝
斑斕處漫溯　小詩星河：現代小詩選 2　臺北　幼獅文化公司
2007 年 1 月　頁 77—78

1365. 李詮林　試論華人文學中的「回歸」寫作〔〈邊界望鄉〉、〈湖南大雪〉、〈午夜削梨〉、〈碧瑤夜飲〉部分〕　和而不同　南寧　廣西人民出版社　2008 年 10 月　頁 564，566—567

1366. 鍾　玲　名家為女詩人序詩及其評論角度〔〈向羅英的感覺世界探險〉、〈那人卻在燈火闌珊處——讀淡瑩詩集《髮上歲月》〉部分〕　詩歌天保：余光中教授八十壽慶專集　臺北　九歌出版社　2008 年 10 月　頁 16—17，22，28

1367. 林明理　當代三家詩賞析——洛夫、愚溪、方明——肅靜與奇美——讀洛夫〈清明四句〉、〈金龍禪寺〉、〈煙之外〉　創世紀　第 161 期　2009 年 12 月　頁 62—65

1368. 林明理　肅靜與奇美——讀洛夫〈清明四句〉、〈金龍禪寺〉、〈煙之外〉　新詩的意象與內涵——當代詩家作品賞析　臺北　文津出版社　2010 年 2 月　頁 157—162

1369. 李翠瑛　飛翔的語言——論臺灣新詩語言之虛擬意象〔〈石室之死亡〉、〈沙包刑場〉部分〕　創世紀　第 164 期　2010 年 9 月　頁 34—35

1370. 老　叟　析洛夫詩兩首〔〈邊界望鄉〉、〈因為風的緣故〉〕　文學人　第 23 期　2012 年 5 月　頁 75—76

作品評論目錄、索引

1371. 洛　夫　洛夫作品評論題目備考　洛夫詩論選集　臺北　開源出版公司　1977 年 1 月　頁 1—3

1372. 洛　夫　洛夫作品評論題目備考　詩的探險　臺北　黎明文化公司　1979 年 6 月　頁 1—3

1373. 〔田　原主編〕　作品評論引得　洛夫自選集　臺北　黎明文化公司　1981 年 3 月　〔2〕頁

1374. 蕭　蕭　洛夫著譯書目及作品評論索引　臺灣文學觀察雜誌　第 2 期　1990 年 9 月　頁 79—89

1375. 蕭　　蕭　　洛夫著譯書目及作品評論索引　詩魔的蛻變──洛夫詩作評論集　臺北　詩之華出版社　1991 年 4 月　頁 485─500

1376. 蕭　　蕭　　洛夫作品評論索引　洛夫與中國現代詩　臺北　東大圖書公司　1994 年 6 月　頁 301─312

1377. 潘文祥　　洛夫詩作評論索引　洛夫詩研究　臺灣師範大學國文學系　碩士論文　楊昌年教授指導　1997 年 7 月　頁 256─263

1378. 〔馬　森主編〕　　洛夫研究集　形而上的遊戲　臺北　駱駝出版社　1999 年 9 月　頁 156─157

1379. 〔編輯部〕　　洛夫研究集　魔歌　臺北　探索文化公司　1999 年 11 月　頁 241─242

1380. 〔編輯部〕　　洛夫研究集　洛夫・世紀詩選　臺北　爾雅出版社　2000 年 5 月　頁 162

1381. 〔張　默編〕　　作品評論引得　現代百家詩選　臺北　爾雅出版社　2003 年 6 月　頁 91─92

1382. 〔編輯部〕　　洛夫研究集　背向大海　臺北　爾雅出版社　2007 年 7 月　頁 168─169

1383. 〔丁旭輝編〕　　閱讀進階指引　洛夫集　臺南　國立臺灣文學館　2009 年 7 月　頁 141─142

1384. 龍彼德，楊樹清　　洛夫注譯書目　洛夫傳奇：詩魔的詩與生活　臺北　蘭臺出版社　2010 年 10 月　頁 392─399

1385. 龍彼德，楊樹清　　洛夫注譯書目　洛夫傳奇：詩魔的詩與生活　深圳　海天出版社　2012 年 11 月　頁 277─281

1386. 〔封德屏主編〕　　洛夫　臺灣現當代作家評論資料目錄（三）　臺南　國立臺灣文學館　2010 年 11 月　頁 2054─2115

1387. 董正宇　　洛夫研究綜述　衡陽師範學院學報　第 32 卷第 1 期　2011 年 2 月　頁 75─80

1388. 陳　　娟　　洛夫研究在大陸　湖南工業大學學報　第 16 卷第 1 期　2011 年

2 月　頁 110—113

1389. 郭春園　洛夫的詩歌綜述　漯河職業技術學院學報　第 11 卷第 3 期
　　　2012 年 5 月　頁 61—62

1390. 王爲萱，陳姵穎，陳恬逸　「《文訊》300 期資料庫」作家學者群像——
　　　洛夫　文訊雜誌　第 334 期　2013 年 8 月　頁 81

其他

1391. 葉　泥　我對《中國新詩選輯》的管見（致洛夫）　現代詩人書簡集　臺
　　　中　普天出版社　1969 年 12 月　頁 62—63

1392. 葉　泥　《創世紀》十週年的展望：致洛夫・五十三年八月五日　現代詩
　　　人書簡集　臺中　普天出版社　1969 年 12 月　頁 64—65

1393. 王志健　中國新詩的發展〔《創世紀》部分〕　傳統與現代之間　臺北
　　　眾成出版社　1975 年 12 月　頁 22

1394. 蕭　蕭　《創世紀》風雲——爲文學史作證，爲現代詩傳燈　臺灣時報
　　　1981 年 8 月 19 日　12 版

1395. 姜　穆　卅年歲月・一貫精神〔《創世紀》〕　臺灣新聞報　1984 年 10
　　　月 6 日　8 版

1396. 夏　楚　爲詩路更創歷史〔《創世紀》〕　臺灣新聞報　1984 年 10 月 6
　　　日　8 版

1397. 許世旭　《創世紀》詩刊在臺灣詩壇之地位　新詩論　臺北　三民書局
　　　1998 年 8 月　頁 53—60

1398. 白　楊　臺灣現代詩風潮中的《創世紀》詩社研究　臺港文學：文化生態
　　　與寫作範式考察　長春　吉林大學出版社　2009 年 9 月　頁 107
　　　—116

1399. 蕭　蕭　超現實的大膽試探〔《創世紀》部分〕　現代詩創作演練　臺北
　　　爾雅出版社　2010 年 9 月　頁 165—170

1400. 解昆樺　旅行的繆思：創世紀詩社的高雄建制與臺北播遷　我在我不在的
　　　地方：文學現場踏查記　臺南　國立臺灣文學館　2010 年 12 月

頁 430—441

1401. 陳政彥　現代詩運動醞釀期（1950—1956）——三大詩社的次第成立
〔《創世紀》部分〕　跨越時代的青春之歌——五、六○年代臺
灣現代詩運動　臺南　國立臺灣文學館　2012 年 10 月　頁 45—
47

1402. 陳政彥　現代詩運動成熟期（1959—1964）——創世紀詩社轉向提倡超現
實主義　跨越時代的青春之歌——五、六○年代臺灣現代詩運動
臺南　國立臺灣文學館　2012 年 10 月　頁 124—132

1403. 傅　敏　招魂祭——從所謂的《1970 詩選》談洛夫的詩之認識　笠　第
43 期　1971 年 6 月　頁 55—58

1404. 戴華萱　回歸鄉土與寫實的文學論戰——現代詩論戰——招魂祭論戰〔I
《一九七○詩選》〕　鄉土的回歸——六、七○年代臺灣文學走
向　臺南　國立臺灣文學館　2012 年 11 月　頁 64—69

1405. 傅　敏　不絕的音響〔《七十年代詩選》〕　笠　第 44 期　1971 年 8 月
77—80 頁

1406. 高　準　《七十年代詩選》批判　大學雜誌　第 68 期　1973 年 9 月　頁
59—62

1407. 古遠清　關於〈天狼星〉的爭論和對《70 年代詩選》的批評　臺灣當代文
學理論批評史　武漢　武漢出版社　1994 年 8 月　頁 187—191

1408. 陳芳明　《中國現代文學大系》詩部份評議　書評書目　第 5 期　1973 年
5 月　頁 34—49

1409. 林燿德　《中國現代文學大系》　錦囊開卷　臺北　國家文藝基金管理委
員會　1993 年 6 月　頁 103—105

1410. 觀哲〔高準〕　《八十年代詩選》的「奧秘」　詩潮　第 1 期　1977 年 5
月　頁 40—45

1411. 高　準　《八十年代詩選》的奧秘　異議的聲音：文學與政治社會評論
臺北　問津堂書局　2007 年 8 月　頁 243—250

1412. 高　準　　聯合報是這樣的排斥異己──敬答洛夫與余光中〔《詩壇風
　　　　　　　　雲》〕　夏潮　第 4 卷第 2 期　1978 年 2 月 1 日　頁 80─81

1413. 李瑞騰　　臺灣現代新詩發展的趨勢──考察之二：《八十一年詩選》
　　　　　　　　「海峽兩岸文學創作與研究新趨勢」研討會　南京　南京大學
　　　　　　　　1993 年 7 月 11─12 日

1414. 李瑞騰　　臺灣現代新詩發展的趨勢──考察之二：《八十一年詩選》　文
　　　　　　　　學的出路　臺北　九歌出版社　1994 年 9 月　頁 83─87

1415. 陳　黎　　每周新書金榜──《創世紀四十年詩選：1954─1994》　聯合報
　　　　　　　　1994 年 10 月 13 日　42 版

國家圖書館出版品預行編目資料

洛夫 / 劉正忠編選. -- 初版. -- 臺南市：臺灣文學館,
2013.12
面 ； 公分. -- (臺灣現當代作家研究資料彙編 ; 33)
ISBN 978-986-03-9115-2 (平裝)

1.洛夫 2.作家 3.文學評論

783.3886   102024061

【臺灣現當代作家研究資料彙編】33

洛夫

發 行 人／　李瑞騰
指導單位／　文化部
出版單位／　國立台灣文學館
　　　　　　地址／70041 台南市中西區中正路 1 號
　　　　　　電話／06-2217201　　　傳真／06-2218952
　　　　　　網址／www.nmtl.gov.tw　　電子信箱／pba@nmtl.gov.tw

總 策 畫／　封德屏
顧 　 問／　林淇瀁　張恆豪　許俊雅　陳信元　陳義芝　須文蔚　應鳳凰
工作小組／　王雅嫺　杜秀卿　汪黛姝　張純昌　張傳欣　莊雅晴　陳欣怡
　　　　　　黃寁婷　練麗敏　蘇琬鈞
編 　 選／　劉正忠
責任編輯／　黃寁婷
校 　 對／　林英勳　張傳欣　黃敏琪　黃寁婷　趙慶華　潘佳君　蘇琬鈞
計畫團隊／　財團法人台灣文學發展基金會
美術設計／　翁國鈞・不倒翁視覺創意
印 　 刷／　松霖彩色印刷事業有限公司

著作財產權人／國立台灣文學館
本書保留所有權利。欲利用本書全部或部分內容者，須徵求著作財產權人同意或書面授
權。請洽國立台灣文學館研典組（電話：06-2217201）

經銷展售／　國家書店松江門市（02-25180207）
　　　　　　國立台灣文學館—雪芙瑞文學咖啡坊（06-2214632）
　　　　　　南天書局（02-23620190）　　　唐山出版社（02-23633072）
　　　　　　府城舊冊店（06-2763093）　　　台灣的店（02-23625799）
　　　　　　啓發文化（02-29586713）　　　三民書局（02-23617511）
　　　　　　草祭二手書店（06-2216872）　　五南文化廣場（04-22260330）
網路書店／　國家書店網路書店 www.govbooks.com.tw
　　　　　　五南文化廣場網路書店 www.wunanbooks.com.tw
　　　　　　三民書局網路書店 www.sanmin.com.tw

初版一刷／2013 年 12 月
定 　 價／新臺幣 510 元整
　　　　　　第一階段 15 冊新臺幣 5500 元整　　第二階段 12 冊新臺幣 4500 元整
　　　　　　第三階段 23 冊新臺幣 8500 元整　　全套 50 冊新臺幣 17500 元整
　　　　　　全套 50 冊合購特惠新臺幣 16500 元整

GPN／1010202806（單本）　　ISBN／978-986-03-9115-2（單本）
　　　1010000407（套）　　　　　　978-986-02-7266-6（套）

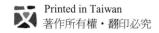